저널리즘과 프래그머티즘

대우학술총서

616

저널리즘과 프래그머티즘

— 리프먼, 듀이, 로티와 저널리즘

임상원 지음

아카넷

머리말

　이 책의 집필은 오래전에 시작은 하였지만 끝을 못내고 있다가 지금에서야 마감을 하게 되었다. 그동안 자주 병원 생활을 해야 했던 탓도 있지만 주된 이유는 필자의 학문이 모자라 책을 내놓기가 주저되어 미루어왔기 때문이다. 그러나 이 책에 대한 생각은 늘 해왔다. 정년이 되어 몸은 한가해졌지만 마음은 지루함을 몰랐고, 그래서 바쁘고 행복한 시간을 보낼 수 있었다.

　이 책에는 두 개의 주된 이야기가 있다. 하나는 저널리스트 리프먼의 이야기이고 다른 하나는 프래그머티즘 철학자 로티의 이야기이다. 나는 이들 두 사람의 이야기를 통해서 저널리즘을 들여다보았다. 이들 가운데 필자가 감히 한 권의 책을 내놓으면서 위로를 삼는 이야기가 있다. 리프먼은 그의 70세 기념 강연에서 이런 말을 했다. 자신은 어떤 칼럼을 쓸 때 그 문제에 대한 완벽한 정보와 지식을 갖고 쓰는 것은 아니다. 대통령도 국무성의 고위 관리들도 그런 완벽함은 불가능하다. 투표를 하는 유권자도 마찬가지이다. 그런 완벽함을 요구하는 것은 민주주의가 아니다. 그것은 지적 오만이다. 저널리스트를 파멸로 이끄는 것은 주색이 아니라 이런 오만이다.

동일한 맥락의 이야기를 로티도 한다. 그는 프래그머티즘이란 진부 (banal)한 것으로 궁극적인 진리나 사물의 실재를 밝히고자 하는 철학이 아니라고 말한다. 그는 프래그머티즘에는 완전함, 위대함, 고상함, 순수함 같은 것은 아쉽게도 없다고 했다. 프래그머티즘은 세속적이고 평범한 일상의 문제를 풀고 치료하는 철학으로 그는 정의한다. 저널리즘 역시 그런 것이다. 그러나 우리 한국의 저널리즘이 과연 그런가 하는 것은 의문이다. 저널리즘이나 프래그머티즘이나 모두 하늘 나라가 아니라 이 땅의 나라 이야기이고, 그리고 과거가 아니라 오늘과 내일을 위한 것이다. 이런 생각을 하면서 나는 이 책을 서술하였다.

책을 저술한다는 것은 보통은 한 개인의 작업이다. 때문에 이 책의 내용에 대한 책임은 오직 나에게 있다. 그러나 이 책을 가능하게 한 많은 사람들이 있으며 그분들에게 감사하고자 한다. 내가 처음 로티에 관심을 갖게 된 것은 신일철, 김용준, 두 분 선생님들 덕분이었다. 고려대학교에서 재직 중, 지금은 고인이 되신 철학과의 신일철 선생님으로부터 처음 로티의 이야기를 들었고 그 후 김용준 선생님으로부터 많은 도움을 받았다. 감사한 마음을 늘 갖고 있다. 초기 원고를 읽어준 김민환 교수에게도 감사한다. 또 흠투성이 원고를 심사해준 이름을 알 수 없는 협의회의 심사위원에게 감사한다. 이와 함께 대우재단 학술사업부의 박은진 박사, 공소현 씨에게도 고마운 마음을 전한다. 아카넷 출판사 편집부의 이하심 부장과 직원 여러분의 수고에 또한 감사를 드린다.

그동안 내가 봉직했던 대학과 제자들로부터 받은 것이 많다. 학계의 선후배 동료들로부터도 마찬가지이다. 이 책이 내가 받은 특별한 혜택과 배려에 대한 작은 보답이 될 수 있었으면 한다. 끝으로 이 책을 나의 사랑하는 손주들, 진완, 혜준, 현서, 동준에게 남긴다.

2017년 여름
북한산 밑 *俟命齋*에서
임상원

차례

1

서론

계몽에서 프래그머티즘으로

이 책은 저널리즘과 프래그머티즘의 관계에 관한 것이다. 저널리즘
과 프래그머티즘 사이에는 깊은 가족 유사성이 있다. 프래그머티즘은
철학에 대한 협의적 해석에 대한 반란이다. 그런 의미에서 프래그머
티즘을 반철학이라고 부르기도 한다. 다시 말하면 프래그머티즘은 역
사나 문학, 그리고 사회정치적 제도와의 연관성을 부정하거나 최소화
하면서 콘텍스트를 벗어난 분석적이고 실증주의적인 철학에 대한 반
란이라는 것이다.[1] 저널리즘은 이런 프래그머티즘적이고 실용적인 것
이다. 또 한편으로 저널리즘은 실용보다 세계를 계몽하고 이끄는 이
성의 빛으로 간주되기도 한다. 그러나 지금 저널리즘은 '계몽'보다 '실

---

1) Lenore Langsdorf and Andrew R. Smith(1955). *Recovering Pragmatism's Vocice*, State Universitry of New York Press. p. 1.

용'적인 것이 되어가고 있다.

다시 말해 현대 저널리즘은 분석적이고 실증주의적인 것에서 역사와 문학예술, 그리고 문화에 보다 우호적인 저널리즘이 되어가고 있다는 것이다. 너무 단순화하는 감이 있지만 저널리즘에는 두 가지 모델이 있어왔다. 하나는 계몽주의 모델이고 다른 하나는 프래그머티즘 모델이다. 신문의 역사를 보면 신문은 선박의 입출항 등 무역과 상거래를 위한 정보를 제공하는 상업지와 정치적 주장을 담은 정론지로 나뉘어 있었다. 굳이 말하자면 정론지는 계몽주의, 상업지는 프래그머티즘에 가까운 모델이었다고 할 수 있다. 이런 저널리즘이 지금은 프래그머티즘적인 것이 주류가 되고 있다.

여러 면에서 저널리즘에는 지금 쿤(Kuhn)적인 혁명의 현상이 있다. 그러나 천지개벽하고 있다는 것은 아니다. 큰 변화이기는 하지만 그렇다고 어떤 하나가 완전히 없어지고 다른 것으로 모두 바뀐다는 것은 아니다. 그런 일은 생각할 수 없다. 뉴턴의 과학이 하이젠베르크(Heisenberg)의 과학에 의해 대체되었지만, 아직도 뉴턴의 과학은 우리들 일상에 남아 있는 것처럼 말이다. 저널리즘이란 우리들 삶의 한 부분이고 그것은 놀랄 만치 잘 변하지 않는다. 따라서 저널리즘의 계몽주의 모델과 프래그머티즘 모델은 병존하면서 그 중심이 서서히 프래그머티즘 쪽으로 옮겨가고 있다는 것이다.

저널리즘 모델의 프래그머티즘화는 여러 변화를 함축하고 있다. 이들은 저널리즘의 인식론에서부터 저널리즘과 정치적 민주주의, 그리고 정치경제적인 것에 이르기까지 광범위하게 걸쳐 있다. 어떤 의미에서 보면 이러한 프래그머티즘화는 저널리즘의 모든 것이 보다 더 노골적으로 저널리즘화하는 것을 뜻한다. 이는 원래 진부한 저널리즘이 더욱 진부화(banal)하는 것을 의미한다. 이 책은 전통적인 저널리즘에서 불편해하는 이들 현상 —진부함 등— 을 프래그머티즘에서 보면 정당하고 당연한 현상이라는 이야기를 담고 있다.

W. 리프먼의 저널리즘

나는 이 책을 월터 리프먼(Walter Lippmann)의 저널리즘 이야기로 시작한다. 리프먼은 20세기가 낳은 가장 위대한 저널리스트이다. 그는 저널리스트이면서 동시에 그의 세기 미국을 대표하는 사상가였는데, 그의 삶과 사상에는 계몽주의와 프래그머티즘이 역동적으로 혼재되어 있다. 그는 이론가이기보다 실천가였다. 즉 저널리스트로서 프래그머틱했다고 할 수 있다. 그렇지만 그는 프래그머티즘에만 머물지는 못했다. 그는 특히 그의 마지막 저술『공공철학(The Public Philosophy)』에서 위기의 자유민주주의를 구원하기 위해서는 자연법 혹은 공공철학의 부활을 주장하였다. 리프먼은 현대의 자유민주주의 정치제도와 가치들은 모두 공공철학이라는 토대 위에서 이루어진 것이라고 하였다. 그러나 여기서 토대란 형이상학적인 것은 아니다.

그는 학문적 이론가는 아니었다. 그의『여론(The Public Opinion)』은 정치학 이론서로 간주되지만 그가 정치학적 이론을 제시하려고 한 것은 아니다. 그의 저서들이나 주장들은 시대적 문제들에 대한 그의 사유와 저널리즘 실천의 결과들이었다. 이런 의미에서 그의 사유나 주장은 이론적이기보다는 프래그머틱한 것이었다. 나는 가급적 그의 저널리즘과 저술들을 '정치적'인 것으로, 그러니까 현실적이고 프래그머틱한 것으로 읽었다.

리프먼의 저널리즘은 흔히 계몽주의 모델에 우호적인 것으로 평가

된다. 그가 보편적인 이성(reason)과 합리성(rationality)을 존중했다는 점에서 그렇다. 그런 의미에서 그는 계몽주의적 합리주의자로 언급되기도 한다. 그는 대중의 이기심, 편견, 정념과 같은 비합리성도 불가피한 인간의 조건으로 주목한다. 그는 이들 비합리성을 관리할 수 있는 능력의 소유자로 전문적 지식과 훈련을 받은 엘리트들에게 미국 민주주의의 구원을 기대하였다. 이런 이유에서 그는 적어도 저널리즘의 일정 부분을 이들 엘리트에게 맡겨야 한다고 믿었던 것 같다. 현실적으로 그것이 문제해결의 방법이라는 것이다. 한마디로 그는 엘리트였고, 이런 말이 가능한지 모르겠지만, 엘리트 프래그머티스트였다.

리프먼의 저널리즘은 실재론(realism)적이다. 그러나 그의 실재론은 형이상학적인 것은 아니다. 저널리스트로서 현실에서 왜곡 없는 진실을 말한다는 의미에서 프래그머틱한 실재론이다. 그의 『여론』이나 『환영의 공중(The Phantom Public)』은 모두 우리의 인식론적 한계와 인간과 사회적 조건을 인정하고 있다. 실재가 선험적으로 있는가 없는가 하는 것은 그의 관심사가 아니다. 그는 왜 사람들이 동일한 대상을 서로 달리 보는가를 문제 삼는다. 그는 그 원인을 인간의 인식과 표상능력의 한계, 그리고 사회적·문화적 조건에서 찾으면서, 그래도 저널리스트는 객관적인 사실을 뉴스로 기술할 수 있기를 기대한다. 여기서 객관적 진실이란 단지 사람들이 이견 없이 받아들일 수 있는 수준의 진실이지 선험적인 진실은 아니다. 그런 이유에서 그의 저널리즘이 형이상학적이고 토대주의적인 실재론이라고 말하는 것은 맞지 않다.

리프먼은 자유주의자, 즉 리버럴(liberals)이었다. 그는 하버드(Harvard) 대학 시절에는 페이비언(Fabian) 사회주의자였고 그 후로도 온건한 리버럴이었다. 그는 프랭클린 루스벨트(Franklin D. Roosevelt)

의 뉴딜 정책을 지지하는 리버럴 주류에 있었지만, 듀이와 같은 급진적 혹은 진보적 리버럴과는 다소 거리가 있었다. 그는 케인스(John M. Keynes), 라스키(Harold Laski), 홈스(Justice Holmes) 등 좌파를 포함하여 당시의 대표적인 리버럴 지식인들과 깊은 교류를 나누면서 그가 공동 편집인이었던 잡지 《뉴 리퍼블릭(*The New Republic*)》과 《오늘과 내일(*Today and Tomorrow*)》의 칼럼니스트로서 막강한 영향력을 발휘하였다. 그의 저널리즘은 20세기를 대표하는 것이었다. 그런 의미에서 현대 저널리스트의 한 전범을 보여주었다. 한마디로 리프먼은 이론적이며 실천적이고 현실적인 저널리즘이란 이런 것이라는 것을 보여주었다. 그는 이론적이면서 동시에 실천적인 저널리스트로서 체화된 저널리즘의 의미를 우리로 하여금 느끼게 한다.

저널리스트로서 리프먼과 철학자 듀이

다음으로 이 책은 캐리(J. Carey)가 1989년 출간한 책 『커뮤니케이션과 문화(*Communication and Culture*)』의 소위 리프먼과 듀이(John Dewey)의 '논쟁(debate)'에 대해 이야기한다.[2] 이것은 캐리가 두 사람

---

2) 그러나 그것은 우리가 통상 논쟁이라고 부르는 그런 것이 아니었다. 리프먼과 듀이가 면대면 논쟁을 한 적도 없고 서로 상대의 주장을 인용하고 비판한 일도 없었다. 그렇기 때문에 이들 두 사람은 당시 자신들이 논쟁을 하고 있다는 것을 알고 있었는지도 의문이다. 더구나 듀이는 리프먼의 『여론』이 나왔을 때는 물론 『환영의 공중』이 출간되었을 때 이를 호의적으로 평가하였다. 듀이는 리프먼이 『공중』에 관심을 기울인 것을 의미 있는 것으로 받아들이면서 자신의 『공중과 그 문제들』과 함께 미국의 실천적 민주주의를 위한 지적 성과로 여겼다. Sue Curry Jansen(2012). *Walter Lippmann*. Peter Lang. p. 28 참조. 앞으로 이 책은 'S. Jansen(2012)'으로 표기함.

의 정치철학, 즉 민주주의에 대한 주장을 상호 갈등적으로 해석하고
이를 '논쟁'으로 드라마화한 것이다. 이 '논쟁'은 한때 언론학에서 자
주 언급되는 주제였다. 그러나 최근에는 캐리가 리프먼과 듀이 사이
의 차이를 의도적으로 과장하고, 특히 리프먼에 대해 잘못된 평가를
남겼다는 비판이 나오고 있다. 이런 리프먼에 대한 해석에는 캐리만
이 아니라 슈람(Wilbur Schramm)에게도 책임이 있다는 비판이 있다.
그들의 리프먼에 대한 불공정한 해석은 미디어 연구사를 오도하였다
는 것이다. 그런 측면에서 이 책은 리프먼을 재서술하는 의미도 조금
은 갖고 있다. 리프먼과 듀이 사이에는 21세기인 지금 보아도 중요
한 정치철학과 저널리즘 문제에서 차이가 분명 있다. 문제는 캐리가
이를 과장하여 '논쟁'으로 극화하고, 특히 리프먼에 대한 평가를 공
정하게 하지 않았다는 점이다. 리프먼을 듀이와 완전히 대립적으로
해석한 것은 맞지 않은 것 같다. 리프먼이나 듀이, 이들은 모두 프래
그머티스트이자 리버럴이었다. 그 위에서 이들의 차이는 논의되어야
한다.

정확히 말하면 리프먼과 듀이가 저널리즘에 대해 직접적으로 이
견을 드러낸 것은 별로 없다. 더구나 리프먼은 저널리즘에 대해 많
은 이야기를 하였지만 듀이는 저널리즘이 아니라 커뮤니케이션을 이
야기하였을 뿐이다. 그런 의미에서도 양자의 차이는 그들의 정치철
학에 대한 것이라고 하는 것이 옳다. 그리고 이러한 정치철학의 차이
로부터 저널리즘에 관한 그들의 관점을 추론하는 것이 옳다. 리프먼
의 『여론』, 『환영의 공중』과 듀이의 『공중과 그 문제들(*The Public and
Its Problems*)』의 주제는 민주주의라는 정치철학이다. 여기서 리프먼은
현실적 민주주의, 듀이는 진보적 민주주의를 주장하였다. 미국 역사
의 정부이론에서 말한다면 리프먼은 해밀턴(G. Hamilton)의 연방주의

(Federalist), 그리고 듀이는 제퍼슨(T. Jefferson)의 공화주의(Republican)라는 정치철학적 전통의 표현이었다. 여기에 한 가지 더 덧붙인다면 리프먼은 유럽의 토크빌, 마키아벨리, 드골을, 그리고 듀이는 제퍼슨과 휘트먼(W. Whitman)을 지지했다. 이런 것들이 그들의 차이를 상징적으로 말해준다. 그러나 이러한 차이에도 불구하고 듀이가 리프먼을 긍정적으로 평가한 것에서 알 수 있듯이 그들은 모두 리버럴이었고 민주주의자였다. 듀이는 리프먼을, 미국의 공중을 회복시키기 위한 기획의 동지로서 높이 평가하면서 그들의 차이를 민주주의의 실천 방법의 차이로 보았다.

리프먼과 듀이의 주장에서 주목되는 차이는 지식이론(theory of knowledge)과 자유주의(liberalism)이다. 한마디로 그들은 서로 조금은 다른 지식이론과 자유주의이론을 갖고 자신들의 주장을 폈다. 지식이론에는 과학(science), 지식(knowledge), 진실(truth), 이성(reason), 그리고 지성(intelligence)과 같은 관념들이 개입되어 있다. 미국의 민주주의에 대한 양자의 차이는 이들 관념의 차이에서 설명될 수 있다. 저널리즘의 사실(fact)과 진실(truth) 문제나 자유주의와 관련해서도 마찬가지이다. 리프먼은 보수우파적 자유주의를, 듀이는 급진좌파적 자유주의를 주장했다고 말할 수 있다. 벌린(Isha Berlin)의 구분을 따르면 리프먼은 소극적 자유(negative freedom), 듀이는 적극적 자유(positive freedom) 쪽에 서 있었다고 할 수 있다. 그러나 이 시대에 대해 우리는, 자유주의 역사에서 보면 리프먼의 자유주의가 듀이의 자유주의보다 우위에 있었다는 점을 기억해도 좋을 것이다.

리프먼과 듀이의 주장들은 지식과 관련된 철학적 의미를 갖고 있다. 특히 듀이는 뉴턴의 기계적 과학관을 대체한 하이젠베르크의 불확정성의 원리를 수용하고 그의 코페르니쿠스적 전환 ─칸트가 아니라 듀이의— 이라는 관념을 내놓았다. 이러한 듀이의 철학은 사실 『공중과 그 문제들』보다 그 2년 뒤에 나온 『확실성의 탐구(*The Quest for Certainty*)』에서 본격적으로 다루어지고 있다. 때문에 리프먼과의 차이를 이야기할 때 『확실성의 탐구』는 『공중과 그 문제들』과 함께 중요한 문헌이다. 다만 『공중과 그 문제들』은 제목 그대로 '공중'과 '민주주의'라는 정치철학적 문제를 다루고 『확실성의 탐구』는 이들 정치철학적 문제에 선행하는 '지성(intelligence)' 등 과학 철학적 문제를 다루고 있다는 점에서 차이가 있을 뿐이다.

　듀이와 리프먼의 차이의 핵심은 앞서도 말했지만 공중과 민주주의 문제로 이야기한다. 리프먼은 공중이란 환영이고 미국 민주주의의 미래는 회의적이라고 했다. 이에 반해 듀이는 공중을 실체라고 하면서 민주주의를 낙관적으로 전망했다. 리프먼은 이상 혹은 우상으로서의 민주주의가 아닌 현실적으로 가능한 민주주의를, 듀이는 대중의 참여를 통한 민주주의의 이상과 개척을 주장하였다. 이처럼 두 사람의 현실 진단과 미래 전망 사이에는 괴리가 있다. 그러나 이 둘의 차이가 근원적인 것인가 하는 데는 단정적으로 말하기 어렵다. 이 문제는 앞으로 좀 더 논의하겠다.

　저널리즘과 관련하여 듀이의 주장은 공공 저널리즘(public journalism) 혹은 참여 저널리즘(participatory journalism), 리프먼은 전문직 저널리즘의 이론을 주장하였다. 그러나 이들의 주장에는 그 이상의 것들이 있다. 예로서 저널리즘의 기본 요소인 사실(fact)에 대해 두 사람은 철학적 관점을 달리한다. 너무 단순화하는 것이지만 리프먼에게 사실이란 발견되는 것이고, 듀이에게는 구성되는 것이다. 그러나 리프먼이라고 해서 사실이 사회 문화적으로 구성된다는 것을 무시한 것은 아니다. 단지 듀이와 비교하여 리프먼은 보다 보편적이고 실재론 쪽에 가까운 입장을 취하였을 뿐이다. 리프먼의 정치철학은 말 그대로 현실주의적이고 듀이는 미래 지향적이고, 어떤 의미에서는 이상주의적이기까지 하다.

'자유'와 '진실'의 주변화

이들의 주장은 또 다른 중요한 문제를 함축하고 있다. 그것은 언론의 '자유'라는 가치 문제이다. '자유'가 핵심적 위치에서 밀려나 있다. 전통적으로 '자유'라는 가치는 선험적으로 존재하는 '사실'과 '진실'을 발견하기 위한 것이라는 전제하에서 정당화되어왔다. 밀턴(John Milton)의 자유이론이 그렇다. 자유가 진리에 이르는 인간의 유일한 길이었다. 그런데 오늘날 이 전제 ―진실의 선험성― 는 의혹의 대상이 되었다. 이것은 '자유'는 '사실'과 '진실'의 발견과 관련 없을 수 있다는 말이기도 하다.

그렇다면 무엇이 '자유'를 정당화할 수 있는가? 듀이에게 '자유'는 '사실'과 '진실'의 '창출' ―발견이 아니라― 을 위한 것이다. 물론 이 과정에서도 자유는 필요하다. 그러나 발견하기 위한 자유와 창출하기 위한 자유에는 차이가 있다. 후자의 경우에는 가치가 부여되어 있다. 여기서 '언론자유'는 '선(good)'을 낳기 위한 것이다. 그 '선'은 프래그머틱한 선이다. 자유 자체를 위한 자유가 아니다. 자유를 위한 삶이 아니라 삶을 위한 자유이다. 여기에 이르게 되면 '자유(freedom)'와 '통제(control)'라는 기준으로 자유주의 언론과 권위주의 언론으로 구분한 과거의 언론제도 이론도 재서술될 수 있다.

다시 말하지만 리프먼과 듀이 사이에는 공중(the public)과 민주주의관에 차이가 크다. 그들은 공중에 대해 서로 다른 주장을 하였다. 리프먼은 현실적으로 공중이란 허구이고 유권자의 인식 능력에 전적으로 의존하는 민주주의이론에 회의적이다. 그리하여 현대의 민주주의가 필요한 것은 지금보다 더 많은 대중의 직접적인 참여가 아니라 전문직 엘리트의 지식에 보다 의존하는 민주주의를 주장하였다. 이에 비해 듀이는 인식 문제 해결이 민주주의를 위기에서 구원할 수 있다는 것을 부정한다. 그는 인식과 이성이 아니라 대중의 참여와 대중의 지성(intelligence)을 민주정치의 전제조건으로 삼는다. 듀이는 유권자들이 공중으로 참여하게 되면 그 과정에서 민주주의가 필요로 하는 인식과 지성을 갖추게 되어 민주주의를 할 수 있다는 주장을 하였다. 이를 정리하면 리프먼의 경우 인식이 민주주의의 전제조건인 반면, 듀이의 경우 민주주의와 인식은 공시적인 것으로 그 과정에서 지성이 창출되고 그 자체가 민주주의라는 것이다.

이런 의미에서 리프먼은 인식론 저널리즘 ―인식론 정치와 함께― 을 주장하였고 듀이는 참여와 지성의 저널리즘을 주장하였다. 듀이는 결국 저널리즘의 인식론적 의미를 재평가해야 하는 문제를 낳는다. 여기서 저널리즘은 유권자의 앎을 위한 중립적인 존재가 아니라 시민의 권리를 실천하는 권력기구가 된다. 저널리즘은 공론장(public sphere)이다. 그것은 시장(market)이 아니라 참여를 통해 시민성(citizenship)이 구성되고 실현되는 공적 공간이다. 이것이 듀이의 생각이었다.

또 여기에는 현재도 중요한 논쟁 주제인 엘리트, 즉 전문직의 역할 문제도 있다. 듀이는 리프먼의 전문 지식인에 의한 통치 주장에 대해 철학자가 왕이 되어야 한다는 플라톤주의의 부활이라고 하면서 전문가라는 말이 매력적이지만 그것은 지식인 계급이 만들어낸 허상이라고 비판한다.[3] 그러나 그의 주장을 경직되게 받아들일 필요는 없을 것 같다. 왜냐하면 듀이의 공중, 누구나 지니고 있는 '지성'이 현실적으로 과연 그가 생각한 수준의 그런 '지성'인가 하는 데 회의적이기 때문이다.

서사로서의 저널리즘

저널리즘의 뉴스 이론은 인식론적으로 실재론적이다. 저널리즘에서 뉴스는 실재(reality)의 표상이라는 것이다. 리프먼은 이런 실재와 일치하는 표상을 얻기 위해 저널리스트의 눈은 순결한 '신의 눈'이기를 기대한다. 저널리스트는 무관여(disinterested)적이고 객관적이어야 한다. 저널리스트 최고의 규범은 객관성이다. 이러한 저널리즘과 뉴스관은 정치철학적으로 고립되고 독립적인 개인에 기초한, 즉 개인주의적 자유주의에 기초한 것이다.

이에 반해 듀이는 개인을 고립된 자아가 아니라 사회적 존재로 본다. 그는 개인적이라는 것을 나무에 비유하면서 나무는 땅속에 뿌리를 내리고 햇빛, 공기, 물과의 연결에 따라 살기도 하고 죽기도 한다고 했다. 다시 말하면 나무라는 것도 이들 상호작용하는 부분들의 집합을 의미하는 것이다.[4] 이것은 '자아'를 커뮤니케이션 속의 '자아', 즉

---

3) John Dewey(1927). *The Public & Its Problems*. Swallow Press. p. 205; 정창호 · 이유선 역(2014). 『공공성과 그 문제들』. 201-202쪽. 앞으로 이 책은 'J. Dewey(1927)'로 표기함.

4) J. Dewey(1927). p. 186; 역본(2014). 184쪽. 이러한 듀이의 관점은 사실과 진실 문제에도 그대로 적용된다. 다시 말하면 듀이 등 프래그머티즘의 사실이란 맥락 속의 사실이지 이로부터 독립된 것이 아니라는 것이다.

서사적 자아(narrative self)를 의미하는 것이다. 여기에 중립적, 즉 객관적 자아란 존재하지 않는다. 우리는 어떤 이익, 결과, 의무, 조건 등을 욕망하고 전제한다. 프래그머티즘은 인간이란 자기가 지금까지 무엇을 해왔는가를 성찰하고 우리가 이런 일을 계속하면 미래가 어떻게 될 것인가를 대화하고 예측하면서 행동한다고 본다. 이를 위해 커뮤니케이션은 필수이다. 그러나 이런 커뮤니케이션은 상상력을 요구한다. 이런 의미에서 듀이는 커뮤니케이션이 하나의 예술(art)이기를 기대했다. 한마디로 듀이는 리프먼이 주장한 객관적 사실이나 진실 대신 프래그머티즘의 사실과 진실을 그 이상의 것으로 제시하면서 저널리즘을 커뮤니케이션, 나아가 예술로까지 기대한 것이다.

다시 말하지만 프래그머티즘은 전통 저널리즘이 의지해온 표상주의를 반대한다. 이것은 곧 저널리즘의 기본 자산인 사실과 진실의 기술적 신뢰성(technical reliability)은 물론 규범적 신뢰성(normative reliability)에 대한 부정으로 귀결된다. 그리하여 저널리즘의 사실과 진실에 대한 재서술을 요구하게 된다. 한마디로 표상주의의 부정은 전통 저널리즘에게는 하나의 도전이다. 과거의 신문을 '사회의 목탁', '사회의 거울'이라고 하던 말은 우리의 로망이었다. 그런데 프래그머티즘은 이를 거부한다. 프래그머티즘은 이런 저널리즘에게 도전이다.

무엇보다 사실과 진실에 대한 프래그머티즘의 관점은 현대의 뉴스 이론의 고민스러운 문제를 안겨주고 있다. 프래그머티즘은 어떤 사실의 진실 여부는 실재의 표상 문제가 아니라 미래에 발생하게 되는 결과에 달렸다고 본다. 이런 의미에서 사실과 진실이란 하나의 가정이다. 진실은 이런 지식과 실제의 일치 여부에 따라 결정되는 것이다.

저널리즘의 뉴스는 이론적으로는 실재론적이고 이성주의 내지 합리주의적인 것이다. 그러나 프래그머티즘의 사실과 진실은 그 이상의

것이다. 듀이와 로티(Richard Rorty)의 프래그머티즘은 이를 더욱 극
단화하여 프래그머티즘의 사실과 진실은 저마다 고유하고 독특한 상
황의 것이라고 했다. 이것은 이성적인 것이 아니라 듀이가 말한 지성
적인 것이다. 지성(intelligence)이란 이성에 대한 프래그머티즘의 다른
이름이다. 그러나 지성이라고 부르는 이성은 어떤 구체적인 상황에서
발현되는 이성으로, 이것은 그 상황에 개재되어 있는 느낌, 불확실성
과 같은 것들도 포섭한 ─박제화된 것이 아니라─ 구체적이고 살아
있는 이성이라는 것이다. 그것은 새장 안의 이성이 아니다.

연대의 장, 저널리즘

나는 이 책에서 로티의 프래그머티즘 이야기를 많이 하는데, 왜냐
하면 그가 주장하는 합리성이 실은 저널리즘의 합리성이라고 생각하
기 때문이다. 그는 저널리즘이 보다 나은 자유주의 사회를 위한 사실
보고를 철학보다 더 잘하고 있다고 했다. 여기서 그가 말하는 사실과
진실이란 이성적인 혹은 합리주의의 것이 아니다. 그것은 자족적이고
완전하고 순결한 것들이 못된다. 그것은 오히려 그의 책 제목이기도
한 '우연성, 아이러니, 연대성'으로부터 나오는 것이고 듀이가 말하는
미결정성과 불확실성이라는 무늬로 얼룩진 사실과 진실이다. 이것은
바로 위에서 이야기한 서사적 자아처럼 서사적 사실이고 진실이다.
이런 사실과 진실 개념을 저널리즘과 저널리스트들은 불편하게 받
아들일 수 있다. 그러나 그것이 논리적으로는 불편하지만 현장에서는
오히려 그것이 숨 쉬고 있는 실제라는 느낌을 갖게 하는 것이다. 이것
은 실제가 논리에 굴복하는 것이 아니라 논리가 실제에 굴복해야 하

는 것이라는 프래그머티즘의 이야기에 걸맞은 것이다. 나는 리프먼이 말하는 사실과 진실도 정도의 차이는 있지만 듀이나 로티가 말하는 서사적 자아와 크게 다르지 않다고 해석한다.

나는 이 책에서 저널리즘과 프래그머티즘 사이의 가족성을 이야기하면서 프래그머티즘이 오늘의 저널리즘에게 무엇을 말하고 있는가를 듣고자 했다. 그것은 두 가지이다. 하나는 저널리즘의 사실과 진실을 재서술할 필요가 있다는 목소리이다. 이것은 저널리즘 이성의 계몽주의와 형이상학, 그리고 토대주의로부터의 해방을 의미한다. 이것은 차가운 이성의 저널리즘이 감성과 느낌에 의해 계몽되어야 한다는 주장이다. 저널리즘의 이성은 불확실성에 감수성을 가져야 한다. 프래그머티즘은 직관의 역할을 강조하고 공동체, 문화, 사회적 문제의 해결을 위한 통찰력과 예술적 상상력을 높이 산다. 나는 여기서 로티가 그의 철학적 기획이 무엇인가를 말한 것 하나를 인용하겠다. 그는 자신의 『우연성, 아이러니, 연대성』이란 책에서 이렇게 말했다: 나는 자유주의 사회의 희망을 합리주의와 보편주의가 아닌, 그러나 그보다 더 그 희망을 잘 구현할 수 있는 다른 방식을 구성하고자 한다.[5] 합리주의와 보편주의가 아닌 다른 도구를 마련하려 한다는 것이다. 비유하면 우주를 아리스토텔레스 식이 아니라 갈릴레오 식으로 본다는 것이다. 우물에서 두레박이 아니라 도르레를 이용해 물을 퍼내려 한다는 것이다. 이것이 저널리즘에게 하는 말은 저널리즘을 수행함에 있어서 이성의 경직된 사실이나 진실이 아니라 어떤 다른 것으로 하자는 의미이다. 그것은 폴라니(Michael Polanyi)가 말하는 암묵적 지(tacit

---

5) Richard Rorty(1989). *Contingency, Irony, and Solidarity*. Cambridge University Press. pp. 44-45; 김동식 · 이유선 역(1996). 『우연성, 아이러니, 연대성』. 100쪽. 앞으로 이 책은 'R. Rorty(1989)', 그리고 번역본은 '역본(1996)'으로 표시한다.

knowledge) 그 이상을 찾는 것이고 이성이나 합리성은 잊어버리는 것이 좋다는 말이다. 그리하여 사실과 진실의 재서술을 주장한다.

사실과 진실의 재서술이 하나라면 다른 하나는 저널리즘 존재의 정당성 문제이다. 이 문제에 대해서도 프래그머티즘은 재서술을 요구한다. 프래그머티즘에서 저널리즘은 좀 더 나은 자유민주주의 사회를 위한 도구의 하나이다. 로티에 의하면 자유주의 사회 최대의 악은 잔인성이고 자유주의 사회의 진보는 이 잔인성의 축소이다. 이를 위해 저널리즘이 해야 할 일의 하나가 잔인성의 소스(source)를 찾아내어 이를 완전히 제거는 못하더라도 그 규모를 축소하는 데 공헌하는 것이다. 그러면서 로티는 지식을 희망으로 대체할 것을 주장하였는데, 이는 저널리즘의 사실과 진실을 희망을 성취하기 위한 도구로 주장하게끔 하는 것이다. 자유주의 사회에서 저널리즘의 평가는 자유주의 사회의 진보를 위한 공헌에 따라 결정되는 것이다. 한마디로 이런 차원에서는 저널리즘은 중립적이 아니다.

계몽주의에서 프래그머티즘으로의 저널리즘의 이행은 우리에게 익숙한 전통 저널리즘의 의미 혹은 관습을 바꾸어야 한다는 것을 지시한다. 그 상황을 하나로 묶어서 로티는 '계몽주의 합리성(enlightenment rationalism)'이란 관념은 자유민주주의 사회의 초창기에는 필수적이었지만 이제는 방해물이 되었다고 말한다. 그리하여 그는 자유주의 사회의 희망을 합리주의와 보편주의가 아닌 방식으로 더 잘 구현할 수 있는 방식을 다시 구성하고자 한다. 저널리즘에 대해서도 같은 이야기가 가능하다. 그런 의미에서 로티는 하버마스와 다르다.[6]

---

6) 이 문제는 우리 한국 저널리즘에게 중요한 의미를 시사하고 있다. 그동안 우리의 미디어 비평이나 언론개혁 담론을 보면 대체로 하버마스적인 복고적·환원론적이다. 그들의 주장은 한마디로 왜곡된 커뮤니케이션 무대의 정상화이다. 다른 말로

로티의 주장을 따르면 지식이란 세상사에 대처하기 위한 것이지 실재를 표상한다는 생각을 저널리즘은 버려야 한다는 것이 된다. 뉴스는 세상사에 대처하기 위한 것이지 표상을 위한 표상이 아니다. 프래그머티즘 저널리즘에서 이야기하자면 계몽주의 저널리즘으로의 환원 주장은 오늘날의 다원주의 사회와 저널리즘 환경에 비추어 너무 일원론적이다. 이것은 다시 말하는 것이 되지만, 이성은 감성에 의해 계몽되어야 이 시대의 변화를 반영할 수 있다. 바흐(Bach)의 음악을 연주가 아니라 악보로 감상하지는 않는다.[7] 저널리즘은 연주이다.

로티의 프래그머티즘에서 저널리즘은 세계를 '하나(unit)'화가 아니라 다원적인 것들이 상호적응하고 연대(solidarity)하는 장이다. 이것은 저널리즘 세계의 가이드라인은 다원주의이고 무엇이든 간에 —이성이든 합리성이든 또 언론자유라는 것까지도— 패권적이 되는 것을 거부하는 것이다. 이러한 다원주의와 연대의 장으로 저널리즘을 재서술해야 하는 상황은 저널리즘 장(journalism sphere) —특히 TV— 이 대중적 실재(popular reality)에 의해 점유되고 있다는 사실과도 관련되어 있다. 오늘의 대중적 실재라는 것은 다원적인 것들의 통합이 아니라 그들의 연대이다. 그러나 이것이 이야기의 끝이 아니다. 로티는 포스트모더니즘을 강력하게 비판하는데, 이를 통해 그는 저널리즘의 프래

하면 그들은 계몽주의 이성의 회복을 주장한다. 그것은 계몽주의 이성에 의한 계몽주의 이성의 개혁이다. 과연 그것이 가능한가? 로티는 계몽주의의 개혁을 계몽주의가 아니라 프래그머티즘에 의존할 것을 주장한다. 이 점에서 로티는 다르다. 로티의 개혁은 환원이 아니라 미래가 그 지향점이고 기준이다. 그런 의미에서 적지 않은 한국의 언론담론이 저널리즘의 문제나 사회적 정의의 문제가 아니라 정치권력 쟁탈투쟁의 일부라는 지적을 가능하게 한다.

7) 이 비유는 다음의 글에서 차용한 것이다. Dimitri N. Shalin(1992). "Critical Theory and the Pragmatist Challenge." *AJS*. vol. 98, no. 2(September), p. 262.

그머틱한 좌표의 설정을 가능하게 한다.

저널리즘과 관련하여 로티의 프래그머티즘을 상상해보면 로티의 저널리즘은 계몽주의 저널리즘과 포스트모던 저널리즘 사이에서 포스트모던 쪽에 좀 더 가까이 있는 것이라고 말할 수 있겠다. 비판이론과 하버마스의 공론장이론과 포스트모던 사이에서 보더라도 포스트모던 쪽에 좀 더 가까이 있다고 생각된다. 그러나 포스트모던한 저널리즘과 로티의 저널리즘은 같은 패러다임에 속한 것은 아니다. 로티는 포스트모더니즘에서 상대주의와 허무주의, 그리고 패배주의를 읽고 이를 혐오한다. 이 문제는 책 마지막 부분에서 다시 이야기하겠다.

포스터의 소설 『하워즈 엔드』

다시 조금의 상상력을 동원하여 로티 저널리즘을 그려보면 그것은 거친 야성(wildness)의 저널리즘일 것 같다. 그의 프래그머티즘에도 이런 야성이 있다. 로티는 자신이 듀이와 철학적으로 다른 점이 거의 없다고 했지만, 듀이보다는 야성적인 것 같다. 그는 이론에 호의적이지 않다. 그런 점에서 그의 저널리즘관도 이론적인 것이 아닐 것이다. 이렇게 상상해보면 아마도 그는 리프먼의 저널리즘을 존중했을 것이다. 과문한 탓인지 리프먼에 대한 언급은 없지만 말이다. 리프먼이 형이상학을 추구했든 않았든 그것은 중요한 문제가 아니고, 그의 칼럼이 미국의 국제문제라는 야성적 ―혹은 야만적― 인 현실 문제를 논하는 것이었다는 점에서 말이다. 리프먼도 이런 의미에서 프래그머틱했다.

로티의 저널리즘은, 이것은 전적으로 나의 상상인데, 프래그머틱하고 구체적인 현실 문제에 피부로 접하는 것이다. 저널리스트는 부정,

부패, 거짓을 폭로하고 가진 자가 못 가진 자의 몫을 빼앗는 일을 최고의 악으로 혐오한다. 저널리스트는 숙고적이기보다 직관적이다. 사건과 사태에 직관적으로 반응한다. 저널리즘은 교육적 기능도 하지만 그것이 1차적인 것이 아니다. 저널리즘은 직접적으로 문제에 부딪친다. 그런 의미에서 저널리스트는 정신적이기보다 물질적이다. 로티는 좌파 리버럴의 무능력이 물질, 즉 진부한 돈 문제가 아니라 고상한 이론과 문화에 그들이 매몰된 때문이라고 했다. 노동자의 문제를 임금이나 노동시간보다는 집단의 정체성이나 문화와 같은 것에 매달리는 것을 좌파의 오류라고 진단한다. 로티가 생각하는 저널리즘도 마찬가지일 것이다. 킹(Martin Luther King)은 미국 흑인들의 문화이론에는 관심을 두지 않았다. 킹은 단지 흑인들도 백인들이 누리는 삶의 기회를 가질 수 있도록 미국을 설득하는 것을 자신의 사명으로 삼았다.

로티의 저널리즘을 이렇게 가정하면 그의 저널리즘 이론은 아주 간단명료하다. 뉴스 —자극(stimulus)— 를 통해 사람들의 생각과 행동에 변화를 낳는 효과 —반응(responses)— 를 얻는 것이다. 학습이론의 가장 간단한 모형이다. 저널리즘은 보다 나은 자유주의 사회를 위해 이런 일을 하는 것이다. 대단히 거친 원시적이고 야생적인 사고이다. 저널리즘의 현실이 이를 증명하고 있다. 정치적 저널리즘의 경우 저널리즘은 이슈를 만들어 사회적 공론을 만들어낸다. 이들 이슈를 들여다보면 그것들은 대부분 정부 혹은 정치인들과 저널리스트의 합작품들이다. 대중적 실재(popular reality)의 시대라고 하지만 대중은 정부와 직접 관계하는 것이 드물다. 저널리즘이 중요한 중재자이다. 물론 요즘 시민단체가 중요해져서 저널리즘 매체는 이들과도 상호작용을 한다. 그러나 저널리즘의 중요성은 줄어들지 않았다.

로티는 포스터(Edward M. Forster)의 소설 『하워즈 엔드(*Howards*

End)』의 독해에서도 그의 프래그머티즘을 말하고 있다. 이 소설에 대해서는 자유주의 정치철학자 아블라스터(Anthony Arblaster)도 언급하는데, 그는 이 소설에서 포스터가 한 이야기를 유럽 자유주의(liberalism)의 후퇴기에 자유주의가 제도로서 실패하여 오직 자유주의자의 인간관계, 즉 개인주의와 박애주의만이 남았다고 생각하는 패배주의 혹은 소극적 자유주의자를 그린 작품으로 본다.[8] 그러나 로티는 다른 독해를 한다. 포스터가 개인주의, 즉 인간관계를 유일한 구원의 손이라고 했지만 사실은 그 밑에는 인간관계를 가능하게 하는 돈, 즉 물질을 보다 더 중요한 것으로 전제하고 있다는 것이다. 이것은 소극적이 아니라 적극적이고 도전적인 리버럴리즘을 의미한다. 로티의 유물론 혹은 진보주의라고 할까, 아니면 야생적이며 원시적인 동물성 혹은 지적 정직성에 감추어진 뉴 레프트에 대한 시니시즘(cynicism)이랄까, 그런 것을 로티의 글에서 나는 읽는다. 이를 마무리하는 이야기 끝에 붙였다. 저널리즘의 한 모습을 그리면서 그랬다. 그리고 나는 리프먼이나 로티가 생각한 저널리즘을 이런 것이라고 생각했다. 그리고 이 다음 프래그머티즘과 자유주의, 그리고 저널리즘을 누군가 —나 자신을 포함하여— 좀 더 생각해보는 데 도움이 될 것 같아 이를 덧붙인다.

---

8) Anthony Arblaster(1984). *The Rise & Decline of Western Liberalism*. Basil Blackwell. pp. 301-302.

2

20세기
최고의 저널리스트
W. 리프먼

1959년 9월 23일 미국 워싱턴 D. C. 14번가 내셔널 프레스 클럽 회견장에는 1주일 전 소련 수상 흐루시초프(Nikita Khruschev) 초청 연설 때보다 더 많은 저널리스트들이 모였다. 내셔널 프레스 클럽이 월터 리프먼(Walter Lippmann)의 70회 생일을 축하하기 위해 마련한 점심 만찬이었다. 리프먼은 동료 저널리스트들의 박수 속에 연단으로 올라가 그가 일생을 바쳐온 저널리즘 이야기를 시작했다.[1]

우리는 모두 자유주의 전통을 존중하는 신문인들로 도그마를 갖고 뉴스를 취재하고 해석하지 않습니다. 우리는 이론과 가설을 갖고 사실이 맞는지 틀리는지 검증하고 가장 개연성이 높은 해석을 해 나갑니다. 뉴스를

---

[1] Ronald Steel(1981). *Water Lippmann and The American Century*. Vintage Books. pp. 513-515. 리프먼에 관한 필자의 서술, 특히 그의 전기는 대부분 이 책에 의존한 것이다. 이 책은 가장 대표적인 리프먼의 전기이다. 앞으로 이 책은 'R. Steel(1981)'로 약칭한다.

일단 해석한 후 다음 뉴스가 앞서 한 해석과 맞는지 확인합니다. 만일 나중 뉴스가 앞서 한 해석과 일치한다면 해석을 제대로 한 것입니다. 그러나 후의 뉴스가 앞서 한 해석과 다르면 두 가지 중 하나를 해야 합니다. 하나는 그 이론과 해석을 버리는 것입니다. 그것이 자유주의적이고 정직한 선택입니다. 다른 하나는 뉴스 가운데 부합하지 않는 부분을 왜곡하거나 없애버리는 것입니다.

나는 매주 칼럼을 쓰는데 다음과 같은 비판을 가상하고 숙고해본 일이 있습니다. "당신은 과연 당신이 쓰고 있는 문제를 얼마나 알고 쓰는가? 당신은 외교정책에 관해 많은 칼럼을 쓴다. 그런데 세계 각지에서 매일 국무성에 밀려들어 오는 전신들을 당신은 보는가? 국무성의 고위급 회의에는 참석하는가? 국가안보위원회(National Security Council)의 위원인가? 다른 나라들에 대해서는 어떤가? 당신은 다우닝(Downing)가 10번지, 그리고 크렘린궁의 정보를 얼마나 알고 있는가? 당신은 외부인이다. 그래서 아는 것처럼 하지만 과연 그것이 사실인가?" "그런데 감히 어떻게 당신은 당신의 정부나 다른 나라의 정책을 해설하고 비판하고, 찬성하고 반대할 수 있는가?" …

이런 비판은 혹독한 것이지만 …, 나는 그런 비판에 이렇게 답변하겠습니다. 그런 말은 곧 우리가 누구나 투표를 하는 민주공화국에 살고 있다는 신념을 허구로 간주하는 말과 같은 것입니다. 그것은 국민이 주권자라는 민주주의의 원리 그 자체를 부정하는 말입니다. 그것은 곧 우리는 무지한 외부인이기 때문에 스스로 통치할 수 없다는 말이기 때문입니다. 그뿐이 아닙니다. 그런 비판은 내부인(통치자, 즉 정부)들조차도 지성을 갖춘 통치를 할 수 없다는 말이 됩니다. 왜냐하면 국무성에 쏟아져 들어오는 전문 모두를 읽을 수 있는 권한을 가진 사람들은 아주 적은 수―아마 최대로 40명 정도일 것입니다. 그리고 얼마나 많은 상원의원과 하원의원, 주지사, 시장들이 우리들 문제와 관련된 의견과 전문을 모두 읽습니까? 대부분의 세계 문제들에 대해 우리는 모두 외부인(outsider)이고 무지한 존재들이라면 정부에서 직위를 가진 내부인(insider)들도 마찬가지로 무지한 존재들이라는 것을 당신은 인정해야 하는 것이 아닙니까? 미국의 국무장관은 그의 관심사와 관련된 모든 문서를 다 읽을 수 있는 권한을 갖고 있습니다. 그러나 그는 얼마나 많이 읽는가요? 설사 그가 미국의 문서는 다 읽는다 하더라도 영국이나 캐나다, 프랑스, 독일, 중국, 그리고 러시아의 문서는 볼 수 없습니다. 그렇지만 그는 평화 혹은 전쟁 관련 문제가 생겼을 때 어떤 결정을 내리지 않으면 안 됩니다. 그리고 국무성보다 훨씬 제한된 문서를 접하는 의회도 역시 결정을 합니다.

그래서 나는 이와 같이 우리들 앎의 한계를 인정하고 겸허함을 전제로 하는 저널리즘을 생각합니다. 그럼에도 불구하고 나는 워싱턴 특파원의 의미를 이렇게 말합니다. "만일 국가가 국민의 동의하에 통치되는 국가라면 그런 국가의 국민들은 그들의 정부가 그들에게 동의를 구하는 문제에 대해 의견을 갖고 있어야 합니다. 국민들은 어떻게 이들 의견을 갖게 되는가요?" 국민들은 라디오와 신문을 통해 저널리스트들이 전해주는 워싱턴과 전국, 그리고 세계에서 일어나는 일을 알게 되고 의견을 갖게 됩니다. 우리 저널리스트들은 이런 필수적인 서비스를 하고 있습니다. 우리의 관심은 어떤 사건의 표면 현상이 아니라 그 밑에서 일어나고 있는 것을 발견하는 것이고, 또 저 지평선 너머의 보이지 않는 것들을 추측하고 연역하고 상상하면서 그곳에서 무엇이 일어나고 있는가를 생각해내고 어제는 그것이 무엇이었는데 내일은 다른 무엇이 될 수 있다는 것을 발견하는 것입니다.

"이런 것들은 모두 유권자 국민들이 스스로 해야 할 일이지만 그들이 시간이나 관심이 없어 하지 않거나 못하는 것을 우리가 대신 하는 것입니다. 이것이 우리들의 일입니다. 이것은 범상치 않은 소명이며 우리가 자랑스럽게, 또 기쁘게 하는 일이고 우리의 권리이기도 합니다.”

그의 연설이 끝나자, 《뉴욕 타임스》의 레스턴(James Reston)이 “금세기 최고의 저널리스트”라고 찬사를 아끼지 않은 리프먼에게 모두 일어나 뜨거운 박수로 경의를 표했다.

위의 리프먼 연설은 한마디로 저널리즘이란 시민들로 하여금 그들의 세상을 좀 더 잘 알 수 있도록 도와주는 일이라는 것이다. 그러나 저널리스트라고 해서 모든 것을 다 알 수는 없다. 저널리스트도 아웃사이더(outsider)이다. 인사이더(insider)가 아니다. 완전하고 궁극적인 사실은 획득 불가능하다. 그래도 저널리스트는 뉴스를 보도하고 칼럼을 쓴다. 저널리스트는 이런 불확실성 속에서 늘 불안하다. 이런 일은 단순히 직업으로서는 하기 어려운 일이다. 이것은 소명이다. 리프먼은 저널리스트로서 과학자이면서 소크라테스이기를 원했다. 그때까지 거의 30년을 써온 그의 칼럼 「오늘과 내일(Today and Tomorrow)」을 독자들은 신탁처럼 받아들였다. 그는 ‘다이몬(demon)’이었고 ‘공공철학자’였다.[2] 그러나 그는 ‘겸허한’ 다이몬이었고 ‘겸허한’ 공공철학자였다.

---

2) 후에 다시 논의하게 될 리프먼의 ‘사실’과 ‘객관성’과 함께 ‘다이몬’이란 토대주의 (foundationalism)적인 어휘이다. 그러나 이것이 그의 저널리즘이 프래그머티즘적인 것이 아님을 의미하는 것은 아니다. 그는 정치적으로 현실주의자로, 그의 칼럼은 주로 국제정치라는 특별히 프래그머틱할 수밖에 없는 영역을 다루어왔다는 사실이 그를 프래그머티스트로 범주화하는 근거이기도 하다.

전기 작가 스틸이 그린 리프먼

스틸(R. Steel)은 리프먼의 전기를 시작하면서 이런 이야기를 한다. 이를 옮겨 적는 것도 좋을 것 같다.

리프먼이 미국의 가장 위대한 저널리스트였다는 데는 의심의 여지가 없다. 리프먼에게는 두 가지 모습이 있었다. 하나는 칼럼니스트로서 잡지, 일간 신문, 그리고 마지막에는 신디케이트 칼럼을 쓰면서 원고마감 시간을 한번도 어긴 적이 없었던 저널리스트 리프먼이고, 다른 하나는 침묵의 심연 속에서 먼 과거와 미래를 사색하는 사상가 리프먼이었다.

기본적으로 이성의 인간 —뜨거운 이데올로기와 전 지구의 격렬한 이념투쟁의 시대에— 계몽주의적 합리주의자인 리프먼 역시 이들 격정에 시달렸다. 약간 앞으로 구부정한 자세, 돌처럼 차가운 얼굴, 자연스럽게 다문 입, 회색빛 푸른 눈의 40대 말, 남성으로서 그는 격렬한 애정 스캔들 — 친구 아내와의 관계였고 결국 이혼 후 재혼한다— 로 거의 절망의 끝에 서 있던 때도 있었다. 그는 감성이 풍부한 인간이었다. 그러나 그는 그것을 강철 같은 의지로 통제하였다. 그의 말년은 그가 생각지 못했던 최고의 과제를 그에게 안겼다. 미국 저널리즘의 원로로서 대접을 받으면서 지내는 대신 그는 자신의 생애에서 가장 심한 독설이 담긴 글을 쓰게 되는 싸움을 하게 되었다. 베트남 전쟁, 그것의 파괴성과 강박증이 낳는 폭력에 대해 그는 미국 정부를 격렬하게 비판하였다. 당시 백악관에는 그를 존경하고 그에게 찬사를 보내던 보좌관(R. 번디)이 존슨 대통령 곁에 있었다. 그는 정서적, 그리고 이성적으로 베트남 전쟁에 반대하지 않을 수 없었다.

그의 나이 거의 80에 가까웠던 때이지만 그는 다시 청년시절의 열병에 걸렸다. 1930년대 그가 지지했던 보수주의와 1940년대 후반, 그리고

1950년대의 그 어리석은 지적 초연함(detachment)에 그는 등을 돌리게 된다. 베트남 전쟁은 그의 분노에 다시 불을 붙였다. 아마 그때의 분노는 그의 생애에서 가장 최고의 것이었을 것이다. 그는 전 생애를 통해서 무엇인가를 탐구하였다. 그러한 탐구는 그로 하여금 사회주의(socialism), 정치적 적극 행동주의(political activism), 회의주의, 스토아적 초월(stoical detachment), 경제적 보수주의, 냉전비판(coldwar criticism), 사회적 자유주의(social liberalism), 그리고 마지막으로 제국주의적 야망(그의 생각으로는)의 산물인 베트남 전쟁에 대한 정서적 반대로 이어진 것이었다. 그는 설교자가 아니라 교사이고자 했다. … 리프먼은 부분적으로는 현실세계를 벗어나 '혼란에 대한 방어벽'을 쌓고 그 안에 머물려는 유혹을 받기도 했다. 하지만 그는 그런 유혹과 싸워 이겨냈다. 그는 그의 다이몬(demon)과 씨름하면서 그 자신에게 도전하고, 그리고 의식적으로 자신을 정치적 투쟁에 깊이 밀어 넣고 그로부터 물러서지 않았다. 그는 매일 그 자신을 그의 적들에게 (칼럼을 내놓음으로써) 노출시켰다. 개인적인 대결을 좋아하지 않는 성격의 그에게 그것은 특별한 용기를 필요로 하는 것이었다.

그를 현실에서 떠나지 못하게 한 것은 그의 신념이었다. 그것은 그가 이성적인 삶을 살 수 있다는 믿음, 그리고 특별한 지적 능력을 부여받은 자는 정치적 문제에서 사람들에게 그들의 길에 빛을 비추어주는 데 최선을 다해야 하는 책임이 있다는 신념이었다. 책임 있는 논평임을 증명하는 것은 한가한 관람자로서의 판단이 아니라 상상력을 갖고 사태의 참여자로서 행동을 하는 것이다. 그는 한 유명한 신문의 편집자에게 '책임이란 무엇이 행해져야 하는 바를 행하는 사람의 짐을 같이 지는 것이다.'라는 글을 보낸 일도 있다.

그는 지적으로는 논쟁에 개입하지만 감정은 개입시키지 않으려 했다. 이것은 그에게 공적으로나 사적으로나 힘든 문제였다. 그는 복잡한 사람이었다. 그를 아는 사람들에게는 그가 자신의 글에 대한 숭고한 자기 확신을 지닌 인간으로만 비쳤을는지 모르지만 그는 그 이상으로 복잡한 인간이었다. 그는 자기 안에서 많은 갈등과 투쟁을 하였고, 그리고 그것은 결코 끝난 일이 없었으며 또 해소되지도 않았다. 그가 청년시절 웰스(H. G. Wells)를 평한 글이 있는데, 그것이 이제는 그 자신에 대한 글이 되었다; "그는 양쪽으로부터 괴롭힘을 받은 것 같다. 하나는 현실 타협에 대한 그의 꿈의 공격이고, 다른 하나는 모든 꿈의 비현실성에 대한 현실의 공격이다. 그는 그런 투쟁에 자신을 던진 것으로 보인다 ─ 그것은 인간이 감당하기 가장 어려운 그런 투쟁이었다; 그리고 그는 이를 극복하기 위한 노력을 쉬지 않고 하여 이에 승리하였다. 그는 현실세계를 단순하게 수용하거나, 아니면 그의 생각에 자기 폐쇄적으로 만족하고 안주하는 것을 거부하면서 항상 새로운 도전을 하였다."

리프먼은 금세기의 전쟁들, 그리고 혁명들 이전 구세대의 태곳적 인물이었다. 그는 이 시대가 아닌 전 시대에 태어나서 자란 인간으로 자신을 이렇게 회고한 일이 있다. "나의 아동기는 내가 살아가야 할 폭력과 야만의 시대, 그리고 인간 조건의 급진적 변화에 대한 준비와는 아무런 관련 없이 보낸 시기였다." 그는 어린 시절 가스등 밑에서 라틴어와 그리스어를 배웠고 염소 카트를 타고 센트럴파크에서 놀이를 즐기면서 보냈다. 그런 그가 혁명들, 심리분석(프로이트의), 볼셰비즘, 파시즘, 핵분열, 광적인 민족주의 혁명의 시대를 살았다. 그는 이들 혁명을 이해하려고 노력하면서, 그리고 그의 동료 시민들이 이런 현실에 적응하는 것을 도와주는 일을 하면서 그의 생애를 살았다.[3]

---

3) R. Steel(1981). pp. xvi-xvii. 번역하면서 필자의 가필과 의역이 부분적으로 덧붙여졌다.

리프먼에게는 여러 모습이 있다. 그는 칼럼니스트로서의 저널리스트였고, 또 미국 외교 현장의 막후 참모이고 활동가이기도 했다. 뿐만 아니라 20세기의 명저로 평가받은 『여론』 등의 저서를 내놓은 저술가이고 사상가였다. 그래서 사람에 따라 그의 정체성을 2중 혹은 3중으로 말하기도 한다. 물론 여기에 한 가지 덧붙여 그의 부르주아적이고 낭만적이며 엘리트적인 삶에 관한 이야기를 더할 수도 있을 것이다. 이렇게 리프먼에게는 여러 면이 있지만, 이들 서로 다른 듯한 세계들은 분리된 것이 아니다. 다시 말해 그의 칼럼과 그의 막후정치는 밀접하게 연결된 것이고, 그의 학문적 업적도 실은 그의 저널리즘 활동 및 막후정치 경험의 결과이지 고립된 대학 연구실의 산물은 아니다. 그는 저널리스트였지 학자나 정치인이 아니었다. 칼럼니스트로서 그의 저널리즘이 그에게는 가장 우선하는 세계였다.

이런 이유로 그의 독특한 용어, 관념, 이론, 주장들은 모두 그의 정치참여와 저널리즘 현장 삶의 산물이다. 이것은 정치학이나 커뮤니케이션학에서 널리 쓰이는 그의 이론이나 관념들이 실은 아카데믹한 세계가 아니라 정치와 저널리즘 현장의 수확물이고, 때문에 이들의 의미는 구체적인 역사적 사건이나 현장을 전제로 이해되어야 한다. 그의 유명한 「머릿속의 그림(pictures in our heads)」이나 「객관성(objectivity)」도 이론의 산물이 아니라 현장의 산물이다.

상아탑이 아니라 역동적인 현장을

그의 삶을 추적하다 보면 이들 이론과 관념의 '살(肉)'을 접하게 된다. 그리하여 형해의 이론이 아니라 살아 숨 쉬는 그의 몸 전체를 느끼게 된다. 이것은 특히 그가 살았던 당시의 미국 역사와 그의 전기를 읽으면서 얻게 되는 느낌이다. 한마디로 나는 그의 글에서 존재를 사유에 앞세운 실존주의와 아이디어의 구체적인 결과를 그 의미라고 한 프래그머티즘을 읽는다. 그는 대학으로 갈 수 있었지만 저널리즘 현장에 남았다. 그에게는 정치권력의 역동적인 현장이 고독한 성찰의 상아탑보다 매력적이었다. 그러나 그가 대학보다는 신문사를 더 선호한 이유로 금전적 보상도 있었을 것이다. 그의 생활은 호사스러운 것이었고 그에게는 사회적 명성과 특별히 많은 금전적 보상이 제공되곤 했다.[4] 라스키(Harold Laski)는 1931년 홈스(Justice Holmes)에게 보낸 한 편지에서 금전적 부가 리프먼에게 영향을 미치고 있다고 염려할 정도였다. 부와 풍요가 그의 지적인 감수성과 지적인 모험심을 저해하고 있다고 그의 절친한 친구인 라스키는 걱정했다.[5]

리프먼의 저널리즘과 그의 삶은 매우 세속적이었다. 한국적인 관점에서는 그렇다. 그는 한국에서의 지사(志士)적 저널리스트와는 다른 현실주의적 저널리스트였다. 그는 어려서부터 부유한 환경에서 성장했고 대학시절은 물론 사회에 나와서도 저널리스트로서 명성과 부를 함께 향유했다. 워싱턴 주재 특파원 시절 리프먼 부부는 사교계의 중심인물이었고 그의 저택에서 열리는 연말연시 사교 파티는 그해 사

---

4) R. Steel(1981). p. 276. 리프먼은 《월드》지의 폐간과 함께 《헤럴드 트리뷴(The Herald Tribune)》지에 주 4회의 칼럼 「오늘과 내일(Today and Tomorrow)」을 쓰기로 하면서 최소 연간 2만 5000달러 이상의 급료와 신디케이트 고료로 1만 5000달러, 그리고 그 이상의 수입은 리프먼과 신디케이트가 절반씩 나누기로 계약하였다. 그는 재인쇄 고료와 책과 잡지에 글을 쓸 수 있는 권리도 소유하였다. 《헤럴드 트리뷴》지는 그에게 비서와 자료 수집을 위한 일체의 여행경비, 그리고 1년 동안 겨울에는 6주, 여름에는 2주의 휴가를 주는 조건으로 계약하였다. 1931년 미국의 화폐가치를 현재와 비교하면 약 100배 정도로 추산된다.

5) Ibid. p. 277.

교계 모임의 시작과 끝을 의미하였다. 사회적 명성, 고액 보수의 칼럼니스트, 그리고 윌슨(Woodrow Wilson) 대통령에서 케네디(John F. Kennedy)를 거쳐 존슨(Lyndon B. Johnson) 대통령에 이르기까지 백악관 정치와의 긴밀한 관계는 우리 한국 저널리스트 중 누구도 상상하기 어려운 모습이다. 아마도 한국이었다면 그는 전형적인 어용 언론인으로 큰 곤경을 겪었을 것이다. 사적으로도 가까운 친구 아내와의 밀애를 거쳐 재혼에 이르는 그의 결혼생활은 세속적 규범을 넘어선 것이었다.

우리 한국의 경우 저널리즘하면 그것에는 정치적 이데올로기가 함축되어 있다는 선입견이 있다. 물론 미국의 경우에도 그렇다. 어떤 의미에서 그것이 한국의 경우 암묵적이라면, 미국의 경우는 공개적이고 명시적인 것은 잘 알려진 사실이다. 미국의 저널리스트 다수는 자유주의자(liberals)들이다. 리프먼도 리버럴이다. 물론 미국 리버럴의 의미는 대단히 얕고 넓다. 리프먼은 그의 자유주의에 관한 정의를 여러 차례 밝힌 바 있지만 자세한 내용은 후에 이야기하기로 하고, 여기서는 단지 그의 자유주의는 적극적인 것이 아니었다는 말만 하겠다. 그의 자유주의 역시 그의 삶만큼이나 매우 현실적인 것으로, 우리가 그를 프래그머티스트라고 부를 수 있는 근거도 이런 것이다.

그의 저널리즘 시대 구분

리프먼의 저널리즘은 대체로 3기로 나누어 볼 수 있다. 첫 번째 시기는 잡지《뉴 리퍼블릭(New Republic)》창간 시절을 거쳐 제1차 세계대전이 끝나고 윌슨 대통령과 결별하고 퓰리처의 신문《월드(the World)》

지의 편집장 대우가 되기 전까지, 즉 1914년부터 1921년 말까지의 기간이다. 리프먼 저널리즘의 요람기로 이때 그는 《뉴 리퍼블릭》의 창간 편집인으로 참여하여 리버럴로서 미국의 참전을 지지하고 윌슨의 정치에 참여하여 승리와 좌절을 겪으면서 그의 정치사상이 현실주의로 구체화된 기간이었다. 그의 대표적인 저서 『여론』도 이때의 경험이 토대가 된 것이었다. 그래서 리프먼의 저널리즘관은 미국 혁신주의(American progressivism)의 한계 ─대중 선동과 같은─ 와 제1차 세계대전에서 노출된 윌슨의 이상주의에 대한 각성으로부터 나온 것이다.[6]

다음이 1922년 1월부터 1962년 말까지의 시기이다. 그는 퓰리처의 민주당계 뉴욕 《월드》지가 폐간되자 1931년 9월 공화당계의 《헤럴드 트리뷴》으로 옮겨 「오늘과 내일」 칼럼의 주 4회 집필을 시작했다. 이때 그의 칼럼은 신디케이트화되어 미국은 물론 전 세계적으로 독자를 확보하였다. 이 시기가 아마도 리프먼 저널리즘이 가장 활발하고 화려했다고 할 수 있을 것이다. 정치적 영향력도 가장 큰 시기였다. 이 시기의 마지막은 케네디 대통령의 시대를 포함하는 기간으로 그는 미국의 뉴 프런티어 시대의 개막을 맞이하고 있다고 희망에 차 있던 시기였다.

세 번째 시기는 1963년 1월 이후 그의 사망 때까지이다. 그는 《헤럴드 트리뷴》에서 워싱턴 포스트 신디케이트(the Washington Post syndicate)로 옮긴 후 《뉴스위크(Newsweek)》에 그의 칼럼을 연재한다. 그리고 1971년 그의 마지막 글을 싣고 1974년 12월 14일 생을 마감했다. 이것이 그의 저널리즘 마지막 시기이다. 이 세 번째 시기는 리프

---

6) Sidney Blumenthal(1920). *Afterword, in Walter Lippmann's Liberty and the News*. BN publishing edition. p. 63.

먼의 저널리즘이 서서히 사라져가는 시기였다. 여러 가지 원인이 있었지만 가장 큰 원인은 베트남 전쟁을 둘러싸고 미국이 혼란 속에 빠져들고 리프먼 역시 대통령 존슨과 깊은 갈등을 겪으면서 백악관과도 멀어지게 되고, 동시에 저널리스트로서 필요한 백악관 정보를 획득하지 못하게 된다. 그의 영향력 역시 약화된다.

저널리스트와 학자는 무엇이 다른가

리프먼의 책들은 저널리즘이나 정치철학 분야에서 학문적으로 대단히 높이 평가되었다. 그래도 그는 학자는 아니었다. 그 스스로가 자신을 학자라고 하지 않았다. 그는 학자를 저널리스트와는 다른 존재로 여러 곳에서 말하고 있다. 리프먼은 그의 『여론』 마지막 장에서 이성(reason)과 정치(politics) 간의 관계에 대해 "정치적 문제를 이성이란 도구로 대처하는 데는 근원적으로 한계가 있다."고 하면서 "플라톤은 정치를 마키아벨리(Machiavelli)에게 맡기고 이성을 안고 아카데미로 후퇴하였다."는 말을 하였다. 리프먼의 이야기는 정치라는 비이성적인 세계에 대처하는 데 이성이란 도구는 적절한 것이 못 된다는 것이다. 이렇게 리프먼은 학문 세계는 이성의 세계이고 정치는 비이성 혹은 이성을 넘어서 있는 세계라고 평가했다.[7] 리프먼의 저널리즘은 정치 저널리즘이고 그런 의미에서 그는 아카데미 세계에 있지는 않았다. 이렇게 그는 저널리즘이란 아카데미 세계와는 다른 것이라고 생각했다.

---

7) Walter Lippmann(1922, 1997). *Public Opinion*. pp. 258-260. 앞으로 이 책은 'W. Lippmann(1922)'으로 약칭한다.

그가 저널리스트이지 학자는 아니라는 점을 말하는 또 다른 이야기가 있다. 그는 1932년 컬럼비아 대학교 졸업식 연설에서 이런 말을 한다: 이론적인 연구에서 현실적 문제를 실천하기 위한 지침을 이끌어내는 우리의 능력은 근본적으로 한계가 있다. … 어떤 정치경제 이론도 계측될 수 없는 인간 행위와 심리에 기초해서는 만들어진 일이 없다. … 나는 우리의 고전『연방주의자(Federalist)』라는 책의 저자들이 믿고 있던 원칙을 오늘날에도 믿고 있는 사람이 있다고 생각하면서 그것을 읽은 일이 없다. 그러면서 그는 저널리스트와 학자 간의 차이를 이렇게 말한다. "진정한 학자는 항상 급진적이다. 그는 추측을 할 때 어떤 전제조건과 확률하에 한다. 그는 겉으로 나타난 현상 밑의 실재(reality)를 탐구하는데 그 실재의 세계는 현실적인 실천에서는 대단히 다양하고 많은 가능성이 존재하는 세계이다. 현실에서 어떤 문제에 즉각 대응해야 하는 경우 선택 폭은 대단히 좁다. 왜냐하면 고정관념(stereotype)이 이미 앞서서 우리의 선택을 제한하고 있기 때문이다. 사유의 차원, 즉 이성의 제국에서는 선택의 폭이 넓다. 그곳에서는 문제의 성격 자체가 어떤 특정한 해결책 외에 다른 선택을 할 수 없도록 강제하거나 혹은 이기심이 강요하지 않기 때문이다. 즉각 대응해야 하는 문제는 학자의 몫이 아니다. 학자의 관심 영역은 과거에 이미 일어난 일로 이를 이해하고 그것으로부터 미래를 위해 통찰을 하는 것이다. 학자에게 즉각 대응해야 하는 당면 사태는 과거의 한 파편으로 그것을 다루고 조정하는 것이 아니라 단지 관찰하고 기억하기 위한 것이다. 그러나 저널리스트는 당면한 현재의 문제를 다루는 직업이다.[8]

Clinton Rossiter and James Lare, ed(1982). *The Essential Lippmann*. Harvard

2. 20세기 최고의 저널리스트 W. 리프먼 **51**

리프먼의 주된 관심사는 즉각 대응해야 하는 현실적이고 정치적인 문제들이었다. 여기서 정치적이란 "다수의 지배"와 "민주주의의 위기" 문제였다. 이것이 국내 차원의 것이었다면 국제적으로는 "미국의 대외정책"이었다. 그가 저널리스트로서 붙들고 씨름한 문제가 이들과 같은 현실적으로 그날 그날 이해하고 대응해야 하는 것들이었고, 대단히 학술적인 것으로 인용되는 저술들도 기본적으로는 이런 현실적이고 실천적인 것들이었다. 학술이나 학문이란 말을 어떻게 정의하느냐 하는 문제는 있지만, 그는 저널리스트이고 칼럼니스트였다는 전제하에 그를 말해야 한다.

명문 삭스의 유년 시절

그의 저널리즘을 말하기 위한 자료는 그의 『여론』을 비롯한 10여 권에 이르는 저서들, 「오늘과 내일」 칼럼 및 각종 잡지에 실린 글과 강연, 편지, 그리고 그의 전기이다. 모두가 중요한 자료들이지만 필수적인 자료가 그의 전기이다.[9] 그의 전기는 그의 삶 전체를 조망하게 해주는 것으로 이 속에서 그의 다른 자료들을 해석하고 이해하는 것이 필요한 경우가 많기 때문이다. 이런 방식은 일견 아카데믹하지 않지만 저널리스틱하다는 점에서 오히려 가장 리프먼적일 수 있다고 생각한다.

리프먼의 유년 시절에서 이야기를 시작한다.

Univ. Press. p. 515.
9) R. Seel(1981). 다시 말하지만 여기서의 그의 전기적 이야기는 이 책의 것이다.

리프먼은 뉴욕의 부유한 독일계 유대인 가정 출신으로 초등학교에서부터 명문 삭스(The Sachs)의 엘리트 교육을 받았다.[10] 뿐만 아니라 불과 6세 소년 시절부터 매년 여름 부모를 따라 유럽 여행을 하면서 유명 박물관과 미술관을 방문하곤 하였다. 그는 유대인이 아니라 주류 미국인이라는 생각을 하고 있었다. 뉴욕의 부유한 유대인들처럼 그의 아내는 유대인이 아니었다. 그들에게 종교란 관습이지 도그마가 아니었다. 그는 유대인이지만 인종차별을 말한 적이 없다. 그러나 그에게 그런 생각이 없었다고 할 수는 없을 것 같다. 왜냐하면 그가 유대인 문제에 대해 조심스러워한 여러 가지 사실과 정황이 있기 때문이다.

그는 지적으로 뛰어났다. 그의 아버지는 그가 변호사가 되기를 원했으나 그는 예술과 문학에 관심을 갖고 있었다. 미술이 그중 하나였다. 한때는 미술사가의 꿈을 지닌 적도 있었다. 그는 파리의 루브르(Louvre) 박물관을 좋아했다. 미(美)에 대한 감수성과 애착은 그로 하여금 미와 정치가 조화될 수 있는 것으로 생각하게 만들기도 했었다. 그는 러스킨(John Ruskin)의 미의 순수성과 정치적 개혁은 유사한 것이고, 그래서 자연의 질서와 예술의 질서를 일치시켜야 한다는 주장에 공감을 하기도 했다. 물론 그의 이러한 러스킨 추종은 오래가지 않

---

10) 리프먼이 수학한 학교는 the Sachs School for Boys와 대학예비학교인 the Sachs Collegiate Institute이다. 이들은 뉴욕의 상류 독일계 유대인 학생들을 위해 설립된 교육기관이었다. 그러나 이 학교의 높은 교육 수준 때문에 유대인이 아닌 가톨릭 가정의 학생들도 많았다. 이 학교는 품위 있는 신사를 만들어 16세가 되면 독립된 사업을 하거나 하버드 대학교에 진학토록 하는 것을 목표로 하였다. 교과과정의 하나를 보면 매주 11시간의 그리스어(Greek)와 4시간의 라틴어(Latin) 시간이 있었다. 리프먼은 이 학교에 1896년 9월 만 7세 며칠 전 입학하였다. R. Steel(1981). p. 6.

앉지만 그런 때가 있었다.

리프먼의 젊은 시절은 그의 저널리즘에서 적지 않은 부분을 설명해
준다. 천재라고 할 수는 없다 하더라도 그는 수재 중의 수재였고 뉴
욕 상류사회의 교육을 받았다. 그에게는 다양한 종류의 세계가 열려
있었다. 저널리스트로서 그의 위상을 상징하는 듯한 "리프먼이라는
이름은 모든 문을 열었다.(the name that opened every door.)"는 말까
지 있다. 그가 원하면 어떤 종류의 삶이든 가능하였음을 의미하는 말
이 아니었을까 생각된다.[11]

하버드 대학교에서의 생활

리프먼의 하버드 대학생활은 열정과 야망에 찬 역동적이고 찬란한
것이었다.[12] 그는 이미 삭스 예비학교에서 훌륭한 고전 교육을 받았
기 때문에 하버드에서는 시간 여유를 가질 수 있었다. 그래서 그는 많
은 양의 독서를 하였다. 그는 입센(Henrik Ibsen), 쇼(George Bernard
Shaw), 웰스(Herbert Wells), 하디(Thomas Hardy), 메러디스(James
Meredith), 골즈워디(John Galsworthy), 키플링(Rudyard Kipling)을 읽었
다. 이들은 모두 빅토리아(Victoria)조의 낡은 관습과 전통으로부터 해
방을 주장하는 작가들이었다. 리프먼은 웰스의 『토노-번게이(*Tono-*

---

11) R. Steel(1981). p. iii의 프롤로그 제목인 「The Name That Opened Every Door」
     이다. 이 말은 저널리스트 리프먼은 그가 원하는 것은 무엇이든 취재할 수 있었다
     는 점을 시사하는 것으로도 해석된다.
12) 이하 그의 하버드 대학교 생활 이야기는 R. Steel(1981). 2장 「Harvard 10」의 내용
     이다.

Bungay)』와 『새로운 마키아벨리(*The New Machiavelli*)』와 쇼의 『운명의
인간(*Man of Destiny*)』의 구절들을 외워 친구들에게 들려주기도 했다.
이들을 읽고 리프먼은, 입센과 쇼가 도덕은 존경의 대상이 아니고 '생
명의 힘'은 '혼인 법' 위에 있고, 사회는 개인에 적대적이라는 것을 보
여주었다고 했다.[13]

리프먼의 1910년 입학 동기들은 특히 하버드 역사상 수재들이 가
장 많았다. 그중에는 미국 저널리즘 분야에서 일생을 같이한 친구 리
드(John Reed),[14] 이미 시인으로 이름이 알려진 엘리어트(Thomas S.
Eliot), 미국 무대 디자인의 혁명을 낳은 존스(R. E. Jones), 후에 유명
한 라디오 논평가가 된 커팅(Heywood Cutting)을 비롯하여 그 1년 선
후배들도 후에 미국의 문학, 정치, 저널리즘 분야에서 뛰어난 활동을
한 인물들로 가득했다. 그들은 희곡과 시를 쓰고 학내의 문학과 정치
관련 잡지를 편집하고 모여서 밤늦게까지 토론의 잔치를 벌이곤 하였
다. 리프먼의 기숙사는 이들이 모여서 맥주를 마시고, 시를 낭독하고
교수를 비판하고 삶의 의미를 논하는 가장 인기 있는 장소였다. 리프
먼은 뉴욕의 한 여자 친구에게 쓴 편지에서 "그것은 거친 야생의 시간
이다. 형이상학, 사회주의, 예술이론, 쇼펜하우어, 종교의 생명력, 매
일 밤 새벽까지 이야기를 하다가 그래도 아쉬워하면서 잠자리로 간
다. 그러나 이런 것은 젊은 우리가 미래를 위해 지불해야 하는 대가이

---

13) R. Steel(1981).
14) 리드와 리프먼의 우정은 기질보다는 시대가 만들어준 것이었다. 리프먼은 조용하
고, 명상적이고, 감수성이 예민한, 뒷자리에 머물러 있으며, 사적인 대결을 싫어
하고, 지적 자기확신을 지닌 그런 성격이었다. 그러나 리드는 격정적이고 감성적
이며, 항상 도전적인 것을 찾으며 모험을 뒤쫓는 "혁명의 플레이보이"라고 싱클레
어(Upton Sinclair)가 말한 그런 기질의 인물이었다. 그는 레닌의 볼셰비키 혁명
을 취재하기 위해 러시아로 가서 그곳에서 병사하여 크렘린 궁에 묻혔다.

다."라고 했다.[15] 그들의 이상과 야망은 크고 높았으며 낭만적이었다.

그들은 그들의 이상과 야망을 글로 옮기곤 했다. 그들 모두는 장차 훌륭한 작가나 저술가가 될 것이라는 꿈을 갖고 있었다. 그래서 이들에게 글쓰기는 중요한 과목이었다. 훌륭한 글쓰기 선생이 있었고 리프먼은 그중에서도 뛰어난 글솜씨를 자랑했다. 그는 학내 잡지와 간행물에 글을 발표하곤 하였다. 그의 글은 불평등 문제와 같은 사회정의가 주된 주제였다. 그중에는 "집을 건축하는 노동자는 그 집에 들어가 살 수가 없다. 그가 그 집에 다시 들어가는 것은 오직 그 집을 수리할 때뿐이다."라는 문장도 있었다.

W. 제임스와 리프먼

그의 글은 사람들의 주목을 끌었고 그중 한 사람이 철학교수 제임스(William James)였다. 그는 자신의 유명한 저서 『프래그머티즘(*Pragmatism*)』 출간 이듬해 은퇴한 후 한적한 생활을 하던 중 리프먼의 글을 읽고 깊은 인상을 받았다. 그 글은 하버드 대학교의 한 철학교수의 문화적 절대주의(cultural absolutism)를 반박하는 내용이었다. 우상 파괴론자이고 휘트먼(Whitman) 식 민주주의자인 제임스는 어떤 주장에든 한 가닥의 진리가 있다고 하면서 진리와 허위의 절대성을 부정하는 철학자였다. 제임스는 대단히 기뻐했는데, 왜냐하면 하버드의 학부학생이 이런 절대주의를 비판하는 일은 특별한 것이었기 때문이다. 제임스는 리프먼의 글을 읽고 기숙사로 직접 그를 찾아갔다. 리

---

15)　R. Steel(1981). pp. 15-16.

프먼을 만난 제임스는 "나는 W. 제임스이다. 학생이 쓴 글이 얼마나 훌륭한지 이야기해주려고 왔다."면서 리프먼과 함께 기숙사 뜰을 거닐면서 이야기를 나누었다. 리프먼은 이에 대해 "나의 하버드 생활에서 최고로 의미 있는 사건"이라고 그의 부모에게 자랑하는 편지를 보냈다.

제임스와 리프먼은 화석화된 시대착오적 근본주의, 사회주의의 밝은 미래, 그리고 제임스가 예정하고 있는 다원주의(pluralism) 강의에 관한 이야기를 나누었다. 리프먼에게 매료된 제임스는 그를 자택으로 초청하였다. 그 후 리프먼은 매주 목요일이면 제임스 부부와 차를 마시면서 대화를 나누는 모임에 참석했다. 제임스가 리프먼과 같은 젊은이들에게 가르친 것은, 젊은 학생들이 오늘의 진리를 내일은 허위로 받아들일 준비가 되어 있어야 한다는 것이었다. 모든 도그마를 거부하면서 그는 철학원리에 대한 회의적 태도를 갖도록 권했다. 그는 스펜서(Herbert Spencer)의 사회진화론(Social Darwinism) 대신 실험주의(experimentalism), 다위니즘(Darwinism), 그리고 행동을 주장하였다. 주지주의를 비판하면서 그는 리프먼에게 이성(reason)보다 의지(will)를 높이 평가하고 객관성, 최종적이라는 것과 같은 논리를 버리고 실재, 삶, 경험, 구체성, 직접성과 같은 것을 취할 것을 가르쳤다. 세계를 개혁한다는 꿈을 갖고 있는 리프먼에게 제임스의 철학은 큰 힘이 되었다.

이러한 제임스의 주장은 리프먼에게 두 가지 중요한 생각을 갖게 했다. 하나는 세계개량론이다. 그것은 사물은 개선될 수 있으나 결코 완전해지는 것은 아니라는 것이다. 다른 하나는 실천성이다. 그것은 인간이 어떤 결정을 할 때 그 결정이 완전한 것이냐 그렇지 않느냐 하는 의심에 지배되지 않아야 한다는 것이다. 우리는 불확실성 속에서도 어떤 선택을 해야 한다. 제임스의 새로운 아이디어에 대한 열린 마음, 그의 따뜻한 성품, 그의 인생에 대한 낙관주의 등과 같은 철학이 인간의 삶을 얼마나 많이 도와줄 수 있는가를 리프먼에게 가르쳤다.[16] 리프먼이 하버드에서 가장 많이 택한 과목이 철학이었다.

하버드에서 제임스보다는 덜하지만 적지 않은 영향을 미친 또 다른 교수가 있었다. 그는 프랑스 문학과의 바비트(Bran-Irving Babbit)였다. 그는 일종의 앙팡 테리블(enfant terrible)이었는데 당시 그래도 남아 있는 고전적 인문주의 깃발을 들고 있던 교수였다. 바비트는 물질주의, 과학, 그리고 자연주의(naturalism)를 현대의 악으로 거부하였다. 무엇보다 그는 낭만주의(romanticism)를 비판하면서 모든 인간은 본래부터 선하다는 무사려의 전제가 모든 문화적 규범과 도덕적 기준을 타락시켰다는 주장을 하고 있었다. 대부분의 학부학생들은 바비트를 시대착오적 교수로 생각했다. 그러나 그는 몇몇 학생들에게는 깊은 인상을 남겼다. 그런 학생 중 하나가 T. S. 엘리엇이었다. 리프먼도 그런 학생의 하나였다. 처음에 리프먼은 그의 구식과 보수주의를 좋아하지 않았다. 당시 대부분의 학생들처럼 그는 루소(Jean-Jacques Rousseau)를 추종했다. 리프먼은 인간은 원래 선하게 태어났는데 사회가 타락시켰고 일반의지에 복종해야 한다고 믿었다. 바비트는 이런 사상을 경멸했다. 그는 서구문명이 평범한 보통 사람들이 아니라 수월한 인간에 의해 성취되었다는 주장을 했다. 그는 대중의 의지를 경멸했다. 민주주의는 그 자체가 다수결 힘의 제어에 달려 있음을 주장했다. 젊은 리프먼은 바비트의 이런 생각에 저항적이었다. 그것이 공격적이고 엘리트주의이고 반다수주의라는 것이었다. 그러나 10년 후의 리프

---

16) Ibid. p. 18.

면을 보면 그는 제임스보다 바비트에 더 근접해 있었다. 그의 저널리즘이나 민주주의에 대한 사고에는 이런 바비트의 흔적을 어렵지 않게 발견할 수 있다.

G. 산타야나와 리프먼

하버드에서 리프먼에게 많은 영향을 미친 또 다른 교수는 다소 기인이라고 할 수 있는 산타야나(George Santayana)였다. 그는 어린 시절 부모를 따라 스페인에서 이주한 이민가정 출신으로 제임스의 프래그머티즘과는 정반대의 철학을 강의하였다. 그의 철학은 명성이 높았지만, 반면에 많은 적들을 갖고 있었다. 그는 교수들 사이에서 외톨이였고 대학 외부 활동은 전혀 하지 않는 학자였다. 그러나 그는 훌륭한 교수였고 그의 강의는 시적이고 문학적인 스타일이었다. 그는 리프먼에게 "사람은 그의 나라에 발을 디디지만 그의 눈은 세계를 보아야 한다."고 말하곤 했다. 리프먼의 저작에는 ―아주 초기의 것을 빼고는― 경험을 넘어선 실재(reality)를 추구하는 산타야나의 흔적이 있다. 그것은 신플라톤주의(neo-Platonic)의 요소로 영원한 가치들, 그리고 초연한 관조에 뿌리를 두는 것이다. 제임스의 본능과 실험의 찬양, 도그마와 추상적 주지주의(intellectualism)의 거부가 젊은 리프먼을 사로잡고 있었지만, 한편으론 산타야나의 '이성의 기능은 경험을 지배'하는 것이라는 이론, 그리고 '과도한 민주주의는 다수의 독재를 낳을 것'이라는 그의 두려움, 그리고 그것은 가장 잔인하고 진보를 막는 것이라는 그의 이론은 리프먼에게 보다 다가오는 것이었다. 리프먼에게 제임스의 프래그머티즘, 즉 그의 도덕적 상대주의, 그리고 진리(truth)

는 발견되는 것이 아니라 만들어진다는 믿음은 산타야나의 인간의 경험과 조화로운 절대적·도덕적 가치를 추구하는 이론에 비해 덜 매력적이었다. 리프먼은 후에 그의 멘토 베런슨(Bernard Berenson)에게 보낸 한 편지에서 "나는 내가 아는 어떤 위대한 인물보다 제임스를 사랑한다. 그러나 나는 점점 더 산타야나로부터 벗어나지 못하는 나 자신을 발견하게 된다."고 썼다.

산타야나의 철학이론 못지않게 그의 철학하는 자세 혹은 기질도 리프먼에게 크게 영향을 미친 것으로 보인다. 그 영향은 리프먼의 저널리즘에서 후에 이야기할 기회가 있겠지만 현저하다. 조금만 먼저 말해보자. 산타야나의 정서적 초연함은 리프먼이 그 자신에게서 스스로 발견하게 되는 성향이었다. 하버드 대학교를 떠난 후 21살의 리프먼은 산타야나의 모습을 이렇게 그리고 있다. "산타야나의 평온함과 초연함은 어떤 예언자들보다도 그 이상의 어떤 것이었다." 그러면서 그는 이렇게 쓰고 있다. "세계를 조용히 그리고 전체를 보는 그의 능력은 그와 일상적인 사람들의 기대 사이를 가로막는 비극적 장애라고 느낄 때가 있다. 그것은 마치 숲 전체를 보면서도 나무를 보지 않는 것이다. 그의 영혼은 어떤 힘으로 가득 차 있는 것 같은데, 그것은 인간 이상의 완성과 삐걱거리면서 나아가는 불안한 진보 사이의 메울 수 없는 깊게 파인 고랑에 대한 의식과 관련된 것이다. 이것이 관찰자로서 그의 열정적인 고독함이다. 당신은 그가 공연 무대에 뛰어들어 그 쇼의 어떤 역할을 담당하기를 바란다. 그러나 그렇게 하면 당신은 그의 —무대에 뛰어드는 대신— 행위인 『이성의 삶(The Life of Reason)』의 저자가 되지 못했을 것이라는 것을 깨닫게 된다." 리프먼은 덧붙인다. "누구도 연극을 하면서 동시에 그것을 볼 수는 없다." 여기서 우리는 리프먼이 관객(spectator)이 될 것인가, 아니면 출연 배우가 될 것인가를 선택해야 한다는 것을 알지 못했을 것이다. 그는 연극을 보면 서 그 연극의 출연 배우가 되기를 원했다. 아마도 그가 저널리스트가 되면서 원했던 것이 연극의 배우이면서 동시에 관객이 될 수 있다고 생각했고, 또 그렇게 저널리즘을 하고자 하지 않았나 한다.[17] 세상을 조용히 그리고 전부를 보는 것은 선택의 문제인 것만큼이나 타고나는 기질의 문제라는 것을 그가 깨닫게 되는 데는 보다 오랜 시간을 보낸 후였다.[18]

리프먼의 자유주의

리프먼의 정치적 이념은 자유주의(liberalism)이다. 그는 자유주의자 혹은 리버럴(liberals)로 자처하였다.[19] 그러나 리프먼의 자유주의는 대 단히 느슨한 것이다. 리프먼이 그의 자유주의의 의미를 설명한 자료 가 몇 가지 남아 있다. 그중 하나가 《뉴 리퍼블릭》에 실린 한 서평에

---

17) 이 문제는 중요하다. 왜냐하면 그는 저널리즘의 객관성을 강조했는데 이 객관성 의 의미는 단순히 관객으로서의 객관성이 아니라고 해석되기 때문이다. 흔히 리 프먼의 객관성 강조를 단순하게 제3자의 관찰로 오늘날에는 공정성(fairness)과 동의어로 해석하지만 그것은 아니다. 그의 객관성은 '증거'를, 그것도 자신이 직접 보는 것 혹은 적어도 그와 같은 차원의 관찰을 의미하는 것이다. 연극의 배우이 면서 관객이 되는 것과 같은 수준의 현장에 참여하는 것 말이다. 혹은 그의 객관 적 관찰은 단일한 감각 —시각과 같은— 의 것이 아니라 모든 감각이 개입된 통 감각적인 것을 의미하는 것으로 보인다.

18) R. Steel(1981). pp. 21-22.

19) 자유주의(liberalism)와 자유방임주의(libertarianism)는 다른 것이지만 한국의 경 우 후자가 전자를 의미하는 것으로 쓰이는 경향이 있다. 그래서 이 글에서 '자유 주의자'란 이름은 영어로 '리버럴(liberals)'을 의미하는 것이다. 이 글에서는 자유 주의자와 리버럴을 같은 의미의 것으로 사용한다.

나오는 내용이다. 제1차 세계대전 당시 미국 자유주의자들의 전쟁 지지를 비판한 스턴스(Harold Stearns)의 『미국의 자유주의(*Liberalism in America*)』에 대한 서평이었다. 여기서 리프먼은 이렇게 말한다.

"자유주의(liberalism)라는 말은 1912년 미국의 혁신주의자(progressives)[20] 집단과 1916년부터 1918년 사이의 윌슨 지지 민주당원(Wilson Democrats)들에 의해 미국 정치의 특수 용어로 도입되었다. 그들은 그들 자신의 정치적 소망을 만성적인 당파주의자들, 그리고

---

20) 리프먼의 사상과 저널리즘은 미국의 혁신주의(progressivism)와 직·간접적인 연관성을 갖고 있다. 20세기의 시작인 1900년에서 제1차 세계대전 중 미국이 참전한 1917년 기간 동안 미국의 정치와 사회에 파도처럼 밀려든 혁신주의 운동은 미국 사회의 도시화와 공업화가 가져온 반응이었다. 1880년 이래 1910년대 중반에 이르는 동안 나타난 도시와 공장들은 제퍼슨적 농촌사회의 미국과는 전혀 다른 새로운 세계였다. 기독교적 하나님의 선택을 받은 나라로 생각해온 미국이라는 나라에 새로운 공동체 아닌 공동체인 도시는 '뉴 예루살렘'이 아니라 '바빌론'이었다. 도시에는 부패, 부정, 불평등, 빈곤이 깊어졌고 그리하여 파업으로 인한 노동자와 연방군의 충돌, 처참한 삶의 실업자들의 시위가 빈번해졌다. 기회균등, 사회정의, 품위를 지닌 정부라는 미국인의 이상은 더 이상 기대할 수 없는 것으로 보였다. 프런티어 개척시대는 종언을 고했고 새 프런티어는 보이지 않았다. 그때 공업과 산업이 새로운 프런티어로 등장했다. 혁신주의자들은 공장과 도시의 문제를 파헤치고 고발하였다. 그리하여 한편에서는 사회문제를 교정하기 위한 입법운동을 하고 또 다른 편에서는 사회평론가들의 저술과 저널리즘을 통한 폭로와 고발이 쏟아졌다. 이들 가운데 가장 대표적인 저술은 후일 리프먼이 잠시 기자생활을 한 신문의 스테펀스(Lincoln Steffens)의 도시 및 주의 정치적 부패를 다룬 『도시의 수치(*Shame of Cities*)』, 『주들의 수치(*Shame of States*)』, 그리고 필립스(David Graham Phillips)의 몇몇 거물 상원의원들의 범죄를 폭로한 『상원의 반역(*The Treason of the Senate*)』 등이 있다. 그러나 공업과 도시의 모순과 갈등은 폭로 저널리스트뿐 아니라 종교·학계·정치 분야에서도 다양하게 폭로되고 비판되었다. 혁신주의는 이런 현실에 대한 반응이었고 이 모든 것을 개혁하려는 것이었다. 혁신주의는 미국인들에게 미국의 꿈을 다시 꿀 수 있게 해주었다. 혁신주의자들은 공장과 도시의 사회적 악을 파헤치고 이를 폭로함으로써 이를 개혁하기 위한 발판을 마련하였다.

혁신주의자들의 소망과 구별되기를 원했다. 그들 사이에 어떤 통일된 연대는 없었다. 그것은 정치적 운동(movement)도 아니었다. 자유주의에는 특정한 교의(doctrine) 같은 것은 없다. … 만일 미국의 자유주의(American liberalism)의 어떤 덕목이 있다면 그것은 스스로를 리버럴이라고 부르는 많은 사람들은 무엇을 탐구하든 그것이 관용되고 허용되며 지지되어야 한다는 것을 잘 알고 있다는 사실이다."

미국의 자유주의는 이렇게 느슨하고 그 범위가 대단히 넓은 정치적 관념이었다. 그리하여 제1차 세계대전 이전까지 그들 가운데 좌파로는 공산주의자들도 있었고 우파로는 보수주의자들이 있었다.

리프먼의 사회주의

리프먼의 리버럴리즘은 하버드 시절이 처음이었다. 하버드에서 만난 세 명의 교수, 즉 제임스, 바비트, 산타야나 외에 다른 스승이 있었다. 그것은 개인이 아니라 대중이었다. 1908년 봄 부활절 1주일 전 첼시(Chelsea) 근처의 슬럼 지역에서 대형화재가 발생했다. 그곳의 주민들은 청소부, 경찰관, 상점 점원 등 하층계급이었다. 그곳을 방문했던 리프먼은 가난한 사람들의 사는 모습을 보고 충격을 받았다. 이것은 리프먼에게 빈민층과의 첫 대면이었다. 그는 대학으로 돌아오면서 그가 본 현실과 그가 읽은 비판적 문헌, 예컨대 버나드 쇼의 연극이나 웰스 소설의 의미를 다시 생각하였다. 현장은 책과 다른 의미의 것이었다. 이때까지 리프먼의 사회의식은 감상적이고 문자적인 것이었다. 그때부터 리프먼은 그런 불평등을 낳는 것이 무엇인가에 대해 생각하기 시작했다. 그전까지 그는 이런 의문을 그의 가정이나 사회에서 가진 적이 없었다.

그는 『공산당 선언』과 마르크스(Karl Marx)를 읽었지만 대중을 선동해서 계급투쟁을 하는 것이 보다 좋은 사회를 낳는 바람직한 방법이라고 생각하지 않았다. 미국의 혁신 시대(the progressive era) 대부분의 사람들이 그랬듯이 그도 사회를 보다 공평하게 만들고자 원했지만, 혁명은 아니었다.

혁명이 아닌 사회개혁을 위한 방법을 찾던 중 그는 그가 원하는 것이 영국의 페이비언(British Fabian)주의임을 발견하였다. 페이비언 학회에는 웰스, 버나드 쇼 등이 있었다. 이들은 중용(moderation)과 교육을 강조하면서 소수의 계몽된 인사로 구성된 집단이었다. 이들은 마르크스를 받아들이되 보다 현대적으로, 그리하여 사회안정을 위협하는 모든 것을 제거한 상태에서였다. 대중에 의해서는 어떤 건설적인 것도 성취할 수 없기 때문에 그들은 소수의 사심 없는 헌신적인 핵심 집단을 만들어야 한다고 하였다. 이를 웰스는 "유능한 인물로 이루어진 새로운 대중(new mass of capable men)"이라고 불렀고, 이 집단은 대부분 의무감이 철저한 과학자와 엔지니어들로 이루어졌다. 이들은 대중 민주주의의 비효율성과 편견을 극복할 수 있다는 것이다. 페이비언주의는 리프먼에게 매력적이었다. 왜냐하면 중간계급 개혁가들은 하향이 아니라 상향하는 평등, 가난한 계급이 국가기구를 장악하게 하는 것이 아니라 그들이 선호하는 지적인 엘리트의 손에 안겨주는 것이기 때문이다.

페이비언 사회주의와 G. 윌러스

리프먼은 많은 페이비언주의 저술들을 읽는다. 그리하여 첼시 화재로 인해 불이 붙은 그의 페이비언주의는 하버드의 사회주의 학생 클럽 결성으로 이어지게 된다. 1908년 리프먼과 여덟 명의 학부학생들은 사회주의 클럽(the Socialist Club)을 만들고 "사회의 급진적인 재구성을 목표로 하는 사회개혁의 모든 도식을 생각한다."는 선언을 채택하였다. 당연히 그 회장은 리프먼이었다. 사회주의 클럽은 토론뿐 아니라 대학 내 노동자들의 처우 개선, 여성의 단체장 허용, 사회주의 과목의 강의 개설 요구와 같은 행동에 나섰다. 리프먼은 하버드 대학교에서 사회주의운동을 위한 글을 학내 잡지에 썼다. 이 과정에서 리프먼은 필명을 떨치고 그 자신도 논객으로서 자신감을 갖게 되었다. 리프먼은 이러한 학생운동을 열정적으로 했다. 그는 한 편지에서 "나는 대단히 행복하다. 왜냐하면 나는 내가 바라던 바로 그 일을 할 수 있는 기회를 가질 수 있기 때문이다. 그것은 내가 대중의 아주 작은 집단에 다가가서 선생이 아니라 친구가 되어 그들에게 진정한 행복을 줄 수 있는 기회였다."[21]라고 썼다.

리프먼의 페이비언 사회주의에 영향을 미친 사람은 윌러스(Graham Wallas)이다. 그는 페이비언 창설 멤버의 한 사람이다. 그러나 그는 페이비언 학회의 주인 격인 웹(Webb) 부부와 갈등을 빚자 1904년 그 직을 사퇴하였다. 윌러스는 다수의 정치 논문을 발표하였고 대중집회에서 연설도 하면서 그의 페이비언주의를 선전하였다. 리프먼과 하버드의 사회주의 클럽 학생들은 그의 글을 접하고 인상적인 영향을 받아

---

21) R. Steel(1981). p. 25.

그를 초청하여 세미나를 열기도 하였다. 이 열정적인 영국 인사는 수줍은 데다가 내성적인 성격의 인물이었다. 웰스(H. G. Wells)의 기록에 의하면 그는 초라하고 다소 현학적인 인물이지만, 동시에 고상한 정신을 지닌 교사이고, 그의 태도 속에는 미묘한 창의성을 지닌 정신이 있었다. 그는 『정치에 있어서 인간 본성』이란 저서에서 "인간문제에 대한 정치란 본질적으로 비합리적인 현상이다. 인민들은 정치적 판단을 하는데 그들은 사실의 사리분별과 그것의 가능성 있는 결과가 아니라 충동, 선입견, 습관과 같은 것들을 통해 이루어진 판단에 의해서이다. 정치학의 문제는 인간의 본성은 제쳐놓고 통계나 논의하고 있는 것이 문제다."라고 그는 비판했다.

리프먼은 정치란 헌법, 선거, 그리고 입법위원회와 같은 제도와 관련된 것으로 생각해왔는데, 이러한 주장은 리프먼에게 하나의 계시와 같은 것이었다. 원리나 제도란 인간의 본성적인 동기에 기초하지 않는다면 무의미하다는 것이다. 월러스는 리프먼에게 "미국의 국민의지란 미국의 건국 아버지들이 설치해놓은 은관을 통해 흐르는 한 줄기의 깨끗한 물과 같은 것이 아니다."라고 했다. 이러한 월러스의 사상은 리프먼에게 두 가지 흔적을 남겼다. 첫째, 현대인은 거대사회에서 살고 있고 궁극적으로는 그것을 잘 알 수가 없다. 따라서 인간은 그들이 정치적인 판단을 내릴 때 필요한 지식을 갖고 있지 못하다. 이점은 후에 리프먼이 그의 『여론』을 집필할 때 핵심적인 내용이 되었다. 또 다른 하나는 젊은 리프먼에게 사회주의에 대한 의혹을 갖게 하였다는 것이다. 리프먼의 사회주의는 이런 사회주의였다.

월러스는 페이비언주의를 벗어난 후 과연 사회주의가 사회개혁의 유일한 길인가 하는 회의를 갖게 되었다. 리프먼의 경우도 마찬가지였다. 리프먼은 1910년 하버드에서 "사회주의의 성패는 그 결과에서 결정된다."고 했다. "만일 민주적 조건하에서 공공기업의 실천이 공동체의 건강, 행복, 문화에 이로운 효과를 낳지 못하고 사기업이 더 효과를 낳는다면 사회주의는 몰락한다." 이것은 사회주의보다는 세계 개량론적인 말이었다. 후일 리프먼은 자신의 사회주의로부터의 탈출에 월러스가 중요한 인물이었다는 점을 술회한다.

리프먼 저널리즘의 시작: 《뉴 리퍼블릭》

리프먼은 그의 본격적인 저널리즘을 《뉴 리퍼블릭》에서 칼럼니스트로 시작하였다. 그리고 이것이 계기가 되어 윌슨 대통령의 막하에 들어가 제1차 세계대전 전후 정치 현장에 참여하여 활동하였다. 《뉴 리퍼블릭》은 정치와 문화 평론을 내용으로 하는 주간 잡지로 1914년 크롤리(Herbert Croly)[22]가 편집인 대표, 그리고 공동 편집인으로 경제

---

22) 저명한 건축 평론가였던 크롤리는 1909년 *The Promise of American Life*라는 저서를 내놓아 미국의 문제에 대해 훌륭한 진단과 처방을 제시하여 당시 혁신주의의 이상을 제시하였다. 그는 리프먼, 웨일과 함께 자유주의 주간지 《뉴 리퍼블릭》을 창간하였다. 그로부터 《뉴 리퍼블릭》은 미국 동부의 혁신주의적 자유주의 세력의 대변지 역할을 하였다. 크롤리는 아무런 규제가 없는 산업의 거대한 힘이 미국이라는 국가의 사회적·경제적·도덕적 약속을 충족시킬 수 있다고 믿지 않았다. 미국 사회가 경제적 자유방임주의(laissez-fair)를 주장하는 제퍼슨적 개인주의와 사회진화론(social Darwinism)을 신봉하는 지도자들의 손에 맡겨져서는 안 된다는 것이다. 그는 미국 민주주의의 실현을 위해서는 사회적 지성이 결정적으로 중요하고, 그래서 강력한 중앙정부에 의한 국가 목표를 달성하기 위한 신선한 계획과 사회경제적 기획이 만들어져야 한다고 했다. 그의 주된 주장은 개인이나 국가나 하나의 이상(ideal)에 의해 결정된 약속을 소유하고 있을 때만이 자유와 사회정의를 향유할 수 있다고 했다. 그는 꽁트(Auguste Comte)의 과학과 휴머니티에 있어서 실증주의를 존중하지만 제임스나 산타야나의 프래그머티즘도 하버

학자 웨일(Walter Weyl)과 리프먼 등 셋이 창간하였다. 리프먼은 당시 24세로 하버드 졸업 후 불과 4년밖에 되지 않은 시점이었다. 이들은 함께 《뉴 리퍼블릭》의 윤곽을 그렸다.

그들은 《뉴 리퍼블릭》을 "미국의 자유주의(liberalism)를 대변하는 의견지(Journal of Opinion)"라고 선언하였다. 이 잡지는 듀이를 비롯해 미국 사회의 혁신을 주장하는 많은 리버럴들의 글을 실으면서 곧 커다란 정치적 영향력을 확보하였다. 《뉴 리퍼블릭》의 영향력과 권위는, 월스트리트의 돈과 2만 5000부 정도의 부수를 생각할 때 놀랄 만한 것이었다. 창간 후 몇 달도 안 되어 《뉴 리퍼블릭》은 공공문제에 대한 여론에 주도적인 영향을 미치는 잡지가 되었다.

시기가 좋았던 이유도 있다. 1914년은 혁신주의(progressivism) 운동이 시들해지던 시기였다. 유럽에서는 제1차 세계대전이 막 터졌고 자본과 산업은 기업가와 은행가, 그리고 정치 보스들에게 독과점되고 있었다. 무엇인가 도덕적이며, 그리고 개혁적인 운동이 일어나야 할 시기인 것처럼 보였다. 크롤리가 "인간을 자유롭게 하는 진실의 힘을 믿는 사람들의 공동체 구성원들에게 그런 믿음이 살아 있게끔 하기 위한 어떤 무엇을 해야 할 때"라고 말한 그런 시기였다. 편집자들은 이 잡지의 목적을 여권, 노동운동, 선거제도, 그리고 사회복지와 같은

드 대학교에서의 교육을 통해 흡수하고 있었다. 그는 지배 엘리트와 착취당하고 있는 대중 사이의 격차가 산업자본주의에 의해 야기되고 있음을 두려워하였다. 그는 선견지명을 가진 대통령과 공공정신을 가진 유권자가 있다면 미국은 스스로 개혁할 수 있을 뿐만 아니라 민주주의를 꽃피우려는 세계의 인민들에게 모범이 될 수 있다고 했다. 이렇듯 고상한 그의 애국주의는 T. 루스벨트에게 깊은 인상을 주었고 당시 모건(Morgan)의 은행가 스트레이트(Willard Straight)의 부인이자 석유재벌 스탠더드 오일(Standard Oil)의 상속녀 도로시(Dorothy)가 재정 부담을 하면서 독립적인 저널 발행을 권고해서 정치와 예술평론 전문지 《뉴 리퍼블릭》이 창간되었다.

분야에서 개혁을 위한 수단으로 삼았다. 《뉴 리퍼블릭》은 거친 물결을 헤치고 앞으로 전진하는 배로 상징되었다.

《뉴 리퍼블릭》에서의 정치

처음부터 《뉴 리퍼블릭》은 내놓고 엘리트 잡지임을 자처하면서 의도적으로 권위적인 자세를 취했다. 크롤리는 "우리의 궁극적 목적은 무지하거나 저항적인 사람들에게 어떤 관점을 갖도록 하는 것이다."라고 말했다. 그가 표적으로 삼은 대상은 그들 자유주의자 가운데 미국의 유럽 참전을 반대하는 반전주의자들이었다. 1914년 11월 7일 창간호에서 하버드 출신 청년 편집인들은 "미국 고립주의의 종언(The End of American Isolationism)"을 선언했다. 1917년 2월 그들은 유럽에서 전개되던 전쟁에 대한 참전을 주장하는 세계주의를 지지하였다. 리프먼은 그의 논설에서 영국과 프랑스에 대한 독일의 침략은 "대서양 공동체"와 "우리가 그 한 부분인 문명"에 대한 침략이라고 했다. 그는 또 다른 글에서 "우리는 공개적으로 동맹국"이라고 하면서 그 이유는 "우리가 살고자 하는 그런 세계를 위해 그들은 싸우고 있기 때문"이라고 했다.

3년이 지나자 《뉴 리퍼블릭》은 신자유주의(new liberalism)의 방향을 결정하는 영향력을 발휘하였다. 그것은 세계 강국으로서 미국의 위상과 책임을 느끼게 하는 것이었다. 그러나 모든 리버럴들이 이 잡지의 노선 —즉 민족주의 정치체제가 지배적이 될 것이고, 그리고 동맹국들은 모두 정의로운 평화에 합의하도록 설득될 수 있다는— 에 동의하지는 않았다. 뉴 리퍼블릭의 고정 기고가 본(Randolph Bourne) 같은 사람이 그랬다. 그는 전쟁지지 지식인(war intellectuals)에 대해 "당신들은 전쟁이 막을 수 없는 대세라고 한다. 그러나 어떻게 다른 리버럴들의 다른 주장은 대세가 아니라고 하는가?"라고 비판하면서 미국의 참전을 반대하였다. 그만큼 당시 세계주의와 고립주의는 미국 사회에서 양대 축을 이루면서 치열하게 대립하고 있었다. 그러나 세계주의보다는 고립주의가 더 지배적이었다. 리프먼은 개입주의, 즉 세계주의에 서 있었다.

당초 《뉴 리퍼블릭》의 크롤리, 웨일, 리프먼은 T. 루스벨트를 지지하였다. 그러나 1916년 시카고 공화당 전당대회에서 당의 보수파 보스들이 루스벨트가 아니라 대법관 출신 뉴욕 주지사 휴스(Charles Evans Hughes)를 대통령 후보로 선출하자 리프먼은 이를 "잔혹한 권력의 횡포로 마치 앞으로 달리기만 하면서 멈출 줄 모르는, 머리는 작고 몸은 거대한 괴물의 권력을 향한 탐욕만이 넘쳐나는 행사"이고 "혼돈과 진부함, 그리고 야비함으로 가득한 대회였다."고 비난하면서 공화당 지지를 포기하였다.[23]

그리하여 《뉴 리퍼블릭》은 1916년 대통령 선거에서 민주당의 윌슨(Woodrow Wilson) 대통령을 지지하게 된다. 다른 편집자들은 내키지 않았지만 리프먼은 그들을 적극 설득하였다. 윌슨은 과거 T. 루스벨트를 지지하던 리버럴의 지지를 받기 위해 보다 혁신적인 국내정책을 내세우고 국제문제에 대해서도 이들 편집인의 의견을 존중하였다.

사실 이보다 앞서 윌슨 대통령은 측근으로부터 리프먼이 《뉴 리퍼블릭》의 편집인 가운데 가장 영향력 있는 인물이라는 추천을 받

---

23) R. Steel(1981). p. 103.

고 그를 8월 하순 어느 날 뉴저지의 하계별장으로 초청하여 오후 내내 그와 대화를 나누었다. 윌슨은 젊은 리프먼에게 국내 문제의 개혁안과 유럽의 전쟁에서 미국이 중립을 지키는 문제를 토론하였다. 윌슨은 유럽의 전쟁 문제에 대해서는 미국의 중립, 즉 '호의적인 중립(benevolent neutrality)'정책이 점차 어려워지고 있다는 고민을 털어놓았다. 윌슨은 베를린 주재 미국 대사관에서 온 전문을 꺼내 보여주기까지 했다. 그것은 독일이 11월 미국 대통령 선거 후 잠수함 공격을 무제한 재개할 것 같다는 내용이었다. 그는 "그것은 내가 인내하기 대단히 어려운 일이다."라고 하였다. 그 의미는 명료한 것이었다. 그렇게 되면 미국은 참전할 수밖에 없다는 것이었다. 리프먼은, 미국이 제1차 세계대전에 영·불의 동맹으로 참전하게 될 것이고, 그리고 1916년의 대통령 선거는 전쟁을 위한 대통령을 뽑는 일이 될 것이라고 생각했다. 이를 위해서 그는 공화당의 휴스보다 민주당의 윌슨을 재선출하는 것이 더 낳은 선택이라고 판단한다.

선거를 앞두고 리프먼은 윌슨의 수석 정치고문 하우스 대령(Colonel Edward House)의 뉴욕 아파트에서 열리는 윌슨의 재선을 위한 참모회의에 참석하곤 하였다.[24] 리프먼은 1912년 대통령 선거에서 T. 루스벨트를 지지했던 불 무스(Bull Moose) 리버럴들을 윌슨 진영으로 전향시

---

24) 하우스 대령은 군 출신이 아니다. 여기서 '대령'이란 명예로 주어진 명칭이다. 그는 텍사스 출신의 정치인으로 윌슨 대통령이 가장 신임하는 측근이었다. 윌슨 대통령은 다른 사람과의 대화가 아니라 책이나 자료를 통해 지식을 얻는 습관의 소유자였다. 그는 현장 사람들과의 이야기에 쉽게 지루해했고 귀를 기울이는 유형이 아니었다. 그러나 하우스 대령은 윌슨과 정반대의 성격을 가진 인물이었다. 그는 다른 사람의 이야기를 들으며 전혀 지루한 태도를 보이지 않고 경청하면서 주변 사람들을 자기 사람으로 만드는 스타일이었다. 그는 지적인 자만심 같은 것은 전혀 없이 사람들을 대하였다. 윌슨은 이러한 성격의 하우스 대령을 절대적으로 신임하고 의존하였다.

켰다. 이들 가운데는 듀이(John Dewey), 스테펀스, 반전주의자 본 등을 비롯해 공산주의자 이스트먼(Max Eastman)과 리드 등이 있었다. 뿐만 아니라 리프먼은 윌슨의 선거운동 연설문을 쓰기도 했다.

'전쟁 지성인' 리프먼

리프먼의 저널리즘을 이해하는 데 도움이 되는 그와 《뉴 리퍼블릭》, 그리고 윌슨 대통령 간의 관계를 말해주는 많은 이야기들이 있다. 그 가운데 리프먼과 《뉴 리퍼블릭》이 윌슨의 외교정책에 관여하고 영향을 미친 이야기는 리프먼의 저널리즘의 실체를 보여주는 좋은 예 가운데 하나이다. 결론부터 말하면 리프먼은 본이 신랄하게 비판한 '전쟁 지성인(war intellectuals)' 가운데 하나였다. 그 내용은 이런 것이었다.

1914년 시작된 제1차 세계대전은 1917년에 이르면서 대서양 건너 미국의 참전 여부가 중요한 변수가 되었다. 미국인들 사이에는 유럽 대륙의 전쟁 개입에 반대하는 분위기가 주류를 이루고 있었다. 그러나 세계열강으로서 국제적인 영향력을 포기해서는 안 된다는 개입주의, 즉 세계주의(globalism)도 확산되고 있었다. 기본적으로 유럽 제국주의 국가들의 영토, 식민지, 시장 확보를 위한 전쟁인 제1차 세계대전에서 공업화된 미국이 고립주의를 견지하기는 어려웠다. 그러나 윌슨 대통령은 첫 임기 중에는 영국을 중심으로 하는 동맹국에 우호적이지만 중립적인 정책을 내세우면서 직접적인 참전은 가급적 피하려고 하였다. 소위 호의적 중립정책이 미국의 입장이었다. 그러면서 미국은 독일과 영·불 등 연합군의 협상에 의한 평화를 주장하고 있었다. 윌슨 대통령도 재선을 위한 선거운동에서 공식적으로는 미국이 참전하지 않을 것이라고 말했다. 독일은 당연히 미국의 참전을 바라지 않았지만 미국에서 무기를 비롯한 보급품이 영국 등으로 수출되는 것을 막기 위해 대서양에서 상선을 공격 침몰시킴으로써 미국과의 충돌이 불가피해지고 있었다. 독일의 잠수함 공격으로 미국인의 희생이 나오고, 이에 따라 미국의 참전이 점점 불가피해지고 있었다. 그러나 윌슨은 1916년 가을 하우스 대령과 국무장관 랜싱(Robert Lansing)에게 평화안을 마련하라는 지시를 내렸다.

이런 상황에서 독일이 협상안을 내놓았다. 독일의 제안은 1916년 12월 12일 윌슨의 재선 축하 만찬 바로 그날 전해졌다. 리프먼은 그날 밤 백악관에서 대통령에게 단도직입적으로 물었다. 미국은 독일의 제안을 지지해야 하는가? 윌슨은 이렇게 답변했다. 연합국 측은 독일의 제안을 거부할 것이다. 그 협상안은, 독일이 유럽 대륙에서의 지배적인 지위를 유지할 수 있게 할 것이기 때문이다. 그리고 협상안이 거부되면 베를린은 가리지 않고 무제한적인 잠수함 공격을 재개할 것이다. 미국은 이를 감내하기 어렵다. 만일 그렇게 되면 우리는 전쟁으로 빠져들 것이다. 그렇게 되기 전에 우리는 전쟁을 중지시켜야 한다고 침울한 목소리로 그는 말했다.

리프먼의 제1차 세계대전 참전 주장

리프먼은 독일의 협상안 소식을 듣자 곧바로 뉴욕으로 가서 《뉴 리퍼블릭》의 편집진에게 독일의 협상안을 공개했다. 《뉴 리퍼블릭》 편집진은 중대한 결정을 해야 했다. 즉 독일의 제안을 지지할 것인가,

아니면 반대할 것인가를 결정해야 했다. 리프먼은 독일의 평화안이 유럽 동부전선의 영토를 합병하기 위한 책략이라고 주장했다. 만약 독일의 제안을 받아들이면 그것은 민주주의에 대한 모욕이고 프러시아 군사세력이 중앙 유럽을 지배하게 된다는 점을 지적했다.

리프먼은 크롤리와 다른 편집인들을 이렇게 설득한 후 그의 주장을 표제 논설로 썼다. 제목은 「승리 없는 평화(Peace without Victory)」로 《뉴 리퍼블릭》의 표지 전면 모두를 차지하였다. 평화란 싸워서 쟁취하는 것이란 의미였다. 이 논설은 아마도 윌슨 대통령이 가장 관심을 갖고 읽었을 것이다. 몇 주 후 1917년 1월 윌슨은 상원에 출석해 전쟁은 협상에 의해 평화를 유지해야 한다고 하면서 그곳에서 '승리 없는 평화'라는 말을 리프먼과는 다른 의미 —강대국의 강요가 아니라 협상을 통한 평화라는— 로 슬로건화했다. 신문들은 '승리 없는 평화'라는 말을 대대적으로 싣고 기사로 다루었다. 《뉴 리퍼블릭》은 백악관과 특별한 관계를 가진 것으로 알려지고 미국 행정부의 정책을 시사하는 잡지라는 명성을 얻었다. 부수도 2만 부를 넘어섰고 주식시장에서 《뉴 리퍼블릭》은 보다 빨리 정보를 얻을 수 있는 소스처럼 여겨졌다. 그러나 리프먼은 《뉴 리퍼블릭》의 그런 영향력이 과장된 것이었다고 주장하면서, 하우스 대령이 그에게 대통령이 무엇을 할 것인가를 미리 이야기한 일은 없다고 후일 회고했다.

그러나 리프먼은 1916년 말 윌슨의 재선 성공 후 하우스 대령의 팀원이 되어 윌슨 대통령과 국민들에게 미국이 동맹국 편에서 전쟁에 참여하지 않으면 안 된다는 설득을 한다. 그리고 리프먼은 1917년 《뉴 리퍼블릭》 독자들에게 세계가 우리에게 무엇을 하기를 원하고 있을 때 우리는 이를 수행해야 한다는 논설을 쓴다. 그는 계속해서 영국과 프랑스는 "우리가 살고 싶어 하는 그런 세계를 위해 싸우고 있다."며 미국의 참전을 주장하였다. 유럽의 전쟁과 관련하여 미국의 경우 문제는 "대서양 바다에 떠 있는 해상 고속도로의 안전을 위해서 미국은 싸워야 한다."는 것이었다. 리프먼은 준비되어 있었지만 윌슨은 그렇지 않았다. 독일은 여전히 미국과의 대결을 원하지 않았다. 그러나 미국이 참전을 결정하게 되는 계기가 발생했다. 독일이 멕시코에게, 만일 미국을 공격하면 텍사스, 애리조나, 뉴멕시코의 영토를 미국이 멕시코에게 반환하도록 하겠다고 약속하는 지머만(Zimmermann)의 전신이 공개되면서 구체화되었다. 미국인의 애국주의는 폭발했고 윌슨은 참전을 결정할 수 있었다.[25]

1917년 4월 2일 윌슨 대통령은 상하원 합동회의에서 "평화를 사랑하는 이 위대한 국민을 전쟁으로 인도하는 것은 대단히 두려운 일입니다. 그러나 권리는 평화보다 더 소중한 것입니다. 미합중국은 미국의 이기심이 아니라 민주주의를 위해, 그들 자신들의 정부에게 그들의 목소리가 담긴 권위를 부여하는 사람들의 권리를 위해, 약소국들의 권리와 자유를 위해 … 그리고 궁극적으로는 세계 그 자체를 자유롭게 하기 위해 전쟁에 참여합니다." 하면서 "세계는 민주주의를 위해 안전한 곳이 되어야 합니다."라고 호소했다. 의회는 환호하고 압도적으로 지지했다. 리프먼은 "대통령의 연설은 장엄한 것이었다."고 열광했다.

---

25) R. Steel(1981), pp. 109-112.

27세 리프먼의 논설:
제1차 세계대전은 미국의 국익이 아니라 세계를 위한 전쟁이다

리프먼은 윌슨의 연설을 지지하는 논설을 《뉴 리퍼블릭》에 이렇게 썼다. "다른 사람들은 그들의 영광, 그들의 부, 그들의 권위를 증대하기 위해 국가를 전쟁으로 인도했다. 어떤 정치인도 그의 나라의 영광을, 세계의 평화와 자유를 그렇게 분명하게 일치시켜 말한 적은 없다." 그러면서 그는 "우리와 세계가 윌슨에게 진 부채는 말로 표현할 수 없을 만큼 크다. 미국의 제1차 세계대전 참전은 국가이익을 위한 것이 아니라 세계를 위한 것이다."라고 썼다. 당시 27세에 불과한 청년 리프먼은 윌슨 대통령과 하우스 대령의 막후 자문관으로 알려졌고 1917년 4월에는 미국 정치사회과학 아카데미(AAPSS)에 연사로 초청받는 영광을 누렸다.[26]

리프먼은 이렇게 미국의 제1차 세계대전 참전을 적극 지지하였다. 윌슨의 주장처럼 리프먼은 미국의 참전을 단순한 미국의 국가이익, 즉 "대서양 항로(Atlantic highway)"를 확보함으로써 미국 산업계의 시장을 확보하고 제국주의적 탐욕을 위한 것이 아니었다고 생각했다. 전쟁은 보다 낳은 세계를 위한 것이었다. 리프먼만이 그런 생각을 갖고 있었던 것은 아니다. 듀이를 비롯한 비어드(Charles Beard)와 같은 자유주의의 리더들도 전쟁을 지지했다. 그들은 반전주의자 본의 "이 전쟁은 우리들이 싸워야 하는 전쟁"이라는 믿음 속에 매몰되어 있는

---

26) Ibid. p. 113. AAPSS(American Academy of Political and Social Science): 미국의 전통과 권위를 인정받는 학회의 하나로 학계와 실무계의 저명인사들이 회원이다. 후버, 태프트 대통령, E. 루스벨트 등도 이 학회의 회원으로 미국 사회의 다양한 문제를 주제로 토론회 심포지엄을 개최하며 기관지로 *Annals*를 발행하고 있다.

'전쟁 지성인들'이라는 비판을 받으면서도 흔들림 없이 윌슨을 지지했다. 그것이 그 시대 자유주의자 혹은 진보주의자라고 불리던 인사들의 지적 분위기였다. 그들은 미국의 참전이 자유주의와 민주주의를 위한 고상한 목적을 위한 것이라는 신념을 갖고 있었다.

1917년 9월 리프먼은 하우스 대령의 전후 유럽의 신질서 구상을 준비하는 '연구단(the Inquiry)'에 참여하였다. '연구단'은 윌슨 대통령의 비밀 지시로 하우스 대령이 만들었다. 리프먼은 '연구단'에서 가장 젊은 단원이었지만 그에게는 연구 책임자 자리가 주어졌다. 하우스 대령이 생각하기에, 리프먼은 자유주의자들의 이상주의와 정치적 현실과의 조화를 추구하는 중도적 입장을 취하고 있는 인물로 당시 진보 진영의 협조를 이끌어낼 수 있는 적임자였다. 연구단은 지리학, 역사학, 정치학, 경제학, 심리학, 그리고 고고학 등 126명의 학자들로 구성되었다. 듀이는 리프먼의 요청으로 모스크바 지부의 책임을 맡았었지만 구체적으로 수행한 작업은 없었다. 후일 이들 중 일부는 1919년 파리 평화회의에 미국 대표단의 일원으로 윌슨 대통령을 수행했다. 하우스 대령이 윌슨의 명령으로 리프먼에게 지시한 '연구단'의 목적은 "사실(fact)에 관한 조사 연구만이 아니라 조용한 협상, 특히 중립국들과의 협상을 통해 미국이 연합국의 지도자로 평화회의에 임할 수 있는 정책과 전략을 준비하기 위한 것"이라고 말했다.

이 '연구단'에서 리프먼은 핵심적인 임무를 수행하였다. 하우스 대령이 말한 윌슨 대통령의 요구는 '장기간 유지될 수 있는 평화안, 특히 당시 연합국 —영·불·이탈리아·일본— 의 비밀조약에 대응할 수 있는 안을 만드는 것이었다. 이들 연합국은 각자의 식민지 확장을 내용으로 한 전후 영토분할에 관한 비밀조약을 미국의 참전 이전에 그들끼리 체결한 바 있었는데, 윌슨은 이런 영토분할에 반대하고 있었다. 제1차 세계대전의 명분은 민주주의와 자유이지 제국주의적 영토 확장이 아니라는 것이었다. 리프먼은 불과 두 달밖에 안 된 '연구단'에서 전후 영구평화를 구축하기 위한 토대가 될 유럽 국가들의 국경선을 결정하는 작업을 하였다. 유럽의 새로운 국경선을 강이나 자연지형 혹은 철광석 생산지와 항구 같은 지리적 혹은 경제적 기준에 의해 그리는 것은 가능했으나 그런 것만으로 해결될 사안이 아니었다. 보다 더 어려운 문제는 다양한 민족집단의 요구였다. 예컨대 체코(Czechs), 슬로바키아(Slovaks), 세르비아(Serbs) 민족들은 각기 독립국가 수립을 원했고 폴란드(Poles) 같은 경우는 왕정복구를 원했다. 여기에 더하여 미국 내에 망명하여 활동 중인 유럽 민족주의자들은 미국 정부에 압력을 가하고 있었다. 이들 중에는 체코의 베네스(Edward Benes)와 마사리크(Thomas Masaryk), 그리고 폴란드의 피아니스트이자 애국주의자인 파데레우스키(Ignac Paderewski) 등의 활동이 활발했다.

'연구단'은 지도와 통계 수치를 갖고 유럽 내에 각 민족집단의 집단 거주지를 표시한 차트를 만들었다. 리프먼은 이와 함께 민족주의 정치운동 집단의 명단을 갖고 이들에게 유럽 연합국들을 자극하지 않으면서 민족자결을 부여할 수 있는 방안을 만들었다. 여기까지는 리프먼과 미국 지리학회 회장이었던 보우만(Bowmann), 밀러(Miller), 메제스(Mezes)가 만들었다. 그 후 리프먼은 이 안을 다시 연합국의 비밀조약의 영토분할 계획과 가급적이면 조화로운 것이 될 수 있도록 비교 조정하였다. 물론 이러한 조화는 성공하지 못했다. 이 작업은 밤낮없이 3주에 걸쳐 마무리되고 1917년 12월 '전쟁의 목적과 평화 조건 안(The War Aims and Peace Terms It Suggests)'이란 이름으로 하우스 대령에게 제출되었다. 이것이 다시 윌슨에게 전해졌고 몇 가지 수정 지시를 받고 다시 마련하여 1918년 1월 2일 백악관에 전달되었다. 그로부터 이틀 후 하우스 대령은 각 항목을 검토한 후 윌슨 대통령에게 제출했다. 윌슨은 영토 문제에 관한 자신의 여섯 가지 원칙을 첨부하여 1월 8일 상하원 합동회의에서 역사적인 14개 조항의 평화안을 발표하였다. 이것은 미국 '신외교(New Diplomacy)'의 토대로 유럽 각국의 국민들이 그들의 정부에 압력을 가하고, 또한 독일 국민들이 그들의 정부에 비판적인 입장을 취하도록 하기 위한 윌슨 외교의 도덕성을 제시한 안이었다. 이 14개 안의 첫 번째 5개 항과 14번째 항은 윌슨이 첨가한 것으로 모두 일반 원칙들이었다. 즉 공개 외교, 항해자유, 낮은 관세, 식민지 국민에 대한 존중, 그리고 국제연맹 조항 등이다. 각국의 국민들은 이를 적극 환영하였지만 나머지 8개 조항은 영토분할과 관련된 것으로 유럽의 연합국들에게는 결정적으로 중요한 항목이었다. 여섯 번째 조항은 러시아 혁명정부에 대한 것으로 혁명 러시아의 정치적 자결권을 보장하는 것이었다. 윌슨은 영국과 프랑스가 볼셰비키 정부를 전복하려는 반혁명군을 지원하는 것을 반대하고 있었다.

파리의 W. 윌슨 대통령

하우스 대령과의 깊은 관계와 '연구단'에의 참여는 리프먼이 최고위직 행정부 인사들과 친분을 맺는 데 기여했다. 리프먼은 백악관 회의, '연구단'에서 밤을 새면서 하는 일, 그리고 하고 있는 일의 중심에 자신이 있다는 사실에 대한 자부심 등에 대단히 만족하고 있었다. 이런 새로운 삶은 리프먼에게 아주 잘 맞는 것이었다. 오래전 그는 급진주의자들과 결별하였고 리프먼과 같은 야망을 지닌 청년 자유주의자들은 전쟁에서 그들의 혁신 정신을 불태우고 있었다. 그러나 리프먼은 연구단 내에서 간부들과 좋은 관계를 유지하지 못했다. 이때 리프먼에게 새로운 제안이 들어왔다. 선전과 관련된 업무였다. 그리하여 리프먼은 '연구단'을 떠난다.

당시 윌슨은 미국의 전쟁 목적과 영·불 연합국의 전쟁목적이 다르다는 것을 주장하면서 연합국 국민은 물론 독일 국민에게도 자신의 이상을 널리 알리고 싶었다. 그리하여 전쟁 목적의 선전을 영국과 프랑스에 의존하는 것을 원하지 않았다. 그는 독자적인 육군 정보국을 창설하여 선전업무를 진행하기로 하였다. 리프먼은 대위 계급장을 달고 이에 참여하였다. 그러나 리프먼의 선전 업무는 공공정보위원회 (the Committee on Public Information: CPI)와의 갈등으로 성공적인 결과를 낳지 못했다. 한편 하우스 대령은 윌슨의 명령으로 14개 조항과 관련해 연합국이 윌슨의 평화안을 수용하도록 설득하였고 11월 4일 영국, 프랑스, 이탈리아는 윌슨의 14개 조항 평화안에 기초한 정전에 합의하고 독일도 11월 11일 정전협정에 서명하였다.

윌슨 대통령은 12월 13일 조지 워싱턴(the George Washington) 호를 타고 프랑스에 도착하였다. 대표단은 1300명이었다. 한 세기 전 영국이 나폴레옹 전쟁 이후 강화회의에 단 14명의 외교관을 파견했던 것과 비교하면 참으로 거대한 규모였다. 그러나 대표들은, 자신들이 무엇을 해야 하는지 아무런 지시를 받은 바 없었다. 윌슨은 종전 후 강화회의를 자신이 주도하려고 계획했다. 윌슨의 파리 입성은 거대한 축제였다. 수많은 관중이 모여 윌슨을 환영하였다. 윌슨은 마치 메시아처럼 파리에 들어왔다. 그리고 그는 4주에 걸쳐 프랑스·영국·이탈리아를 방문하였다. 유럽 국민들은 그가 세계를 변화시킬 것으로 믿었다. 윌슨은 유럽의 이러한 환대를 보면서, 유럽인들이 그를 지지할 것으로 믿어 의심치 않았다. 그러나 그것은 현실이 아니었다. 윌슨은 희망을 제시했지만 연합국은 그들의 이익을 원하였다. 모두가 혼란에 빠져들었다. 기자들은 공황에 빠져 기자이기를 멈추고 자신의 고국 대사관을 가십(gossip)과 광란의 절규로 포격하였다. 파리의 아우성과 독트린의 바람이 회의참가자들을 둘러싸고 소용돌이쳤다. 모든 만찬, 호텔 로비, 거의 모든 특별 인터뷰, 대표들, 고문으로 온 전문가들은 음모와 과장, 그리고 조작된 루머의 출처가 되었다. 호텔은 각국 대표와 그들의 대리인들, 그리고 세계 각지의 민간단체를 대표한다는 인사들로 꽉 차 있었다. 신문사 특파원들은 이런 혼돈 속에서 그들 신문의 독자들 취향에 맞는 기사를 써야 하는 임무, 그리고 아직 협상이 진행 중인데도 서둘러 협상결과를 기사화해야 하는 압박감에 시달리고 있었다.

파리에서의 이런 실망스러운 몇 주의 경험이 4년 후 나온 리프먼의 『여론』과 『환영의 공중』이란 저서에 중요한 배경이 되었다. 여기서 리프먼은 미국의 저명한 저널리스트들과 많은 대화를 나누었다. 그들 가운데 중요 인물로 코브(Frank Cobb), 스워프(Herbert Bayard Swope), 베이커(Ray Stannard Baker), 화이트(William Allen White), 스테펀스(Lincoln Steffens) 등이 있었다. 그뿐 아니라 그 가운데는 젊은 미국의 대표단원 버레(Adolf Berle), 불리트(William Bullitt), 덜레스 형제(John Foster and Allen Dulles), 모리슨(Samuel Eliot Morrison), 그리고 미국 시오니스트 운동의 대표로 파리에 온 프랑크푸터(Felix Frankfurter), 그리고 영국 재무부 팀의 경제학자 케인스(John Maynard Keynes)와 그에게 정치에 대한 열정을 불어 넣어준 베런슨이 있었다. 리프먼에게 파리의 혼란은 견딜 만한 것이었다. 그러나 그는 파리를 떠나 미국으로 귀국한다.

《뉴 리퍼블릭》으로의 복귀

리프먼이 뉴욕으로 돌아오자 라스키는 그에게 이렇게 충고하였다. "주저하지 말고 어떤 어려움이 있더라도 다시 《뉴 리퍼블릭》으로 돌아가라. 그곳에서 글을 쓰는 것이 당신의 스타일에 맞는 일이다. 올바른 길이 어떤 것인가에 대한 당신의 감각, 사건의 미래를 전망하려는 당신의 열정과 깨어 있음, 《뉴 리퍼블릭》그곳이 당신에게 훌륭한 광장이 되고 기관이 될 것이다."[27]

평화조약은 체결되고 공표되었다. 그 내용은 리프먼이 가장 우려했던 것 중에도 최악의 것이었다. 독일은 알자스-로렌(Alsace-Lorraine)을 잃고 아프리카와 아시아의 태평양 식민지를 내놓고 전쟁의 책임을 단독으로 지기로 하고 거액의 배상금을 갚기로 했다. 배상금 가운데는 미래에 발생할, 액수가 결정되지 않은 미정의 배상금도 있었다. 여기에 비무장과 연합국의 경제적 통제를 받아야 했다. 독립국가 폴란드가 만들어졌고 200만 명의 독일인이 와르소(Warsaw)의 지배로 귀속되었고 동프러시아는 폴란드와 독일 사이의 회랑이 되었다. 체코슬로바키아라는 새로운 독립국은 독일인 밀집지역인 수데텐란트(Sudetenland)를 포함하였다. 오스트리아(Austria)는 분리되어 새로운 독일 공화국과의 합병이 금지되었다. 이탈리아는 오스트리아의 남부 티롤(Tyrol)을 획득했다. 심지어 일본까지도 중국 산둥반도의 경제권을 획득한다. 여기에 더욱 나쁜 일이 발생할 가능성이 있었다. 윌슨은 프랑스가 자르(Saar)의 합병과 라인란트(Rhineland) 허수아비 정권을 세우는 것을 금지하고 이탈리아는 유고슬라비아의 해안의 권리를 부정당하고, 그리

---

27) Ibid. p. 155.

고 폴란드인들의 동프러시아 합병 요구에 반대하는 것이었다.

이런 조약은 리프먼과 《뉴 리퍼블릭》의 동료들에게는 배신이었다. 그런 내용은 중앙 유럽의 "소국 분할주의(balkanize)"일 뿐만 아니라 독일 국민을 설득할 수 없으며 오히려 보복 감정을 낳으리라는 것이 그들의 생각이었다. 리프먼은 그의 친구들에게 보낸 편지에서 "나는 실로 그 모든 일에 실망하지 않을 수 없다."고 말했다.[28]

리프먼을 비롯한 《뉴 리퍼블릭》의 리버럴리스트를 자처하는 편집인들은 스스로 프래그머티스트라는 자부심을 갖고 정치적 현실의 필연적 요구라고 판단해 미국의 제1차 세계대전 참전을 여론의 지원을 통해, 그리고 정책을 마련하는 과정에서도 윌슨을 도왔다. 그러나 종전 후 체결된 조약은 그들이 생각해오던 것이 아니었다. 그것은 자유주의와는 거리가 먼 것으로 유럽 제국주의 국가들의 식민지 강탈 드라마였을 뿐이었다. 《뉴 리퍼블릭》의 편집자들은 자유주의자들로 제1차 세계대전의 미국 참전은 자유주의의 세계를 성취하기 위한 것이었는데 결과는 그 반대였다. 일부 공산주의자들에게는 볼셰비키 혁명의 러시아가 오히려 자유주의와 민주주의와 뜻을 같이하는 것으로 보였다. 영국과 프랑스는 반혁명군인 백색 군을 지원하여 볼셰비키 혁명을 저지하려 하고 있었고, 윌슨도 레닌을 승인할 생각이 없었다. 모든 것이 미국 자유주의 진영에는 실망스러웠다.

---

28) Ibid. p. 158.

베르사유 조약의 탄핵, '이것이 평화인가?'

《뉴 리퍼블릭》의 편집장 크롤리는 편집회의에서 윌슨이 체결한 조약에 대해 격렬히 비판하면서 이것은 그의 국제연맹 안을 무의미한 조직으로 만드는 것이라고 했다. 리프먼은 국제연맹에 미련을 갖고 영토분할 등 조항이 불합리하지만 조약을 완전히 부정하는 것은 주저하였다. 그러나 그도 크롤리의 주장에 동의하였다. 편집회의는 만장일치로 베르사유 조약을 받아들일 수 없는 것으로 결정하였다. 그리하여 5월 17일자 《뉴 리퍼블릭》은 「이것이 평화인가?(IS IT PEACE?)」라는 제목의 논설을 내놓았다.[29] 여기서 리프먼은 주 논설을 쓴다. 다음 호에서는 다시 「이것은 평화가 아니다(THIS IS NOT PEACE)」라는 논설이 나온다. 이 논설 후 편집진은 또 다른 강경한 주장을 내놓았다. "미국이 만일 유럽연합국들 사이에 들어가 그들과 함께한다면 그것은 바보 같은 짓이다. … 평화는 지속될 수 없다. 미국은 미국의 자유로운 행동을 구속하는 모든 것으로부터 철수해야 한다. 14개 항 가운데 일부 조항은 미국이 정의롭지 못한 영토분할을 옹호해야 하게끔 의무화하는 것이다. 미국은 그런 게임을 할 수 없다. 이 문제로 미국 사회는 앞으로 크게 분열될 것이다."라고 리프먼은 강하게 주장했다.

평화조약에 대한 《뉴 리퍼블릭》의 탄핵 논설은 많은 독자들에게 원칙의 문제가 아니라 일종의 변덕으로 보였다. 그리하여 약 1만 명이나 되는 구독자를 잃었다. 그들은 반전주의 잡지 《네이션(Nation)》으로 옮겨갔다. 평화조약 14개 조항에 대한 실망은 자연스러운 것이었지만 리프먼은 그 이상의 무엇을 느꼈다. 리프먼은 1917년 미국의 참전이

---

29) Ibid. p. 158.

제국주의자들의 전쟁을 민주주의적 십자군으로 전환시키는 것이라고 주장했었다. 2년 후 반전주의자 본의 비난이 옳았다는 것을 깨달은 리프먼은 "나는 희망이 참혹한 결과로 밝혀지는 마지막까지 이를 버리지 못하는 전형적인 바보였다."고 술회했다. 그러나 그 결과는 혹독한 것이었고 배신감을 안겨주는 것이었다.

1919년 중반 리프먼은 평화조약에 반대하는 중요한 지원군을 발견한다. 그 사람은 영국의 경제학자 케인스로 리프먼은 그와 파리에서 만나 연합국 정치인들의 어리석음을 비판한 적이 있다. 그의 비판은 핵심을 찌르는 것이었고 날카로웠다. 리프먼은 케인스에게 《뉴 리퍼블릭》에 그의 글을 시리즈로 연재해 달라고 요청했다. 1919년 크리스마스에 케인스의 「평화의 경제적 효과(The Economic Consequences of the Peace)」의 첫 회를 싣는다. 그것은 대단히 강력한 비판을 담은 글이었다. 그는 윌슨을 "교활한 유럽에게 속은, 눈도 멀고 귀도 먹은 돈키호테."라고 했다. 케인스의 이런 서술은 화제가 되어 많은 사람들의 입에 오르내리고 미국 상원에서도 토론과 논쟁의 주제가 되기도 했다. 윌슨의 평화조약은 상원에서 부결되었다. 미국의 국제연맹 가입은 불가능해졌다.

순진했던 자유주의자들

리프먼은 다시 저널리즘으로 돌아와 칼럼에 전념했다. 그러면 미국의 지식인들은 제1차 세계대전의 참전과 윌슨 정책의 실패를 어떻게 평가하였는가? 스턴스는 1919년 10월 『미국의 자유주의』에서 윌슨 실패의 책임이 윌슨 자신에게 있지만 그에 못지않게 그의 동료 자유주의자들에게도 있다고 비판했다. 이에 대해 리프먼은 같은 해 12월 31일자 《뉴 리퍼블릭》의 서평 ―앞서 잠시 언급한― 을 통해 곧바로 반론을 제기했다. 그의 주장은 독일의 잠수함에 의한 대서양 지배를 미국은 방치할 수 없었다는 것이다. 리프먼은 자유주의자(liberals)들뿐 아니라 보수주의자들도 함께 참전을 지지했고, 따라서 이것은 자유주의자들만의 문제는 아니라는 것이다. 그러면서 그는 자유주의의 의미에 대해 중요한 자신의 견해를 밝히고 있다.[30] 리프먼의 견해는 이렇다. "미국의 제1차 세계대전 참전은 전쟁에서 승리했다. 그러나 전쟁을 하면서 기대했던 영구평화를 위한 국제연맹에는 실패했다." 리프먼은 자유주의자들이 정치적으로 순진했고 협상 방법에 무지했다고 회고했다. 유럽의 제국주의 세력은 평화만을 빼놓고 모든 것을 만들어냈다고 했다. 한마디로 유럽의 제국주의자들은 평화를 빼놓고는 그들이 원하는 모두를 얻었다는 것이다.

"제1차 세계대전은 참으로 나쁘기 이를 데 없는 전쟁이었지만 리프먼 당신에게는 축복이었다." 리프먼의 친구인 핸드(Learned Hand) 판사가 그에게 보낸 편지의 한 구절이다. 리프먼의 친구나 멘토들, 영국의 사회주의자 라스키, 그리고 홈스(Justice Holmes) 판사 등이 모두 리프먼의 《뉴 리퍼블릭》 복귀를 이렇게 환영하였다.

정치평론 저널리스트 리프먼

리프먼은 그의 저널리즘 생애를 정치와 문화평론 잡지 《뉴 리퍼블

---

30) *The New Republic*. p. 150, Dec. 31, 1919년.

릭》의 편집인, 그리고 칼럼니스트로 시작하였다. 그는 통상적인 신문기자 출신이 아니다. 그리고 그가 집필한 칼럼은 대부분 정치평론이었다. 그는 저널리스트로 특별했고 자신의 저널리즘에 깊은 자부심을 갖고 글을 썼다. 이를 말해주는 기록이 있다.

그는 1964년《뉴 리퍼블릭》창간 기념일 연설에서 이렇게 회고했다. "우리의 목표는 당파, 분파, 개인적 혹은 이념적인 것이 아니었다. 우리의 목표는 교육이었다. … 사건을 대하는 우리 저널리즘의 태도는 그것이 누구에게 상처를 주거나 혹은 돕거나 관계없이 학자가 진리를 추구하는 것과 같은 것이었다. … 이것이 무엇보다 앞선 우리의 유일한 저널리즘이었다. 물론 이것이 유일한 종류의 저널리즘은 아니다. 다른 종류의 저널리즘, 어떤 주장이나 명분, 그리고 당파들, 그리고 이데올로기들을 위한 저널리즘도 필요하고 그런 저널리즘이 있다. 그러나 우리의 이 특별한 성격의 저널리즘은 저널리스트에게 흥미로운 종류의 저널리즘이고, 그런 저널리즘도 우리는 원해야 하고 독자들을 위해서도 그렇다. 그래서 나는 항상 크롤리와 웨일, 그리고 스트레이트(Mrs. Willard Straight)에게, 그리고 옛 편집진들에게 감사한다. … 왜냐하면 그들이 나로 하여금 내가 믿고 있는 젊은 저널리스트가 가야 할 길을 가게끔 해주었기 때문이다. …"[31]

그는 특별한 종류의 저널리즘을 해왔다. 그는 보통의 저널리스트와 달리 어떤 경우에는 정치인 못지않은 정치행위를 했고 권력과의 관계에서 밀착된 것같이 보이기도 했다. 그러나 이런 그를 문제 삼는 사람들은 별로 없었다. 대부분의 경우 그의 모순된 행동에 대해서 "그는 리프먼이니까." 하고 사람들은 받아들였다. 그러나 그의 이런 저널

---

31) Ibid. p. 30.

리즘은 사실 그가 말했듯이 학자들이 진리를 추구하는 것과 같은 진실을 위한 것이었다는 것이 그의 생각이었다. 그는 학자와 저널리스트를 분명히 구분하였지만 말이다. 이것이 사람들이 그의 통상적인 저널리즘의 경계를 넘어선 그의 저널리즘을 받아들이는 이유였다고 볼 수 있다. 그런 의미에서도 그의 저널리즘은 저널리즘 이상의 특별한 저널리즘이었다.

'잃어버린 세대'의 리프먼

리프먼만이 아니라 미국인, 특히 청년들 모두에게 제1차 세계대전은 깊은 좌절을 안겨주었다. 전후 문화적으로는 잃어버린 세대(the lost generation)의 허무와 정치적으로는 민주주의에 대한 회의가 고조된다. 자유주의는 분명 사양기에 들어서 있었다. 리프먼 스스로가 고백하듯이 "전쟁 중 우리가 지녔던 끔찍한 도덕성은 이 나라에 공공정신을 모두 앗아버리고, 그리하여 전쟁이 끝나자 우리는 모두 어떤 문제에도 열정을 가질 수 없게 되었다. 그것은 우리가 전쟁 중 얼마나 폭력적이었고 비합리적이었던가를 잊은 새로운 세대가 등장할 때까지 그러했다."[32] 그러면서 그는 전쟁 중 미국의 민주주의에 무엇이 일어났는가를 돌이켜보고 민주주의와 여론이란 과연 무엇인가를 성찰하는 시기에 들어간다.

제1차 세계대전은 그의 세계관과 삶에 커다란 영향을 미쳤다. 리프

---

32) S. Jansen(2012). p. 71. 이것은 리프먼이 1920년 8월 10일 래드클리프(S. K. Radcliffe)에게 보낸 편지의 한 구절로 잰센의 인용을 재인용하였음.

먼은 전쟁을 통해 윌슨의 이상주의가 환상이었음을 깨닫게 된다. 이 과정에는 여러 가지 중요한 사건들이 있었다. 그중 하나는 무엇보다 국내외에서 미국 정부의 참전을 정당화하기 위한 선전과 그것의 위력이었다.[33] 또 표현의 자유에 대한 윌슨의 강력한 억압, 미국의 레닌의 볼셰비키 정권 붕괴정책, 파리 평화회의의 실패, 신문의 형편없는 전쟁 관련 뉴스 등은 리프먼으로 하여금 리버럴로서의 지적인 좌절과 자괴감을 안겨주었다.

미국의 제1차 세계대전 참전 당시 세대는 전쟁의 신화에 도취되었었다. 이런 도취는 차고 넘치는 애국주의, 고상한 목적을 지향한 공동체의 연대의식, 영광, 사회적 명예와 영웅주의, 그리고 평상적 삶의 외로움과 소외를 잊게 하는 행사들에 의해 이루어진 것이었다. 이것이 대중들 사이의 현상만은 아니었다. 리프먼은 물론 듀이, 수많은 교수들과 작가들, 예술가들, 그리고 정치 운동가들이 제1차 세계대전은 그전의 여느 전쟁들과 다르다는 생각에 빠져 있었다. 리프먼의 경우 그에게 제1차 세계대전은 리버럴리즘의 대의를 위한 전쟁이었다. 리프먼과 가까웠던 지식인 가운데 참전을 반대한 유일한 사람은 듀이의 전 학생이었던 본뿐이었다. 그는 참전 지지 지식인들이 '집단 충동(herd instinct)'에 빠져 있다고 비판했다. 그는 독일 지식인들이 똑같은 집단 충동을 보였을 때 미국의 지식인들은 그들에게 "히스테리이고 노예적"이라고 비난하면서 "우리는 세계가 노예화되는 것을 구원하기

---

33) 그가 사적이면서 동시에 공적인 갈등을 겪은 대표적인 예는 참전 미군의 선전을 총괄하는 위원회 CPI(Committee on Public Information)의 위원장 크릴(Creel) 과의 갈등이다. 크릴은 폭로기자 출신으로 그가 《뉴 리퍼블릭》에 기고한 글을 리프먼이 거부한 일이 있었고, 미군의 대 독일 선전활동 등과 관련하여 리프먼은 그에 대해 대단히 비판적이었다. 그리하여 리프먼은 이를 비판하는 보고서를 백악관에 보냈지만 받아들여지지 않았고 리프먼은 결국 선전업무에서 떠났다.

위해 전장으로 간다."고 했지만 "군사적 연맹에 의한 자유세계의 질
서"는 있을 수 없다고 지적했다. 전쟁의 실상이 나타난 것은 한참 후
의 일이었다. 결과는 본이 옳았음을 말해주었다.

전시의 선전과 선동, 그리고 언론통제

살육과 함께 선전은 과거에 없었던 규모로 행해졌다. 현대의 선전
기술은 대단히 효과적이었다. 독일 장군들과 병사들은 그들의 마음
속에서 이미 패배하고 있었다. 영국과 미국의 선전 결과였다. 리프먼
은 다양한 선전을 경험했다. 《뉴 리퍼블릭》에서 미국의 참전을 선동
한 경험, 윌슨 행정부에서의 전시정보국 계획 작성, 군사정보국 대위
로 임관되어 독일과 오스트리아 병사들에게 투항을 권유하는 선전 삐
라를 작성하는 등 그의 경험은 다양했다. 그러나 결국 리프먼은 윌슨
행정부의 선전정책에 비판적이 된다.

세월이 한참 흐른 후 리프먼은 선전의 해악에 대해 이렇게 말했다.
1955년에 나온 그의 『공공철학』에서 그는 공공정보위원회(CPI)가 행
한 "미친 듯한 바보짓(impassioned nonsense)"과 같은 여론조작이 국
민들로 하여금 현실성 있는 평화의 수용을 불가능하게 만들었다고 했
다.[34] CPI의 무책임한 선전과 여론조정이, 실현 가능한 평화안이 나
왔을 때 국민들이 이를 받아들일 수 없게 만들었다는 것이다. 그런 이
유로 리프먼은 "여론은 전쟁을 해야 할 때는 전쟁을 반대하고 전쟁을
끝내야 할 때도 이를 반대한다."고 개탄했다. 여론 몰이가 그렇게 만

---

34) W. Lippmann. *Essays in the Public Philosophy*. p. 21 및 S. Jansen(2012). p.
80.

든다는 것이다. 리프먼도 제1차 세계대전 때 이런 여론의 조작과 선전활동에 참여했었다. 그도 이를 부정하지는 않았다. 그는 참전 초기 선전의 중요성을 강조하고 그 구체적인 조직과 활동 안을 윌슨에게 제시한 몇몇 인사 가운데 하나였다. 그러나 불행 중 다행이랄까 그의 안은 채택되지 않았고 그와 불편한 관계에 있던 폭로 기자 출신 크릴(Creel)이 CPI의 책임자가 되었다.

CPI는 미국의 선전에서 핵심 기구였다. 그리고 이 기구는 커뮤니케이션 연구사에서도 중요한 위치를 차지한다. 이 문제는 뒤로 미루고 제1차 세계대전 중 미국의 선전활동을 구체적으로 살펴본다.

선전활동에서 미국의 공식적인 역사는 윌슨 대통령 시대에 시작되었다. 1916년 재선운동에서 윌슨 대통령은 유럽 전쟁에 미국이 참전하지 않는다는 선언을 했다. 그러나 그 슬로건은 사실이 아니었다. 앞서 살펴본 것처럼 당시 미국은 유럽 전쟁에서 표면적으로는 중립적이었다. 그러나 미국의 중립은 영국과 프랑스 등의 연합국 측에게 '호의적인 중립'이었다. 미국은 군수물자를 영국에 제공하였다. 그래도 독일은 미국과의 군사적 대결을 원치 않고 있었다. 미국도 마찬가지였다. 당시 미국의 여론은 고립주의가 지배적 정서였고 재선을 추구하는 윌슨이 이에 반할 수는 없었다. 그러나 내부적으로는 참전이 불가피하다고 여기고 있었고 이를 리버럴들은 잘 알고 있었다. 그런 와중에서 독일 잠수함 공격으로 상선 리투아니아(Lithuania)호가 침몰되고 다수의 미국인 사상자가 나왔다. 이러한 독일의 무제한적인 잠수함 공격 정책은 결국 미국의 참전결정을 낳았다.

윌슨 대통령은 《뉴 리퍼블릭》의 크롤리와 리프먼을 비롯한 리버럴들의 지지를 받았고 가볍게 재선에 성공하였다. 윌슨은 취임 후 가진 첫 상하원 합동회의 연설에서 "세계는 민주주의를 위해 안전한 곳이 되어야 한다."고 선언하면서 의회가 전쟁을 승인해줄 것을 요구하였다. 미국의 참전결정은 1917년 4월 6일 선포되었다. 선전포고 1주일 후 윌슨은 CPI의 수장으로 그의 재선운동 홍보 책임자 크릴을 임명한다. 제1차 세계대전 기간 중 CPI의 언론통제와 선전은 다양한 방식으로 행해졌다. 신문은 검열을 받았는데 자율적인 검열이라고 했지만 실은 CPI가 만든 안에 의한 것이었다. 그리하여 그동안 군이 실시하던 신문검열을 CPI가 집행하였다. 동시에 그는 독일식의 선전과 같은 특정 국가를 위한 것이 아니라 세계를 위한 것이라는 명분을 내걸고 '신념의 선전(propaganda of faith)'이란 이름의 선전을 실행하였다. 그러나 윌슨 대통령은 '검열위원회(Censorship Board)'라는 기구를 또 만들어 크릴을 위원으로 임명하였다. 그리하여 크릴은 CPI의 소위 자율검열과 함께 검열위원회 위원으로서 모든 출판물의 우편이용 허가를 포함한 언론통제의 막강한 권한을 행사하였다.

CPI의 권한은 적국 출신의 외국인 단속을 위한 대통령 명령법에 의해 더욱 막강해졌다. 대통령령은 미국 국적을 취득한 독일 이민들을 대상으로 한 것이었다. 의회 또한 방첩법(the Espionage Act), 적국과의 무역거래법(the Trading-with-the Enemy Act), 반선동법(the Sedition Act) ─이 법은 대통령이나 의회, 정부 또는 헌법, 그리고 군이나 국기를 비난하는 것을 형사범죄로 규정─ 을 제정했다. 수많은 외국인들이 추방되었고 많은 공산주의자나 급진적 노조 지도자들이 체포되어 최고 20년의 징역형을 받았다. 윌슨과 크릴, 그리고 정부의 고위직들은 언론자유를 적극적으로 파괴하는 행위를 마다하지 않았다. 그들은 사회주의자, 반전주의자, 그리고 정부 비판자들의 출판물을 우편혜택 수혜 대상에서 제외하였다. 《대중(the Masses)》, 《국민(the Nation)》, 《유대인의 전진(the Jewish Forward)》과 같은 잡지는 발행이 금지되었다.

심지어 윌슨을 지지한 《뉴 리퍼블릭》마저 의심을 받기도 했다. 외국어 신문은 사전검열을 받아야 했다. 제1차 세계대전 중 미국의 검열이 사전, 사후 양날의 검열이었음을 말하는 것이다.

CPI는 국내와 국외 2개 부에 24개의 하부 부서를 가진 대형 기관이었다. 국내부의 목적은 전쟁반대자들을 전향시키고 억제하는 것이었다. 위원회는 미국인들의 삶 곳곳에 침투해 들어가 활동하였다. 모든 종류의 미디어를 이용하면서 예술가와 작가, 저널리스트, 만화가, 영화와 광고산업, 성직자, 교사, 자원봉사 시민 등 아무리 작은 규모라 할지라도 시민들과 접촉하는 모든 이들을 선전에 동원하였다.

세계 평화를 위한 전쟁이었다. 세계 평화를 위한 카네기재단 기금 (The Carnegie Endowment for International Peace)은 전쟁 중에는 그 시설과 인력을 정부에 이양하였다. 교회는 전쟁을 위한 일요예배를 하였다. 위원회는 국론 통일을 위한 여론을 조성하기 위하여 가이드라인을 갖고, 이를 위한 전략을 주와 시에 내려 보냈다. 적십자(the Red Cross), 기독청년회(YMCA), 구세군(Salvation Army) 등 다양한 단체들이 이런 선전에 동원되었다. CPI는 7만 5000명의 자원봉사자를 동원해 소위 4분조(Four Minute Men) ─영화관이나 대중이 모여 있는 곳이면 어디서나 전쟁과 관련한 주제를 갖고 연설을 하면서 선전하는─ 를 조직하여 운영하였다. CPI는 처음에는 사실(facts)만을 언급하도록 하였으나 후에는 그 이상의 선전과 선동을 요구하였다.

미국인 보호연맹(American Protective League: APL)과 같은 시민자경단은 검찰총장의 보호 아래 국가에 충성하지 않는 개인들을 감시하고 그들의 반역적인 언행을 보고하는 활동을 했다. APL 단원들은 그들 개인의 집을 불법 수색하고 명예훼손적인 언동을 하고, 다른 미국인들을 불법으로 체포하기도 하였다. 그들은 시민의 우편물을 뜯어보고 전보를 가로채고, 1918년 소위 병역기피자를 폭력적으로 징벌하기도 하였다. 수많은 소위 애국적 폭력이 전국에서 자행되었고 그 가운데는 살해와 린치 행위도 있었다. 일부의 폭력은 조직적인 것이었지만 많은 경우 순간적 폭발의 결과였고 이런 폭력행위는 통제 불능이었다.

모든 뉴스는 검열되었다. 어떤 것은 뉴스 소스에서 혹은 그것이 전달되는 과정 또는 신문사 편집국에서 CPI의 자율검열 규정에 따라 검열되었다. 전쟁은 CPI가 원하는 모습으로 사람들에게 제시되었다. 적은 야만적인 침략자이고 연합국은 영웅적인 전사로 그려졌다. CPI의 뉴스국(the News Division)은 매일 불르틴(the Official Bulletin)을 발행하였는데 이것은 윌슨의 아이디어였다. 미국 대통령들의 일반적인 태도이지만 윌슨은 신문에 대해 대단히 비판적이었다. 그에게 호의적인 신문에 대해서도 그는 부정적이었다. 그는 중요하지 않은 사소한 문제나 써대는 기관이 바로 신문이라고 생각했다. 그는 기자를 가능한한 기피하였다.

윌슨의 공식 불르틴은 성공적이었다. 왜냐하면 그날 신문의 뉴스는 이들을 중심으로 구성되었기 때문이다. 그리하여 CPI는 정보의 독점적 지위를 행사하였다. 이러한 위원회의 힘은 전쟁이 끝난 후에도 상당 기간 지속되었다. 1919년에서 1920년까지 있었던 적색분자 공포는 전시에 있었던 애국주의에 영향을 받은 것이었다. 그리하여 사람들은 그들의 공포를 볼셰비키(Bolsheviks)와 무정부주의자와 노동운동에 전가하였다. 공화당은 CPI를 민주당이 당파적 도구로 사용하고 있다고 비판했다. 이러한 정서는 미국의 상원이 국제연맹(the League of Nations)을 거부하는 데 일조했다. 윌슨은 국제연맹안을 제시한 것으로 노벨 평화상을 받았지만 평화조약은 미국 의회에서 승인받지 못

했던 것이다.[35]

다시 말하지만 제1차 세계대전을 전후로 한 리프먼의 현장 경험은 1922년에 나온 그의 주저 『여론』을 낳았다. 또 제퍼슨 전통의 민주주의에 대한 그의 비판을 강화시켰다. 이 시기 리프먼은 정치와 저널리즘에 관한 이론을 담은 연구와 책을 저술하였다. 「뉴스의 검증(A Test of the News)」이라는 《뉴욕 타임스》 뉴스에 대한 연구와 그것을 증보한 책 『자유와 뉴스(Liberty and the News)』, 그리고 『여론』이 그것이다. 먼저 「뉴스의 검증」을 보자.

「뉴스의 검증」: 《뉴욕 타임스》 뉴스 연구

리프먼은 메르즈(Charles Merz)와 함께 당시로서는 대단히 선구적인 연구방법으로 《뉴욕 타임스》의 러시아 혁명 뉴스 내용을 분석하였다. 메르즈와 리프먼은 파리의 군사정보국에서 함께 일한 경험이 있었다. 메르즈는 《뉴 리퍼블릭》의 워싱턴 편집인이었으며 리프먼과는 후일 《월드》지에서 함께 일하기도 했다. 이 연구 결과는 1920년 8월호 《뉴 리퍼블릭》의 부록으로 발행되었다.

그는 1917년 짜르 정부를 무너뜨린 볼셰비키 혁명의 초기 3년간의 《뉴욕 타임스》 기사 약 3000개를 분석하였다. 결과는 《뉴욕 타임스》의 뉴스는 사실(fact)이 아니라 그들이 희망하는 내용이었다는 것이다. 뉴스는 일어나지도 않은 사건들을 기사화한 것이었고, 그 가운데 볼셰비키는 붕괴의 벼랑에 몰려 있다는 것이 91회나 있었다. 러시아 뉴스는

---

35) S. Jansen(2012). pp. 75-78.

본 것이 아니라 보고 싶은 것들이었다. 그리하여 리프먼과 메르즈는 "최고의 검열관과 최고의 선전가는 보도기자들과 편집자들의 마음속에 있는 희망(hope)과 공포(fear)였다."고 했다. 그것은 CPI보다 더 무서운 검열관이었다. 이 연구는 《뉴욕 타임스》를 비롯한 미국 신문들에 큰 충격을 주었다. 《뉴 리퍼블릭》은 1920년 8월에 42페이지 부록으로 이를 내놓았다. 제목은 「뉴스의 검증」이었다.

『자유와 뉴스』

리프먼은 그 즈음 월간지 《애틀랜틱(*Atlantic*)》의 세지윅(Ellery Sedgwick)에게 한 통의 편지를 보냈다. 현대에는 사상과 표현의 자유 문제를 다시 생각해야 한다는 내용이었다. 그는 "공공문제에 관한 의사결정을 할 때 대중이 사실만 자유롭게 접하게 되면 올바른 결정을 한다는 가정은 현대사회에서도 사실인가?" 하고 묻는다. 그는 선전이 의견(opinion)을 조작하는 이 시대에는 사상과 언론의 자유는 새롭게 이해되어야 한다고 했다. 리프먼은 이 문제를 갖고 《애틀랜틱》에 에세이를 세 차례에 걸쳐 연재했다. 이 글은 1920년 1월 『자유와 뉴스』라는 작은 책자로 출간되었다.[36] 이에 대한 미국 신문계의 반응은 호의적이지 않았다. 《뉴욕 타임스》는 "그는 신문인이 아니고 뉴스에 대해서 많은 것을 알고 있지만, 그가 아는 것 대부분은 진실이 아니다."라고 했다.[37] 그러나 이 책은 리프먼의 저널리즘관을 읽을 수 있는 좋

---

36) W. Lippmann(1920). *Liberty and the News*. CPSIA. 앞으로 이 책은 'W. Lippmann(1920)'으로 표기함.

37) John Luskin(1972). *Lippmann, Liberty, and the Press*. Univ. of Alabama. p.

은 자료이다.

　이 책에서 리프먼은 전통적인 정부이론은 낡았다고 말한다. 그 이유는 여론(public opinion)의 힘을 무시하고 있기 때문이라고 했다. 현대국가에서 중요한 결정은 의회와 행정부 간의 상호작용에 의해서 이루어지는 것으로 되어 있는데, 그러나 실은 여론이 중요한 역할을 한다는 사실이 간과되고 있다. 현대의 정부는 여론의 지배하에 있다. 주권 소재지의 이러한 변동은 여론을 만들어내는 자가 정치의 주인이 되었다는 것을 의미한다. 만일 이렇게 주권이 입법부에서 여론으로 이동되었다면 여론의 토대인 정보가 정확하고 믿을 수 있는 것이어야 한다. 이것이 리프먼의 주장이었다.

　과거 밀턴이나 밀의 언론자유는 검열과 간섭으로부터 자유였다. 그들은 주로 신념과 표현의 자유를 주장했다. 그러나 현대 민주주의에서는 문제가 다르다. 신문은 '자유'만으로는 실패할 수도 있다. 진실된 정보 없이는 공중은 바른 결정을 할 수 없고 민주주의는 실패할 수밖에 없다. 그렇기 때문에 현대국가는 "여론의 강을 이루는 사실의 줄기"를 깨끗이 유지하는 것이 무엇보다 중요하다. 자유는 허가의 문제가 아니라 정보의 문제가 되었다. 정보의 사실 여부를 검증할 수 있게끔 정부는 공개적이어야 하고 자유로워야 한다는 것이다. 이것은 좀 더 나아가면 거짓 정보에 의존한 의견의 자유는 제한될 수 있다는 것을 지시하는 것이다.[38]

---

　47 및 "Review of Liberty and the News," *New York Times*, 3. 21. 1920.

38)　W. Lippmann(1920), pp. 41-42.

『자유와 뉴스』의 주제들:
저널리즘인가 서구문명의 구원인가

1919년 리프먼은 위에서 말했던 것처럼 저널리즘 관련 에세이 두 편을 《애틀랜틱》에 실었다. 주제는 검열과 선전, 그리고 뉴스였다. 여기에 서론으로 「저널리즘과 보다 더 높은 법칙(Journalism and the Higher Law)」이란 제목의 1장을 추가하여 『자유와 뉴스』라는 얇은 한 권의 책을 1920년 내놓았다. 여기서 리프먼은 신문의 가치와 문명을 구원하고 민주주의가 안전한 세계의 확보라는 가치 —이것은 미국의 제1차 세계대전 참전의 명분이었다— 가운데 어느 것이 우선했는가 하는 문제를 되돌아본다. 그 결론은 후자였다는 것이다. 제1차 세계대전 때 문명의 구원이 신문의 진실 보도보다 더 중요하게 간주되었다는 것이다.[39]

그는 제1차 세계대전 당시 저널리스트들은 자신들의 최고 의무가 국민의 교화와 문명 세계의 구원이라고 믿었다고 말한다. 과거 영국의 왕이 자신을 신앙의 보호자(Defenders of the Faith)로 자임했던 것처럼 저널리스트들도 그랬다는 것이다.[40] 리프먼은 "지난 5년 동안 세계에서 여론의 자유로운 활동은 없었다. 전쟁이란 냉혹한 현실에 정부는 여론을 동원하고 … 각국 정부는 여론을 열병하는 군대처럼 발맞추어 행군하게 했다. … 정부는 여론에게 차렷 경례하고 구령을 외쳤다. … 이런 현상은 전쟁이 끝난 후에도 지속되었다. 많은 미국인들은 다시는 그들 자신들을 위한 생각은 하지 않겠다는 맹세를 한 것

---

39) Ibid.
40) Ibid. p. 3.

처럼 보였다. 국가를 위해서는 기꺼이 목숨을 바치겠다는 맹세는 하면서 말이다. 기자가 하는 일은 설교자, 부흥사, 예언가나 선동가들이 하는 일과 구별하기 어려웠다. 미국 저널리즘의 현존 이론은, 진실(truth)이나 공정성(fairness)과 같은 것은 문명의 구원을 위해 포기해야 한다면 그래야 한다는 것이었다. 그들 저널리스트들은 교화가 진실보다 중요하다고 믿었다. 애국주의(patrioticism)는 최고의 가치이고 그런 생각은 자랑스러운 일이었다. 그러나 가장 독성이 강한 무질서는 고위 인사들의 선동에 동원된 폭중인 것처럼 진실이 아닌 것(untruth)의 가장 파괴적인 것은 뉴스를 보도하는 직업을 가진 자들이 행하는 궤변과 선전이다.[41]

이런 뉴스 시스템이 일단 동원되고 나면 전쟁이 끝나도 그런 식의 작동은 멈추지 않는다. 그 이유는 전쟁이 낳은 '동의 제조기'는 전쟁이 끝나도 전쟁과는 상관없이 자동적으로 계속 작동하기 때문이다. 기자는 진실을 첫 번째 규범으로 삼을 것인가, 아니면 국가이익 다음의 것으로 할 것인가 하는 문제에 부딪히게 된다. 리프먼은 애국주의에 진실이 우선권을 내주었던 제1차 세계대전의 경험을 이야기하면서 선전이 민주주의의 파괴를 낳는다고 주장한다. 뉴스 칼럼은 공공재 운반구(common carrier)이다. 무엇이 보도되어야 하고, 그리고 무엇을 위해 보도하는가 하는 것을 기자들이 양심에 따라 결정하는 권리를 포기할 때 민주주의는 작동하지 않는다. 왜냐하면 국민들은 그들이 받은 정보의 진위를 검증하고 수정할 수 없다면 추측과 루머, 희망, 불안정한 사고들에 의해 형성된 여론이 정부의 토대가 되기 때문이다.

---

41) Ibid. pp. 4-5; S. Jansen(2012), p. 87. 잰센은 리프먼의 *Liberty and the News*를 여기서 상세히 요약하고 있다. 이 부분은 그의 요약과 리프먼의 원전을 종합한 것이다.

따라서 신뢰성과 타당성을 지닌 뉴스의 공급이 없는 민주주의라면 그런 민주주의에 대한 비판은 당연하다. 사실(facts)에 대한 확실한 접촉이 거부된 사람들은 무능, 목적 부재, 부패, 불성실, 공황, 그리하여 결국 재앙에 이르게 된다. 누구도 사실이 아닌 무가치한 뉴스를 갖고는 아무것도 할 수 없다. 그런 사람은 시민이 될 수 없다.

선전과 검열은 세계를 보는 창에 페인트칠을 하는 것이다. 홈스 판사(Justice Holmes)는 "진실(truth)은 인간이 희구하는 것을 성취 가능하게 하는 유일한 토대이다."라고 했다. 뉴스는 진실보다 그들 자신의 신념에 의해 만들어진다고 믿는 사람들은 우리 헌법체계의 근간을 침해하는 것이다. 저널리즘에는 진실을 말하고 악을 수치스러워하는 것 이상의 더 높은 법칙은 있을 수 없다.[42] 이들 저널리즘 문제의 성격과 이에 대한 교정 안을 내놓으려는 것이 이 책이라고 그는 밝히고 있다.[43]

위의 내용은 『자유와 뉴스』 서문의 이야기이다. 그러나 리프먼은, 이 진실이 그렇게 간단하고 쉽게 성취할 수 있는 대상이 아니라는 점을 인정한다.

언론자유 관념의 현대화

리프먼은 이어서 현대의 자유, 즉 언론의 자유를 논한다. 그는 밀턴(John Milton)이 『아레오파지티카(*Areopagitica*)』에서 논한 자유, 그리고 밀(J. S. Mill)이 『자유론(*On Liberty*)』에서 주장한 자유는 현실적이

---

42) W. Lippmann(1920). p. 7.
43) Ibid. p. 9.

못된다고 했다. 실은 밀턴의 자유도 절대적인 자유가 아니었다고 하면서 인간은 안전하다고 느낄 때는 이교도도 관용하지만 자신이 위험하다고 느낄 때는 아니라고 했다.[44] 인간은 보통 때는 자기와 다른 생각들을 두려워하지 않지만, 전시나 혼란기에는 이단이나 반대자를 두려워한다. 또 인간은 자신들의 이해관계가 없는 문제에는 무관심하고 관대해지지만 그렇지 않은 경우는 다르다는 것이다.

밀턴이나 밀의 자유이론은 구체적인 문제해결에는 의미가 별로 없다는 것이다. 전시나 위기에는 자유이론이 힘을 잃는다. 그리하여 여론은 선전으로 왜곡되곤 한다. 리프먼은 언론자유의 중요한 위협을 '선전(propaganda)'이라고 하였다. 그는 선전을 '몽키 렌치(monkey-wrench)'에 비유했다. 나사를 억지로 비틀어 빼고 넣는 강한 힘을 가진 공구 말이다. 선전에는 악덕은 많고 덕은 별로 없다.[45] 전시와 혼란스럽고 복잡한 때 사람들은 그들의 세계가 어떻게 움직이고 있는지를 알 수 없기 때문에 선전이 커다란 영향을 미친다는 사실을 리프먼은 많은 예를 들어 설명하고 있다. 여기서 이미 그는 후에 『여론』과 『환영의 공중』에 나오는 유사환경, 고정관념, 대중의 무지 등을 말하고 있다.

그는 이렇게 말한다. 사람들이 사실에 접근하기 힘들게 되면 선동과 선전의 희생물이 되는 것은 불가피하다. 가짜, 협잡꾼, 강경론자, 테러분자들은 이런 경우 보다 쉽게 움직인다. 그리하여 사실이 무엇인가가 아니라 다른 사람을 따라 생각하고 믿게 된다. 사람들은 러시아에서 지금 무엇이 일어나고 있는가를 묻지 않고, 누가 누구보다 볼

---

44) Ibid. p. 17.
45) Ibid. p. 29.

셰비키를 더 지지하는가를 묻고 자기의 생각과 더 유사한 사람의 주장을 따라간다. 이렇게 되면 그는 자신의 기존 생각과 보다 일치하여 자신의 마음을 편안하게 해주는 길을 선택하게 된다.[46]

전쟁과 혁명은 검열과 선전을 낳고 그리하여 현실적 사고의 파괴자가 된다. 왜냐하면 검열과 선전은 항상 객관적 정보와의 접촉을 불가능하게 만들기 때문이다. 공적 이성이나 사적 이성이나 모두 객관적 정보를 필요로 한다. 오직 사실 자체에 접촉 가능한 사람들만이 데마고그(demagogue)와 거짓에 대적할 수 있다. 그래서 많은 정치학자들이 공공여론이란 불안정하기 때문에 가능한 한 행정부는 여론에 의존하는 경향을 축소할 것을 주장한다.

밀턴이나 밀의 자유이론을 비현실적으로 만드는 것은 전쟁이나 위기 때 나타나는 선전만이 아니다. 리프먼은 저널리즘에서 정보가 생산되는 과정 자체가 자유이론에 나오는 자유시장이 아니라고 말한다. 저널리즘 뉴스는 어느 한 사람이나 부서만의 산물이 아니다. 누구 혼자서 뉴스의 진실성이나 그 결과 전부를 책임질 수 있는 것이 아니다. 뉴스의 경우 한쪽 끝에는 뉴스 소스가 있고 다른 쪽 끝에는 독자가 있다. 이들 두 지점 사이는 아주 멀다. 그 사이에서 뉴스는 편집되고 또 편집된다. 그는 파리 평화회의의 경험을 이야기한다. 그곳에서 뉴스는 각국 대표들이 제공하는 정보에 의해 만들어졌다. 혹은 엿듣거나 비공식적으로 흘러나온 이야기들도 뉴스가 되었다. 기자는 현장 목격자 혹은 특별한 정보원과의 사적인 접촉에서 정보를 얻기도 한

---

46) Ibid. p. 33. 이 부분은 특히 후에 사회심리학에서 나온 인지부조화(cognitive dissonance)이론을 르윈(K. Lewin)이나 페스틴저(L. Festinger)보다 앞서서 리프먼이 말하고 있는 것이다.

다.[47] 그런 정보가 본국의 신문사에 보내진다. 이들 뉴스는 사실, 선전, 루머, 의혹, 단서, 희망, 그리고 공포들로 만들어진 하나의 덩어리이다. 이들은 선택되기도 하고 버려지기도 하며 또 서열화되어 편집된다. 이것은 민주주의에서 진정 중요하고 신성한 저널리스트의 업무이다. 신문은 민주주의 사회에서 사람들이 읽는 유일하고도 진지한 책이다. 이렇게 매일 무엇이 중요하고 무엇은 무시할 수 있는 것을 결정하는 신문의 권력은, 교황이 세속적인 정신에 관한 그의 권력을 상실한 후 새롭게 나타난 권력이라고 리프먼은 말한다.[48]

   말하자면 저널리즘 현장에서의 언론자유란 밀턴이나 밀의 자유가 아니라는 것이다. 그곳에서는 정보의 전파문제가 핵심적인 사안이다. 그것도 사실에 기초한 정보가 말이다. 그래서 리프먼은 저널리즘의 자유이론은 의견의 표현문제가 아니라 정보의 전파문제가 더 중요하고 핵심적인 문제라고 했다. 이것은 의견의 표현의 자유가 의미 있는 것이 되기 위해서는 의견을 형성하는 정보가 자유롭게 제공되는 것이 먼저 보장되어야 한다는 것이다. 물론 이들 정보는 사실이어야 한다. 결국 리프먼이 말한 것을 요약하면 정보는 확인 가능한 사실이어야 하고 이들 정보가 자유롭게 전파될 수 있어야 한다. 이들 자유롭게 전파된 정보를 이용하여 사람들은 자신들의 의견을 형성한다. 한마디로 현대의 언론자유, 즉 표현의 자유는 확인 가능한 사실로 구성된 정보의 자유로운 전파와 이용을 전제로 한 자유인 것이다. 단순히 표현의 자유를 주장하는 것은 의미가 없다. 다시 말하지만 정보의 사

---

47) Ibid. pp. 24-25.
48) Ibid. p. 28. 이것은 후일 주제설정 기능(agenda-setting function) 이론으로 알려진 것인데, 리프먼의 업적으로 평가받고 있다. 흔히 리프먼의 『여론』이 그 소스로 알려져 있지만 사실 리프먼의 이 통찰은 『자유와 뉴스』에서부터 나온 것이다.

실성 검증과 그것의 자유로운 전파가 선행되지 않는 표현의 자유는 의미가 없다는 것이다. 리프먼은 제1차 세계대전 당시 정보가 선전에 의해 심각하게 왜곡되는 경험을 많이 했다. 또 그는 신문 뉴스도 게이트키핑 과정에서 왜곡되는 것을 잘 알고 있었다. 이런 이유에서 리프먼은 고전적인 표현의 자유 이론이 저널리즘 현장에서는 의미가 없다고 한 것이다.

저널리즘의 자유는 뉴스의 소스와 뉴스 기관의 조직, 그리고 신문의 독자가 모두 사실에 충실할 때 가능하고 의미가 있다. 다시 말해 자유는 책임을 지는 자유이어야 한다. 그리고 책임이라는 것은 구체적인 무엇에 대한 책임이기 때문에 자유에는 내용이 있어야 하고, 그래서 자유라는 말은 구체적 내용을 포함한 자유이어야 한다. 그렇지 않고 자유의 내용과 자유의 의미가 분명하지 않은 추상적인 자유에 관한 논쟁은 무의미하다고 리프먼은 말한다.[49]

다시 말하지만 리프먼은 정보의 사실과 그 전파문제가 저널리즘에서는 가장 중요하고 현실적인 자유의 문제라는 것이다. 되풀이해 말하지만 정보는 확인 가능한 사실이어야 한다. 그런데 확인을 위해서는 그것은 공개된 것이어야 한다. 그는 파리 평화회의를 예를 들어 말한다. 그 회의는 비공개적이었다. 그리하여 온갖 루머와 잘못된 정보와 의견들이 신문지면을 채웠다.

그는 또 이런 말을 한다. '진실한 의견(true opinions)'이란 이름은 의견을 낳은 사실에 대해 사람들이 공정하게 탐사하는 것이 보장될 때 가능하다.[50] 그러면서 리프먼은 저널리즘의 혁신을 위한 다양한 교정

---

49) Ibid. p. 59.
50) Ibid. p. 42.

책을 내놓는다. 발행인들은 정직해야 하고, 기자라는 직업은 공적인 권위를 인정받아야 하고, 기자들은 세계를 있는 그대로 보고자 노력하는 교양인이어야 한다 등이다. 그러나 그가 제안한 이런 내용은 뉴스 조직 개선을 위한 획기적인 안이었지만 그 평가는 오늘날에도 엇갈린다.[51] 당시의 《뉴욕 타임스》는 리프먼의 이러한 주장에 대해 그가 신문을 잘 모른다는 평가를 내놓았다.

『여론』

집필 과정과 배경

『자유와 뉴스』 출간 2년 후 1922년 리프먼은 『여론』을 내놓았다. 다시 3년 후 1925년 『환영의 공중』이 출간된다. 이들은 모두 리프먼의 저널리즘과 정치철학을 담은 책이다.

『여론』은 아직도 인용되는 고전이다. 그 안에는 이론화될 수 있는 명제들이 많다. 이들 명제는 《뉴 리퍼블릭》의 편집인, 칼럼니스트, 윌슨 대통령 정부에서의 정치참여, 제1차 세계대전에서의 선전 경험, 그리고 리버럴 진영의 일원으로서 활동, 이런 역사 속의 경험과 통찰에서 나온 결과이다. 이 책이 나온 후 '여론'이라는 관념은 정치학은 물

---

51) S. Jansen(2012), p. 88. 여기서 잰센은 리프먼의 제안 내용이 그 후 편집국 개선의 표준이 되었다고 높이 평가하고 있다. 그러나 이것은 과도한 평가라고 생각된다. 뉴스 취재 보도의 관행은 1920년대 이후 지속적인 발전을 해왔지만 리프먼이 과연 얼마나 기여했는가는 의문이다. 그리고 그가 제안한 안도 그만의 생각이었다고는 할 수 없으며, 지금도 언론계에서 논의되고 있는 내용들이기도 하다.

론 언론학의 탐구 주제와 강의 과목이 되는 역사를 만들었다. 리프먼의 『여론』이란 과연 어떤 책인가?

리프먼은 『자유와 뉴스』 출간 후 예술 관련 월간지 《배니티 페어 (*Vanity Fair*)》에 정기 칼럼을 연재하였다. 시니컬하고, 섬세하고, 스타일이 있는 그 잡지는 교육 수준이 높은 부유층을 대상으로 한 잡지였다. 리프먼에게 그런 칼럼은 별 부담이 없었다. 하루 이틀이면 한 꼭지를 쓸 수 있었다. 그러면 월 400~500달러의 고료를 받았다. 《배니티 페어》는 《뉴 리퍼블릭》과 독자의 성격이 달랐다. 그들은 문화에 열정을 지닌, 그리고 지루한 것을 식상해하는 그런 종류의 독자들이었다. 듀이나 비어드(Charles Beard) 같은 무거운 사상가들이 아니라 그 잡지의 편집자들은 우상 파괴론자인 멘켄(H. L. Mencken)이나 브로드웨이 비평가 나탄(George Jean Nathan)과 같은 일종의 집게벌레 같은 인물들이었다. 리프먼에게 《배니티 페어》 칼럼은 즐거운 작업이었다. 이들 칼럼의 일부가 1927년 『운명의 인간(*Men of Destiny*)』이란 제목의 단행본으로 출판되었다. 그 내용은 소위 '재즈 시대(Jazz Age)'의 갈등과 혼란에 대한 예리한 통찰들이었다. 이 글들은 리프먼의 추상적인 것을 압축하고 독자를 그 속으로 몰입시키는 능력을 가장 잘 보여준다는 평가를 받았다.

『여론』은 리프먼이 《뉴 리퍼블릭》에서 지루해하던 1921년 4월, 6개월간의 휴가를 얻어 쓰기 시작했다. 그는 뉴욕에서 멀지않은 롱아일랜드의 웨이딩 강(Wading River) 근처 해변에 거처를 정하고 그의 아내 페이(Faye)의 타이핑 도움을 받으면서 집필했다. 주말에는 라스키가 와서 그와 담소를 나누곤 했다. 라스키는 홈스 판사에게 보낸 편지에서 "월터(Walter Lippmann)의 우주에 관한 이야기, 상대의 말을 경청하는 그의 인내심과 지혜, 그리고 통찰력은 나를 대단히 행복하게 만든다."고 했다.

가을에 리프먼은 《뉴 리퍼블릭》으로 돌아가게 되어 있었지만 그는 돌아가고 싶지 않았다. 그런데 어느 날 리무진 한 대가 그의 집 앞에 멈추어 서고 한 신사가 내렸다. 스워프(Herbert Bayard Swope)였다. 그는 당시 뉴욕 최고의 영향력을 지닌 리버럴 일간 신문 《월드(the World)》의 주필이었다. 그는 리프먼에게 "당신은 《뉴 리퍼블릭》에 있기에는 너무나 아까운 인물이다. 보다 큰 토론장인 《월드》로 와서 칼럼을 쓰라."는 제안을 하였다. 《월드》 구독자는 《뉴 리퍼블릭》의 열 배는 되었다. 물론 많은 보수를 약속했다. 퓰리처 1세의 아들이자 발행인인 랠프 퓰리처(Ralph Pulitzer)와 면담 후 그는 1922년 1월 1일부터 일간지 《월드》로 가기로 했다.

리프먼은 그해 8월 말 —시작 4개월 만에— 당초 계획했던 것보다 더 길고 야심적인 원고 『여론』을 탈고했다. 책은 1922년 초에 출판하기로 했다. 그는 이듬해 1월 1일부터 《월드》에서 근무하기로 했기 때문에 연말까지는 자유였다. 그때 퓰리처가 리프먼 부부에게 유럽 여행을 초청했다. 관광 및 자료수집과 취재를 위한 것이었다. 리프먼은 퓰리처의 동반자이자 가이드로서 유럽 각국의 외무장관들을 비롯해 파리, 베를린, 와르소, 비엔나의 신문사 간부들과의 만남을 주선했다.

친구이자 멘토인 B. 베런슨

그는 여행 말미에 플로렌스(Florence) 외각에서 살고 있는 베런슨의 호화로운 저택을 찾았다. 파리 강화회의에서 만난 이후 처음이었다. 두 사람은 평화회의의 결과에 실망감을 함께 나누는 등 깊은 교우관계를 맺고 있었다. 당시의 추억을 베런슨은 리프먼에게 보낸 편지에 이렇게 썼다. "그때 당신은 군복을 입고 책상에 앉아 있었다. 나는 당신에게 '우리 미국인은 배신을 당하는 중이고, 우리의 전쟁 목적에는 전혀 관심도 없고, 그리고 가장 재앙적인 평화조약이 만들어지고 있다는 것을 당신은 알고 있는가?'라고 물었다. 당신은 아무런 대답을 하지 않았다. 그러나 당신의 눈에는 눈물이 글썽거렸다. 나는 그 이래 당신을 사랑하게 되었다."[52] 베런슨이 리프먼보다 24살이나 더 많았지만, 둘 사이에 그런 것은 중요하지 않았다. 베런슨과 리프먼의 인연은 리프먼이 10살 때 부모와 함께 루브르 박물관을 방문했을 때 처음 만난 후 특별하게 이어져왔다. 베런슨은 재력과 영향력을 지닌 저명인사였다. 그는 유럽에서 일어나는 큰 사건들의 배경에 숨겨진 이야기를 많이 알고 있었다. 더욱이 그는 미술뿐만 아니라 정치인, 외교관, 백만장자들에 관해서도 큰 관심을 갖고 있었다. 그는 재치와 거부할 수 없는 매력을 가진 인물로 만일 정치인이었다면 크게 성공했을 인사였다.

베런슨은 리투아니아에서 어려서 그의 부모와 함께 보스턴으로 이민왔는데, 이미 그때 그의 총명함으로 상류층 인사들을 매혹시켰었다. 그들 가운데 가드너(Isabella Stewart Gardner)가 후원자가 되었다. 그녀의 지원을 받아 그는 하버드 대학교를 거쳐 옥스퍼드와 베를린에서 교육을 받았다. 베런슨은 이탈리아에 매혹되어 처음에는 가톨릭 고위 성직자의 조수 일을 하였다. 그는 수많은 회화, 프레스코화, 그리고 데생(drawings)을 장서로 갖고 있는 이탈리아 성당에서 고미술품 인증가와 미술 사가로서의 전문 지식을 쌓았다. 그렇게 해서 그는 이

---

52) R. Steel(1981). p. 178. 베런슨은 리프먼의 멘토로 리프먼이 생각하는 이상형 인간이었던 것 같다. 한마디로 그는 계몽적 교양인의 전형이라고 할 수 있다.

탈리아 르네상스 미술의 권위자가 되었다. 그는 가드너 여사의 대리인으로 미술품을 감정 구매하는 일을 하면서 동시에 다른 부호들의 대리인으로도 일을 했다. 당연히 그도 부자가 되었다. 그는 아이티티(ITT)의 저택에 거주하면서 미술과 문학, 그리고 정치계의 유명인사가 되었다.

베런슨은 어린 리프먼에게서 일찍이 그의 특별한 재능을 발견한 바 있었다. 그는 자녀가 없었는데 리프먼을 자식처럼 사랑했다. 리프먼에게 베런슨은 그가 진정 찾고자 하는 그런 스승이고 친구였다. 40년간 리프먼은 베런슨과 놀랄 만치 솔직한 내용의 편지를 교환했다. 리프먼은 정치적인 문제뿐 아니라 그의 사적인 문제도 모두 베런슨에게 이야기하곤 했다. 그들의 우정은 베런슨이 1954년 94세의 나이로 세상을 떠날 때까지 이어졌다. 베런슨과 리프먼이 나눈 편지는 리프먼 연구의 귀중한 자료로 남아 있다.

혼란 속의 유럽과 대중정부

리프먼은 퓰리처와 함께 로마로 갔다. 로마는 무질서와 시니시즘으로 혼돈 그 자체였다. 60만 명 이상의 생명을 앗아간 제1차 세계대전에서 돌아온 이탈리아인들은 그들의 동맹국들이 비밀조약에서 약속한 달마티아(Dalmatian) 지역을 영토로 허용하지 않자 분노하였다. 인플레와 실업률은 하늘을 찌르고 있었다. 그들은 문제해결을 좌파의 극단주의, 아니면 우파의 극단주의에 의존하려 했다. 공산주의자와 파시스트들은 매일같이 거리에서 전투를 벌였고 공화국은 무너지기 직전에 있었다. 리프먼은 몇 주 전 똑같은 현상을 독일에서도 보았다. 그는 베런슨에게 보낸 한 편지에서 "유럽은 근원적인 불안 속에서 헤

매고 있고 … 유럽인들은 순간순간을 살아가면서 그때그때 위기를 넘기는 삶을 살고 있다."고 썼다. 구원의 사자는 그로부터 1년도 채 안되어 무솔리니(Benito Mussolini)의 검은 제복이 로마로 진군해 들어오고 정부를 접수하면서 나타났다.

이탈리아에서의 의회정부 몰락은 리프먼의 의혹, 즉 최선의 정부란 인민의지를 가장 잘 반영하는 정부라는 리버럴리즘의 가정에 대한 의혹을 정당화시키는 전형적인 사건이었다. 유럽에서의 의회는 대중의 의지에 의해 성립되었지만 그 결과는 혼돈과 마비였다. 그 이유는 특정 이익집단이 자유와 압력을 그들의 이익을 위해 사용하기 때문으로 보였지만, 그것만은 아니었다. 리프먼이 확신하게 된 것은, 의원들이 대표하고 있다고 하는 여론 그 자체가 문제라는 것이었다.

『여론』의 주제들

고전적인 정치이론은, 인민들이 중요한 문제의 경우 이를 이해하고 있으면 이에 대해 합리적인 결정을 할 수 있다는 것이다. 그러나 만일 인민들이 그들 자신의 잘못이 아니라 할지라도 그들이 합리적인 결정을 못한다면 어떻게 되는가? 만일 정확한 보도의 문제가 아니라 의견이 형성되는 과정 그 자체의 문제가 본질적인 것이라면 어떻게 되는가? 정확히 보도를 한다고 해도 이를 제대로 받아들이지 않는 것이 인민의 속성 혹은 조건이라면 어떻게 되는가? 이것이 바로 리프먼이 유럽 여행을 떠나기 전 출판사에 넘긴 그의 『여론』의 핵심문제들이었다.

다시 말하지만 『여론』은 이론서가 아니다. 이론서가 아니라는 말은 실증적인 사회과학보다는 역사적이고 해석학적인 인문학 책이라는 말이다. 『여론』은 20세기 초, 즉 제1차 세계대전 전후 미국의 리버럴리즘과 민주주의의 위기와 관련된 이야기이다. 따라서 『여론』에 있는 여러 가지 명제들은 그들의 역사적 맥락을 배경으로 갖고 있다. 『여론』의 이론들은 엄밀한 의미의 분석적 혹은 형이상학이나 관념철학의 것들이 아니라는 말이다.

『여론』의 역사적 맥락 가운데 주된 것은 미국의 자유주의, 즉 리버럴리즘이다. 저술 당시의 리프먼은 미국의 자유주의자 리버럴 진영의 중요한 인물이었다. 『여론』은 이런 미국의 유수한 한 리버럴의 고뇌와 문제의식을 담고 있다. 그 속에는 리버럴리즘의 이상과 좌절, 그리고 그의 정치철학이 있다. 이 이야기는 앞서 《뉴 리퍼블릭》 부분에서도 말한 바 있다.

위에서 말한 『여론』 속의 여러 가지 질문들을 하나로 묶으면 인식론적 정치문제이다. 그리고 이를 다시 나누어보면 크게 보아 세 개의 독립된 주제가 있다.[53] 첫째는 인식론에 관한 주장이다. 둘째는 민주주의이론으로 고전 민주주의이론에 대한 비판과 부정이다. 마지막 셋째는 뉴스 제작의 물리적 제한 조건 ―인식론적 한계는 차치하고라도 ― 때문에 뉴스와 진실은 동일한 것이 아니라는 주장이다. 때문에 저널리즘은 제퍼슨과 매디슨이 민주주의의 독립된 감시견으로 정의한 역할을 충족시킬 수 없다는 주장이다. 공중에 대한 환상만이 아니라 그는 한 걸음 더 나아가 저널리즘에 대한 환상을 폭로한다. 그들을 차례로 나누어 살펴본다.

인식론적 오류

『여론』은 다음과 같은 문장으로 시작된다. "1914년 대양의 한 섬에

---

53) S. Jansen(2012), p. 103.

서 소수의 영국인, 프랑스인, 독일인이 살고 있었다. 외부와의 통신 수단이라고는 오로지 60일마다 한 번씩 들르는 영국 우편선밖에 없었다. … 그들은 지난 6주 동안이나 영국과 프랑스가 독일과 전쟁 중이라는 사실을 모르고 있었다. 그들은 그 6주 동안 사실은 적이었으나 마치 친구처럼 지냈다. 그러나 이들은 대부분의 유럽 대륙 사람들과 별다를 것이 없었다. 차이라면 섬의 그들은 6주 동안 전쟁이 일어난 것을 모르고 있었으나 유럽 대륙에서는 그 기간이 6일 또는 6시간이었다는 것뿐이다."[54]

이야기의 핵심은, 우리가 알고 있는 세상은 우리의 머릿속에 있는 세상이지 실제 세상이 아니며 그것은 우리의 그림이지 실재(reality)는 아니라는 것이다. 리프먼이 말한 것은 세상과 우리 사이에는 '가상세계'가 있다는 것이다. 그래서 사람들의 행동은 '실재세계'에 대한 반응이 아니라 이 '가상세계'에 대한 반응이라는 것이다. 그런데 '실재세계'와 머릿속에 그려진 '가상세계' 사이에는 많은 왜곡과 오류가 있다. 그렇지만 이런 '가상세계'는 불가피하다. 왜냐하면 '실재세계'는 직접 인지하기에는 너무 크고 복잡하고 빨리 변하는데 우리는 이런 '실재세계'를 다룰 만한 능력이 없기 때문이다. 물론 우리가 '실재세계'를 직접 경험할 수 있으면 좋겠지만 그것이 불가능하니 가급적 '실재세계'에 근접한 '가상세계'를 만드는 수밖에 없다. 이것은 세계여행을 하기 위해서 세계지도가 필요하고 그 지도가 가급적이면 정확한 것이기를 바라는 것과 마찬가지이다. 지도가 실제 땅이 아니더라도 말이다.[55]

---

54) W. Lippmann(1922), p. 11.
55) Ibid. p. 24.

리프먼의 말은 이런 것이다. 우리의 행동은 직접적이고 확실한 지식에 의거하는 것이 아니라 각자가 그린, 또는 각자에게 주어진 그림에 따라 하는 것이다. 만일 그의 지도가 세계는 납작하다고 되어 있다면 배를 모는 항해사는 혹시 떨어질까 두려워서 지구의 끝이라고 생각되는 곳 가까이로는 항해하지 않을 것이다. 어느 때나 인간의 행동은 그가 상상한 세계가 어떤 세계인가에 따라 결정된다는 것이다.[56]

이런 리프먼의 이야기는 철학적으로는 인식론이다. 우리의 인식 능력은 한계가 있다. 인간은 실재(reality)를 직접적으로 인식할 능력이 없기 때문에 우리가 어떤 대상이나 현상을 인식한다는 것은 매체를 통한, 즉 매체를 거쳐서 한다. 매체는 여러 가지이다. 그것은 신일 수도 있고 다른 인간일 수도 있으며, 현미경이나 망원경과 같은 과학적인 도구일 수도 있다. 그러나 여기서 리프먼이 말하는 매체는 신문과 같은 저널리즘 매체이다. 신문이나 잡지와 같은 저널리즘 매체는 리프먼 시대에는 '가상세계'를 제공하는 주된 매체였다. 오늘에 와서는 신문이나 잡지만이 아니라 방송매체나 인터넷, SNS와 같은 것이 더 지배적이 되었지만 말이다.

사람들은 "같은 세계에 살고 있지만 그들은 서로 달리 생각하고 느끼는 존재들이다."라고 리프먼은 말한다. 이것은 철학적으로 의미가 큰데, 사람들은 이 문제의 철학적 의미를 잘 알아차리지 못한다. 그러나 일찍이 듀이는 『여론』에는 전문적인 인식론 철학자들보다 더욱 진지한 지식의 문제가 포함되어 있다고 높이 평가했다. 『여론』에는 지식이론이 있다. 그리고 그 지식이론에는 정치적 및 도덕적 의미가 포함되어 있다. 이 문제는 후에 리프먼과 듀이와의 차이를 다룰 때 좀 더

---

56) Ibid. p. 33.

자세히 논의하고자 한다.

결과적으로 리프먼은 『여론』에서 아주 유명한 말을 남겼다. "우리들의 외부세계와 우리들 머릿속의 그림(The World Outside and Picture in Our Heads)"이 그것이다. 이것은 리프먼이 제1차 세계대전 중 직접 경험한 일이기도 하다. 위에서 말한 제1차 세계대전 때 그가 독일군 포로들을 심문할 때 경험한 일을 말한다. 여기서 그는 영국 등 연합군의 선전이 독일군의 머릿속에 외부세계와는 다른 그림을 넣었다는 사실을 발견하였던 것이다. 이것은 머릿속의 그림이 실제세계를 규정하는 것을 보여준 사례였다.[57]

고정관념

리프먼은 인식론적 오류를 고정관념이라는 심리학적이면서도 사회학적인 관념을 통해서도 설명한다. 리프먼은 '지각은 사회적이고 문화적인 것'이라는 주장을 누구보다 앞서 내놓았다. 그는 "우리는 세계를 있는 그대로 본다."는 지식이론을 일찍이 부정하였다. 우리와 세계의 관계는 간접적인 것이고 추측에 의한 것이다. 우리 의식속의 사실 가운데 순수하게 주어진 것은 거의 없다. 대부분은 사회적으로 구성된 것이다. 이것은 당시 프래그머티스트인 듀이의 주장이기도 했다. 리프먼은 또 "우리는 먼저 보고 정의하는 것이 아니라 먼저 정의하고 그 다음 본다."고 했는데 이것은, 우리는 우리의 사회와 문화가 이미 정의한 것을 본다는 말이었다.[58]

우리는 우리들 머릿속의 그림을 갖고 우리들의 외부세계를 인식

---

57) 그러나 이것이 리프먼이 Platonist라는 의미는 아니다. 이때까지 리프먼은 플라톤주의자가 아니라 프래그머티스트적이었다고 보아야 한다.

58) W. Lippmann(1922). pp. 54-55.

한다. 이들은 일종의 고정관념(stereotype)으로 세계를 단순화하고 그 의미를 만드는 것을 돕는다. 여기서 리프먼은 철학자 제임스의 이론을 원용하고 있다. 그들 그림이나 고정관념은 사회적 실재를 축소하여 기본적인 상징형식으로 간추리는 기능을 한다. 제임스의 말은 "우리는 우리들 생각의 다양한 내용들을 선택하고 다시 정렬해서 복잡한 실재의 의미를 단순하게 하는 어떤 형태들을 만든다."는 것이다. 우리들의 외부세계가 너무 복잡하기 때문에 우리는 그들을 용이하게 이해할 수 있도록 단순화하지 않으면 안 된다고 제임스는 말했다.

우리는 고정관념이란 말을 흔히 부정적인 의미로 사용하지만 리프먼은 그것을 선악의 차원에서 보지 않는다. 인식은 사회 문화적 산물이라고 그는 주장했다. 이론적으로 볼 때 리프먼의 인식론은 제임스의 실용주의의 인식론이다. 제임스는 고정관념을 습관(habit)과 동의어라고 했다. 제임스에게 습관은 삶의 질서이다. 리프먼에게 제임스의 프래그머티즘은 그의 사회적 인식론에 기본 요소이다. 그러나 사실 리프먼은 그의 고정관념이란 것이 그의 친구이고 멘토인 미술 사학자 베런슨이 그 소스라고 했다.[59] 베런슨은 어떤 사물의 모습은 무수히 많지만 우리는 보통 미술의 고정관념이 제공하는 형체에 지배를 받아 다른 모습은 보지 못한다. … 그리하여 예술의 세계에는 일정한 표준이 있으며 그것에 맞지 않는 형이나 색조(tone)는 조악한 것으로 간주된다. 여기서 말하는 표준형이 곧 고정관념이다. 이런 고정관념은 모든 분야에 있으며, 이런 이유로 현대인들은 중세미술을 이해할 수 없다. 이로부터 리프먼은 우리는 먼저 정의하고 그 다음에 본다는 주장까지 하게 된다.

---

59) Ibid. p. 56 및 S. Jansen(2012). pp. 107-108.

리프먼은 "사람들은 그들이 경험하지 못한 사건에 대한 느낌을 그 사건에 대한 멘탈 이미지에 의해 갖는다."고 주장한다. 그러나 그것은 부정적인 것만은 아니다. 오히려 우리들의 인식지도, 가정 혹은 고정관념은 하나의 축복이기도 하다. 그들은 우리들의 사회적 세계의 의미를 갖도록 도와줄 뿐만 아니라 우리를 그 속에 가두어두기도 한다. 물론 리프먼은 "고정관념은 보이지 않는 기준점을 만들어내고 이것이 인종이나 종교에 대한 선입견을 낳는다."고 말함으로써 그 부정적인 면도 상기한다. 어쨌든 그의 이러한 주장 역시 제임스의 습관을 자동화(automatism)로 언급한 것에서 차용한 것이다. 고정관념은 우리로 하여금 편안함, 시간절약을 가능케 한다. 고정관념은 인지적 안정에 기여한다는 측면도 있다.

그러나 이들 고정관념은 하나가 아니다. 여론이 하나가 아닌 것처럼 고정관념도 어떤 하나가 우리 모두를 지배하는 것은 아니다. 현대의 거대사회(great society)에서는 다양한 집단들이 각기 나름대로 자신들의 고정관념들을 갖고 있다. 우리가 어떤 집단에 속하며, 그리고 어떤 고정관념을 갖고 있는가는 우연의 산물이다. 이런 이유에서도 도그마는 배제되어야 하고 관용은 장려되어야 할 덕목이 된다. 리프먼은 이 우연성의 중요성을 인정하는데, 이것은 로티의 생각과 유사하다. 리프먼은 현대사회에 대해 세계는 광대하고 우리들과 관계된 상황에 대한 보고와 의견은 제한된 적은 수의 언어들로 구성된 것이고 그것들의 가장 특징적인 성격은 상상 속에서 구성되는 것이라고 했다.[60]

거대사회는 가치의 공유나 전통적인 관습이 아니라 우연성의 산물이다. 이것은 다양하고 상이한 사회집단들이 같은 세계 안에 있으면

---

60) W. Lippmann(1922), p. 44 및 S. Jansen(2012), p. 110.

서도 다른 생각과 느낌을 갖고 살고 있다는 말이다. 즉 외적으로는 같은 세상이지만, 내적으로는 서로 다른 세상에서 산다. 이것은 당초 민주주의이론이 상정했던 '일관된, 그리고 합리적이고 지속적인 힘으로서의 여론'은 불가능한 것이 되었음을 말하는 것이다. 이런 다양하고 복합적인 거대사회에서는 무엇보다 자유가 허용되어야 한다. 그러나 그 자유는 타자들과 함께해야 하는 책임 있는 것이어야 한다. 그렇기 때문에 밀턴이나 밀의 자유가 현대에서는 타당하지 않다고 리프먼은 일찍이 『자유와 뉴스』에서 주장하였다. 우연성에 의해 구성된 거대사회에서 이것은 불가피하다. 즉 평화시대에는 이교도에 대한 관용이 허용되지만 전시와 같은 위기에 처해서는 그럴 수 없다는 것이다. 리프먼의 이런 주장은 이론적 주장이라기보다 현실적이며 프래그머틱한 차원에서 그가 경험한 이야기이다.

거대사회를 구성하는 다양한 집단들은, 그렇다면 어떻게 민주주의 정치를 실현할 수 있는가? 어떻게 하나의 사회를 구성할 수 있는가? 리프먼은 그들 집단이 서로 완전히 고립된 동굴에 갇혀 있지 않고, 각 집단 ―동굴― 의 지도자들(leaders)이 있어서 이들을 상호 연결한다는 것이다. 리프먼의 지도자는 후에 라자스펠드(Paul Lazarsfeld), 카츠(Elihu Katz) 등의 여론지도자(opinion leader), 찰스 밀(Charles Wright Mill)의 파워 엘리트(power elite)라는 관념으로 발전한다. 그리고 농촌사회학의 개신의 전파(diffusion of innovations), 그리고 발전 커뮤니케이션(mass media and national development) 이론에 등장하는 여론 지도자(opinion leader)라는 관념으로 나타나기도 했다.

전통 민주주의이론의 오류
결국 그의 인식론은 그의 정치철학에서 이렇게 귀결된다. 미국의 고

전적인 제퍼슨 전통의 민주주의이론은 틀렸다. 미국 민주주의에서 주된 동인은 여론으로 상정되고 있지만 리프먼은 여론이란 말이 과대평가되고 있다고 말한다. 그는 주장하기를 미국 건국의 아버지들에게 인민주권 이론에서 말한 '여론'은 '순결한 신(pale god)'과 같은 것으로 새로운 사회질서를 만드는 데 필수적인 조건이었다. 그러나 리프먼은 여론의 순결성을 부정한다. 그런데 민주주의는 여론을 가지고 신비한 일을 하곤 한다. 옛날부터 여론 조종을 해서 선거에서 승리를 거머쥔, 재주 있는, 그러나 존경받지 못하는 여론 조종자들이 있었다. 민주주의를 실제로 경험한 일이 없으면서 민주주의를 말하는 학자나 연설가, 그리고 언론 종사자들은 여론을 신비스러운 것으로 쳐다본다. 그러나 그것은 존중할 만한 가치를 지닌 것은 아니라고 리프먼은 말한다.

거의 대부분의 정치이론에는 설명이 불가능한 아이디어들이 있는데, 평상시에는 그 실체가 무엇인지 불문에 부쳐진다. 예를 들어 운명, 수호신, 선민, 신성군주, 천제의 섭정, 명문계급과 같은 것이 그렇다. 이들 아이디어는 순수하고 따뜻한 마음을 가진 '순결한 신'과 같은 것들이다. 물론 현대 민주주의에서는 추방된 신들도 있고 새롭게 영입된 신들도 있다. 천사나 악마와 같은 아이디어들은 추방되었다. 민주주의의 원형을 만든 18세기의 사상가들이 새로이 맞아들인 신들이 있다. 그중 하나가 인민주권이다. 이들 사상가는 새로운 사회의 수호신으로 인민주권이란 신을 모셨다. 인민주권 원리에 신비성이 주어졌다. 그래서 이런 신비성을 훼손하는 것은 곧 인민의 적이 되었다.[61] 여론이란 것도 이런 관념이다. 링컨(Abraham Lincoln)이 말한 '인민의 인민에 의한 인민을 위한' 통치도 그런 신비화된 아이디어이다.

---

61) W. Lippmann(1922), p. 162: 김규환 역(1973), 273쪽: 이동근 역(2013), 257쪽.

리프먼은 이는 신화라고 말한다.

리프먼은 '여론'은 하나가 아니라 여럿이라고 했다. 그래서 민주주의는 하나의 '여론'에 의한 통치가 아니다. 또 현대사회에서 '여론'은 효과적인 통치수단이 될 수 없다. 이와 같은 리프먼의 결론은 미국 민주주의의 전제를 부정하는 것처럼 보이기 때문에 당시의 리버럴들에게는 충격이었다. 이것은 리프먼의 보수화로 해석되었다. 이러한 보수화가 『환영의 공중』으로 선을 넘었다는 비판을 받았다. 듀이의 『공중과 그 문제들』은 리프먼의 주장에 대한 반론으로 해석되기도 하지만 그 문제는 좀 더 살펴보아야 할 문제로 단정적으로 말하기는 어렵다. 이 문제는 다음의 『환영의 공중』 부분에서 좀 더 논의한다.

저널리즘의 한계

이 문제는 앞서 『뉴스와 자유』에서 많이 이야기했다. 때문에 간략히 정리한다. 리프먼 시대 여론의 조종자는 신문, 즉 저널리즘이었다. 리프먼의 사상에는 기본 축을 이루는 세 개의 관념이 있다. 그것은 신문, 여론, 민주주의이다. 그러나 그는 민주주의는 여론에 의존하고 여론은 신문에 의존한다는 논리에 비판적이다. 신문으로부터 여론이 나오고 여론으로부터 민주주의가 나온다는 고전적 정치이론에 대해 리프먼은 동의하지 않는다. 신문이나 여론이나 모두 민주주의의 요구를 충족시킬 수 없기 때문에 그 토대가 될 수 없다는 것이다.

리프먼은 신문이나 여론이나 민주주의이론이 요구하는 조건을 충족시킬 수 없으며, 그것들은 너무 무거운 짐이라 감당할 수 없다고 생각한다. 신문은 —현대에는 아마도 미디어라고 해야 하겠지만— 그런 역할을 감당할 수 없다. 즉 계몽주의 시대의 민주주의자들이 원했던 그런 진실을 공급해야 한다는 요구는 지나친 것이다. 민주주의이론은 정부나 사회의 실패를 신문이 대신 성공시켜야 한다고 요구한다. 그것은 환상이라는 것이다.

『환영의 공중』

『여론』이 출간되고 3년 후 리프먼은 『환영의 공중』이라는, 요즘은 잘 언급되지 않지만 중요한 한 권의 책을 내놓았다. 그는 여기서 이렇게 말한다. 우리는 외부세계를 '허구의 매체(medium of fictions)'를 통해 접촉하는데 이 매체는 외부세계를 그대로 보여주는 것이 아니다. 지성적인 계몽된 행정가이든 대중이든, 소수이든 다수이든 누구도 공공선(善)과 진리를 파악하는 능력을 특권적으로 소유하고 있는 것은 아니다. 또 미국은 마키아벨리가 말한 '자신의 비전(vision)을 결코 교정할 수 없는' 사적 개인이라는 정치적 인간들로 구성되어 있다. '완전한 시민(perfect citizen)', 그리고 그런 시민으로 구성된 공화국이란 하나의 환상일 뿐이라고 리프먼은 말한다.[62]

---

62) W. Lippmann(1925). *The Phantom Public* with A New Introduction by Wilfred M. McClay. 1999. Transaction Publisher New Brunswick, N. J. pp. 12-19. 이 책 『환영의 공중』은 리프먼이 『여론』의 속편으로 쓴 것이다. 리프먼은 『여론』의 마지막 장에서 인간의 이성이 『여론』의 문제를 극복할 수 있다는 낙관론으로 결론을 내렸다. 그러나 사실 리프먼은 그 마지막 부분을 쓰고는 버리고 다시 쓰고 하는 일을 여러 번 반복했다는 고백을 하고 있는 것처럼 ―『여론』 마지막 장에서― 그는 인간의 덕성(virtue)에 미루는 모호한 자신의 결론에 만족하지 못했다. 이러한 불만이 『여론』 출간 직후 1923년 『환영의 공중』을 집필케 한 이유였다는 것을 그의 전기 작가 스틸은 밝히고 있다. 그리고 이 책의 출간 연도가 1927년으로 된 것들이 있는데 ―위의 책도 그렇다― 그 이유는 불분명하지만 원래 1925년에 최초 발행되었다. R. Steel(1981). p. 211 참조..

『환영의 공중』은『여론』보다 훨씬 더 충격적인 반응을 낳았다. 왜냐하면 리프먼은 이 책에서 민주주의에 대한 자신의 의구심을 더욱 직설적으로 명료하게 지적하고 있기 때문이다. 아마도 그 이유 때문에 이 책은 보다 널리, 그리고 빨리 퍼졌다. 지식인들 사이에서 좋은 평판을 받았던『여론』의 속편으로 쓰인『환영의 공중』은『여론』보다 간명하고 쉬운 문장으로 되어 있다. 이 책으로 인해《뉴 리퍼블릭》의 옛 친구들이 그를 이단으로 낙인찍을 가능성이 우려되었다. 이런 우려는 부분적으로는 현실이 되었다. 그리하여 몇몇 비평가들은 서평에서 리프먼의 주장이 선을 넘은 것이라고 혹독하게 비판하였다.《뉴욕 타임스》는 리프먼의 주장을 민주주의에 대한 '철저한 고발'이라고 평하면서, 그는 자신의 주장을 과장하고 있다고 하였다. 어쨌든 이 책은 큰 반향을 일으켰다. 듀이는 1927년『공중과 그 문제들』을 내놓았는데, 그것은 리프먼의『환영의 공중』,『여론』과 대립적인 내용이었다. 그래서 듀이가 의도적이었든 아니든 관계없이, 이 책이『여론』과『환영의 공중』에 대한 반론이라는 해석이 많다.[63]

『환영의 공중』에서 리프먼의 주된 주제는 책의 제목이 그런 것처럼 '공중(the public)'이란 관념이다. 앞서 말했지만 당시 미국 자유주의(liberalism)의 중심 주제는 사회 개혁과 민주주의였다. 자유주의자, 즉 리버럴들에게 '공중'과 '공익(public interest)'과 같은 말만큼 중요한 단어는 없었다. 이들 단어는 리버럴들에게 대단히 강력한 윤리적 개념으로 거의 종교적인 무게를 지니고 있었다. 반면에 '이익'이나 '사익'이란 말은 극단적으로 부정적인 것이었다. 그들은 개인주의(individualism), 특수주의(particularism), 자기추구(self-seeking), 사회적

---

63) W. M. McClay(1999). p. xviii. 앞으로 이 책은 'W. M. McClay'로 표기함.

불평등(social inequality)과 동일한 의미로 사용되는 악덕이었다. 그들은 모두 정치적 민주주의를 어렵게 만들고 위대한 미국을 부패시키는 것이었다. 그와 반대로 '공익'이란 희망을 나타내는 단어이고 공동선을 지향하는 덕목이었다. 당시 부상하고 있던 새로운 중산층에 의해 불편부당하고, 깨어 있는, 그리고 이기심을 넘어선 행위를 상징하는 단어가 '공익'이었다. 이들 새로운 중산층 지식계급은 과학적이며 실천적인 지식을 통해 정의롭고 합리적으로 잘 질서 잡힌 공적 영역을 건설하려 하였다.[64]

리프먼도 젊어서는 이런 견해를 갖고 있었다. 그가 1914년에 내놓은 『표류와 지배(Drift and Mastery)』는 그의 이런 생각을 말하고 있다. 그러나 리프먼은 변한다. 위에서 말했지만 제1차 세계대전의 경험, 윌슨 행정부의 강력한 대 국민 선전과 시민권의 제한 등은 리프먼으로 하여금 생각을 바꾸게 만들었다. 그리하여 민주주의에 관한 그의 생각은 바뀐다. 『여론』에서 리프먼은 현대 대중민주주의 사회의 시민은 엄밀하게 말해 모두 미디어가 만들어내는 고정관념에 의존하여 의사결정을 하기 때문에 여론이 만들어지는 과정에 책임 있는 전문가들이 개입해서 그 일을 해야 한다는 것이었다.

리프먼의 이러한 회의주의는 더욱 깊어진다. 『환영의 공중』 첫 장은 1920년대 지식인들의 좌절과 환멸감을 그대로 반영하고 있다. 헤밍웨이(Ernest Hemingway)와 피츠제럴드(Francis Fitzgerald) 등의 '잃어버린 세대'를 리프먼은 '미몽에서 깨어난 인간(the disenchanted man)'으로 그리는데, 그것은 그 자신이 미몽에서 깨어나 순진한 '개혁과 작별(farewell to reform)'을 선언하는 것이었다. 이것은 곧 순진한 자유주의

---

64)   Ibid. p. xxi.

에 대한 좌절과 실망을 말하는 것이기도 했다. 그는 이렇게 말한다.

"오늘날의 시민 개개인은 자신을 마치 저 뒷전으로 밀려난 귀머거리 구경꾼처럼 느끼게 되었다. 시민들은 멀리서 일어나는 미심쩍은 사건들에 관심을 갖도록 요구받지만 정작 무슨 일이 일어나는지 정신을 차리고 지켜보는 일조차 어렵게 되었다. 그들은 세상에서 일어나고 있는 일에 영향을 받고 있다는 것만을 알 뿐이다. … 그러나 이 공적인 일들은 투명하게 진행되지 않는다. 대부분의 사실은 눈에 보이지 않는다. 그런 것들은 눈에 보이지 않는 배후에서, 멀리 떨어져 있는 중심에서, 알려지지 않은 힘에 의해 관리된다. 개인은 무슨 일이 일어나고, 누가 그 일을 했으며, 그로 인해 자신이 무슨 영향을 받았는지 알 수 없다. 신문기사는 여기에 대해 알 수 있도록 그를 둘러싸고 있는 환경에 대해 말해주는 바가 없다. 학교에서도 여기에 대해 어떻게 상상해야 하는지 가르쳐주지 않는다. 연설을 듣고, 의견을 말하고, 투표를 해봐도 결국 그는 자신이 공적 일의 통치와는 아무런 관련이 없다는 사실을 깨닫게 된다. 그는 자신이 볼 수 없고, 이해할 수 없으며, 감독할 수 없는 그런 세계에 살고 있다."[65]

리프먼은 현대 사회와 현대인이 처한 상황을 이렇게 말한 것이다. 그러면서 그는 덧붙인다. "나는 더 이상 시민 개개인에게 책임이 있다고 공박할 생각은 없다. 나는 그들에게 공감하고 있다. 왜냐하면 나는 지금껏 시민들이 불가능한 과제를 부여받았고 달성하기 어려운 이상을 실행하라고 요구받았다고 생각하기 때문이다. 나 자신도 예외가 아니다. 내가 하는 일은 공공의 일을 살펴보는 데 대부분의 시간을 소비하는 것임에도 불구하고 나는 민주주의 교과서가 내게 부과한

---

65) W. Lippmann(1925, 1999). *The Phantom Public*. pp. 3-4.

일, 즉 자율통치를 위해 세상 돌아가는 것을 모두 살펴보고 행동할 수 있는 능력도 시간도 없다. 그리고 나는 대통령이건 정치학 교수이건 이런 전능한 주권국민이라는 이상을 구현하는 사람을 지금껏 만난 적이 한번도 없다."[66]

그는 일반인들이 그들 스스로 통치할 수 있다는 사실에 회의를 한다. 리프먼이 '주권자이고 모든 일에 능력을 갖춘 시민(the sovereign and omnicompetent citezen)'이라고 정의한 그런 시민은 신화일 뿐이라고 했다. 그는 여기서 다시 한 걸음 나아가 '공중' 같은 것은 없다고 말한다. 사실 '공중'이란 어떤 상황에서 어떤 문제에 대해 관심을 가진 일부의 사람들을 의미하는 것일 뿐이라고 그는 말한다.

『환영의 공중』에서 —물론 『여론』에서도 그랬지만— 리프먼은 민주주의를 노골적으로 공격하는데, 그것은 민주주의의 모델을 한 가지로 관념화하는 것에 대한 거부였다. 이것은 그의 민주주의가 다원주의적인 것을 의미한다. 이런 입장은 시민을 하나의 정체성으로 묶는 것을 부정한다. 여론이 하나가 아닌 것처럼 하나의 공중이란 성취가 불가능하다는 것이다. 정체성도 마찬가지이다.

일반적으로 민주주의 사회에서 시민의 의사결정의 핵심적 문제는 어떻게 하면 시민들이 이 복잡한 세계에서 그들이 당면하고 있는 문제가 무엇인가를 정확히 파악하느냐 하는 문제라고 주장되어왔다. 그러나 리프먼은 이런 교과서적 이야기를 믿지 않는다. 리프먼이 말하는 것은 그들 문제를 알 수 없다는 것이다. 그는 계몽주의자는 아니다. 때문에 교육이 이를 교정할 수 있다는 것에 대해서도 부정적이다. 그는 이런 일은 의미 없다고 말한다. 그는 이렇게 말한다.

---

66) Ibid. pp. 10-11.

"다양한 처방들, 즉 우생학적, 교육적, 윤리적, 대중주의적, 그리고 사회주의적인 모든 처방은 유권자들이 사태를 이끌어갈 능력을 가졌다고 가정하거나 그러한 이상을 향해 진보해간다고 가정한다. 나는 그것은 진실이 아니라고 생각한다. 그것이 바람직하지 않다는 것이 아니다. 단지 그것은 성취하지 못할 이상이라고 나는 말하는 것이다. 이상은 실현 가능한 것이어야 한다."[67]

그는 오늘날 시민들은 이러한 공적인 문제에 거의 시간을 할애하지 않는다는 것을 지적했다. 설사 그렇지 않은 시민들이 있다 하더라도 오늘날 전개되는 일들을 모두 안다는 것은 불가능하며 시민으로서의 그런 의무를 다하려 한다는 것은 불가능하다. 그것은 현실적이 아니다. 그러나 리프먼은 여기서 멈추지 않는다. 그는 전문가의 역할을 강조하지만 그것도 제한적이다. 전문가라고 해서 모든 것을 다 할 수 있는 것은 아니다. 오늘날은 제퍼슨 식의 보편적인 지혜를 갖춘 전문가는 있을 수 없다. 전문성이란 단지 특정 문제와 관련해서 겨우 그 권위가 주어지는 것이다. 지역적인 정보, 특수한 정보는 전체를 그리는 데는 의미가 없다. 그는 말한다. 세계의 일은 무한한 수의 개별적인 행위들에 의해 이루어지는 것이기 때문에 어떤 하나의 권위에 의존하는 것은 오류이다. 더구나 여론에 이러한 권위를 부여하는 것은 더 심각한 오류를 낳는다. 그런 경우 나타나는 결과는 완전한 실패이거나 전제적 통치이다.[68]

여론이란 위기에나 필요한 것이다. 정의나 정당성과 같은 가치문제에 있어서는 여론이란 처방은 전혀 타당성이 없다. 여론이란 문제 해

---

67) Ibid. pp. 28-29.
68) W. M. McClay. p. xxx.

결이 불가능해졌을 때 정부가 판결을 얻는 법정이다. 그는 인간의 환경과 인간의 정치적 능력을 연결하는 다리로서 진보주의적 관념이 이제는 유효한 것이 아니라고 보았다. 그리하여 리프먼은 대안으로 '심층적 다원주의(deep pluralism)'를 제시한다. 리프먼은 "오늘날의 정치사상가들은 다양성을 수렴할 수 있는 특정한 하나의 통합체를 기대할 수 없다."고 말한다. 대신에 서로 다른 다양한 목적들의 조화를 지향하는 정체성, 즉 다양한 목적들이 공존 가능한 정체성을 추구해야 한다는 것이다.[69] 그러면서도 그는 어떤 입법 프로그램이나 제도의 설정을 제안하려고 하지 않는다. 리프먼은『환영의 공중』마지막에서 이렇게 말한다.

"나는 입법 프로그램 혹은 새로운 제도를 제안하지 않는다. 나는 현재의 민주주의이론에는 거대한 혼란이 있다고 믿는다. 그러한 혼란은 민주적 행위를 좌절시키고, 타락시키는 요인이다. 나는 이들 혼란의 몇몇을 공격하였는데, 한 가지 내가 갖고 있는 확신은 거짓 철학이 우리가 경험을 통해 얻은 교훈들과 반대되는 고정관념을 낳고 있다는 것이다. 여론이란 것이 이런 것이라는 것을 우리가 알게 되었을 때, 그리고 우리가 생각했던 가상적인 권력으로서의 여론이 허구라는 것을 깨닫게 되었을 때 그 교훈의 의미가 어떤 것이 될 것인지 나는 알 수 없다. 만일 우리가 벤담(Jeremy Bentham)이 말한 명료치 않은 모호한 담론은 … 이해를 방해하고 격정을 자극하고 불붙인다는 것을 아는 것으로 충분하다."[70]

---

69) W. Lippmann(1925, 1999). *The Phantom Public*. pp. 87-88.
70) Ibid. p. 190.

『여론』과 『환영의 공중』 이후의 저널리즘 활동

리프먼의 사상은 한 가지로 정리하기가 어렵다. 왜냐하면 그의 주장에는 프래그머티즘, 반(反)토대주의(anti-foundationalism)로부터 본질주의, 토대주의(foundationalism)에 이르기까지 다양한 철학적 관점들이 혼재되어 있기 때문이다. 예로서 그는 초기에 프래그머티즘에 많이 기울어진 주장을 하였지만 후기, 즉 1955년의 『공공철학(*The Public Philosophy*)』에서는 자연법(Natural Law)적인 주장을 한 것을 들 수 있다. 그의 사상적 편력을 그래서 '프래그머티즘에서 자연법으로의 오디세이'라고도 하는 것이다.[71] 그러나 그의 저널리즘은 기본적으로 프래그머티즘적이다. 그의 『공공철학』에서의 자연법 주장이 그의 프래그머티즘적인 저널리즘과 대립 혹은 모순된 것이라고 말하지 않아도 된다. 왜냐하면 프래그머티스트도 종교를 가질 수 있는 것처럼 리프먼도 공공철학이 필요하다는 믿음을 가질 수 있고 주장할 수 있기 때문이다.

리프먼은 『여론』과 『환영의 공중』 외에 사상적 편력의 종착역을 말해주는 책 『공공철학』을 1954년 내놓았다. 이 책은 그의 철학적 개종으로까지 이야기되면서 혹평을 받기도 했지만 출판 당시 가장 많이 팔린 책으로 그 시점의 미국인들에게 상당한 호소력을 지녔던 저술이다. 일부는 이 책에 대해 철학적 '개종'이라고 하고, 디긴스(John Diggins)는 그의 사상적 오디세이의 종착점으로 말한다. 그러나 그 책은 리프먼이 젊은 시절부터 그의 마음속에 지니고 있던 생각의 하나

---

71) John Patrick Diggins(1991). "From Pragmatism to Natural Law." *Political Theory*. Vol. 19, No. 4, November. pp. 519-538.

라고 평가할 수 있다. 다시 말하면 그의 사상적 오디세이는 그 자신도 명료하게 의식하지 못하고 있었지만 자연법은 그의 고향이었다는 말이다.

『공공철학』에 대한 좀 더 자세한 이야기는 『여론』과 『환영의 공중』 출간 후 그의 저널리즘 활동을 살펴본 후 하겠다. 왜냐하면 『공공철학』을 이해하는 데 이 시기 그의 저널리즘 활동을 살펴보는 것이 도움이 될 것으로 생각되기 때문이다.

리프먼의 본격적인 저널리즘 활동은 《뉴 리퍼블릭》을 떠나 《월드》지로 자리를 옮긴 후 시작한 그의 유명한 칼럼 「오늘과 내일」을 통해 본격적으로 전개된다. 그는 《월드》에서 이 칼럼을 9년에 걸쳐 쓴다. 이 시기는 20세기 소위 미국의 세기(the American Century)였다. 그의 저널리즘은 제1차 세계대전 전 시작되어 월남전 패배, 워터게이트(Watergate) 스캔들과 같은 미국 사회의 혼란과 불안의 시대에 마감하였다. 돌이켜보면 그 시기는 미국이라는 나라가 희망과 자신감으로 시작해서 좌절과 상처로 끝나는 시기였다. 제1차 세계대전 이전에는 인류의 무한한 발전과 풍요가 약속된 낙관의 시대였다. 그러나 곧 방황하는 '잃어버린 세대(the Lost Generation)'를 낳았고 제2차 세계대전, 냉전, 그 후 간단치 않은 20세기의 말기로 이어졌다. 자유주의(liberalism)로 보면 그 시기는 19세기 번영기에서 20세기 사양기, 그리고 냉전 자유주의로 이어진 기간이었다.

리프먼의 저널리즘 활동을 살펴보면 그의 저널리즘을 관통하는 하나의 흐름을 알 수 있다.[72] 그것은 그의 저널리즘을 저널리즘이라고 단순화할 수 없는 그런 것이다. 그의 저널리즘은 흔히 말하는 저널리

---

72) R. Steel(1981). pp. xiv-xvii.

즘 그 이상이다.[73] 아니, 이렇게 말하는 것이 좋을 것 같다. 즉 그의 저널리즘은 이론 —저널리즘은 권력 감시를 해야 한다는 등의 이러저러한 기능— 이 아니라 지식인 혹은 사상가로서 하나의 사회참여와 실천이었다는 것이다. 그의 저널리즘은 정치, 특히 국제정치 세계의 중요한 한 부분이었다. 다수의 구체적인 예를 들 수 있다. 그중 하나가 쿠바 미사일 위기 사건이다.

쿠바의 미사일 위기와 리프먼

그가 백악관의 대외정책결정에 크게 영향을 미친 전형적인 사건 중 하나가 1962년 쿠바의 미사일 기지를 둘러싼 미국과 구소련의 대결 사건이다. 당시 소련은 미국의 코앞 쿠바에 미국을 공격할 수 있는 장거리 미사일 기지를 건설하고 있었다. 이에 관한 루머가 기사화되었지만 백악관은 처음에는 부인하고 있었다. 그러나 그해 10월 U-2 정찰기에 의해 그것이 사실이라는 것이 확인되었다. 리프먼은 중대한 안보문제가 발생했다는 것을 감지하고 당시 백악관 대변인 샐린저(Pierre Salinger)에게 확인했으나 그는 이를 부인했다. 그러나 얼마 지나지 않아 1962년 10월 22일 대통령 케네디(John F. Kennedy)는 텔레비전에 나와 러시아가 쿠바에 미사일 기지를 건설하고 있다는 발표를 한다. 그리고 그는 미 해군에게 쿠바의 해상을 포위하고 쿠바로 향하

---

73) 필자는 한국의 경우 그와 가장 유사한 인사로 사상가이자 사회비평가인 함석헌 선생을 든다. 함 선생에 대해서는 당시 통상적으로 저널리스트로 생각한 사람이 많지 않았다. 그러나 《동아일보》가 인촌상을 제정하고 제1회 언론상을 함 선생에게 수여함으로써 그를 특별한 형식의 저널리스트 혹은 칼럼니스트로 평가하였다. 사회평론가 내지 저널리스트로서 그의 위상은 후에 함석헌을 연구 대상으로 한 박사학위논문으로 이어지기도 하였다.

는 소련의 선박을 포함하여 모든 선박을 수색할 것을 명령하였다. 케네디는 소련에게 즉각 쿠바에 설치한 모든 미사일 기지를 해체하지 않으면 안 된다고 선언했다. 이것은 최후통첩이었다. 냉전이 시작된후 미국과 소련 두 초강대국 사이에 발생한 최초의 직접대결이었다. 핵전쟁이 곧바로 일어날 가능성이 높았다. 케네디가 설정한 해상 봉쇄선 500마일 앞에 소련 선박이 이르렀을 때 전쟁은 일촉즉발의 위기 상황이었다.

충돌의 순간 리프먼이 타협안을 내놓았다. 즉 핵 국가는 서로 최후통첩을 내놓지 않아야 한다. 체면을 보존하는 방법을 찾아야 한다고 하면서 그는 협상을 통한 해결을 제안했다. 즉 소련이 쿠바에서 건설 중인 미사일 기지와 미국이 다른 곳에서 갖고 있는 미사일 기지를 같이 철수하는 것이다. 한때 민주당 대통령 후보이기도 했던 스티븐슨(Adlai Stevenson)의 의견으로 보도된 바 있는 것인데, 소련이 쿠바의 관타나모 기지 미사일을 철수하고 미국은 베를린이 아니라 터키(Turkey)의 미국 미사일을 철수하는 것을 리프먼은 제안했다. 터키 기지의 경우 사실은 이미 기술적으로 무용한 것이었고 이미 몇 달 전 케네디가 국무성에 이를 해체하라고 하였지만 러스크(David Rusk) 국무장관은 터키 정부가 반대하여 이를 실천하지 못하고 있었다.

리프먼은 쿠바와 터키의 교환을 제안하는 칼럼 원고를 쓰고 나서 볼(George Ball) 차관보와의 점심을 위해 국무성을 향해 차를 몰았다. 그는 그의 칼럼 내용을 미리 알렸다. 다음날 10월 25일 리프먼의 칼럼이 실린 신문이 나왔다. 미국이나 소련 어느 측에서도 아무런 반응이 없었다. 그 다음날 26일 후르시초프(Nikita Khrushchev)는 두 개의 메시지를 케네디에게 보냈다. 첫 번째 메시지는 소련의 쿠바 기지 해체를 암시하는 타협안이었다. 다시 2~3시간 후에 보낸 두 번째 메시지는 좀 강경한 것으로 교환, 즉 쿠바와 터키의 기지를 함께 해체하자는 것이었다. 러시아가 리프먼의 칼럼에서 아이디어를 얻은 것이다.

교환을 제안하는 것에 추가하여 리프먼은 케네디의 통상적이지 않은 협상전략의 문제점을 지적한 바 있었다. 그는 칼럼에서 케네디 대통령이 그의 최후통첩을 공개적으로 발표하기 전에 왜 러시아와 비공개적인 협상을 하지 않았는가 하는 것이었다. 케네디는 18일 소련의 외무장관 그로미코(Andrei Gromyko)를 만난 바 있다. 케네디가 쿠바의 미사일 기지를 확인한 날로부터 사흘 후였고, 그가 텔레비전에 나가서 성명을 발표하기 나흘 전이었다. 왜 그는 그로미코에게 증거를 제시하여 러시아가 조용히 기지를 해체할 기회를 주지 않았는가 하는 것이었다. 케네디는 외교를 포기한 것이라고 했다. 리프먼은 "그로미코를 비공개적으로 만나서 대통령이 후르시초프로 하여금 체면을 세울 수 있는 기회를 줄 수 있었으며 이런 것이 현명한 정치가의 모습이다."라고 썼다.

케네디는 리프먼의 칼럼을 흡족해하지는 않았다. 그리고 그는 쿠바 기지와 터키 기지의 교환도 거부했다. 압력에 의해서는 터키 기지를 해체하지 않는다는 것이다. 케네디는 소련의 두 번째 메시지를 거부하고 미국이 쿠바를 공격하지 않는다는 조건에서 쿠바의 미사일 기지를 해체하기로 소련과 타협했다. 그것이 28일이었다. 후르시초프가 이 협상을 거부할 경우 미국은 13일 쿠바를 공습할 계획을 갖고 있었다. 소련이 이를 받아들였다.

이렇게 미소 두 강대국의 충돌은 피할 수 있었다. 리프먼은, 케네디가 전사로서의 용기를 가졌을 뿐만 아니라 동시에 힘을 절제 있게 쓰는 정치가의 지혜를 갖고 있다는 점을 보여주었다고 극찬하는 칼럼을 썼다.

11월 8일 리프먼은 백악관으로 갔다. 케네디는 그에게 후르시초프와 나눈 메시지를 보여주었다. 케네디는 리프먼에게 이번 위기로부터 나온 전략적 교훈은 서방의 핵 억지력의 통제가 유럽, 예컨대 프랑스와 나누어 가질 수 없다는 점을 인식시키려 한 것 같았다. 왜냐하면 미사일 위기 전 프랑스의 드골(Charles De Gaulle)은 미국에게 핵 통제권을 공동으로 행사할 것을 요구하면서, 그렇지 않으면 프랑스가 핵무장을 하겠다는 주장을 펴고 있었기 때문이다. 드골과 리프먼은 제2차 세계대전 중 매우 가까운 사이로 지냈었고 그 후에도 친밀한 관계를 유지하고 있었다. 케네디는, 리프먼이 국가를 위한 봉사로서 유럽인들에게 미국의 핵 독점이 필요하다는 것을 설득해주었으면 좋겠다고 부탁했다. 케네디에게 설득당한 리프먼은 그 다음 달 파리의 한 저널리스트들의 모임에서 연설할 계획이 있었는데, 그곳에서 핵문제를 설득하겠다고 했다. 11월 9일 리프먼은 번디(Bundy) 안보보좌관과 메트로폴리탄 클럽에서 점심을 하면서 핵문제와 연설에 관한 의견을 나누었다. 그 다음날 리프먼은 한 달에 걸친 유럽 방문 길을 나섰다.

11월 29일 파리에서 리프먼은 뉴욕 《헤럴드 트리뷴》의 유럽판 창간 기념일을 축하하는 행사에서 일군의 많은 저널리스트들 앞에 섰다. 미사일 위기를 이야기하면서 리프먼은 케네디의 성공이 그의 '제한된 목적을 위한 힘의 사용'과 '어떤 무엇을 성취하기 위한 힘을 사용하면서 목표를 협소하게 만드는 그의 지혜'에 있었다고 했다. 그는 백악관이 미사일 위기 때 유럽의 동맹국들과 협의하지 않은 것은 기습적이고 순간적인 결정이 필수적이기 때문이었다는 케네디의 미국 입장도 설명했다. 미국의 저널리스트들은 리프먼의 이런 설명에 납득했지만 유럽의 저널리스트들은 그렇지 않았다.

쿠바의 미사일 대결에서 리프먼은 백악관 핵전략의 대변인 역할을 했다. 다시 말해 핵무기의 통제, 즉 소련의 핵 무력과 균형을 유지하기 위해서는 미국의 핵 무력은 분할되거나 유럽과 공유할 수 없다는 미국의 핵전략을 대변한 것이다. 리프먼은 케네디 행정부의 메신저 역할을 하는 것에 주저하지 않았다. 그는 후에 파리에서의 연설이 "미국의 공식적 입장을 설명하는 것이라는 점을 나는 알고 한 일이다. 나는 백악관의 생각에 동의하지만 나는 그 연설이 나의 사적인 견해를 말하는 것이 아니기 때문에 기본적으로 백악관의 뜻에서 벗어나지 않게 주의를 했다."고 말했다. 그는 저널리스트로서 미국 정부의 전령역할을 하게 된 이유에 대해서는 밝히지 않았다. 그러나 누구도 그를 비난하지 않았다.

리프먼은 케네디 행정부 시기에 백악관이 거의 정기적으로 초청하여 대화를 나누는 저널리스트였다. 그는 2, 3주에 한 번 대통령을 만나 점심을 같이했고 그 자리에는 안보보좌관 번디 혹은 슐레진저(Arthur Schlesinger)가 함께하곤 했다. 외국 정상 초청 만찬에도 자주 참석했고 그런 자리에서 케네디는 늘 리프먼에게 말을 건네곤 했다. 케네디는 저널리스트와의 관계를 잘 만들어 그에게 이익이 되도록 하는 능력을 갖고 있었다. 케네디는 리프먼과의 관계를 특별히 유지하는 한편, 《워싱턴 포스트》의 발행인 그레이엄 부부(Philip and Katharine Graham), 논설실장 엘리스톤(Herbert Ellistone) 등과도 친밀했다.

이상의 이야기는 케네디 행정부에서 리프먼의 저널리즘을 설명하기 위해 저널리스트로서 그의 활동을 소개한 것이다. 다시 말하지만 리프먼의 저널리즘 활동을 구체적인 사건을 예로 들어 이야기한 이유는, 저널리즘을 이론이 아니라 현실문제의 해결을 위한 하나의 실천으로 이해해야 한다는 뜻에서이다. 리프먼과 케네디 행정부는 기본적으로 조화로웠다. 그러나 모든 정권과 그러했던 것은 아니다. 케네디 대통령이 1964년 암살되고 존슨이 부통령으로서 대통령을 승계했다.

베트남 전쟁과 존슨 대통령

리프먼과 존슨 대통령의 관계는 케네디와 달랐다. 이때의 리프먼은 다소 다른 저널리즘의 모습을 보인다.

"대통령 존슨은 직감, 기개, 확신, 그리고 정치적 경험이 풍부한 인물로 이 시기에 적합한 사나이다." 이것은 리프먼의 1964년 11월 4일자 그의 칼럼 「오늘과 내일」에서 케네디가 피살된 후 대통령이 된 존슨에 대해 언급한 구절이다. 당시 백악관에서 존슨은 마치 그에게 대통령직을 찬탈당한 것 같은 태도를 보이는 케네디 시대의 참모들에 포위되어 있던 상황이었다. 따라서 부통령이었다가 대통령직을 승계한 존슨에게 리프먼의 이런 글은 참으로 고마운 일이었다.

케네디의 장례 직후 12월 1일 존슨은 리프먼에게 전화를 걸어 백악관으로 초청했다. 리프먼과 그의 재혼 아내 헬렌(Helen), 그리고 대통령 세 사람만의 회동이었다. 존슨은 헬렌에게 친절하고 겸손했으며, 그다지 별스럽게 굴지도 않으면서 정중한 매너를 보였다. 하여튼 리프먼이 전에 생각했던 것과는 달리 좋아할 수 있는 그런 사람으로 보였다. "나는 그가 도움을 원한다는 인상을 받았다. 그는 나의 의견을 조심스럽게 경청했는데, 그것은 그의 평소 모습은 아니었다. 그는 그 자신의 의견을 강하게 갖고 있는 것 같지 않았다. 그는 진실로 겸손했다. 만일 겸손이 그의 보통 때 자세가 아니라면 그것은 일종의 아첨과 같은 것이었다." 그의 장기는 도움을 요청하는 일종의 구애방식에 있긴 했다. 상원의 원내총무로서 그는 리프먼에게 진심이라고 말하기 어려울 정도의 낯 뜨거운 내용의 노트를 보내곤 했다. 리프먼과 존슨 상원의원이 함께하는 자리를 만든 것은 풀브라이트(James Fulbright) 상원의원으로 1957년이었다. 그 후 두 사람은 몇 차례 만났다. 리프먼은 존슨을 부통령 후보로 지명한 케네디의 선택 역시 훌륭한 것으로 판단했었다. 존슨은 남북전쟁 이래 미국 정치의 항상 어려운 과제로 내려오는 남부와 북부 간의 통합문제를 위해 가장 효과적인 중재자로 인식되었기 때문이었다.

존슨은 리프먼을 그의 텍사스 저택으로 여러 번 초청하였는데, 그는 1962년 2월 텍사스를 방문한다. 그곳에서 리프먼은 존슨의 각별한 대접을 받았다. 이런 관계 속에서 존슨은 대통령이 되었다. 1964년 3월 리프먼 부부가 존슨의 저녁 초청을 받아 백악관을 방문했을 때의 일이다. 풀브라이트와 국방장관 맥나마라(Robert McNamara)가 동석했다. 저녁을 먹으면서 존슨은 불안과 불만을 토로했다. 그는 의회와 관련해서 케네디가 쓰레기 더미를 남겨놓았고 베트남 위기를 물려주었다는 것이다.

만찬 후 존슨은 리프먼과 그의 부인에게 "내가 한 가지 보여줄 것이 있다."고 하면서 그들을 대통령 침실이 있는 2층으로 안내했다. "이 방에서 미국 대통령 케네디와 그의 부인 재클린(Jacqueline)이 잤다."는 글과 날짜가 적힌 명패를 가리켰다. 그 명패는 존슨이 백악관 입주 바로 전에 부쳐진 것이었다. 이것은, 케네디 인사들이 자신들의 것인 대통령 침실을 존슨이 찬탈한 것으로 생각한다는 인상을 주는 것이었다.

어떤 면에서는 존슨 대통령에게 원인이 있었다. 아직 백악관에 많이 남아 있는 케네디 시대의 참모들은 케네디의 그 특출한 우아함이 텍사스 출신 존슨의 투박한 촌티에 의해 대체된 것에 불만을 갖고 있었다. 그들은 아주 불쾌한 감정을 감추지 않고 존슨을 "남부 촌놈"이라고 불렀다. 케네디의 동생 로버트 케네디(Robert Kennedy)는 케네디의 후계자와 왕의 미망인 재클린, 그리고 하버드 출신의 왕궁 경호원들과 아일랜드 출신의 마피아와 함께 백악관에 일종의 망명정부를 형성하고 있었다. 존슨은 평소에도 이들 명문대학 출신의 케네디 사단 인사들이 자신의 정부를 케네디 가문의 두 개 왕실 ―존 F. 케네디는 대통령이었고, 로버트 케네디는 차기 대통령이라는 생각 속에서― 사이의 임시정부로 보고 있다는 깊은 인상을 받고 있었다. 존슨은 무시당한다고 여기고 있었다.

존슨은 자신의 이야기를 리프먼이 경청하고 있다는 것을 알았다. 리프먼은 대통령 침실을 보고 나서 이를 비판하는 칼럼을 썼다. 그것은 케네디 가문의 권력 복권을 추진하면서 요행수를 기대하는, 이름이 밝혀지지 않은 인사들을 비판하는 내용이었다. 그는 아직 법무장관으로 있는 로버트 케네디를 비판하면서 존슨이 1964년 대선에서 부통령 후보를 선택할 수 있는 권리를 빼앗으려는 '조직된 찬탈 기도'를 포기하라고 했다. 그러면서 이제는 오직 존슨만이 케네디가 주창한 뉴 프런티어의 약속을 현실화할 수 있다고 하였다. 그는 존 F. 케네디가 출발시킨 바의 것은 그 의도가 아니라 그 결과에 대한 냉정한 역사 속에서 평가될 것이라고 했다. 그 결과는 이제 존슨 행정부의 일이라고 결론을 내렸다. 그 이상으로 존슨 대통령이 감사하게 생각할 칼럼은 없었다.

존슨은 리프먼과 그 외 몇몇 저널리스트에게 전화를 걸어 자문을 구하고 생일에 선물을 보내는 한편, 백악관에서의 공식·비공식 만찬에 초청하곤 하였다. 존슨 대통령과 리프먼의 관계는 리프먼의 생일 파티에 대통령 취임 10개월이 된 존슨이 직접 참석할 정도였다. 그러나 리프먼은 그의 동료들에게 이런 권력자와의 관계에 대한 위험성을 이야기한 적이 있다. 그는 "고위층과 신문의 특파원 간의 관계는 건전성을 유지하기 위한 위생법이 있다. 그것은 대단히 중요한 것이고, 그리고 알아두어야 할 규범이다."라고 말했다. 1964년 TV 인터뷰에서 그는 "신문기자는 힘 있는 자의 친구가 될 수 없다. 일단 얼마 동안 그렇게 되면 기자는 대통령보다 훨씬 약한 권력을 가진 주지사 급이 되고 그렇게 되면 모두 끝난다. 그렇게 되면 당신은 대통령을 그의 성(性) 없이 이름만으로 부를 수 없게 된다. 나는 대통령이 되기 전 일반인일 때부터 알고 지낸 대통령이 여러 명 되지만 일단 백악관으로 입성하면 그의 이름을 전에 부르던 식으로 부르겠다는 생각을 해본 적이 없다. 나는 대통령이 그를 이용하려는 사람이 아닌 사람들, 즉 기자 같은 사람들과 이야기할 수 있는 것은 이로운 일이라고 생각한다. 왜냐하면 그렇게 되면 무엇이 진짜로 일어나고 있는지를 알 수 있기 때문이다. 그러나 고위 공직자와 신문인 사이에는 어떤 일정한 거리가 있어야 한다. 그 사이에 벽이나 담장이 있어야 한다는 것은 아니지만, 어떤 공간(air space)이 있어서 떨어져 있어야 한다고 생각한다." 그의 충고는 훌륭한 것이었지만 얼마나 많은 저널리스트들이 항상 그랬는가는 미국의 경우에도 의문이다.

존슨 대통령과 리프먼의 좋은 관계는 초기 약 1년 반 정도 지속되었으나 오래가지 않았다. 1964년 봄 리프먼은 유럽 여행을 떠난다. 그는 파리에서 약 1주일을 보내면서 퐁피두(Georges Pompidou) 수상을 포함한 고위층을 만나 인도차이나 반도의 사태를 논의했다. 당시 드골은 존슨 행정부에게 베트남과 동남아시아의 중립화를 제안해서 양국의 관계가 좋지 않은 상태에 있었다. 중립화만이 이 지역에서 서방이 영향력을 유지할 수 있다는 것이 드골의 판단이었다. 베트남에서 프랑스든 미국이든 승리할 수 없다는 것이었다. 리프먼은 드골의 판단이 옳다고 생각했지만 존슨 행정부가 이를 받아들이지 않을 것이라는 점을 염려했다.

미국은 군사적 해결을 추구하면서 병력을 증파하고 북베트남을 폭격하는 등 강경책을 취하고 있었다. 안보보좌관 번디는 리프먼에게 드골의 제안이 베트남의 공산화를 낳는 길일 뿐이라고 주장했다. 그러나 리프먼은 번디에게 베트남에 유고의 티토(Tito)식 정권을 세우는 것이 합리적이라고 했다. 그러나 설득이 불가능했다. 리프먼은 번디 등의 참모진을 제치고 대통령에게 직접 건의하고자 하였다. 다음 날 리프먼은 칼럼을 썼다. 베트남 문제를 해결하는 최선의 길은 중립화라는 드골의 제안을 담은 글이었다. "우리는 중요한 것을 잊고 있다. 우리가 프랑스의 정책을 드골 장군의 반미국주의의 사적인 분노나 자만심에서 나온 것이라고 하면서 이를 진심으로 받아들이지 않는다면 그곳에서 우리는 영향력을 잃게 될 것이다."라고 했다. 그러면서 리프먼은 당분간 워싱턴이 월남의 사이공(Saigon) 정부에 제한된 지원만 하고 월맹의 하노이(Hanoi)와 베이징(북경)에는 중립화 압력을 가해야 한다고 주장했다. 이것이 베트남 문제에서 대통령이 벗어날 수 있는 길이라고 했다.

이런 칼럼을 내놓은 후 리프먼은 백악관의 보좌관은 물론 존슨 대통령과 수차례 베트남 문제를 토론했다. 그러나 그 결과는 실망스러운 것이었다. 존슨과 리프먼은 서로에 대한 최고의 매력, 백악관의 빈번한 초대, 서로 아첨에 가까운 칭찬하는 말과 함께 시작되었지만 마지막은 이전투구와 배신감 속에서 끝났다. 리프먼은 베트남 전쟁을 평화적인 방법으로 끝낼 것을 주장하면서 존슨과 번디 보좌관 등이 월맹에 대한 미국의 폭격을 협상장으로 끌어들이기 위한 일종의 홍보

용 폭격이라는 말에 이를 믿고 지지하는 칼럼을 쓰기도 했다. 리프먼이 이렇게 존슨의 베트남 전쟁을 지지하게 된 데는 오랫동안 그와 우정관계를 유지해온 안보보좌관 번디의 이야기를 믿었기 때문이다. 그러나 시간이 지나면서 그들의 이야기가 정직한 것이 아니었음을 알게 되면서 리프먼과 존슨 정권 간의 관계는 파국을 맞는다.

리프먼의 입장은 미국의 안전과 번영이 최고의 국가이익이라는 것이다. 그는 미국의 국가이익이 동남아나 한국 또는 다른 아시아 국가에 있는 것이 아니라는 것이다. 그러나 제2차 세계대전 이래 미국은 국가이익이 절실하게 걸려 있지 않은, 그리고 군사력과 정치력이 미치지 못하는 먼 곳의 문제에 개입해왔다고 비판했다. 그는 말하기를 "만일 이런 생각이 고립주의라고 하면 나는 그렇다고 하겠다. 이것은 제2차 세계대전 후 유행해온 세계주의(globalism)와 비교하면 고립주의이다."라고 말했다. 그는 미국이 사이공이나 서울에 있는 것은 소련이 베를린이나 프라하(Prague)에 있는 것만큼이나 비정상적이라는 것이다. 그러면서 미국의 역할은 새로운 세계정세에 재적응할 때 품위와 명예로운 방식으로 행하는 것이어야 한다는 것이라고 했다.

존슨 행정부는 리프먼의 칼럼에 귀를 기울이는 듯이 하며, 심지어 존슨이 월남전 문제에 대한 연설을 할 때 미리 원고를 보여주면서 리프먼의 자문을 받기도 했다. 그러나 리프먼은 백악관의 이런 행위가 리프먼의 환심을 사려는 속임수였음을 알고 마음에 깊은 상처를 받고 분노하였다. 그는 존슨 대통령이 베트남전에 대한 그의 진심을 감추고 거짓말을 하고 그를 이용했다는 것을 용서할 수 없었다. 동시에 이용당한 자신을 용서할 수도 없었다.

리프먼은 후일 "그들이 나를 잘못 생각하게 유도했다."고 하면서 "그는 나에게 자신은 전쟁을 비군사적으로 승리하지 않으면 안 된다고 말했다. 그러나 잠시 후 다른 사람에게는 다른 말을 했다."고 했다. 리프먼은 존슨을 '백악관에 들어간 역대 대통령 가운데 가장 불유쾌한 인물'이라고 평했다. 결국 존슨은 가장 다루기 어려운 반대자를 만난 것이다.

리프먼은 1965년 4월 이후 존슨의 백악관에 발을 들여놓지 않았다. 존슨 대통령은 서독의 에르하르트(Ludwig Erhard) 수상을 위한 백악관 만찬에 그를 초청하였으나, 그는 유감이지만 불참한다고 통보한 후 미군의 아시아 대륙 주둔을 예리하게 비판하는 칼럼을 내놓았다. 그곳에서 리프먼은 "옛 제국의 인위적이고 휘청거리는 잔재를 영원히 유지하기 위해 우리들의 생명과 돈을 바치고 있다. 아시아에서의 끝없는 전쟁이 이를 의미하는 것이다."라고 했다.[74]

리프먼의 베트남 전쟁 반대에 동조하는 정치인들이 나타나기 시작했다. 대표적인 인사가 풀브라이트 상원 외교위원장이었다. 국무성의 볼(George Ball) 차관은 존슨 대통령이 1968년 선거 후 미군의 철수와 러스크(Rusk) 국무장관을 자신으로 교체할 것으로 기대했으나 두 가지 모두 현실화되지 않았다. 리프먼은 볼에게 사직하고 존슨의 베트남 정책을 반대하라고 충고하였다. 그러나 미국의 정치 전통에서 대통령 정책에 대한 반대로 사임하는 것은 미국식 정치 스타일이 아니었다. 볼 차관은 1966년 가을 사임 후 조용히 월가로 돌아갔다. 볼을 비롯한 월남전 반대론자들이 사직하지 못하고 오랫동안 존슨 대통령 밑에 남은 까닭은 부분적으로는 그렇게 사임하게 되면 정치적으로 입지를 상실하고 결과적으로 곧 정치권에서 잊히기 때문이었다. 그래서 미국 역사를 보면 대통령의 정책에 반대하여 그 직을 사퇴한 예가 거

---

74) R. Steel(1981), p. 574.

의 없었다.

리프먼은 제1차 세계대전 직후인 윌슨 시대에 일찍이 이 문제를 다룬 칼럼을 내놓은 바 있다. 그는 여기서 미국의 정치전통에서 한 가지 부정할 수 없는 사실은, 미국인들이 대통령의 공직 임명을 마다하는 일이 거의 없다는 것이라고 지적하면서 민주주의가 작동하기 위해서는 그들이 "'노'라고 말한 후 굿바이." 하고 사직할 수 있었어야 했다고 지적했다. "당신이 행정부에서 서로 모순되는 목적들을 동시에 추구한다는 것, 혹은 무엇이 옳은 것인가에 대한 당신의 신념을 포기한다는 것은 얼마나 충직하지 못한 일인가?"라고 했다. 그리고 미국에서 그런 사임은 두어 건을 제외하고는 없었고 그들은 모두 스캔들로 간주되었다고 회고했다. 미국의 경우 행정부 내 인사들의 공식적인 반대는 전통으로 허용되지 않았다는 것이다. 이것이 리프먼이 이해한 미국의 정치전통이었다.[75] 아마도 이런 전통이 리프먼으로 하여금 행정부 내의 공직을 추구하지 않은 이유일 수도 있다. 그래서 그가 저널리즘을 택한 것이라고 한다면 속단이라고 할는지 모르지만 부분적으로는 그 이유가 될 수 있다.

리프먼은 존슨 대통령이 리버럴리즘의 전통과 국내에서의 '위대한 사회' 구축 목표를 버리고 아시아에서 '제국주의'를 추구하고 있다는 결론을 내리면서 그를 비판하였다.

---

75) Ibid. p. 574.

한국전쟁과 리프먼

연대기로 본다면 한국전쟁은 베트남 전쟁이나 쿠바 미사일 사태보다 앞서 이야기해야 할 역사이다. 그러나 한국전쟁은 리프먼에게 그렇게 중요한 사건이 아니었다. 당연히 쿠바 미사일 위기나 베트남 전쟁에서처럼 그의 역할도 한국전쟁과 관련해서는 주목할 만한 것이 없다. 그렇기 때문에 내가 한국인이 아니었다면 한국전쟁을 그에 관한 이야기에 포함시켰을 것 같지 않다. 그러나 필자인 나는 한국인이고 그 전쟁을 겪었다. 이 책의 독자들도 한국인들일 것이다. 이런 의미에서 나는 물론, 많은 한국인들에게는 어떤 세계대전보다 더 크고 더 비극적인 전쟁이 한국전쟁이기 때문에 언급되어야 할 사건이다. 그런 이유에서 순서를 뒤로 해서라도 따로 제목을 붙여 이야기한다.

나는 위에서 리프먼의 저널리즘을 미국의 외교정책과 관련하여 케네디 대통령 시대의 쿠바 미사일 사건, 그리고 존슨 대통령의 베트남 전쟁을 예로 들면서 살펴보았다. 요약하자면 리프먼의 저널리즘 활동을 보면 그는 칼럼니스트로서 미국의 대외정책에 커다란 영향을 미쳤다. 성공도 있었고 실패도 있었다. 그러나 그는 백악관 참모진과, 그리고 대통령과 직접 대외정책을 논의하면서 정보를 나누곤 하였다. 한국식으로 말하자면 어떤 의미에서 그는 저널리스트라기보다 막후 참모 혹은 보좌 역할을 한 것이다. 윌슨 대통령으로부터 루스벨트, 트루먼, 아이젠하워, 닉슨, 케네디, 존슨에 이르기까지 그는 미국 외교정책에 영향력을 행사하였다.

그의 칼럼은 단순히 일반 독자를 대상으로 한 것은 아니었다. 그는 저널리즘의 객관성을 강조하였지만 그의 객관주의는 순수하고 보편적인 객관성이 아니라 특정한 틀, 즉 쿤(Khun)이 말하는 어떤 패러다임 안에서의 객관성이었다. 미국의 국가이익, 다시 말해 미국인의 정치공동체를 위한 수단 혹은 실천이성으로서의 객관성과 같은 것 말이다. 그것은 보편적인 진리 발견을 위한 객관성이 아니라 프래그머틱한 진실, 즉 미국이라는 국가의 문제해결을 위해 객관적으로 유용한 수단을 추구한 것이다.

이런 의미에서 한국인으로서 6·25라는 역사의 비극적 사건을 직접 체험한 나와 같은 사람은, 그가 당시 저널리스트서 어떤 생각을 갖고 있었는가를 읽다 보면 적지 않은 충격적인 사실을 접하게도 된다. 우리 한국인이 원했건 원치 않았건 간에, 한국전쟁은 미소의 냉전체제 속에서 그렇게 일어났고 또 그렇게 마무리된 것이었다. 먼저 리프먼이 본 한국전쟁을 당시 국제정치와 연관하여 이야기한다.

국제정치의 환경

리프먼의 국제정치관은 시간을 거슬러 올라가 제1차 세계대전 때, 즉 그가 윌슨 대통령의 막후 참모시대를 다시 회고해보는 것이 좋을 것 같다. 이 문제는 위에서 언급한 내용을 반복하는 부분도 있을 것이다. 그러나 그것은 전체적인 이해를 위함이고 가급적 반복하는 것은 피하겠다.

리프먼이 1916년 리버럴로서 민주당의 윌슨 대통령을 지지하게 된 이야기는 앞서 살펴보았다. 그 이유는, 윌슨이 리버럴들의 주장을 반영한 공약을 내세웠고 반대로 공화당은 수구 당권파들이 당을 장악하고 리버럴들이 지지한 T. 루스벨트를 당 후보에서 탈락시켰기 때문이다. 대외정책과 관련해 미국은 곧 유럽의 전쟁 —제1차 세계대전 — 에 참여할 수밖에 없는데 윌슨이 더 적임자라고 리프먼은 판단하고 있었다. 리버럴들은 윌슨의 지지세력이 되었다. 리프먼은 그들의 핵심이었다. 그러나 종전이 되면서 이들 리버럴은 윌슨의 이상주의와 베르사유 평화조약에 실망하고 그를 비판하였다.[76)

리프먼이 파리에 파견되어 있는 동안 베르사유 평화회의에서 확인한 제1차 세계대전의 목표는 영국, 프랑스, 이탈리아 등 연합국과 미국이 서로 달랐다. 유럽 제국의 제1차 세계대전은 영토의 확장, 즉 식민지 확보를 위한 제국주의 전쟁이었다. 그러나 미국의 경우 윌슨이 내건 목적은 민주주의와 평화를 위한 전쟁, 즉 세계에서 전쟁을 종식시키기 위한 마지막 전쟁이었다.

제1차 세계대전은 러시아의 볼셰비키 혁명과 함께였다. 적대국은 독일이었지만 프랑스, 영국, 이탈리아 등 연합국에게 레닌의 공산주의 혁명은 기존체제의 위협이었다. 그래서 영국 등 제국주의 국가들은 반공산주의 세력인 백색 러시아군을 지원했다. 미국도 마찬가지였다. 윌슨은 레닌 정부를 승인하지 않고 반혁명의 백군에게 군대와 군수품을 지원하였다.

이 시기 리프먼은 미국의 레닌 정권의 승인을 주장하였다. 그러나 윌슨은 이를 받아들이지 않았다. 리프먼은 공산주의를 지지하지 않았지만 강력하게 반대하지도 않았다. 리프먼은 청년시절 사회주의자였다. 그러나 공산주의자는 아니었다. 그는 하버드 대학교 졸업 후 젊은 시절 잠시 스테펀스(L. Steffens)의 사회주의 폭로지에 기자로 일한 후 자신이 해야 할 일이 선동과 혁명은 아니라고 하면서 그 신문을 떠났다. 이미 그때 그는 급진적 사회주의와 결별하였다. 그는 리버럴이었고 그들 가운데는 공산주의자들도 있었다. 그와 하버드 대학교

76) Ibid. pp. 158-159.

1910년 입학동기인 리드(John Reed)는 공산주의에 가까운 사회주의자로서 한때 윌슨과 트로츠키(Leon Trotsky) 간의 중재자로 활동하기도 하였다. 그는 불행하게도 33세의 젊은 나이에 모스크바에서 장티푸스로 사망했고 크렘린 궁에 묻혔다.[77] 리프먼의 주변에는 공산주의자가 여러 명 있었다. 《뉴 리퍼블릭》의 편집인 대표 크롤리도 죽을 때까지 공산주의자였다.

레닌의 러시아 혁명으로 미국에서도 유럽의 제국주의 국가들처럼 '공산주의 공포(Red Scare)'가 확산되고 있었다. 그러나 다시 말하지만 리프먼은 이런 공산주의에 과민하게 반응하지는 않았다. 그는 제1차 세계대전 당시에도 레닌의 볼셰비키 정권의 대외정책은 공격적이 아니라 방어적인 것이라고 이해하고 레닌 정권에 수용적이었다. 공산주의에 대한 그의 이러한 인식은 제2차 세계대전 후 미국과 소련 사이의 냉전체제 속에서도 계속되었다.

제2차 세계대전 말 독일의 패전이 거의 확실시 되자 미국과 영국, 그리고 소련 간의 연합에 갈등이 표출되기 시작했다. 스탈린은 소련의 동유럽 지배를 요구하면서 굽히지 않았고 미국과 영국은 그 지역의 중립화를 주장했다. 리프먼은 이러한 강대국들의 갈등과 해소를 일찍부터 그의 칼럼에서 다루곤 했다. 리프먼은 소련의 동유럽 지배 요구를 공산주의 확산을 위한 공격적인 전략이 아니라 역사적으로 여러 차례 경험한 독일 등 서구의 러시아 침공을 염두에 둔 방어적인 전략으로 이해하고 있었다.

국제정치에 대한 리프먼의 견해는 지극히 현실주의적이었다. 제2차

---

77) Ibid. p. 138. J. 리드는 사회주의 잡지 《대중(*Masses*)》을 위해 러시아에서 볼셰비키 혁명을 취재한 사회주의자이다. 그는 이를 『세계를 뒤흔든 10일(*Ten Days That Shook The World*)』이란 책으로 남겼다.

세계대전 거의 종반, 세계는 제1차 세계대전에서 실패한 세계가 하나의 공동체가 되어 집단안보체제를 이루고 새로운 국제연맹을 만들어여기서 이단자들을 처벌하는 평화체제 구축의 계기가 마련되었다고생각했다. 그리하여 인류는 자유와 정의를 추구하는 세계에 대한 기대가 가득했다. 그러나 리프먼은 이러한 이상주의에 회의적이었다.

현실주의자 리프먼은 국가이익 추구와 동맹(alliances) 정책만이 평화를 가능케 할 것이라고 주장했다. 그리고 미국, 영국, 러시아 사이의 전시동맹은 독일과 일본이 패망한 후에도 유지되어야 한다고 했다. 승전국 간의 갈등은 결국 또 다른 전쟁을 낳게 된다. 즉 우리는, 유럽이 분열되었을 때 나치 독일이 나타났던 것을 1919년 경험했다. 공통의 적이 없어지면 미국과 러시아의 동맹은 불가피하게 깨어질 것이다. 그러면 어떻게 해야 러시아로부터 대서양 공동체의 안전을 지킬 수 있겠는가? 그 답은 러시아와 서방 사이의 정치적 협정을 맺는것이다. 그러나 이 협정은 미국의 군사적 개입을 필요로 하지 않는 것이어야 한다. 리프먼은 외교정책이란 선의나 감상에 의존하는 것이아니라 국가이익에 따른 것이어야 한다고 했다.[78]

그는 이를 그의 칼럼 「오늘과 내일」에서 썼다. 국가안보는 힘에 의존하는 것이지 추상적인 원리에 기초하는 것이 아니다. 국제회의에서다수결이 결정하는 것도 아니다. 그러면서 그는 점점 더 우리가 개입하지 않아야 할 선을 긋는 것이 중요하다고 믿게 된다고 말한다. 이런 현실주의 정치를 바탕으로 그는 미국의 국익이 걸린 경계선을 밝힌다. 그는 미국이 책임져야 할 지역은 대서양 양안, 그리고 태평양의섬들, 달리 말하면 대서양 공동체와 해군기지, 그리고 함대의 활동을

---

78) R. Steel(1981), p. 405.

위한 공해(blue-water)라고 말한다. 이러한 주장은 그의 『미국의 외교정책(U. S. Foreign Policy)』에 담겨 있는데, 전후 세계는 강대국들의 동맹과 소련과 동유럽 사이에 위치한 국가들의 중립화 정책이었다.

여기서 우리는 아시아, 특히 한반도는 리프먼의 관심대상이 아니었다는 사실을 확인하게 된다. 한국은 미국의 국익 밖에 있었다.

트루먼, 애치슨, 매카시, 그리고 리프먼

1950년 6월 25일 일어난 한국전쟁 전후의 리프먼과 미국의 국내 정치상황을 조금 더 살펴본다. 리프먼은 아시아에 대한 관심이 원래 없었다. 그는 아시아를 미국의 필수적인 국익이 걸린 지역으로 간주하지 않았다. 그는 아시아에 대해 미국의 군사력이나 경제적 통제, 그리고 서구의 이데올로기가 가능한 지역이라고 생각하지 않았다. 그는 1949년 가을 인도의 네루(Pandit Nehru)를 만나 장시간 인터뷰한 후 그의 한 친구에게 이런 편지를 보냈다. "우리는 아시아에 거의 힘을 못 갖고 있고, 그래서 우리 자신을 그곳에 무엇을 창조할 수 있는 주인공으로 생각하지 않아야 한다." 리프먼은, 아시아인들에게는 민주주의나 마르크시즘과 같은 서구적 개념이 우리와 다른 의미라고 말했다. '경찰국가(police state)'나 '자유제도(free institute)'라는 용어의 의미가 아시아에서는 우리와 다르다. 그는 또 아시아에서는 전체주의 체제가 정상이고 서구 사상은 공산주의보다 더 혁명적인 것이고, 그래서 아시아에서 그들이 저항하는 것은 공산주의가 아니라 러시아나 중국의 제국주의를 반대하는 것이다. 리프먼은 아시아에서는 민족주의(nationalism)가 공산주의나 자본주의보다 더 큰 힘을 갖고 있다고 했다.

1950년 미국의 대통령은 민주당의 트루먼(Harry Truman)이었고 국무장관은 애치슨(Dean Acheson)이었다. 처음에 리프먼은 애치슨의 국무장관 임명을 환영했다. 그러나 점차 그에 대해 비판적이 된다. 그 이유 중 하나는 장개석의 중국 문제였다. 리프먼은 부패한 장개석 정부에 대한 지원을 중단하고 대만을 포기해야 한다고 했다. 미국의 민주당이나 애치슨도 그런 입장이었다. 그러나 공화당의 우파 정치인들은 당시 중국대륙의 공산화가 민주당의 책임이라고 공격하고 있었다. 애치슨의 국무성은 1949년 8월 1000페이지에 달하는 미국의 중국정책을 담은 백서를 발표하였다. 그 내용은 중국대륙의 공산화는 미국 행정부의 책임이 아니며 중국의 내전은 미국의 통제선 밖에 있었다는 것이었다. 이 백서가 나오자 비판이 솟구쳤다. 리프먼도 신랄하게 애치슨을 비판했다. 중국의 내전이 미국의 통제 밖에 있었다면 미국의 대 중국정책의 옳고 그름이나 현명함이나 어리석음 같은 것이 애초부터 상관없었다는 말이다. 그렇다면 왜 미국은 중국문제에 개입하였고 왜 그 많은 돈을 장개석 정부에 쏟아부었는가 하는 것이었다. 리프먼은 전면적인 조사를 요구하였다. 애치슨의 백서에 대한 이러한 비판 칼럼은 연속 3회나 이어졌다.

리프먼의 대 중국관은 대만을 모택동에게 넘기는 것을 마다하지 않는 것이었다. 그는 애치슨에게 비판적이었다. 그 이유는 그가 모택동을 독립적인 민족주의자로 취급하는 것이 아니라 중국을 소련의 한 위성국가로 간주하는 점이었다. 애치슨의 이러한 견해는 공화당 우파 의원들의 공격을 완화시키려는 의도도 있었고, 또 당시 국무성의 극동담당 차관보 러스크(Dean Rusk)와 같은 반공주의 관료의 영향도 있었다. 러스크는 모택동 정부를 '모스크바의 식민주의 정부'로 보면서 '슬라브 민족의 만주국가' ―일본이 세웠던 부의(溥儀)의 만주국가―

라고 평가하고 있었다.[79]

　1950년 1월 5일 트루먼은 중국의 내전에 개입하지 않겠다는 선언을 하고 그로부터 1주일 후 애치슨은 전국언론인 클럽(the National Press Club)에서 아시아에서 미국의 개입 경계선을 밝혔다. 여기서 애치슨이 밝힌 것은 일본과 필리핀을 잇는 선으로 대만과 한국은 포함되지 않았다. 애치슨은 중국공산당에게 그들에게 가장 위협적인 국가는 워싱턴이 아니라 모스크바라고 하면서 미국은 공산중국이 유엔에서 중국의 대표로서 자리를 차지하는 것을 반대하지 않을 것이라고 했다. 그 자리에 직접 참석했던 리프먼은 애치슨의 연설에 흥분을 감추지 않고 이를 환영하고 칼럼을 통해 '아시아 전체에 커다란 변화의 계기'를 부여하는 연설이었다고 환영하였다. 장개석 정부와 결별의 순간이 다가온 것 같았다. 그러나 미국 정부의 후속 조처는 이루어지지 않았다. 차이나 로비의 압력으로 트루먼은 행동을 할 수 없었다. 미국 정부는 서구 유럽의 반공주의 정부들의 눈치도 보아야 했다.

　이런 와중에 미국 정부는 국내문제로 인한 우파의 공격으로 거의 마비상태에 있었다. 공화당은 공산중국에 대한 유화정책에 분노하면서 애치슨의 사임을 요구했다. 이러한 반공산주의 여론은 전 국무성 관료 히스(Alger Hiss)의 스파이 혐의 기소로 더욱 비등해졌다. 이때 그 유명한 매카시(Joseph McCarthy) 상원의원은 미국 국무성의 친공산주의 집단이 있어서 이들이 얄타(Yalta)와 포츠담(Potsdam) 회담에서 미국이 양보하게 만들고 중국에서의 공산주의 세력을 키웠다고 폭로했다. 매카시 선풍이 시작된 것이다. 이런 공격은 애치슨의 힘을 무력화시키고 있었다. 애치슨이 매카시의 공격을 받자 국무성과 그는 강력

---

79)　Ibid. p. 466.

한 반공주의자임을 보여주려고 하였다. 그러한 그의 시도는 그가 선언한 중국 내전에서 미국의 불개입 정책과 모순되는 것이었다. 이런 상황에서 미국의 외교정책은 불가능했다. 아시아에서 미국 정책의 실패가 매카시의 공격을 가능케 하였고, 다시 매카시의 공격이 미국 정책의 실패의 원인이 되는 악순환이 일어난 것이었다.

리프먼을 비롯한 일부 인사들은 차이나 로비를 무력화시키려 했으나 애치슨은 이에 동조하지 않았다. 애치슨의 실패는 매카시에게 반공산주의 공격의 실탄을 제공하는 것이었다. 리프먼과 애치슨은 거의 모든 문제에서 의견을 같이하지 않았다. 유럽과 나토, 그리고 독일 문제에서도 그랬다. 단지 아시아에서 미군이 개입하지 않아야 한다는 점을 제외하고는 말이다. 그러나 이것도 한국전쟁이 발발하자 애치슨은 그의 1950년 1월 연설에서 밝혔던 아시아에서 미국의 방어선도 무의미하게 만들었다.

1950년 6월 25일

1950년 6월 25일 북한군이 38도선을 넘어 전면적으로 남침하였다. 이를 예측하지 못했던 미국은 몇 시간 지나지 않아 소련이 그의 괴뢰정부로 하여금 남한을 공격하였다고 판단하였다. 애치슨은 곧 미 7함대로 하여금 대만해협을 봉쇄하도록 명령하였는데, 이는 오랫동안 차이나 로비가 요구하던 조처였다. 동시에 애치슨은 유엔의 안전보장이사회 개최를 요구하여 열고 소련 대표의 불참하에 북한을 침략자로 결의하였다. 그리하여 미국이 개입할 수 있는 길을 열었다. 전쟁 발발 이틀 뒤인 27일 트루먼은 일본에 주둔하고 있던 맥아더(General Douglas MacArthur) 사령관에게 미 공군과 해군의 지원을 명령하였다.

그러나 북한군의 남하가 계속되고 전면적인 패배가 예견되면서 6월 30일 트루먼은 미국의 지상군을 파병하게 된다.

이 과정에서 트루먼 행정부에 대한 견제는 전혀 없었다. 그날 밤 리프먼은 한 칵테일 파티에 있었다. 그곳에서 그는 처음 이야기를 들었다. 그는 북한의 침공에 대해 특별한 의견이나 정보를 갖고 있지 않았다. 다른 참석자들로부터 질문을 받고 그는 이승만 정부가 독재정권이고 분단국가라는 등 추상적이고 단편적인 이야기를 했을 뿐이다. 그는 사태의 심각성을 느끼고 워싱턴의 그의 보좌진에게 정보를 수집하여 보내달라고 요청했다. 그는 트루먼의 초기 대응과 유엔의 동의를 받는 정책을 지지했다. 그는 이틀 후 북한의 공격은 '명백한 침략'이고 국제적 무정부 상태를 야기할 것이라고 논평했다. 그는 전에 반대했던 미 7함대의 대만해협 파견을 지지하였다. 그러나 그는 그 이상의 대응에 대해서는 찬성하지 않았다. 그리고 소련이 직접 참전하지 않는 한 미군의 개입을 피해야 한다고 하였다. 그러나 그의 이야기는 이미 트루먼이 미군의 투입을 명령한 후였다. 트루먼의 이러한 결정은 그가 후에 회고록에서 밝혔듯이 그의 대통령 임기 동안에 있었던 가장 중요한 결정이었다. 전에는 전혀 미국의 국익이 존재한다고 생각한 적이 없었던 지역에서 처음으로 미 지상군이 공산주의의 확장을 저지하기 위해 전투에 들어갔다.

여론도 트루먼의 결정을 지지하는 것 같았다. 심지어 공화당의 태프트(Taft) 상원의원마저 트루먼의 결정을 지지하였다. 트루먼은 의회의 승인을 필요로 하는 선전포고 대신 미국 군의 총사령관으로서 자신의 권한을 행사하여 헌법적 제한을 교묘하게 피하였다. 이것은 헌법 위반이 될 수 있는 사안이었지만 아무도 그 문제의 심각성을 깨닫지 못했다.

리프먼은 트루먼과 애치슨이 한국에서 미국의 의무가 무엇인가 하는 문제에 대한 분명한 해명 없이 개입한 것에 책임이 있다고 비판했다. 그는 미국이 한국에서 싸울 만한 준비가 되어 있지 않으며 한국을 방어 대상에서 제외했었다는 점을 지적했다. 한국에서 미군의 개입은 오른손이 무엇을 하는지 왼손이 모른 채 이루어진 것이라고 했다. 리프먼은 우리들의 운명을 결정하는 인물로서는 트루먼과 애치슨의 능력에 회의적이라고 썼다. 그는 특히 미 지상군의 투입을 우려했다. 그는 중국의 개입을 우려하고 38선을 넘어 북진할 수 있는 권리가 없다고 하면서 반대했다. 그는 이런 견해를 당시 국무성 고문으로 있던 덜레스(John Foster Dulles)에게 7월에 이미 전했다. 덜레스는 리프먼에게 의외로 동의했다. 덜레스는 북한의 침공 바로 전 일본과 한국을 방문하면서 한국의 국회에서 만일 북한이 침공하면 남한 정부는 혼자가 아닐 것이라고 밝힌 바 있었다. 그러나 리프먼의 의견에 대한 회신에서 덜레스는 소련의 지원을 받는 적에 대해 미국이 지상군으로 개입하는 것에 대해 그는 회의적이라고 밝혔다.

그러나 일단 미군의 파병이 결정되자 미국의 정치적 목표는 확대되었다. 처음의 목표는 북한군을 38선 이북으로 격퇴하는 것이었다. 그러나 여기에서 북한군의 붕괴로, 다시 한반도 통일로 그 목표가 확대되었다. 이 기회를 통해 소련의 확장정책을 굴복시키겠다는 것이었다. 그리하여 소련의 위성국가인 북한을 해방하는 것이 목표가 된다. 맥아더가 9월 15일 인천 상륙에 성공하자 북한군은 전면적으로 후퇴하고 미군과 한국군은 38선을 넘어 북진하기 시작했다. 미 행정부는 승리에 도취하여 미군을 압록강 근처까지 진군시킨다. 그러자 모택동의 중국은 점차 위협을 받는다. 그보다 앞서 중국의 외교부장 주은래(周恩來)는 인도대사를 통해 만일 한국군을 따라 미군이 38선을 넘게 되면 중국은 미국으로부터 자신을 보호할 수밖에 없다는 입장을 전해 왔다. 승전 분위기에 빠져 있던 애치슨은 이를 북경의 엄포로 받아들였고 맥아더는 북진 허가를 받는다. 맥아더는 11월 말 압록강 가까이 이르자 크리스마스에는 미군이 그들의 고향 집으로 돌아갈 수 있을 것이라고 자랑스럽게 이야기했다. 11월 27일 중국군이 압록강을 건넜다. 맥아더는 전면적인 후퇴가 불가피했다.

맥아더는 만주폭격을 요청했다. 그러나 트루먼은 이를 거부했다. 미국은 전선의 확대를 원하지 않았다. 트루먼 정부는 국내 우파의 비판을 받자 11월 말 한 기자회견에서 중국군에 원폭을 사용할 수 있다는 시사를 했다. 트루먼의 이런 언급은 곧 영국 수상 애틀리(Clement Attlee)의 워싱턴 방문을 낳았다.

리프먼은 《뉴욕 타임스》를 통해 애치슨이 애틀리 수상에게 미국은 아시아 대륙에서 중국과 싸울 의사가 없다고 하면서, 그러나 이성적이지도 않고 믿을 수도 없는 중국공산주의자들과 협상을 하기보다는 한국에서 전면철수를 하는 것이 더 낫다고 생각한다는 의사를 밝혔다는 말을 들었다. 애치슨은 또 북경은 전적으로 모스크바의 통제 아래 있으며, 만일 미국이 그들을 승인하고 대만의 유엔 자리를 주면 그 다음은 일본, 그리고 인도차이나 반도를 요구할 것이라고 말했다는 것이다. 애치슨은 미국이 가능한 한 오랫동안 한반도에서 중국군과 싸울 것이고 그런 다음 철수하고 공산 중국정부를 공군과 해군으로 봉쇄하여 최대한의 고통을 겪게 할 것이라고 했다. 이것이 《뉴욕 타임스》가 입수한, 애치슨이 애틀리에게 밝힌 미국 정부의 입장이라는 것이었다.

일주일 후인 12월 12일 리프먼은 《뉴욕 타임스》의 레스턴(James Reston)으로부터 한 장의 메모를 받았다. 그것은 12월 11일 인도대사가 애치슨 국무장관에게 대만 문제의 양보를 조건으로 한국전의 정전을 제안받아서 그날로 레스턴이 이를 애치슨에게 전했는데, 그의 반응이 레스턴에게는 깜짝 놀랄 만한 것이었다는 것이다. 애치슨의 반응은, 이 평화안은 러시아의 공작으로 미국이 추진하고 있는 나토(NATO) 군의 결성을 방해하고 독일의 재무장을 못하게 하기 위한 술책이라는 것이다. 애치슨은 이 평화안을 밀쳐놓고 지금의 한국전쟁에서 문제의 핵심은 한국이 아니라 독일이라는 것이다. 모스크바가 미국의 유럽 계획을 진행하지 못하게 아시아에서 철면피한 사태를 일으켰다는 것이다. 인도와 영국은 이에 농락당하고 있으며 애치슨에게 진정 유일한 위험은 국내 우파의 비판으로 그의 정책을 무력화시키려는 시도라고 했다는 것이다.[80]

리프먼은 애치슨이 오류를 범하고 있다고 판단했다. 원래 리프먼과 애치슨은 오래전부터 사교계에서 같이 활동했고 친구들을 공유하고 있었다. 그래서 리프먼은 그의 애치슨 공격을 그의 친구들에게 설명하지 않으면 안 되곤 하였다. 뿐만 아니라 리프먼에게 애치슨 공격은 어려운 다른 문제를 야기하는 것이었다. 즉 그의 애치슨 비판이 결과적으로 매카시 상원의원을 돕게 된다는 점이었다. 리프먼은 그의 친구 핸드(Learned Hand) 판사에게 보낸 한 편지에서 "나는 내가 하는 일에서 이런 결과를 발견하게 된다. 국무성에 대한 비판을 할 때 그의 저급한 적들을 돕는 일 없이 그것은 불가능하다는 것이다."라고 말했다. 애치슨에 대한 비판은 결과적으로 매카시와 같은 공화당의 반공주의자들의 공격을 돕게 된다는 것이다.[81]

---

80) Ibid. p. 474.
81) Ibid. p. 475.

리프먼의 한국전쟁에 대한 입장은 요약하면 이런 것이었다. 즉 "북한의 침략에 대해 미국 행정부는 어떤 반격을 해야 했지만 군의 사용에는 일정한 선이 있어야 했다. 만일 그렇게 했으면 북한이 한반도를 점령하였을 수 있다. 그렇다면 그렇게 되도록 내버려두어야 했다. 그것이 유럽에서 미국의 보다 중요한 대결에 관심을 덜 갖도록 하는 것보다는 좋다. 나는 처음부터 북한의 침략에 대해 해군과 공군에 의한 저지가 좋다고 했다."고 썼다. 그는 또 "한국전에 미군의 참전에 대해 선전포고 없는 참전을 해서 며칠 후 지상군 전투에 들어간 것을 나는 불만스럽게 생각해왔다. 문제는 일본의 방어인데 한반도가 그들의 손에 들어갔어도 그것이 일본 방어에 치명적이지 않았을 것이다."라면서 계속해서 "가장 비극적인 것은 38선을 넘어 한반도를 통일하려 넘어가 7만 5000의 미군을 잃은 것이다. 1950년 9월 유엔을 압박하여 38선을 넘어간 결정은 우리 역사에서 가장 커다란 비극이었다."라고 했다.[82]

리프먼의 한국전쟁에 관한 관점은 이런 것이었다. 세계사 혹은 미국 역사에서 한국전쟁의 의미도 이런 정도였다는 것은 한국인으로서 안타까운 일이다. 그러나 이것이 현실이고 사실이다. 후에 다시 말하겠지만 리프먼이란 저널리스트는 역사적 사건에 단순히 감시자나 목격자로서 칼럼을 쓰는 것이 아니라 정책을 결정하는 과정에 직접 관여하였다는 점에서 그의 저널리즘은 단순한 감시자로서의 저널리즘이 아니었다.

리프먼의 저널리즘은 미국 정부의 정책을 비판함에 있어서 —예로서 한국전쟁이나 독일의 재무장 또는 장개석 정부에 대한 원조 등—

---

82) Ibid. p. 476.

항상 정치적 현실주의 관점에서 주장을 펼쳤다. 그가 정책을 판단하는 틀, 즉 그의 판단을 결정하는 기본 원칙은 그것이 과연 실현 가능한가, 그것은 국가이익에 어떤 영향을 미치는 문제인가, 공중이 이를 지지할 것인가와 같은 것이었다.[83]

리프먼은 그의 주장을 어떤 원칙 위에서 전개했지만 시기에 따라, 사건에 따라 다르곤 했다. 리프먼의 주장이 항상 일관된 것도 아니었고 경우에 따라 모순된 것도 적지 않았다. 예로서 그는 한국전쟁 이전에는 아시아에서 독재정권을 지지하지 않아야 한다고 하였지만, 한국전쟁 이후에는 독재정권 문제를 힘의 균형이란 관점에서 보았다. 1950년 4월, 한국전쟁 발발 2개월 전, 그는 미국이 인도차이나에서 공산주의가 이끄는 독립전쟁에서 싸우는 프랑스의 전쟁을 재정 지원해서는 안 된다고 했다. 그러나 1952년 1월 워싱턴의 프랑스 지원법을 지지하면서 동남아가 소련 공산주의 위성권으로 떨어지는 것은 커다란 재앙이라고 결론을 내린다. 그는 공산주의 소련의 봉쇄정책을 반대했다. 그러나 구체적인 사건이나 어떤 상황이 발생하는 경우 생각을 바꾼다. 유럽에서도 그는 일관된 주장만을 한 것이 아니다. 1950년까지 그는 독일의 경제회복과 중립화를 강조하였다. 그러나 한국전쟁 후 그는 소련의 군사력에 주목하기 시작하면서 서방의 결속을 강조했다. 결국 그는 동서독의 분단을 받아들인다.

한마디로 리프먼은 저널리스트이다. 그는 철학자나 이론가이기보다 현실문제와 씨름하는 프래그머티스트이고 현실주의자였다. 그의 정치는 현실정치(real politics)였다. 다시 말하지만 그는 트루먼 대통령 시대 애치슨 국무장관의 사임을 요구하였다. 그 이유 중 하나가 여론

---

83) Ibid. p. 486.

의 지지를 못 받는 외교는 실패할 수밖에 없다는 것이었다. 그러나 우리가 잘 알고 있듯이 그는 『여론』과 『환영의 공중』과 같은 책에서 여론의 정당성에 회의적이다. 그러나 현실에서는 그런 여론의 실체와 힘을 그는 중요하게 인정한 것이다.

리프먼의 마지막 책 『공공철학』

이제는 다시 리프먼의 저술로 돌아간다. 그는 사상가였고 그만큼 철학적인 저널리스트였다. 그래서 '공공철학자(public philosopher)'라고 불리기도 한다. 그런 의미에서 보다 철학적인 저술인 『공공철학』을 논의하지 않을 수 없다. 듀이와의 논쟁을 촉발시킨 저술이 모두 1920년의 것들이지만, 그때 그의 주제들이 30년 후에 나온 이 책에 좀 더 명료하게 드러나는 것이 적지 않다는 점에서도 이를 살펴보는 것은 의미가 크다.

리프먼이 한 권의 책을 저술하는 데 그렇게 오랫동안 붙들고 씨름한 예가 없었다고 말한 책이 바로 『공공철학』이다.[84] 그는 여기서 미국뿐 아니라 대서양 공동체, 그리고 좀 더 나아가 인류 공동체를 떠받치고 있는 자연법으로서의 '공공철학'을 추구하였다.[85] 그는 이 책을

---

84) Ibid. p. 490.
85) 리프먼의 자연법은 그의 공공철학, 그리고 시민성과 동일한 것이다. 그는 서구 자유민주주의 사회의 여러 가지 제도들의 기초를 자연법이라 말한다. 그는 유럽의 경우 사람들은 17, 18세기에도 공공철학 없이는 그들의 사회가 지탱될 수 없다고 생각했을 것이라고 하면서 바커(Ernest Barker)의 말을 인용한다; "인간이성의 힘은 보편타당성을 지닌 공통적인 법과 질서의 개념을 낳았다고 생각된다. … 이 공통 개념은 세 가지 관념, 즉 인류의 자유(Liberty)와 평등(Equality)과 우애(the

1938년에 시작하여 1955년에 출간하였다. 그는 이탈리아 나폴리의 한 아파트에서 그동안의 경험을 메모해두었던 자료들을 갖고 집필을 시작했다. 그 당시의 메모들은 "민주주의는 마비 상태이고 전체주의가 뿌리 뽑힌 대중(deracinated masses)을 장악하고 … 문명(civilization)은 하나의 종교를 가져야 한다. … 공산주의와 나치즘은 프롤레타리아 대중의 종교이고 … 독점을 낳는 법, 그리고 프롤레타리아니즘은 법을 파괴하는 결과적으로 '문명의 자살'이라는 등의 내용들이었다.[86] 이들이 『공공철학』의 주된 줄거리가 되었다.

---

brotherhood or fraternity)라는 가치들이었다. 이러한 공통적인 개념 가치들이 지난 2000년 이상에 걸쳐서 유럽인들의 생각을 형성해왔다. 그것은 또한 중세기에도 살아남아 기능을 한 이념이었다. 성 토마스 아퀴나스(St. Thomas Aquinas)는 인간의 심정과 성질 속에 새겨진 이와 같은 최고의 자연법에 대해서는 비록 국왕이나 입법자들이라 할지라도 어떤 경우에서도 복종해야 한다고 했다. 그것은 종교전쟁 시대로부터 프랑스 혁명에 이르기까지 더욱더 활발하게 전개된 일련의 이념이기도 했다. … 그것은 로크에 의해서 논술되어 영국의 혁명을 합리화시키는 한편, 그 후 1776년 미국혁명에 영감을 주었다. … 그것은 또한 국내 통치에 있어서 국가와 정부의 적절한 행위가 무엇인가에 대한 이념이기도 했다. 그것은 다시 말하면 본질적으로 국민의 주권과 사상 및 의견의 자유로운 표현에 동반하는 정치적 및 시민적 자유, 법 앞에서의 평등, 시민 전체 사이에서의 공공비용의 평등한 분담, 그리고 … 법령을 통하여 자유를 위하여 투쟁하는 모든 국민을 보호하기 위하여 확장된 일반적인 우애 등의 이념이기도 했다."
리프먼은 자연법을 다시 이렇게 말한다. 그는 바커의 말을 인용하여 자연법은 고대 로마의 시민법과 만민법 위에 공통한 인간, 즉 이성에 의해서 인간의 여러 가지 요구와 본능에 따라서 인류에 부과된 법이라고 하였다. 이것은 실정법은 아니지만 '사물을 보는 하나의 방법, 즉 재판관과 법률가들의 마음속에 있는' 인정미 있는 해석의 정신으로, 이것은 실정법에 어떤 영향을 미칠 수 있으나 그 자체는 결코 실정법은 아니라고 말한다. Walter Lippmann(1955). *The Public Philosophy*. New American Library. pp. 77-84. 앞으로 이 책은 'W. Lippmann(1955)'로 표기함.; 이극찬 역(1958). 『공공사회의 철학』. 149-163쪽. 을 유문화사.
86) R. Steel(1981). p. 491.

이 책이 나온 1955년은 서구 정치사상에 관해 다양한 철학적 주장들이 난무하던 시기였다. 같은 해《내셔널 리뷰(*National Review*)》의 첫 호가 나왔다.《내셔널 리뷰》는 버클리(William F. Buckley, Jr.)가 미국을 자유주의라는 이단으로부터 구원하려고 만든 잡지였다. 또 그해 하츠(Louis Hartz)는『미국의 자유의 전통(*The Liberal Tradition in America*)』이란 저서를 내놓았다. 이 책은 역사적으로 봉건제라는 사회구조의 부재 속에서 —축하보다는 유감스러운 일이었다는 뜻에서— 재산과 기회에 입각한 로크의 자유주의가 미국 공화국을 규정하였다고 주장하는 내용이었다. 이보다 2년 앞서 시카고 대학교의 슈트라우스(Leo Strauss)는『자연권과 역사(*Natural Right and History*)』에서 고전 세계의 고전적 가치들을 상대주의로부터 현대사회를 구원할 수 있는 최선의 길로 제시했다. 또 같은 해, 같은 시카고 대학교의 역사가 부어스틴(Daniel Boorstin)은 행동보다 앞서는 추상적인 철학이나 절대적 가치 또는 이론은 필요치 않다고 주장하면서 미국인들이 그들의 일상생활에서 필요한 것은 개념이나 원리, 교의, 그리고 더구나 '이념' 같은 것은 아니라고 주장하였다.[87]

리프먼의『공공철학』에서의 주장은 부어스틴이 아니라 슈트라우스의 자연권 사상에 보다 가까웠다. 리프먼은 현대세계가 너무 과도한 실험과 본질 없는 절차, 그리고 지향성이나 영혼 없는 목적으로 고통을 겪고 있다고 했다. 슈트라우스가 그랬던 것처럼 대중정치의 위험

---

87) John Patrick Diggins(1991). "From Pragmatism to Natural Law." *Political Theory*. Vol. 19, No. 4.와 그의 저서 *The Promise of Pragmatism*(1994)에서 인용한 것임. 전자는 논문으로 후자, 즉 책(322-359쪽)에 수정 보완되어 실려 있다. 여기에 인용된 부분은 전자에는 538쪽, 후자에는 322-323쪽에 있다. 앞으로 인용 시 논문은 'J. Diggins(1991)', 책은 'J. Diggins(1994)'로 표시함.

에 관해 성찰하면서 리프먼은 현대성의 딜레마에 대한 급진적이고 자유주의적인 해결책을 추구하는 자유주의의 최고 전성기에 보수주의 사상을 대표하는 저술을 내놓은 것이었다.

그러나 리프먼의 『공공철학』은 하츠의 로크적 자유주의와 슈트라우스의 경건한 고전주의를 같이 취하는 것이었다. 이것은 그가 고전적 공화주의를 생각한 것으로 오해할 수 있지만 그렇지 않다. 왜냐하면 리프먼은 미국의 건국 과정에서 고전적 공화주의의 '능동적 시민성(active citizenship)'이나 '시민적 덕성(civic virtue)'과 같은 관념이 중요한 것이었다는 사실을 발견할 수 없었기 때문이다. 미국에는 마키아벨리(Machiavelli)나 해링턴(James Harrington)이 없었고 또 루소의 유산도 미국의 정치적 전통에서는 없었다. 루소의 자연권이라는 아이디어는 도덕성과 시민정신을 낳는 것이 아니라 교만하고 무책임한 개인의 독립성과 자유방임주의를 낳는다고 했다. 리프먼은 하버드 대학교의 학생이었을 때 바비트(Irving Babbitt) 교수가 사회주의의 이상을 루소의 순수한 인간본성에서 찾으려 하였을 때, 루소의 유산은 급진적 사회주의가 아니라 열정적인 개인주의라고 반론을 주장한 바 있다.[88]

리프먼이 『공공철학』에서 내놓은 중요한 통찰은 그가 이론적으로는 자유방임주의의 미제스(Ludwig von Mises)와 하이에크(Friedrich A. Hayek)를 지지하지만 현실적으로 '공공철학'은 자율규제의 시장에서 나오는 것이 아니라는 것이었다. 그러면서 그는 미국 사회의 권위의 부재를 깊이 우려했다. 그리하여 그는 이제 자유에 대해서는 덜 생각하고 권위에 대해서 보다 많이 생각해야 한다고 했다. 그의 공공철학은 이런 권위를 의미하는 것이었다. 다시 말하면 리프먼의 '공

---

88) J. Diggins(1994). pp. 322-323.

공철학'은 '여론'이나 '대중'이라는 독재자의 대안으로서 그가 추구한 것이다. 그리고 이런 리프먼의 공공철학의 요구는 토크빌(Alexis de Tocqueville)이 미국을 방문하였을 때 고백한 미국의 민주주의에서 경험한 곤혹감을 그도 공유한 것에서 나온 것이었다. 즉 리프먼은 토크빌이나 그의 후계자인 아롱(Raymond Aron)의 생각과 같이 현대의 대중사회에서 합의라는 권위의 탈을 쓴 변덕스러운 '여론'이 '독재자'가 되어 정부가 대중(masses)에 예속되게끔 만들고 있다고 판단한 것이다. 그러나 이것을 그가 민주주의를 반대한 것으로 오해해서는 안 된다. 이 문제는 후에 듀이와의 차이를 볼 때 다시 말하겠다.

그리하여 리프먼은 정부의 토대를 20세기가 아닌 과거 사상에서 추구한다. 그는 과학과 프래그머틱한 인간 중심에서 출발하였지만 자연법이라는 신학적 우주에 이르고자 한다. 이렇게 리프먼이 중세적인 사상을 주장하게 될 것으로 예측한 사람은 아무도 없었다고 놀라는 비판이 많았다. 그러나 자세히 조심스럽게 읽게 되면 그럴 일은 아니다. 앞서 이야기한 바 있지만 그것도 그 시대의 요구였다는 점에서 그의 프래그머티즘의 한 모습이었다고 해석할 수 있다.

책 『공공철학』은 두 개의 부로 되어 있다. 1부는 서구의 몰락(The Decline of the West)이란 제목으로 서구 민주주의의 몰락 원인과 과정에 대한 이야기이다. 2부는 공공철학(The Public Philosophy)이란 제목으로 서구민주주의의 생존을 위한 '공공철학'의 의미와 역사를 성찰하고 그것의 부활을 주장하는 내용이다.

『공공철학』에는 리프먼의 반다수주의 주장이 가득하다. 그의 생각은 이렇다. '다수의견'이 정부를 지배하면서 권력의 진정한 기능을 탈선시키고 있다. 민주주의는 마비되었고 사람들로 하여금 정보를 가진 책임 있는 관리들의 판단을 거부하게 만들었다. 대중은 전체주의의 길을 열어놓았다. 인민들은 그들이 행사할 수 있는 능력도 없는 권력을 취득했으며, 그들의 정부는 권위를 상실했다. 이를 극복하기 위한 두 가지 방법을 역사에서 찾아볼 수 있다. 하나는 보다 강력한 행정부로 돌아가는 것이고 다른 하나는 '자연법'에 따라 주권에 제한을 가하는 것이다. 행정부 권한의 강화는 이익집단의 입법행위를 제한할 수 있다. 다음으로 자연법의 존중은 자기이익에만 지배를 받는 개인 중심의 자유를 시민성(civility)을 지닌 자유로 회복시킬 수 있다. 서구의 몰락(The decline of the West)은 이런 '지배자와 주권자인 개인들보다 더 높은, 그리고 영원한 자연법이란 이념'에 의해 극복될 수 있다.

그러나 이런 훌륭하고 우아한 서술에도 불구하고 리프먼의 자연법 주장은 강력한 비판을 받았다. 평소 그에게 호의적이었던 인사들도 리프먼의 주장을 받아들이지 않았다. 예로서 핸드(Learned Hand) 판사를 보자. 핸드는 의회가 행정부의 권력을 찬탈하여 행정부가 대중에게 인기가 없는 정책을 취할 수밖에 없게 되었다고 하는데 민주주의 정부가 보다 강력한 행정권력을 지니게 되면 보다 낳은 기능을 할 수 있다는 리프먼의 주장에 회의적이다. 그리고 서구의 몰락이 무책임한 대중적인 다수 때문인가 하고 반문했다. 20세기에 있었던 거대한 공포들 —두 차례의 세계대전, 나치즘, 스탈린주의, 죽음의 캠프, 히로시마— 을 여론 때문이라고 할 수 없다. 자연법은 리프먼 주장의 지적 피난처일 뿐이라고 비판하였다.

핸드의 이런 비판에 리프먼은 즉각 반론을 제기했다. "20세기에 있었던 두 개의 세계대전이 최초의 세계전쟁이고 이것이 보통선거로 선출된 정부에 의해 이루어졌고, 이들 전쟁의 파괴적인 성격이 여론과 인과관계가 있다는 나의 생각이 잘못되었다는 것인가?" 하면서 반박했다. 그러나 그는 그의 자연법 개념이 모호하다는 비판과 자연법으로의 도피라는 지적에 대해 그 책에 쓰여 있는 것 이상으로 명료하게 밝히지도 않고 또 논쟁을 하려 하지 않았다.[89]

여기서 잠시 리프먼의 사르트르(Jean P. Satre)의 실존주의 이야기를 한다. 리프먼은 사르트르가 니체를 모방하여 "신은 죽었다."고 하였는데, 그것은 우리들의 사적 세계를 넘어선 공적 세계가 존재한다는 인식을 버린 것이라고 말한다. 또 사르트르는 우리들의 가치란 우리들이 만들고 선택한 것일 뿐이라고 했는데, 그렇다면 이런 사고는 서구적 전통의 공공철학을 부정하는 것이고, 그렇게 되면 우리는 만인 대 만인의 투쟁 상태에 들어가게 된다.[90] 이러한 리프먼의 주장은 프래그머티즘 철학과는 갈등적인 것처럼 보인다. 그렇다면 여기서 그는 제임스의 프래그머티즘에서 산타야나의 자연주의로 기울어진 것이다. 그러나 이것을 그의 철학적 개종으로까지 볼 일은 아니다.[91] 왜냐하면 리프먼은 공공철학이나 자연법을 신적인 것이 아니라 인간사회의 오래된 관습과 인간이성의 산물로 보고 있다. 그는 자연법을 논하면서도 소크라테스의 죽음과 모세의 10계명도 이 세상의 것이라고 말한다. 그는 자유나 선을 이 세상의 것이고 완전무결한 것으로 주장하지 않았다.[92]

어쨌든 『공공철학』에 대해서는 부정적이고 신랄한 비평이 주를 이

---

89) 지금부터의 이야기는 J. Diggins(1991), pp. 519-538과 J. Diggins(1994)에 의존한 것이다.

90) W. Lippmann(1955), p. 134.

91) 그가 주장한 자연법이 과연 제1원리로서의 자연법인가 하는 것은 의문이다. 그는 그것이 무엇이든 인간사회의 모든 문제를 해결할 수 있는 전능한 능력을 갖고 있다고 생각하지 않았다. 이런 의미에서 그의 자연법은 형이상학적인 것이 아니라 실천적인 차원에서 관습과 합리성의 산물로, 달리 말하면 구체적인 상황에서 좀 더 유효한 가치로 이해하는 것이 타당할 것이다.

92) W. Lippmann(1955), pp. 109-110.

루었다. 그러나 판매부수는 2만 5000부나 되었다. 많은 사람들이 읽었다는 증거이다. 그러나 비판은 비판이었다. 한때 그가 있었던《뉴리퍼블릭》은 서평에서 '민주주의에 대한 편견'에 사로잡혀 격앙되어 쓴 책이라고 했고,《새터데이 리뷰(the Saturday Review)》는 "우아하지만 설득력이 없다."고 평했다. 그와 개인적으로 가까웠던 종교철학자 니부어(Reinhold Niebuhr)조차 그가 "자유로부터 후퇴하였다."고 비판했다. 아마도 가장 혹독한 비판은 잡지《국민(the Nation)》의 서평이었는데, "『공공철학』은 정치조직과 앞으로 인류가 당면하게 될 인류의 운명에 대한 정제된 지혜를 담은 책이 못 된다."라는 것이었다.

　그러나 모두가 부정적이지는 않았다. 베런슨은 "우리의 현 상황이 우리가 이미 졸업한 서열사회 혹은 과두집권 사회로 회귀해야 하는 길 외에는 없는 것 같아 두렵다."고 하는 서한을 보냈다. 그러나 그는 리프먼의 주장에 동의하면서 이탈리아 신문의 호의적인 기사를 함께 보냈다. 그러나 리프먼을 더 없이 기쁘게 한 것은 파리에서 드골 장군이 친필로 써서 보낸 "그 책에는 아이디어, 흔치 않은 통찰과 지혜를 담고 있다."는 편지였다. 드골은 또 사람들이 민주주의와 의회주의를 혼동하여 문제를 처리할 수 있는 권위도 없고 신뢰할 수도 없는 직업정치인들의 선동에 의해 대중이 권력을 찬탈하였다고 하면서 리프먼의 주장에 찬사를 보냈다.[93] 그러나 쓸데없는 트집이나 잡는 의회로부터 해방된 보다 강력한 행정부를 주장하는 리프먼의 이야기와 그 시대의 흐름이 같이하기는 힘들었다.

---

93)　R. Steel(1981). p. 495.

자유민주주의의 구원을 위하여

위에서 말했지만『공공철학』에서 리프먼은 자연권, 즉 슈트라우스에 기울었다. 그는『공공철학』의 마지막 문장에서 서구사회의 위기를 극복하기 위해서 '하늘의 소리(the mandate of heaven)', 즉 '천명'(天命) ─공공철학─ 의 필요성을 주장한다.[94]

리프먼의『공공철학』은 단순한 다수의 합의에는 회의적이다. 그러나 그는 키케로(Cicero)의 "법이란 바로 시민사회의 유대이며 만인이 법 아래에 있다."는 말을 인용하면서 '언론의 자유' 등 자유민주주의의 다양한 가치들은 "모든 이성을 가진 사람들이 만일 충분한 지식을 갖게 되면 반드시 이루어지게 되는 철학"이 공공철학이라고 했다.[95] 다시 말하지만 이것은 단순한 합의 결과가 아니다. '하늘의 소리'이고 그렇기 때문에 이것은 자연의 법칙이라는 것이다. 그러나 다시 말하지만 그의 자연법은 선험적인 것은 아니다. 그것은 이성과 오랜 관습의 산물이다. 그리고 그 위에 민주주의라는 정치적 제도는 서 있다. 그래서 언론의 자유도 블랙스톤(W. Blackstone)의 사유재산권과 같이 공공철학의 범위 안에 있는 것이다.[96] 한마디로 자유민주주의는 공공철학의 산물이며, 따라서 그 안에서의 정치제도라는 한계와 구속하에 있는 것이다. 그렇기 때문에 공공철학의 회복 없이는 민주주의도 위기에서 벗어날 수 없다는 것이다.

리프먼은 현대의 민주주의가 본질 없는 절차, 영혼 없는 목적으로

---

94) 리프먼은 공공철학을 유교의 천명과 동일한 것으로 말한다. W. Lippmann(1955). p. 138; 역본(이극찬). 273쪽.
95) Ibid. p. 123; 역본(이극찬). 242쪽.
96) Ibid. pp. 90-106; 역본(이극찬). 175-208쪽.

고통을 겪고 있다고 했다. 그런 점에서 리프먼은 대중정치의 어리석음과 위험을 극복하기 위해 고전적 가치인 자연법을 주장함으로써 정치적으로 보수주의를 대변한 것이었다.

사실 리프먼의 『공공철학』 주장은 그가 오래전 이야기한 바 있는 것이다. 『공공철학』보다 4반세기나 앞서 1929년 리프먼은 그 서론이라고 할 수 있는 『도덕 서론(A Preface to Morals)』을 내놓았다.[97] 이들 두 권의 책 사이에는 25년의 간격이 있는데 그 기간 동안 대공황, 뉴딜 정책, 독일과 이탈리아의 전체주의, 제2차 세계대전, 그리고 냉전 등을 겪으면서 서구의 몰락과 민주주의의 위기의식이 더욱 고조되어 있었다. 그의 『도덕 서론』은 현대사회의 모든 분야에서 권위(authority)가 파괴되었다고 말했다. 교회는 물론 세속 국가의 권위 등 사회적 제도들이 해체되었다는 것이다. 그러나 그는 이들 권위를 회복할 수 있다고 보지 않았다. 그것이 아니라 현대인들은 '탈이기적(disinterested)'이 됨으로써 새로운 도덕성을 창조해야 한다고 했다. 그러면서 그는 초기의 프래그머티즘적 입장과는 달리 보편주의적인 휴머니즘에 기초한 도덕적 이상을 지녀야 함을 현대인에게 강조하였다.[98]

그러면서 리프먼은 미국인들에게 플라톤(Plato)이나 소크라테스(Socrates)와 같은 고대 사상가를 따를 것을 요구한다. 그는 현대가 필요로 하는 도덕성의 기본 요소들은 합리적, 종교적 원천에서, 그리고 헬레니즘(Hellenic) 문화로부터 나올 수 있는 것이라고 생각하였다. 이것은 프래그머티즘에서처럼 미래지향적인 것이 아니라 과거지향적인 것이다. 이런 의미에서 『도덕 서론』은 제임스의 프래그머티즘이 아니

---

97) 그것은 곧 베스트셀러가 되었고 그의 책 가운데 처음으로 이 달의 명저(Book of the Month Club)로 선정되었다.
98) R. Steel(1981) p. 262.

라 산타나야의 자연주의 철학에 의존한 것이었다.[99]

『도덕 서론』은 듀이의 『확실성의 탐구』와 같은 해인 1929년에 나왔다. 그런데 듀이는 『확실성의 탐구』에서 미국인을 보편적이고 영원한 사상인 고전적인 습관으로부터 해방시키려고 한다. 그는 희랍철학과 오직 변하지 않는 것만이 알 수 있는 것이란 가정으로부터 벗어나야 한다고 말한다. 반대로 리프먼은 변하지 않는 것을 다시 그의 사상에 도입하였다. 후에 다시 논의하겠지만 여기서 두 사람은 차이를 보인다.

다시 말하지만 리프먼은 서구민주주의가 전체주의와의 대결에서 실패한 이탈리아와 독일을 보았다. 또 미국의 경우 행정부는 압력집단에 의해 약화되고 국가이익보다는 여론에 끌려다니는 것을 경험했다. 리프먼에게 이러한 위기는 한쪽으로는 '시민성'의 소멸과 다른 한쪽으로는 '권위'의 상실을 의미하는 것이었다. 리프먼은 이 '시민성'을 "서구인들이 여러 세기에 걸쳐 투쟁하여 획득한, 그러나 지금은 위협을 받고 있는 자유의 전통과 정신"이라고 했다.[100] 이것은 그가 나치즘(Nazism)과 스탈린주의(Stalinism)라는 전체주의의 위협에 대처하기 위해서는 오직 시민들이 자유민주주의의 가치들에 대한 종교적 차원의 신념을 갖고 있어야 한다는 확신에서 주창한 관념이다.

이렇게 한편으로 '시민성'이라는 공공철학을 주창하면서 다른 한편으로는 현대의 민주주의가 약화시킨 정부 '권위'의 강화를 그는 주창하였다. 이것은 대서양 공동체의 사양화를 막고 자유민주주의의 수호를 위해 필수적이라는 것이다. 이를 알리기 위해 리프먼은 『공공철학』

99) 리프먼의 도덕성에 대한 요구는 W. Lippmann(1929, 1960). *A Preface to Morals*. Transaction. 전체의 내용이다. 특히 이 책 마지막 15장 참조.(J. Diggins(1991). pp. 529-530)

100) W. Lippmann(1955). p. 11.

을 저술한다고 밝혔다.[101] 그는 이런 공공철학과 권위의 근거를 자연법에서 구했다. 이제 리프먼은 『공공철학』에서 자연법적 가치를 추구한다. 그것은 무엇이든 우리가 합의만 하면 진리가 되고 정당성을 지니게 되는 것은 아니다. 그는 정당성을 가진 확실한 '권위'의 근거를 자연법에서 찾은 것이었다. 프래그머티즘과는 멀어진 것처럼 보인다. 그러나 그가 형이상학으로 돌아간 것은 아닌 것으로 보인다.

사족이지만 한마디 더 덧붙이자. 리프먼은 여러 종류의 삶을 살았다. 그는 오랜 동안 미국에서 가장 영향력 있는 저널리스트였을 뿐 아니라 정치이론, 민주주의, 여론, 도덕, 그리고 국제문제에 대한 진지한 저술을 남겼다. 그는 《뉴 리퍼블릭》 창간 멤버 가운데 한 사람이었다. 그의 나이 25세 때였다. 그 후 그는 퓰리처의 일간 신문 《월드》의 주필 대우를 받으면서 논설을 썼고 ―당시 가장 중요한 신문이었는데 1931년 폐간되었다― 그 후 《헤럴드 트리뷴》으로 옮겨 신디케이트 칼럼 「오늘과 내일」을 집필했다. 이 칼럼은 국내외 270여 개 신문에서 실었고 독자 수는 300만에 이르렀다. 그 후 그는 《워싱턴 포스트》로 옮겨 동 신문과 《뉴스위크(Newsweek)》에 칼럼을 썼다. 그 기간은 무려 36년간이었다. 그러나 저널리스트로서 그의 삶은 정치현실에 대한 참여를 빼놓고는 무의미하다. 다시 말해 그는 T. 루스벨트, 그리고 윌슨에서 시작하여 케네디와 존슨에 이르기까지 역대 대통령의 정치에 공개적으로 혹은 막후에서 영향력을 행사했기 때문이다. 그는 저널리스트였지만 직간접으로 정치에 관여하고 큰 영향을 미쳤다. 공공문제에 대한 그의 논평은 커다란 영향을 미치는 것이었다. 우리의 경우라면 그를 어떤 저널리스트라고 불렀을까 의문이다.

---

101) Ibid. pp. 11-12.

저널리즘은 우리들의 삶과 관련된 모든 것을 쓰고 말하는 것이기 때문에 한 가지 모습이 아니다. 그런 의미에서 그의 저널리즘은 정치적 ―정치를 타인과의 관계라는 의미에서― 삶을 체계적으로 하나의 그림으로 그릴 수 있는 것이 아니다. 리프먼의 저널리즘에는 어떤 정치사상과 철학이 있다. 그러나 그 사상과 철학을 어떤 하나의 체계속에 담기는 어려운 것 같다. 그는 어떤 하나의 사상과 철학에 따라 저널리즘 행위를 한 것이 아니라 현실주의의 저널리즘을 수행했다. 그리고 그 안에서 우리는 그의 사상과 철학을 읽을 수 있을 뿐이다. 그런 의미에서 그의 저널리즘 행위를 이끈 것은 현실의 사건이지 이론이나 이데올로기가 아니었다.

비유하자면 그의 저널리즘은 하나의 '행위예술'과 같은 것으로 이해하는 것이 옳을 것 같다는 생각을 나는 한다. 미국의 정치세계에서 사건이 발생한다. 그러면 그는 그 내용을 칼럼으로 쓴다. 그는 칼럼을 통해 사건의 방향과 내용에 영향을 미친다. 그런 의미에서 그의 칼럼은 미국의 정치, 특히 국제정치의 한 부분이었고 그의 저널리즘은 정치행위에 구체적으로 참여한 것이었다. 단순히 객관적으로 사실을 전달한다는 것 이상의 저널리즘을 그는 행위한 것이다. 그런 의미에서 리프먼은 미국이라는 나라의 국제정치의 대리인 혹은 그가 사용한 용어인 정책결정과정에 직접 관여하는 '인사이더(insider)'였다. 정부, 즉 인사이더와 국민, 즉 아웃사이더(outsider) 중간자가 아니었다. 혹은 그는 아웃사이더이면서 동시에 인사이더였다. 그가 추구한 저널리즘은 연극의 관객이면서 동시에 배우인 그런 것이었다. 이 점은 한국과 같은 나라의 저널리즘에서는 생각하기 어려운 일이다. 이것은 그의 저널리즘의 또 다른 면, 즉 프래그머티즘을 말해주는 것이기도 하다. 프래그머티즘은 이원론을 거부하는 것이라는 의미에서 하는 말이다.

3

리프먼과 듀이의
정치철학

이 장은 1980년대 말 캐리(James Carey)에 의해 처음 제기된 '리프먼-듀이의 논쟁'에서 이야기를 시작한다. 이 오래전 문제를 새삼 다시 논의하는 것이 필요한가 하는 의문이 있을 수 있다. 그러나 나는 이를 통해 리프먼과 듀이의 정치철학을 다시 생각해보고 비교적 최근에 주장되는 캐리 등의 리프먼에 대한 해석과 평가가 온당치 않다는 비판을 주목하게 되었다. 이에 따라 리프먼에 대한 재서술이 필요해졌다는 주장에도 나는 공감한다. 이것은 듀이에 대해서도 나쁜 일이 아니다. 듀이의 주장도 왜곡된 부분이 있기 때문이다. 또 여기에서 거론된 내용들은 21세기인 지금도 중요한 정치철학적 문제들이다. 이들에 대한 리프먼과 듀이의 해석과 평가에는 크고 작은 차이들이 있다. 그러나 중요한 것은 그들의 차이가 근본적인 것은 아니라는 사실이다. 리프먼과 듀이는 모두 민주주의자, 자유주의자(liberals), 프래그머티스트였다. 그렇기 때문에 리프먼과 듀이, 그리고 나중에 이야기할 로티는 모두 동일한 지적 공동체에 속해 있는 것으로 본다. 미디어 연구자들, 특히 캐리 등 미국의 문화연구 진영에서는 리프먼을 반(反)민주주의, 엘리트 전문주의, 반(反)공중적인 사상가로 해석하는 경향이 짙지만 그것은 정확한 평가가 아니라 상당 부분 오독과 오해의 결과이다. 이런 의미에서 리프먼에 대한 재해석은 필요한 작업이다.

캐리의 드라마: 리프먼-듀이 논쟁

어떻게 리프먼-듀이 논쟁이라는 드라마가 만들어졌는가? 이 드라마의 오리지널 작가(?)는 캐리이다. 먼저 캐리의 학문적 배경을 살펴보자. 캐리는 듀이와 이니스(Harold Innis), 맥루한(Marshall McLuhan)에게 많은 영향을 받은 것 같다.[1] 그의 리프먼과 듀이의 비교도 상당한 부분이 맥루한의 시각문화와 청각문화의 구분 위에서의 이야기였다. 그리하여 시각적인 것은 인식론, 실증주의로, 다시 커뮤니케이션 분야의 행정연구(administration research)로 이어지고, 반면에 청각적인 것은 반인식론, 반표상주의로 비판연구(critical research), 즉 문화이론으로 이어진다. 여기서 캐리는 리프먼을 전자에, 그리고 듀이를 후

---

1) G. Stuart Adam(1989, 2009). *Forward in James Carey's Communication As Culture*. revised edition. Routledge. 캐리는 1963년 그의 박사학위 논문으로 두 개를 준비했었다. 하나는 이니스와 맥루한이 주제였고 다른 하나는 경제와 커뮤니케이션의 관계에 대한 것이었다. 그러나 그의 학위논문은 후자였다. 나의 회고이지만 1963년 당시 미국의 커뮤니케이션 학계는 실증주의와 행동과학이 지배하고 있었으므로 그의 학위제출 논문이 후자일 수밖에 없지 않았나 하는 생각을 하게 된다. 그러나 그의 다른 학위논문 ―이니스와 맥루한을 주제로 한― 이, 그가 문화연구를 주요 연구영역으로 삼은 이유의 하나일 수 있다. 리프먼과 듀이의 차이 역시 그가 이니스와 맥루한의 문자문화와 구어문화의 차이이론으로도 설명하고 있다는 점은 그의 주장을 재평가할 때 주목해야 할 부분이다.

174

자에 위치시킨다. 그러나 그는 곧 이를 정치적, 사회적 문제로 규정한다. 그는 이렇게 말한다; "나는 (미국의 커뮤니케이션 연구를) 행정연구와 비판연구를 객관주의(objectivism)와 표현주의(expressivism)로 —표상(representation)이 아니다— 구분한다. 여기서 비판연구는 아도르노(Adorno), 행정연구는 라자스펠드의 연구로 대표된다. 그리고 1920년대의 리프먼과 듀이의 '교환(exchange)'을 이런 양측 연구진영 주장의 교환과 같은 것으로 간주하는 것은 유용하다. 나는 여기서 리프먼이나 듀이의 중요성을 극화하려는 것이 아니다. 그러나 문화연구라는 관점에서 나는 이들의 주장을 주목한다."[2]

캐리의 이러한 관점은 그의 반실증주의를 가리킨다. 그리고 이것은 그의 정치철학으로 연결된다. 그는 이렇게 말한다. 만일 독립된 실재가 존재하고 이를 관찰하는 방법이 있다면 우리는 실증적인 지식을 가질 수 있다. 이런 경우 우리는 인식론 중심의 철학에 승복한다. 그러나 캐리는 이에 승복하지 않는다. 그리고 리프먼의 입장을 인식론적으로 규정한다. 반대로 듀이는 당연히 반실증주의, 즉 자신과 같은 비판이론적이고 문화주의자로 간주한다.[3]

당연히 그는 리프먼에 비판적이다. 누구를 드라마틱하게 만들려 하지 않는다고 했지만 말이다. 그는 리프먼의 『여론』이 미국 미디어 연구 비조의 저술이라고 하면서 이렇게 말한다. 이 책의 이름은 『여론』

---

2) James W. Carey(1989, 2009). *Communication as Culture*. revised edition. Routledge. p. 65. 그러면서 그는 로티(Rorty)를 인용하여 듀이와 리프먼의 '대화 (conversation)'라고 부르고 이를 우리 —미국— 의 전통 안에서 보려고 한다고 말한다. 이것은 아마도 왜 리프먼과 듀이가 주인공인가 하는 의문을 해소하기 위한 것으로 보인다. 또 이것은 미국의 커뮤니케이션과 저널리즘 연구의 문제점에 관한 그의 평가와 비판 이야기라는 말로 해석된다.
3) Ibid. p. 54.

이지만 그 주제는 매스미디어, 특히 뉴스 미디어이다. 그 이전의 매스미디어와 공리주의에서의 진정한 문제는 자유였다. 간단히 말하면 만일 시민이 자유롭다면 그들은 완전한 정보를 가질 것이고, 완전한 정보는 그들이 가장 효과적인 수단을 선택하는 것을 가능하게 하여 그 결과는 사회적 선이 될 것이다. 그래서 신문과 관련된 주장의 핵심은 자유였다. 자유에 영향을 미치는 요인들은 심리적인 것이 아니라 정치적이고 제도적인 것으로 간주되었다. 자유가 확보된다면 진리와 사회적 진보는 보장된다는 것이었다. 그러나 리프먼은 이런 사유체계를 변화시킨다. 그는 커뮤니케이션의 자유체계가 완전한 정보를 보증하는 것이 아니고, 그래서 자유가 보장되더라도 진실이 보장되는 것은 아니다.[4] 리프먼은 심리학자가 되었고 자유방임주의자가 되었다는 것이다. 그러나 이것은 캐리의 과장이고, 아니면 오독이다.[5] 어쨌든 캐리는 듀이가 리프먼과 달리 정치사회제도의 혁신을 주장하였다는 것이고, 그는 듀이를 지지한다. 그의 문화연구는 듀이를 필요로 했고 그것에 기초한 것이다.

  캐리는 리프먼이 그의 『여론』에서 미디어에 대한 논의를 공중, 권력, 자유의 문제에서 지식, 진리, 고정관념으로 전환시켰다고 말한다. 즉 심리학, 그리고 인식론 문제로 바꾸었다는 것이다. 반면에 듀이는 심리학과 인식론이 아니라 지역공동체의 문제로 간주하고 이의 회복을 요구했다고 캐리는 말한다. 그러면서 캐리는 듀이가 1922년 5월 3

---

4) Ibid. p. 58.
5) 리프먼이 심리학, 특히 프로이트 심리학에 심취하였다는 우려를 라스키가 한 적이 있다. 또 정치학이 대중의 심리에는 관심을 두지 않고 제도에만 열중한다는 청년 시절 월러스의 비판에 리프먼은 공감하였다. 이 점에서 캐리의 비판은 정당한 면이 있지만 리프먼이 심리학에만 관심을 기울였다는 비판은 맞지 않다.

일자 《뉴 리퍼블릭》에 실린 『여론』 서평에서 심리학과 인식론에 기초한 리프먼의 민주주의에 대한 공격은 지금까지의 어떤 고발보다도 가장 심각한 것이라고 말했다고 인용한다.[6]

여기서 캐리는 이니스와 맥루한의 청각문화와 시각문화를 이야기하면서 듀이를 청각문화, 리프먼을 시각문화로 범주화하고 청각을 시각보다 우위에 놓았다. 이것은 정치철학과 직접 연결되는 것은 아니다. 그런 이유이겠지만 캐리 이후의 리프먼-듀이 논쟁에 관한 논의에서도 이런 논의는 없다. 그러나 캐리는 듀이의 반인식론, 즉 반표상주의(anti-representation)를 청각문화적인 것으로 주장한다. 다시 말하면 듀이의 주장은 언어가 표상의 체계가 아니라 실천행위이고, 그리고 발화, 즉 말은 문자보다 행위를 더 잘 포착한다는 것이다. 행위의 도구로서 언어는 표상적인 기능으로 봉사할 수 없다. 그러나 리프먼은 듀이와 대립적이라는 것이다. 다시 말하지만 이러한 시각-청각 간의 차이 문제는 그 후의 논의에서는 거의 언급되지 않지만 전혀 무관한 문제가 아니다. 그러나 주로 양자의 정치철학 문제가 논의되어왔다.

리프먼과 듀이를 캐리는 이렇게 요약한다.[7] 리프먼의 관점은 개인들이 세계에 대한 정확한 지식을 소유할 수 있을 때 의미 있는 여론이 가능하다는 것이다. 신문은 개인들에게 이런 정보를 제공하는 기능을 한다. 유효한 공중은 이들 정확한 표상의 수가 합해져 형성된다. 그러나 이러한 뉴스를 제공하는 과정에서 여러 가지 위험이 따른다. 그렇기 때문에 올바른 여론의 형성에는 사회과학자들로 구성된 독립적

---

6) James W. Carey(1989, 2009), *Communication as Culture*, revised edition, Routledge, p. 60. 이 가운데 마지막 언급 —자유민주주의에 대한 《뉴 리퍼블릭》의 서평— 은 재인용한 것임.

7) Ibid, p. 62.

인 집단이 요구된다. 이것이 아마도 리프먼에 대한 캐리의 가장 대표적인 오독일 것이다. 캐리는 듀이를 이렇게 요약한다. 정확한 여론은 개인들이 올바른 표상을 소유할 수 있다 하더라도 가능하지 않다. 그것은 오직 지역공동체에서 토론에 의해서만 가능하다. 뉴스의 가장 중요한 결함은 적절한 이미지와 고정관념을 구분하기가 불가능하다. 뉴스의 목적은 표상하고 통지하는 것이 아니라 시그널을 보내는 것이다. 하나의 이야기를 하고 적극적으로 탐구하는 것이다. 탐구는 대화와 토론을 체계적으로 하는 것이다. 우리에게 결핍되어 있는 것은 이러한 대화가 성사될 수 있는 궁극적인 수단이 없다는 것이다. 신문은 공중에게 알리는 것을 주된 역할로 강조하면서 정작 문화적 대화를 수행하는 기관으로서의 역할을 포기하고 있다. 캐리는, 리프먼이 우리를 관찰자, 그리고 듀이는 참여자로 본다는 점에서 갈등적이라고 하였다.

캐리는 듀이의 한계는 소규모 공동체에 대한 로맨티시즘이라고 했다는 비판도 한다. 그리하여 듀이의 매스커뮤니케이션의 위기는 곧 소공동체의 위기이다. 다시 말하지만 듀이에게 커뮤니케이션은 표상의 전달이 아니라 실재의 구성이라는 것이다. 커뮤니케이션은 본질적으로 표상이 아니다. 왜냐하면 표상할 실재란 없는 것이기 때문이다. 실재란 작업과 행위의 산물이다. 실재란 기본적으로 결핍된 것이다.[8]

여기까지가 캐리의 리프먼과 듀이의 이야기이다. 캐리는 리프먼과 듀이를 비교하면서 '논쟁'이란 어휘는 사용하지 않았다. 그는 이를 '교환(exchange)', '대화(conversation)'라고 하였는데, 큰 차이는 없지만 그 후 다른 연구자들은 '논쟁(debate)'으로 부르고 있다. 바이비(Carl

---

8) Ibid. p. 65.

Bybee)가 그중 하나이고 그는 이를 좀 더 집중적으로 논의하였다.[9]

바이비는 캐리의 주장 가운데 이니스와 맥루한을 빼고 정치철학적인 측면에 초점을 맞추어 논의하였다. 그는 리프먼과 듀이를 더욱 갈등적으로 대립시키고 듀이의 편에 선다. 그는 먼저 듀이의『공중과 그 문제들』을 리프먼을 포함하여 민주적 현실주의자(democratic realists)에 대한 반론이라고 정의한다. 바이비는 리프먼의 주장을 세 가지로 요약한다. 첫째로 인간에게는 근본적 비합리성이 있다. 둘째로 공공문제에 대한 대중의 참여를 극히 제한해야 한다. 셋째로 인민에 의한 (by) 민주주의가 아니라 인민을 위한(for) 민주주의여야 한다는 것이다. 그리하여 지식과 책임감 있는 엘리트에 의한 통치를 주장했다고 해석한다.[10]

『공중과 그 문제들』은 이에 대한 듀이의 반응이었다고 해석한다. 그는 이를 듀이의 참여민주주의를 위한 싸움이었다고 말한다. 여기서 그는 듀이와 리프먼의 상이한 관점들을 제시한다. 그것은 공중(the public)의 존재, 민주주의 정부와 공중의 관계, 전문가, 즉 엘리트와 민주주의, 언론과 민주주의 관계와 같은 문제들이다. 결론적으로 이들 문제에 대한 리프먼과 듀이의 답은 대립적이고 갈등적이라는 것이다. 그러나 과연 그런가? 이에 대해 먼저 이야기한 다음 리프먼과 듀이의 주장을 종합하여 보겠다.

---

9) Carl Bybee(1999). "Can Democracy Survive in the Post-Factual Age? A Return to the Lippmann-Dewey Debate About the Politics of News," *AEJ*.

10) Ibid. p. 47.

캐리에 대한 비판

우리에게도 잘 알려진 미국의 미디어 사회학자 셔드슨(Michael Schudson)은 이런 말을 한다. 1980~90년대 캐리의 '리프먼-듀이의 논쟁(Lippmann-Dewey Debate)'은 문화연구(cutural studies)의 중요한 지적 탐구의 소스로 간주되었다. 그러나 그것에는 리프먼에 대한 심각한 오독과 오해가 있다. 캐리 등의 주장과 달리 리프먼의 주장을 주의 깊게 읽어보면 리프먼은 반민주주의자도 아니고 또 전문가(experts), 즉 엘리트 민주주의자도 아니다. 셔드슨은 리프먼의 평가절하와 오해의 소스가 캐리라고 지적한다.[11]

셔드슨의 리프먼에 대한 캐리의 오독과 해석에 대한 비판은 비교적 온건하다. 그러나 2012년 역시 미국 미디어 사회학의 잰센(Sue Curry Jansen)은 『월터 리프먼』이란 얇은 한 권의 책을 내놓았는데, 그 안에는 거의 분노에 가까운 캐리 비판이 담겨 있다. 여기서 그녀는 캐리는 물론 슈람(Wilbur Schramm)도 리프먼에게 학문적으로 왜곡된 정의롭지 못한 해석을 내놓았고 그의 영향력은 후진들이 이를 그대로 이어가게 했다는 비판을 한다.[12] 리프먼에 대한 캐리 주장은 증거가 없으며 그들 사이의 '논쟁'은 캐리가 만든 드라마라는 것이다. 어떻게 그런 일이 발생하였는가? 그녀는 그 이유를 캐리의 아카데미 정치의 전략이었다는 강한 의구심을 제기하였다. 셔드슨도 또 다른 정치적 이유,

---

11) Michael Schudson(2008). "The 'Lippmann-Dewey Debate' and the Invention of Walter Lippmann as an Anti-Democrat 1986-1996." *International Journal of Communication* 2, pp. 1031-1042. 앞으로 이 글은 'M. Schudson(2008)'으로 표기함.

12) S. Jansen(2012).

즉 당시 미국 정치의 보수화에 대한 좌파 문화연구의 리더 캐리의 반응이었다는 시사를 한다. 어쨌든 슈람의 리프먼에 대한 언론학계에서의 소외도 마찬가지라고 잰센은 보았다.

리프먼과 듀이 정치철학의 차이를 살펴보면 캐리나 그의 후계자들의 주장은 과장이라는 비판을 나는 받아들인다. 리프먼을 듀이나 로티와 다른 학파의 사상가라고 해석하는 것은 무리이다. 리프먼은 듀이와 같이 리버럴, 민주주의자, 프래그머티스트였다. 그렇기 때문에 우리는 리프먼의 『여론』과 『환영의 공중』을 이런 맥락 속에서 주의 깊게 읽으면서 그의 주장을 해석할 필요가 있다. 우리 한국 사회에도 리프먼의 민주주의, 여론, 공중, 대중, 전문가 관념들이 왜곡되어 있는 것 같다. 이제 나는 리프먼의 『여론』과 『환영의 공중』, 그리고 듀이의 『공중과 그 문제들』이 출판된 1920년대 미국 사회의 지성사 이야기를 먼저 하겠다. 이것은 이들의 역사적 맥락을 설명하기 위한 것이다.

리버럴리즘, 그리고 민주주의: 리프먼과 듀이의 차이들

리프먼과 듀이의 정치철학적 관점에는 분명 차이가 있다. 그러나 근본적 차원의 것들은 아니다. 그들은 리버럴리즘(liberalism), 민주주의, 공중, 여론과 같은 문제들과 관련된 것들이다. 먼저 자유주의, 즉 리버럴리즘과 민주주의 이야기를 하겠다.

리버럴리즘과 듀이의 정치철학

제1차 세계대전이 끝나면서 유럽과 달리 미국의 급진적 리버럴들은 미국 사회의 개조에 대해 높은 기대를 갖게 되었다. 그 근거는 전쟁으로 기성 체제가 약화되어 혁신이 성공할 가능성이 높아졌다는 기대 때문이었다. 《뉴 리퍼블릭》의 편집인이었던 소울(George Soule)은 그때를 이렇게 회고했다. "세계는 구조의 변화가 보다 용이하게 되었다. 우리는 세계대전 이전에는 개인의 이익과 상업적 성공에 집착했다. … 전쟁의 쇼크로 세상은 혼란 속으로 빠져들었고 우리는 웰스(H. G. Wells), 쇼(G. B. Shaw) 등 사회주의, 길드사회주의, 신디컬리즘 등 새로운 사회에 대한 이야기를 열심히 읽고 있었다. 러시아에서는 레닌의 공산주의 혁명, 독일에서는 사회주의 혁명이 일어났고 영국에서는 노동당이 승리하였다. 미국의 노동운동도 강력하고 공격적이 되고 각종 아이디어들이 익어가고 있었다."[13] 소울에 따르면 당시 미국은 사회개조에 대한 희망에 부풀어 있던 시기였다.

듀이는 이러한 미국 사회의 개조를 희망하는 지식인들 사이에 지도적 위치에 있었다. 그는 새로운 사회과학 방법을 획득하였다고 했다. 새로운 사회과학은 전통적인 자연법의 허구를 폭로하고 경험적이고 실험적인 사회과학을 통해 지식인과 노동자가 함께 손잡고 사회개혁을 할 수 있을 것이라 했다. 그러나 이러한 낙관론은 무너진다. 1920년 선거에서 보수적 공화당은 하딩(Warren Harding)을 대통령으로 당선시킨다. 이들은 전쟁 중 기업과 정부, 그리고 뉴스 산업을 연합하여 민주주의의 안전을 명분으로 여론의 근거가 되는 사실들을 서슴지 않고 편집하고 삭제하였다. 당시 많은 진보적 자유주의 지식인들은 '지친 급진주의자(tired radicals)'가 되어 숨어버리게 된다.[14] 듀이는 급진

---

13)   Robert B. Westbrook(1991), *John Dewey and American Democracy*, p. 275.
14)   Ibid. p. 277.

적이었지만 숨지도 않았고 신념을 버리지도 않았다. 그는 일본·중국 등 세계를 여행하고 혁명적인 민족주의 정부의 가능성을 전망하였고 국내에서는 철저한 민주주의와 사회주의적인 개혁을 주장하였다. 비록 그는 사회주의자라고 불리는 것을 불편해하였지만 사회주의적 개조를 주장하였다. 듀이는 1920년대 전후 공산주의 공포(Red Scare) 시대가 지난 후에도 오랫동안 지속된 정치적으로 억압적이고 강제적인 미국화주의(Americanization)를 비판하였다. 그는 비어드(Charles Beard), 존슨(Alvin Johnson), 베블런(Thorstein Veblen) 등 당대의 석학들과 함께 1919년 뉴 스쿨(New School) 창설에 적극 참여하였다. 그것은 전시에 억압적이었던 대학의 자유를 지키기 위해 만든 진보주의 성향의 대학이었다. 듀이는 또 전시에 있었던 시민자유(civil liberties)에 대한 억압에 깊은 관심을 갖고 애덤스(Jane Addams), 볼드윈(Roger Baldwin) 등과 함께 1920년 미국시민자유연맹(American Civil Liberties Union)의 창설을 돕기도 했다.[15]

　듀이는 대중에 대한 리프먼의 불신에 공감하지 않았다. 듀이는 인간은 모두 지성(intelligence)을 똑같이 지니고 있으며 이를 통해 민주주의에 필요한 지식을 획득하여 '공중'과 '공공성'을 구성할 수 있다고 주장했다. 그렇기 때문에 듀이는 이들 '공중'과 '공공성'에 기초한 민주주의의 가능성을 낙관적으로 전망하였다. 이런 듀이의 민주주의는 '참여 민주주의(participatory democracy)'이고 시민을 위한(for) 민주주의보다는 시민에 의한(by) 민주주의이다. 듀이의 민주주의는 이런 의미에서 리프먼과 다르다. 리프먼의 민주주의는 '현실주의적'인 것으로 시민을 '위한(for)' 민주주의이기 때문이다.

---

15)　Ibid. p. 278.

민주주의에 대한 듀이와 리프먼의 핵심적 차이는 이와 같은 민주주의 관념이다. 듀이의 민주주의는 도덕적이며 문화적 민주주의이다. 여기서 도덕적이란 대중과 엘리트가 차별 없이 지성을 갖고 태어났다는 자연적 평등주의를 주장하고 있다는 의미에서 하는 말이고, 문화적이란 민주주의를 삶의 한 형식(a way of life)으로 보면서 인간의 '전체(whole)' 삶에서의 민주주의를 듀이가 주장했다는 의미에서 하는 말이다. 그렇기 때문에 듀이의 민주주의는 단순한 선거제도와 같은 절차의 문제가 아니라 삶 전체의 문제이다.

이와 달리 리프먼의 민주주의이론은 주로 정치적 민주주의에 대한 것이다. 리프먼은 듀이처럼 대중과 엘리트의 지적 평등성을 주장하지도 않았으며 정치, 즉 정책결정에 과도한 대중의 참여는 가능하지도 않고 바람직하지도 않다고 했다. 리프먼의 민주주의관은 이론적인 것이 아니라 실천적인 것이다. 리프먼의 민주주의는 인간의 존엄성, 자연권, 평등 혹은 듀이가 주장한 지성과 같은 관념에서 나온 것이 아니다. 그것과는 반대로 이들 가치를 실현하기 위한 정치적 체계가 민주주의이다. 이런 의미에서 보면 듀이보다 리프먼이 보다 더 프래그머틱하고 현실적이다.

1910~20년대 리프먼은 듀이와 함께 미국의 자유주의(liberalism) 진영에 속한 자유주의자(liberals)들이었다. 그러나 그 안에서는 차이가 있었다. 우선 듀이는 급진적 리버럴이었고 리프먼은 온건한 리버럴이었다. 듀이의 정치적 이념은 사회주의였다. 그러나 그의 사회주의가 어떤 사회주의였는가는 명료치 않다. 어쨌든 듀이는 프래그머티즘 철학자로 알려져 있고 그의 급진좌파로서의 정치이념의 유산이 크게 영향을 미친 것은 아닌 때문인지 사회주의자로서 듀이의 이야기는 많지 않다. 한국의 경우 더욱 두드러진 것 같다. 아마도 반공국가인 한국

에서 크게 존경을 받는 세계적 교육학자로 알려진 그를 사회주의자라고 부르는 것이 힘들어서 그랬는지 모르겠다. 그는 민주주의자로 알려져 있을 뿐이다. 특히 한국에서 말이다.

민주사회주의자 듀이

듀이가 『공중과 그 문제들』을 내놓은 1920년대에 그는 사회주의자였다. 그는 미국 민주주의가 생산수단의 사적인 소유와 통제를 끝내야 한다고 믿었다. 그러나 그는 사회주의(socialism)라는 이름을 꺼렸다. 주변에서 "그가 사회주의자인가?" 하는 질문이 있었지만 그의 답은 분명하지 않았다. 그는 현재 통용되는 의미의 사회주의자라고 말하기는 어렵다고 하면서 굳이 말해야 한다면 민주사회주의자(democratic socialist)라고 했다. 후일 듀이는 이때를 회고하면서 후크(Sidney Hook)와 패럴(James Farrell)에게 민주사회주의자라는 이름에도 불만스럽다는 뜻의 이런 말을 했다. "나는 민주사회주의의 민주적(democratic)이란 것이 사회주의를 획득하는 과정뿐 아니라 그것을 획득한 후에도 민주적이어야 한다고 생각하는데 과연 그런지 의문이다. 사회주의는 이 점에서 취약하다. 사회주의를 성취한 이후 민주주의에 대한 그들의 언급은 한탄스러울 만큼 없다."고 했다. 듀이는 민주사회주의자들이 '민주주의'에 얼마나 진지하게 충성을 하느냐에 의혹을 제기하면서 민주주의를 강조하였다.[16] 그에게는 사회주의보다 민주주의가 더 중요한 것이었다.

이를 기준으로 말한다면 듀이는 사회주의자이기보다 민주주의자이다. 다시 말하면 듀이의 사회주의는 '삶의 한 양식으로서 민주주의

---

16) Ibid. p. 430.

(democracy as a way of life)'라는 보다 포괄적인 목적을 성취하기 위한 도구였다는 점에서 그렇다. 듀이의 궁극적인 목적은 민주주의이기 때문이다. 어쨌든 듀이의 사회주의는 그의 민주주의이론에서 나온 독특한 것으로 1930~40년대 그 자체의 딜레마에 부딪혔다.

자유주의의 개조: 자유보다 민주주의

듀이가 가장 우려한 사회주의의 문제는 사회주의와 자유의 관계였다. 그는 사회주의를 지지하면서도 자유가 영미(Anglo-American)적 전통을 유지할 수 있게끔 자유주의(liberalism)를 재구조화하여 사회주의와 영미적 전통의 자유 양자 간의 관계가 조화로운 것으로 만들고자 하였다. 그의 자유주의 개조 주장은 이런 목적을 가진 것이었다.

1930년대 자유주의는 혼란스러웠다. 자유주의는 정치 경제적 갈등 속에서 어떤 확실한 입장을 취하기를 꺼리는 이들에게 일종의 피난처와 같았다. 그때의 자유주의는 그 전 세대에 있었던 미국 사회의 혁신을 위한 이념이나 운동 세력은 이미 아니었고 리프먼의 말처럼 자유주의는 일종의 '관용'적인 태도일 뿐 그 이상의 의미를 갖고 있지 않았다. 그리하여 이런저런 인사들 모두가 자유주의자, 즉 리버럴이었다. 그러나 듀이는 특별한 리버럴이었다. 그는 급진적이고 고집스러운 진보적 리버럴이었다. 그러면서 그의 목표는 영미 자유주의의 신념을 확실히 하면서도 자유주의를 자본주의와 자유방임주의로부터 단절시키는 것이었다. 그것이 그의 자유주의의 재구조화였다.

듀이에 의하면 영미 자유주의의 핵심 가치는 자유(liberty)와 개인성(individuality), 그리고 탐구, 토론, 표현의 자유(freedom of inquiry, discussion and expression)이다. 그런데 과거 이 자유주의와 자본주의 양자 간에 연합이 이루어졌다. 그 과정에서 자유주의가 자본주의를 정당화하는 이념이 되었다. 이것은 19세기 정치 경제적 조건이 낳은 우연한 결과였다. 당초 자유는 외적인 억압으로부터의 해방이라는 소극적 자유였다. 그리하여 자유주의는 성장하는 부르주아를 외적 억압으로부터 보호하는 이념으로 차용되었다. 처음부터 의도한 것이 아니었다. 그러나 그렇게 되어서 세월이 흐르면서 자유와 자유민주주의는 보수적인 것이 되었다. 자유주의는 부르주아의 이데올로기가 되어 다수가 아니라 소수를 위한 것이 되었다. 이것이 듀이의 관점이다.

듀이는 이제 자유주의는 자본주의 사회를 정당화하는 소극적인 것이 아니라 이를 개혁하기 위한 적극적인 자유주의여야 한다는 급진적 주장을 하였다. 듀이는 자유주의를 소극적 자유가 아니라 적극적 자유의 이념으로 재구조화할 것을 주장하였다.[17] 그리하여 역사의 우연성에 의해서 맺어진 그들의 관계를 개조할 것을 주장하였다. 그것은 필연이 아니라 우연의 산물이었기 때문에 가능한 일이라는 것이다.

민주주의와 관련해서 듀이가 가장 강조한 것은 이와 같은 자유(liberty)라는 관념의 개조였다. 그는 막강해진 경제력을 통제하고자 하는 모든 노력이 자유라는 명분에 의해 좌절되고 있다고 했다. 듀이의 자유는 도구적인 것이다. 그에게 자유란 어떤 목적 달성을 위한 권력, 즉 효율성이 높은 도구이다. 자유는 권력이고 힘이다. 권력을 장악하고 있는 기성세력은 이를 내놓지 않으려 한다. 그러나 자유의 독과점하에서 민주주의는 불가능하다. 듀이는 이런 의미에서 자유를 사회적 자본으로 관념화하고 그것의 평등한 분배를 보장하는 자유주의로 재구조화할 것을 주장한다. 듀이는 지식의 평등한 분배가 민주적 공동체의 핵심이라고 했다. 지식의 평등한 분배가 부재한 상태는 민

---

17) Ibid. p. 432.

주적이 아니라고 듀이는 말한다.

결론적으로 듀이에게 자유주의란 모든 사람들이 각자 자신들의 성장을 위한 자유와 기회가 보장되는 것을 의미한다. 그러나 이를 위해서는 사회조직과 제도를 개조하는 것이 필요하다. 현재의 상황은 개혁해야 하는데 완만한 방법을 통해서는 실현이 불가능하다. 그리하여 그는 생산수단의 사회화(socialize)도 주장한 것이다.[18]

듀이 사회주의의 딜레마

그러나 1930년대 듀이 사회주의는 딜레마에 봉착한다. 선진 산업경제와 개인성의 발전을 동시에 보장하는 민주적 형식(democratic form)을 찾는 길이 보이지 않았다. 그의 사회주의도 답을 제시하지 못한 채 당위적인 주장 그 이상을 내놓지 못했다. 그의 비판자는 물론 그의 지지자들도 그가 국가통제를 지지한다는 생각까지도 했다. 듀이는 20대에는 국가 사회주의가 민주사회주의(democratic socialism)의 중간역이 될 수 있다고도 했다. 1930년대 초 그는 경제의 민주적 통제를 위한 첫 단계가 코포라티즘(corporatism)과 같은 것이라고 주장하기도 했다. 그것은 후버 대통령 시대 대공황에 대응하기 위한 것으로 듀이는 상설기구로서 대의제의 경제위원회(economic council)를 만들어 노동자와 공무원들이 협의하여 산업활동을 규제하고 산업체와 금융업체의 수장들이 이 대표들과 만나 합의 결정하는 제도를 제안하기도 하였다. 이것이 소비에트 러시아 식의 폭력적 방법이 아니라 자발적으로 위기를 극복할 수 있는 길을 열어놓을 것이라고 하였다. 그러나 1930년대 말이 되자 이런 안을 듀이는 포기했다. 미국의 경우에는 별

---

18) Ibid. p. 438.

실효성이 없다고 판단했다. 왜냐하면 정치가 대기업의 지배를 받는 한 효과가 없을 것이라고 생각했기 때문이다.[19]

이런 그의 입장 변화는 루스벨트 식의 국가 코포라티즘이 민주사회주의로 발전하는 것이 아니라 국가자본주의 혹은 파시즘으로 귀결될 것이라는 전망 때문이었다. 이러한 국가자본주의는 일시적으로는 경제위기를 해소할 수 있다 하더라도 산업민주주의나 경제적 위기를 극복할 수 없다. 듀이는 영국의 노동당과 유럽 사회민주주의의 자연자원의 사회화(socialization)와 독점, 토지, 그리고 기본산업의 사회화를 통해 미국이 위기를 벗어날 수 있다고 했다. 듀이의 제안은 대규모의 공공사업, 특히 주택, 세금을 통한 철저한 부의 재분배, 그리고 은행, 공공 유틸리티, 교통, 그리고 커뮤니케이션의 국유화였다.[20] 당초 듀이의 민주주의에서 정치의 민주화 문제는 첫 번째 과제가 아니었다. 그러나 대공황을 겪으면서 그는 정치를 우위에 놓는다. 그리하여 그는 새로운 정당의 창당을 기획하고 그 운동에 참여하기도 하였다. 그러나 성공하지 못했다.[21]

주변화한 듀이의 급진 민주주의

제2차 세계대전 후 듀이의 참여 민주주의는 위축되고 현실주의인 '민주적 엘리티즘(democratic elitism)'이 정치 현장을 주도한다. 그리하여 듀이의 민주주의이론은 주변화되었다. 1940년대 후반과 1950년대 현실주의 민주주의이론은 세계로 더욱 확산되었다. 미국의 정치체제가 민주주의의 전형적인 모델이 되었다. 1920년대 자유주의자들 —리

---

19) Ibid. p. 440.
20) Ibid. p. 441.
21) Ibid. p. 278.

프먼을 포함하는— 은 미국의 현실정치와 민주주의 이상 간의 괴리에 대해 깊은 고민을 했지만 전후의 현실주의자들은 별로 그런 고민 없이 미국 정치의 현 상태를 하나의 모형으로 받아들였다. 이렇게 미국의 민주주의가 하나의 전범으로 설정되게 된 것은 파시즘 및 공산주의와 싸우는 과정에서 나타난 결과였다. 전체주의에 의해 포위된 세계에서 자유주의자들은 민주체제에 가장 가까운 것을 미국이라고 생각할 수밖에 없었다. 이런 의미에서 당시 미국의 정체는 정책결정자와 지식인들 모두에게 하나의 이상으로 삼아야 하는 대상이었다.[22]

1950년대가 되자 듀이의 우군은 몇 명 남지 않았다. 후크(Sidney Hook)가 그중 하나였다. 그는 좌파였지만 반공주의자로서 당시 민주주의 문제에는 관심을 기울일 여유가 없었다. 듀이의 우군은 오히려 철학이 아니라 밀스(C. Wright Mills) 등 사회학에서 나왔다. 그들은 듀이와 직접적인 연결은 없었지만 그들의 미국 문화에 대한 급진적 비판에는 듀이의 영향이 분명 적지 않았다. 1960년대 말 민주적 현실주의에 대한 급진 민주주의의 비판이 다수 등장한다. 그들 가운데 많은 수가 듀이에 대한 명시적인 언급 없이 그의 논리인 민주주의를 삶의 방식으로서 언급하기 시작하였다. 민주주의의 이상에 대한 현실주의에 대한 비평, 그리고 보다 참여적인 민주주의에 대한 요구가 사회과학과 정치권에서 나오게 되었다. 정치학자와 사회학자들 사이에서 민주적 현실주의는 보수주의 이데올로기로 비판받으면서 대신 '도덕적 민주주의'를 주장하는 소리가 높아졌다. 1960년대 말 급진적 민주주의이론이 대학에 등장하기 시작했다. 롤스(John Rawls)의 『정의의 이론(Theory of Justice)』은 정치적 참여를 주장하지는 않지만 참여 민주주

---

22) Ibid. p. 545.

의이론이 주장하였던 규범적 주장을 한다.[23]

그러나 민주주의에 대한 논란은 대학의 전유물이 아니었다. 흑인 인권운동에서부터 페미니스트(feminist) 운동에 이르기까지 대중은 보다 참여적인 민주주의를 요구하게 된다. 비록 듀이가 뉴 레프트(New Left)에 직접 개입하고 영향을 미쳤다고 하기는 어렵지만 그의 『공중과 그 문제들』은 신좌파들의 독서목록에 수록되어 있었다. 그 책을 직접 읽지는 않았다 하더라도 밀스나 당시의 다른 책들을 통해 간접적으로 듀이의 참여민주주의는 상당한 영향을 미쳤다.[24]

듀이의 민주주의이론이 영향을 미친 사건으로 1962년 나온 '민주사회를 위한 학생회(the Student for a Democratic Society)'의 '포트 휴런 선언(Port Huron Statement)' 이상의 것은 없을 것이다. 이들 학생운동권은 참여민주주의를 그들의 중심적 아이디어로 채택하고 선언문에 이를 담았다. 참여민주주의의 실현은 두 가지 목적을 위한 것이다. 첫째로 개인이 그들의 삶의 질과 방향을 정하는 사회적 결정에서 그들은 각자 자신의 몫을 갖고 있고, 둘째로 사회는 인간의 독립성과 그들이 공동참여를 위한 미디어를 제공하는 것을 권장하는 조직이어야 한다. 이 선언문을 쓴 헤이든(Tom Hayden)은 밀스와 듀이의 민주주의이론에 영향을 받은 급진좌파였다. 1960년대 학생혁명운동에서 이들이 붙들고 씨름하고 투쟁한 문제는 1920년대 리프먼과 듀이가 고민한 문제들 바로 그것이었다.[25]

지금까지 이야기는 듀이 정치철학의 배경에 관한 내용이었다. 그러나 미진한 부분이 많이 남는다. 부분적으로는 리프먼과의 구체적인

---

23) Ibid. p. 547.
24) Ibid. p. 548.
25) Ibid. p. 549.

차이를 다루면서, 그리고 저널리즘에 대한 별도의 장에서 다시 이야기하겠다. 일단 듀이에 관한 이야기는 중단하고 지금부터는 리프먼의 이야기를 다시 시작한다.

리버럴리즘과 리프먼의 정치철학

리프먼의 민주주의에 대한 이야기는 그의『여론』과『환영의 공중』, 『공공철학』을 언급하면서 많이 하였다. 그러나 듀이의 민주주의 이야기를 하고 나니 리프먼의 민주주의를 되풀이하는 것이 있다 하더라도 좀 더 하는 편이 좋겠다는 생각이 든다.

리프먼의 민주주의

리프먼의 민주주의이론의 이름은 여러 가지가 있다. 그중 현실주의 민주주의나 엘리트 민주주의라는 이름이 가장 대표적이다. 그러나 리프먼은 어떤 프로그램을 갖고 그것을 추구하는 사상가가 아니다. 하나의 체계적인 이념적 구성체를 추구하는 사상가가 아니라는 의미이다. 따라서 그의 민주주의에 관한 주장은 민주주의에 대한 비판이지 그 이상이 아니다. 그는 학문적인 이론가가 아니다. 그러나 그의 민주주의 비판은 오늘날에도 유효하다. 후쿠야마(Francis Fukuyama)가『역사의 종언(*The End of History*)』에서 이념논쟁은 이제 끝났고 자유민주주의 외의 다른 이념적 대안은 없다고 했지만, 그렇다 하더라도 민주주의에 대한 자기성찰, 즉 리프먼적 비판이 필요하다는 것은 누구도 부정하지 않을 것이다. 그런 의미에서 리프먼의 통찰과 주장은 민주주의를 탈신비화하는 우울한 것이지만 그 내용은 진지하고 지적인 것이다. 한마디로 리프먼의 정치철학은 민주주의나 자유주의를 인간화

(humanize)하는 것이었다.

리프먼은 여러 면에서 미국 보수당(Whigs) —미국 독립운동 시기의 독립당, 민주당의 반대편— 즉 연방파의 지적 전통을 이어받고 있다. 『환영의 공중』의 권두에 인용된 '민중의 소리는 하늘의 소리'라는 말의 기원은 해밀턴(Alexander Hamilton)의 반민주주의적 회의주의와 유럽 대륙의 반민중적(antidemocratic) 세력의 대중에 대한 공포감을 반영한 것이다.[26] 물론 이러한 리프먼의 주장에는 독립 당시부터 오늘날까지도 면면히 이어 내려오는 정치철학이 있다. 그러나 리프먼의 민주주의에 대한 이야기는 그의 경험을 토대로 한다. 그 경험 가운데 가장 중요한 것은 윌슨 행정부 시기에 그의 막후 캠프 참여와 세계 제1차 세계대전의 경험일 것이다. 이와 관련된 이야기는 앞서 리프먼의 전기 이야기에서 하였다.

자유주의, 민주주의, '전능한 시민'

제1차 세계대전 후 얼마 지나지 않아 출판된 『여론』과 『환영의 공중』에는 그 시대 리버럴들의 상실감과 고뇌가 깊숙이 실려 있다. 소위 '잃어버린 세대(the lost generation)'는 정치의 리버럴리즘과 민주주의라는 우상을 해체하고 있었다.[27] 리프먼에게 이 '잃어버린 세대'들의 세계에서 제퍼슨의 '전능한 시민'은 그야말로 환영이고 유령일 뿐이었다. 이것은 리프먼이 급진적 진보주의에 대한 그의 의혹을 더욱 깊게 만드는 근거의 하나이다.

리프먼은 자율 통치에 필요한 정보, 즉 지식을 유권자들이 가질 수

---

26) W. M. McClay, pp. xiii-xiv.
27) J. Diggins(1991), pp. 519-538, 526.

있다는 것을 부정한다. 『환영의 공중』의 첫 장 '미몽에서 깨어난 인간 (disenchanted man)'에서 리프먼은 자신을 포함하여 누구도 '전능한 시민'은 아니라고 고백한다. 그러면서 그는 '전능한 시민'이란 '인민 (people)'을 신비화하는 것으로 민주주의이론이 안고 있는 문제라고 비판한다. 인민을 신비화하는 것은 다수의 지배를 최선으로 정당화하는 것이고, 그것은 민주주의에 장애가 될 수 있다. 이것은 조심해 읽지 않으면 주권자로서 유권자의 정당성을 부정하는 것으로, 즉 민주주의의 파산 선언으로 읽힐 수 있다. 그러나 리프먼의 말은 파산 선언이 아니라 민주주의의 인간화, 즉 현실화 주장이었다. 그것은 민주주의 안에 잠재되어 있는 프래그머티즘을 끄집어내는 것이었다. 리프먼은 민주주의의 인간화를 주장하면서 당시의 급진적 리버럴을 비판하였다. 그들의 주장은 인간을 '창백한 신(pale god)'의 자리에 올려놓으려는 것이다. 리프먼은 급진적 리버럴리즘이란 정치를 하나의 단일체(unit)로 규정하면서 사회를 하나의 모형으로 통합하려는 전체론 (holism)이라는 것이었다. 리프먼은 이를 반대한 것이고 이런 의미에서 그의 정치철학은 프래그머티즘이고 현실주의이며 다원주의이다.

이러한 리프먼과 듀이의 차이를, 캐리는 이런 정치철학 혹은 리버럴리즘의 차원에서 언급한 적이 별로 없다. 그는 단지 리프먼을 보수우파로, 듀이를 진보좌파로 나누고 이들 사이를 전적으로 갈등적인 것으로 규정한다. 그러나 그것은 과장되었고 또 사실도 아니다. 리프먼은 정치적으로 분명 리버럴이었다. 자유주의가 제1차 세계대전 후 정치적 이념으로서 19세기의 전성기를 지나 사양기에 들고 소극적이 되어갈 때 리프먼 역시 같은 흐름 속에 있었다. 그의 『여론』과 『환영의 공중』은 이런 자유주의의 쇠태기에 쓰인 것이지만 그것은 결코 민주주의와 자유주의에 등을 돌린 것은 아니었다. 이 점은 듀이도 『환영의 공중』에 대한 그의 서평 —이 장 마지막에 소개— 에서도 분명히 말하였다. 다시 말하지만 그는 자유주의자였다. 특히 청년기의 그는 적극적이고 진보적인 자유주의자였다. 제1차 세계대전이나 제2차 세계대전 시, 그리고 전후에도 그는 여전히 자유주의자였다. 물론 듀이와 차이가 없다는 것은 아니다. 청년기를 지나 나이가 들면서 다소 보수화되었지만 기본적으로 리프먼은 리버럴이었으며 확실한 민주주의자였다.

리프먼의 전문가주의

리프먼의 민주주의이론에서 가장 중요한 관념 중 하나가 '전문가(expert)'이다. 이것은 그의 민주주의 정치철학, 그리고 저널리즘의 핵심 관념이고 또 비판과 오해를 많이 받고 있는 관념이다. 셔드슨은 리프먼의 이 전문가 관념을 캐리가 오독하였다는 평가를 자세히 설명하고 있다.[28] 리프먼의 전문가 혹은 엘리트에 대한 신뢰는 그가 민주주의를 지지하지 않는다는 비판을 정당화하는 근거 중 하나이다. 그러나 캐리의 해석은 맞지 않다는 것이 셔드슨의 해석이다. 이에 관한 이야기는 다음에 곧 이어질 셔드슨의 리프먼 재해석 항목에서 좀 더 자세히 다룰 것이다.

리프먼의 전문가주의 해석을 위해서는 듀이의 공중관과 비교하면서 살펴보는 것이 필요하다. 그래서 듀이를 다시 살펴본다. 듀이는 시민들이 각자의 지성에 의한 기획행위(planning)에 의해 민주주의가 가능하다고 주장하였다. 여기서 듀이가 말하는 기획행위란 엘리트가 만든 것이 아니다. 듀이의 기획행위는 위로부터의 기획이 아니다. 그러

---

28) M. Schudson(2008). pp. 1031-1042.

나 그는 이에 대해 구체적으로 말한 것은 없다. 때문에 그의 기획사회 (planning society)가 국가주의적인 것이라는 의혹을 낳기도 했다.

듀이에 의하면 민주주의는 사람들이 연합하여 사는 삶의 한 양식이다. 민주주의가 이런 삶이 필요로 하는 규범과 가치를 구성하는 최선의 방법이다. 사람들은 이들 규범과 가치로 이루어진 제도 속에서 그들의 삶을 영위해 나간다. 또 각자가 그들 개인의 잠재적 능력을 발현시킨다. 그렇다면 이런 사회제도에 영향을 받는 사람들은 누구나 이를 만들고 운영하는 데 직접참여하여 권한을 행사할 수 있어야 한다. 듀이는 이런 참여를 제한하는 것이 개인의 잠재적 능력의 발현과 성장을 억압하는 술책이라고 했다. 이것이 그의 참여민주주의 논리이다.

그러나 현실주의자 리프먼은 ─물론 그만이 아니라─ 투표 이상의 시민의 직접적인 정치참여는 민주주의를 위해 필수적인 것도 아니고 바람직한 것도 아니라고 한다. 대중의 직접참여는 민주주의의 안정성을 해치고 비합리적인 열광과 데마고그를 낳고, 그것은 엘리트들의 평화적인 경쟁을 저해한다. 능력을 지닌 엘리트들의 평화로운 경쟁이 리프먼을 비롯한 현실주의자들의 주장이었다. 그런 의미에서 정치적 무관심은 효과적인 민주정치를 위해 기능적인 면도 있다. 참여라는 아이디어는 정부의 합법성을 정당화하는 데 필요한 것이었지만 그것이 전부는 아니다. 시민의 적극적 참여는 도덕적으로 중요하다. 그러나 우리가 원한다고 해서 그렇게 되는 것도 아니다. 그것은 현실적이 아니다. 단지 참여는 시민의 권리이고 그것이 정치 엘리트들의 행동을 구속하는 규범이라는 데 그 의미가 있다. 이것이 리프먼의 생각이다.

리프먼의 민주주의는 대의제 의회와 같은, 즉 간접적이고 절차적 민주주의를 의미한다. 다시 말해 그는 시민이 권력을 직접 행사하는 것이 아니라 엘리트에 대한 투표를 통한 간접적인 참여를 주장하였다. 권력을 유지하기 위해 엘리트들은 시민들의 의견에 귀 기울일 것이다. 그러면 시민들은 직접참여하지 않고도 영향력을 행사할 수 있다. 대중은 선거에서 정부를 지지 혹은 반대하는 방법에 의해 권력을 행사할 수 있다는 것이 리프먼의 주장이다.

그러나 듀이는 리프먼의 엘리트, 즉 전문 지식인에 의한 통치 주장을 철학자가 왕이 되어야 한다는 플라톤주의의 부활이라고 하면서 전문가라는 말이 매력적이지만 그것은 지식인 계급이 만들어낸 환상이라고 비판한다. 그는 대중의 참여를 반대하는 이유, 즉 대중의 무지, 편견, 경솔함, 질투심, 불안정성 때문에 대중들은 지식인의 통치를 받아들일 수 없다고 하였다. 그뿐 아니다. 듀이는 지식인들도 통치권을 갖게 되면 그들도 그들이 봉사해야 할 공중을 위한 전문가로서의 지위를 잃어버리게 된다고 했다.

이들 두 사상가의 생각은 이처럼 다르다. 그러나 『여론』 및 『환영의 공중』에서 리프먼의 주장은 이론적이기보다 현실의 이야기이다. 리프먼은 민주주의를 위기에서 구원할 수 있는 것이 과학적 진실과 전문가의 역할이라고 하였다. 전문가가 대중의 인식 능력 결핍 같은 것을 대체할 수 있다는 것이다. 그러나 듀이는 이러한 주장이 민주주의를 잘못 해석하는 것이고 그러한 방법으로는 민주주의 위기를 극복할 수 없다고 하였다. 이 문제는 좀 더 언급할 필요가 있다. 왜냐하면 리프먼에 대한 오해의 상당 부분이 바로 이 전문가에 대한 이야기에서 비롯되고 있기 때문이다. 여기서 한마디 먼저 한다면 리프먼이 민주주의 자체를 반대한 것은 아니라는 사실이다. 단지 특정한 형식의 민주주의를 비판하고 반대한 것이다.

리프먼은 제퍼슨 민주주의에 동의하지 않는다. 리프먼은 민주주의와 자유 가운데 자유를 우선하는 공화파 정치철학의 유산을 이어받았다. 반대로 듀이는 자유보다 민주주의를 앞세운다. 리프먼은 독립 당시 미국은 '공공성'이 아니라 '자유'라는 가치 위에서 연방이 성립되었다고 주장한다. 독립 당시 합중국 정부 —미국— 의 정당성을 부여하는 것은 공공성이 아니라 자유라는 가치였다. 1787년 필라델피아(Philadelphia) 연방헌법제정 회의를 보면 공영국가와 공공선에 기초한 공공철학은 희미한 것이었다. 미국헌법의 아버지들은 그들의 새로운 공화국을 정당화함에 있어서 만장일치에 따른 공공철학이 아니라 다양성, 즉 자유에 표를 던졌다고 리프먼은 보았다.

연방파의 시대를 지나 대중적인 잭슨 민주주의의 시대에도 하나의 공공철학이 아니라 각 주들 간의 상호 연대를 통해 입법을 하였다. 여기에서도 리프먼은 공공성에 대한 희망, 즉 의원들이 그들의 지역구 이익에 매달리지 않고 공화국 전체의 선을 추구할 것이라는 주장은 근거 없는 것이었다는 사실을 확인한다. 그리하여 그는 단일하고 전체적인 것을 의미하는 '공공성'에 회의적이다. 그에게는 시민 개인이나 의원이나 모두 마키아벨리가 말하는 주관적이고 이기적인 존재이다. 리프먼은 18세기 해밀턴의 연방파들처럼 민주주의보다는 자유를 우선했다.

리프먼은 미국 역사에서 '공공성'이란 관념이 희미했다고 해서 그것이 민주주의의 결함이 될 수는 없다고 말한다. 그는 프래그머티스트로서 정부(government)의 정당성은 정부의 기원에서 찾아야 할 필요가 없다고 하였다. 그는 이렇게 말했다. 민주주의의 정당화를 민주주의의 과정과 결과가 아니라 민주주의의 기원에 두는 것은 잘못이다. 흔히 권력이 정당한 방법에 의해 생성된다면 그 결과가 유익하다고 가정해왔다. 이것은 모든 관심을 권력의 근원을 파악하는 데 투입하는 사고이다. 그들은, 표현은 인간 최고의 관심사이고 인간의 의지는 본래 선한 것이기 때문에 민중의 의지를 표현하는 일은 가장 위대한 사업이라는 신념에 사로잡혀 있다. 그러나 하천 상류의 물을 아무리 깨끗이 한다 해도 그 물이 하류에 이르기까지 깨끗한 상태를 유지할 것이라는 보장을 할 수 없다. 민주주의자들은 투표와 대의제도를 잘 만드는 일에만 몰두해왔다. 그러나 이들은 너무 이 일에만 열중한 나머지 인간의 다른 문제는 거의 다 무시해버렸다. 아무리 권력의 기원을 통제한다 하더라도 권력이 어떻게 행사되느냐 하는 문제는 여전히 남는다. 문명의 성격은 권력을 어떻게 행사하느냐에 따라 결정된다. 현장에서의 권력을 그 근원에서 통제할 수는 없다.[29] 사실 이 문제가 그의『여론』에서 다루는 중요한 주제 중 하나이다.

리프먼에게 정부란 하나의 가정이고 그것의 정당성은 그 결과와 효율성이 결정한다. 리프먼은 민주주의를 하천 하류의 물 흐름에서, 즉 민주주의 정치의 현장과 그 결과에서 평가하고자 하였다. 그가 프래그머티스트이고 민주주의자였다는 사실을 그는 여기서도 명료하게 보여준다.

리프먼에 대한 재해석

셔드슨의 해석
셔드슨은 리프먼의 전문가에 관한 캐리의 오독을 구체적으로 지

---

29) W. Lippmann(1922). p. 196.

적한다. 그는, 캐리가 "유권자들이 공적 문제를 결정하고 관리하기에는 '내재적으로 무능력(inherently incompetent)'하다."고 리프먼이 주장했다는 말을 했는데, 그것은 오독이라고 말한다. 리프먼은 '무능력'이라는 단어를 사용하지 않았다. 리프먼의 말은 전능한 (omnicompetence) 시민이란 불가능한 존재이고, 그래서 이런 관념에 의존하는 민주주의 주장은 타당하지 않다는 것이다. 리프먼은 우리 모두가 제한된 능력밖에 갖고 있지 못하다는 것이다.[30] 우리들 가운데 누구도 모든 문제를 알고 이에 대처할 수 있는 초인이 아니라는 것이다. 이런 의미에서 전문가도 초인이 아니다. 리프먼은 이런 전문가를 주장한 것이 아니다.

리프먼은 어떤 경우는 엘리트주의적이지만 항상 그런 것은 아니다. 다시 말하면 리프먼은 전문가(experts)를 높이 신뢰한다는 점에서는 보다 엘리트주의적이다. 뿐만 아니라 그가 전문가에게 기대하는 것이 공직자들에게 ―그들을 뽑은 유권자들에게가 아니라― 충고하는 것이라는 점에서도 그렇다. 일반인들은 대체로 일상적, 민주적 결정에 직접참여하지 않는다. 실제로는 대의원들이 유권자를 대행한다. 이것은 대의민주주의이다. 리프먼은 현실적이다. 대중 혹은 공중을 정치에서 배제하는 것이 아니다. 리프먼을 반(反)대중적으로 평가하는 것은 과장이고 오류이다. 셔드슨의 이야기이다.

리프먼의 엘리트주의는 또 한편에서는 보통 생각하는 것보다 엘리트적이 아니다. 『여론』의 정보작업(intelligence work) 장에서 리프먼은 전문가들이 문제를 정확히 측정하고 계량하여 민주주의가 잘 작동할 수 있도록 한다고 말한다. 그 전문가들은 선출된 혹은 임명된 공직자

---

30) M. Schudson(2008), p. 1033.

들이 자료를 갖고 일할 수 있도록 돕는다. 이와 같은 리프먼의 모델은 흔히 오해하는 것처럼 전문가들이 통치(rule)하는 모델이 아니다. 여기서 전문가들은 정책결정을 하는 것이 아니다. 그는 영국 외무성을 예로 든다. 최고의 외교관 규범은 정보수집과 정책결정을 구분하는 것이다. 리프먼은 전문가의 힘이란 그 자신은 결정으로부터 떨어져 있으면서 결정에는 직접개입하지 않는 것이라고 하였다. 전문가는 보이는 시민이 아니라 보이지 않는 시민을 대표한다. 보이지 않는 사태들, 침묵의 시민들을 대표한다. 전문가는 감촉되지 않는 것을 감촉되게 한다. 만일 리프먼의 이런 관점이 실현된다면 전문가는 유권자들보다 공중을, 즉 공공성을 더 잘 대표할 수 있을 것이다.[31]

셔드슨은, 리프먼이 전문가에 대한 환상을 갖고 있었는지는 모르겠지만 그의 전문가에 대한 찬양이 구체적이고 명료하다고 했다. 리프먼은 선출된 의사결정자에게 세계에 대한 지식을 제공하는 전문가 계급을 높이 산다. 그러나 듀이는 전문가에게 호의적이 아니다. 캐리는 이를 극대화하여 리프먼을 왜곡시켰지만 말이다. 사실 리프먼은 『자유와 뉴스』에서 전문가를 높이 찬양했지만 『여론』과 『환영의 공중』 시기에는 의회민주주의와 저널리즘에 대한 그의 신뢰도와 평가가 낮아져 있었다. 리프먼의 전문가 관념을 비난하는 것은 캐리의 경우가 그런 것처럼 일반인 위에 군림하는 전문가에 대한 비난이다. 그러나 다시 말하지만 리프먼의 전문가는 그런 것이 아니다. 그렇기 때문에 캐리의 리프먼 전문가에 대한 잘못된 주장은 두 가지로, 하나는 '전문가의 충고, 즉 지식의 성격'이고 다른 하나는 '전문가의 충고 대상'이다. 이 점을 캐리는 잘못 해석하고 있다.

---

31) W. Lippmann(1922), p. 240.; M. Schudson(2008), p. 1034.

요컨대 리프먼의 전문가는 공중을 멘토링하는 것이 아니라 인사이더, 정치인, 임명직 관료들을 멘토링하는 것이지 결정에 직접적으로 개입하는 것이 아니다. 민주주의에서 리프먼만큼 전문가의 역할을 강조한 사람은 없다. 그러나 리프먼은 신문을 그런 전문가 그룹에서 제외한다. 리프먼은 정치인들이 그런 전문가 그룹에게 귀를 기울이는 대신 신문이 전하는 요란한 대중의 소리에 귀 기울이는 것에 찬성하지 않는다. 듀이도 그런 것을 원하지 않았다. 듀이는 저널리즘 영역에서의 리프먼을 진정 존경했다. 그는 『환영의 공중』을 '민주주의에 매료된, 그리고 절도 있는 민주주의이론에 대한 신념이 담긴 진술'이라고 하였다. 듀이는 리프먼이 민주주의를 포기한 것이 아니라고 했다. 단지 일상적인 문제에 대한 민주적 결정에서 참여자로서 공중의 역할에 대한 유토피안적 갈망을 포기하는 것으로 해석했다. 듀이는, 일반 공중은 정부가 하는 일에서 아주 제한된 역할만을 하는 것을 리프먼이 상정하고 있다는 것을 알았다.[32]

물론 듀이가 리프먼을 전혀 비판한 적이 없다는 것은 아니다. 그러나 듀이는 리프먼이 진정 민주적 참여를 주장하는 사람보다 그렇지 않은 일반인에 보다 더 의존하는 민주주의이론을 공격한 것이라고 했다. 진짜 민주주의자가 아니라 허수아비 민주주의자를 공격한 것이라는 것이다. 다시 말하지만 듀이는 누구나 모두가 '공평함'과 같은 공적 가치를 갖고 있고 이에 충성할 수 있다고 하였지만, 리프먼은 엘리트들만이 현실적으로 그렇게 할 수 있는 것으로 보았다. 그런 것은 일반 시민들에게는 과한 짐이라는 것이다. 그리하여 리프먼은 과학적 민주주의를 위해서 이미 훈련된 과학적 지성의 소유자, 즉 '전문가

---

32) M. Schudson(2008). p. 1035.

(expert)'가 일반인의 짐을 덜어준다는 것이다. 이것이 리프먼을 반민주주의자, 그리고 엘리트 민주주자로 만든 중요한 대목이다.

리프먼은 복잡한 현대 사회를 전문가도 모두 이해할 수는 없다고 했다. 현대의 전문성이란 단지 특정 문제와 관련된 한에서 권위가 주어지는 것이다. 세계의 일은 무수히 많은 개별 행위들에 의해 이루어지는 것이기 때문에 어떤 하나의 독점적인 권위에 의해 모두를 이해하고자 하는 것은 오류이다. 현대에는 전문가도 제퍼슨 식의 전능한 시민이 아니다. 이것은 '공중'이나 '여론'에도 그대로 적용된다. 하나의 '공중' 혹은 하나의 '여론'이 정부의 정당성을 담보할 수 없다. 이런 이유에서 리프먼은 하나의 '여론'이 지배하는 패권주의를 반대한다. 그런 경우 결과는 전제적 통치라고 했다. 민주주의이론은 정부의 기능이 국민의 의지와 다른 것을 용인하지 않는다. 그러나 이것도 사실이 아니라 하나의 가정일 뿐이다. 리프먼은 "국민들은 군림은 하지만 통치하는 것은 아니다."라고 말한다. 국민들이 그들을 통치하는 자를 지지하거나 반대하는 데 쓰이는 것이 '여론'이다. '여론'의 통치는 민주주의가 아니다. '여론'은 질서 있는 통치를 위해서 시민들의 판결을 필요로 하는 경우 유용한 것일 뿐이다. 이것이 리프먼의 민주주의이다.

리프먼의 이러한 민주주의관은 자세히 들여다보면 듀이, 특히 현대의 로티에 이르게 되면 차이보다 유사성이 더 많다. 특히 리프먼이 그것이 여론이라고 하는 것일지라도 그것의 패권적 지배를 비판한 것은 로티의 반패권주의와 같은 것이다.

잰센의 해석

다시 말하지만 소위 '리프먼-듀이 논쟁'이란 것은 캐리가 만든 일종의 드라마라는 사실이다. 분명 두 사람 사이에는 차이가 있다. 그러나 양자의 차이는 패러다임의 차이가 아니다. 리프먼은 현실주의자이고 저널리스트이다. 그럼에도 리프먼을 반프래그머티즘으로 해석하는 경우가 흔하다. 그러나 그것은 오류이다. 물론 그의 저술 『공공철학』의 자연법이 형이상학적이라는 해석이 있다. 그러나 그것을 형이상학적이다, 아니다라고 규정할 문제는 아니다. 어쨌든 리프먼을 잘못 해석하였다는 비난을 캐리는 받고 있다.

앞서 언급한 셔드슨 외에 지식사회학의 잰센은 캐리나 학계가 리프먼을 '정의롭지 못하게(injustice)' 평가했으며 그 이유가 아카데미 정치와 학계의 무책임 때문이라는 충격적인 주장을 했다. 그는 리프먼에 대한 오독과 평가절하의 주역으로 캐리는 물론 슈람이라는 언론학계의 선구적 학자를 들었다. 잰센의 주장을 간추려 살펴본다.[33]

잰센은 리프먼에 대한 오해와 불공정한 평가에 대한 책임을 1차로 캐리에게 물으면서 슈람에게도 부분적으로는 책임을 묻고 있다. 잰센은 무엇보다 언론학계를 비롯한 정치, 사회, 역사학계에 널리 알려진 캐리가 제기한 '리프먼-듀이의 논쟁'은 그것을 뒷받침하는 자료도 없고 사실도 아닌 캐리가 구성한 허구라고 규정한다. 리프먼이 『여론』(1922년)과 『환영의 공중』(1925년)을 내놓고 듀이가 『공중과 그 문제들』(1927년)을 출간한 1920년대 이들 사이에 정치철학이나 개인적으로 명시적인 갈등은 없었다. 듀이는 리프먼의 책들을 호의적으로 평가하는 서평을 《뉴 리퍼블릭》에 실었을 뿐만 아니라 개인적으로도 호의적인 메모를 보내기도 했다.[34] 그러나 캐리는 리프먼과 듀이를 갈등적인 것으로 그렸다. 리프먼은 행정연구, 즉 행동과학(behaviorism)과 효과연

---

33) Jansen(2012).
34) 이 장 후반에 그 내용을 축약해서 실었다.

구(effects research) 학파로, 듀이는 비판연구, 즉 프래그머티즘과 민주주의, 공동체주의, 그리고 커뮤니케이션 학파로 명명하였다. 그러나 이것은 잘못된 해석이라고 그녀는 지적한다. 그 이유로 잰센은 캐리가 미국에서 좌파적 문화연구의 영역을 확대하고 정체성을 확보하기 위해 진보적인 듀이를 끌어들였다는 것이다. 한마디로 캐리는 리프먼과 듀이를 논쟁이라는 구도 속에 설정한 후 듀이를 문화연구의 선구자로 높이고, 리프먼은 행정연구 쪽의 주변인으로 평가절하했다는 것이다. 그러나 그녀의 연구에 의하면 캐리의 주장을 뒷받침하는 자료나 증거가 없다. 실제로 1922~27년 사이 리프먼과 듀이 양자 사이에는 갈등이나 논쟁이 없었다. 리프먼과 듀이의 세 권의 책 내용은 논쟁이 될 정도의 갈등적이라고 하기 어렵다고 잰센은 해석한다. 또 캐리는 듀이의 편인데, 그 이유는 그가 미국의 커뮤니케이션 연구역사에서 문화연구의 영역을 확보하고 정당화하기 위해 진보좌파의 듀이가 필요했기 때문이었다는 음모론을 잰센은 제기한다. 이를 위해 리프먼을 행동과학적 연구자로 규정하고 그를 보수우파로 평가절하하는 것이 캐리의 전략에 유리했다는 것이다. 잰센은 캐리가 듀이를 편애하고 리프먼은 정의롭지 못한(injustice) 잘못된 해석을 하고 또 그의 후학들이 그를 따르게 했다는 비난에 가까운 비판을 한다. 캐리의 리프먼-듀이의 대립구도는 행정연구-비판연구 간 대립구도의 다른 형식이었다.

캐리만이 리프먼을 불공정하게 평가한 것은 아니다. 슈람(Wilbur Schramm)은 미국 매스커뮤니케이션 연구의 비조로 라스웰, 라자스펠드, 르윈(Kurt Lewin), 호블랜드(Carl Hovland) 4인을 들면서 리프먼은 언급하지 않았다. 그뿐만 아니다. 슈람은 당초 그가 편집한 언론학 교재 『매스 커뮤니케이션(*Mass Communication*)』(1949)에 리프먼의 『여론』의 '외부의 세계, 그리고 우리들 머릿속의 그림들'이란 장을 넣었었다. 그러나 그 다음 그가 편집한 교재 『매스 커뮤니케이션의 과정과 효과(*The Process and Effects of Mass Communication*)』(1954)에서는 리프먼의 장을 제외했다. 이 책은 미국의 USIS라는 냉전시대 정부 홍보 기관의 지원을 받아 출판된 것이었다. 당시 리프먼은 제2차 세계대전 후에도 계속된 미국 정부의 선전활동에 비판적이었고 미국의 소리방송(VOA)과 미국공보원(USIA) 창설을 반대하였다. 당시 리프먼은 듀이 만큼은 아니었지만 진보적 리버럴 저널리스트였다. 그런 이유에서 리프먼이 냉전자유주의 시대 미국 정부기관으로부터 소외되었다고 이해된다. 그것만은 아닐 것이다. 슈람이 언론학의 비조라고 명명한 호블랜드 등은 제2차 세계대전 시 미국 정부의 공식 선전기구인 전쟁정보국(the Office of War Information)에서 함께 심리전과 선전업무를 연구한 동료들이었다. 잰센은 이런 정치적 상황이, 리프먼이 슈람에 의해서 공정하게 평가받지 못하게 만들었다는 시사를 한다. 슈람의 사후 그의 유고집 『미국에서 커뮤니케이션 연구의 시작(*The Beginnings of Communication Study in America*)』(1997)에서 슈람은 리프먼의 『여론』을 찬양하지만, 언론학에 공헌한 인접 분야의 선구자들을 언급하면서도 그를 포함하지 않았다. 이 책에서 슈람은 다윈(Darwin), 마르크스(Marx), 막스 베버(Max Weber), 타르드(Jean-Gabriel de Tarde), 프로이트(Sigmund Freud)를 존경스러운 학자들로 들면서 미국의 경험적 연구의 선구자로 세 명의 사회학자 쿨리(Charles H. Cooley), 파크(Robert Park), 그리고 문화인류학자 사피어(Edward Sapir)를 들면서도 리프먼은 그 안에 넣어주지 않았다.[35] 그러나 리프먼의 저술과 연구들은 위에서 언급한 네 명의 비조나 쿨리 등 세 명에 못지않은 업적이라

---

35) S. Jansen(2012), p. 23.

는 점에서 슈람의 리프먼 평가는 공정치 않았다고 잰센은 말한다.

요컨대 학문적, 이론적 차원에서의 리프먼에 대한 오해는 그가 상대주의와 싸우면서 프래그머틱한 민주주의의보다 탄탄한 기초를 마련하려 했다는 사실을 간과한 것이다. 이것이 그가 우리에게, 그것이 실패했든 성공했든 간에, 빛을 비추어주는 것이다. 그는 제임스의 프래그머티즘과 산타야나의 자연주의 사이에 있었다. 그래서 플라톤주의자로 해석되기도 한다. 그러나 이것은 산타야나를 잘못 해석한 데서 나온 오해이다. 산타야나와 리프먼은 모두 철학적 이상주의(idealism)에 반대하여 싸웠다. 그러나 그들은 모두 지식이 축적되면서 시간이 흐르면 진리는 더욱 진리다워진다고 생각했다. 리프먼은 산타야나와 마찬가지로 고전의 지혜를 존중하였다.[36] 그러나 그는 과학적 지식과 전문가도 높이 평가하였다.

그러나 다시 말하지만 캐리의 결론은, 리프먼이 행동과학 및 효과연구 전통에 속한다는 것이다. 반대로 듀이는 프래그머티즘, 민주주의, 공동체주의, 그리고 커뮤니케이션 연구 전통에 속한다. 캐리는 듀이를 미국의 문화연구의 비조로 삼는다. 문화연구의 정당화를 위해 '리프먼-듀이 논쟁'이 구성된 것이었다. 그러나 다시 말하지만 캐리 등의 리프먼에 대한 평가에는 오류가 많다. 양자 사이에 논쟁도 없었다. 리프먼은 과하게 무시되었다. 그것은 사실 행정연구에 대한 것이었다. 리프먼에게는 프래그머티스트로서 소중한 아이디어와 통찰, 그리고 이론이 있다.[37] 캐리의 문화연구는 비판이론과 진보적 리버럴리즘의 성격을 갖고 있지만, 왜 그가 리프먼을 듀이와 대척점에 세웠는지

---

36) Ibid. p. 31.
37) Ibid. p. 30.

의문이다. 셔드슨의 추측은 1987년 캐리가 처음 리프먼과 듀이의 논쟁을 내놓을 당시 레이건 정부의 등장 등 미국의 보수화 현상에 대한 좌파 문화연구자의 반응이 아니었는가 하는 시사를 한다.[38] 이것은 아카데미 정치의 대표적인 케이스 가운데 하나일 수 있다.

잰센의 리프먼에 대한 해석은 리프먼이 진보적 리버럴이었다는 것이다. 그러나 그가 페이비언 사회주의였다는 점은, 그가 급진적이 아니었다는 사실을 말한다. 이런 이야기는 이 책 전반에서 소개된 스틸(R. Steel)의 리프먼 전기에도 나온다. 『여론』, 그리고 『환영의 공중』 집필 당시 리프먼의 자유주의는 급진주의자들과 같이하는 것은 아니었다. 그래도 그는 진보주의자였고 냉전주의에 비판적이었으며 베트남 전쟁도 반대했다. 그렇다면 지성사에서 그를 어떤 위치에 설정해야 할까? 캐리에게는 리프먼에 대한 이런 차원의 고민이나 성찰은 없었던 것 같다. 만일 이런 노력이 있었더라면 그에 대한 오독과 오해는 없었을 것이다.

듀이의 『환영의 공중』 서평: 실천적 민주주의

나는 여기서 리프먼의 『환영의 공중』에 대한 듀이의 서평을 소개하겠다. 이 서평은 『환영의 공중』이 출간된 1925년 12월 《뉴 리퍼블릭》에 실린 것이다.[39] 이것은 듀이의 리프먼과 『환영의 공중』에 대한 생각

---

38) M. Schudson(2008). p. 1039.

39) 듀이의 서평 "Practical Democray, The Phantom Public"은 1925년 12월 잡지 *New Republic*(no. 45, pp. 52-54)에 처음 실렸다. 후에 단행본 전집 John Dewey(1925-1953). *The Later Works*. vol. 2, J. A. Boydston(1984)(ed). Southern Illinois University Press. pp. 213-220에 전재되었다. 나는 듀이 글의 취지를 훼손하지 않는 한에서 간추려 요약하면서 몇 곳에서 첨언을 했다. 그 부분

을 알 수 있게 해주는 1차 자료이다. 그 내용을 간추려 옮기면서 나름 대로 몇몇 해석과 첨언을 했다. 듀이의 서평은 이렇게 시작된다.

"… 월터 리프먼은 『여론』의 내용을 보다 짧고 의미 있게 '공중(the Public)'에 대한 분석을 내놓았다. 그것은 국가를 통치(govern)하는 의견을 만들고 말하는 존재이며 창조자인 공중 그 자체에 대한 분석이다. 그의 주장은 책 제목 『환영의 공중』이란 이름에 압축되어 있다. 그렇지만 결론은 민주주의이론의 공중은 환영이지만 리프먼은 공중 혹은 공중들의 존재를 믿는 것으로 보인다. 비록 그들 공중이 불안하고 변덕스러워 규정하기 어렵고 무지하고 수줍고 잘 파악되지 않으며, 뿐만 아니라 느닷없이 일을 내고, 모였다가는 흩어지는 가끔 공개적으로 나타나는 그런 현상들이지만 말이다. 이런 공중이 적절하게 다루어지고 재교육된다면 이들은 정치적 문제를 해결하는 데 상당한 효과와 이익을 낳을 것이라고 리프먼은 믿는다. 그러나 사람들은 전체적 맥락을 무시하고 몇몇 구절만을 갖고 리프먼이 민주주의로부터 영원히 떠났다('off' democracy)는 인상을 받을 수 있다. 리프먼의 에세이는 실제로는 간결하고 절도 있는 민주주의이론(pruned and temperate democratic theory)에 대한 신뢰를 표시한 언급이다. 그런 민주주의는 과장되고 무분별한 공중에 의해서는 실현될 수 있는 것이 아니라고 하면서 적어도 좀 더 나은, 즉 합리적 관념에 의해 민주주의를 실현하는 방법을 그는 제시한 것이다.

그래서 나의 생각에 적어도 그의 글은 건설적이다. 거의 낭만적인 수준의 아주 좋은 개선된 민주주의에서도 공중은 통치하는 것이 아니라 개입하는 것이고, 그리고 그러한 개입 행위도 항상 하는 것이 아니라 위기

은 ( )로 표시한다.

에 처했을 때나 하는 것이다. 리프먼의 『환영의 공중』은 우리 사회의 분위기를 반영한 것이다. 미몽에서 깨어난 대중들(1920년대 전후 '잃어버린 세대'—역자)이 속임수, 공포, 가식에 저항하면서 민주주의란 이해할 수 없는 이슈로 가득한 그런 것이라고 생각하게 된 때에 그의 『환영의 공중』과 같은 주장은 충분히 예견된 것이었다고 나는 생각한다.

그러나 요컨대 리프먼의 책은 민주주의 자체에 대한 반역이 아니라 민주주의 '이론'(부호는 역자의 것임)에 대한 반역이다. 그러면서 그는 현실적으로 작동하는 민주주의를 위해서는 민주주의에 대한 열정과 명료한 이해가 필요하다고 주장한다. … 그의 책은 아주 통상적인 방식은 아니지만 민주주의에서 제기되는 근본적이고 논쟁적인 문제에 대한 성찰이다. 리프먼은 그의 책에서 내가 말하기에 앞서 자신의 결론을 명료하게 말하였다. 그는 여론이 어떤 구체적인 문제에 대한 검증(판단)기준이 될 수 없다는 것이다. 그 이유로 그는 공중의 열광주의와 미몽에 사로잡히는 현상을 든다. 그러면서 민주주의를 비판한다. 정부의 행정적 행위는 공중을 대상으로 하는 것이 아니라 구체적인 개인들을 대상으로 한다. 공공문제도 시민들은 자신의 입장에서 해석하고 받아들인다. 이러한 공중 이야기가 책의 처음 3분의 2를 차지한다."

그 다음은 소수의 내부자(insider)와 다수의 외부자(outsider)로 구분하고, 내부자는 행동하고 외부자는 관람자, 즉 구경꾼이라는 말을 한다. 실제로 정부의 통치행위는 특정한 문제들, 특정한 개인들과 관련된 행위를 하는 것이다. 통치는 이런 것이고 그래야 한다. 그것은 추상적인 행위가 아니다. 문제들은 특정한 상황에서 특정한 사람에 의해 다루어진다. 또 정부에서 하는 일은 대부분 기술적이고 전문적인 것들이다. 그들은 다수의 사람들이 전문적으로 해야 할 정도로 복잡하다. 근대국가는 거대해서 의사결정과 행정은 필연적으로 대중으로부터 먼 거리에 있을 수밖에 없다.

그들은 보이지 않으며 전체를 알 수 있는 것들이 아니다. 외부자들은 그들 문제를 파악하기 어렵다. 아리스토텔레스 시대에도 시민의 제한된 능력과 그의 환경 사이의 괴리를 메우는 것이 문제였다. 아리스토텔레스의 답은 '공동체를 단순하고 소규모로 유지하는 것', 그리고 '시민의 자격을 유한 계급의 남자로 제한하는 것'이었는데, 지금 이런 방법은 모두 불가능하다. 옛날에도 민주주의라는 도그마는 무너졌는데, 왜냐하면 민주주의는 전능한 시민성과 여론의 무한한 능력을 전제로 한 것이었기 때문이다. 이러한 전제가 지금도 진실이 아니라는 것은 지난 30년간 선거 때 투표하는 사람의 비율이 10명 중 8명에서 10명 중 5명이 되었다는 사실이 말해준다.

  … 일반의지는 다수의 일반적인 희망들로부터 만들어지는데, 그것은 헤겔적 신비가 아니라 여론 지도자, 정치인, 위원회들의 조정과 기예(art)에 의해서 만들어진다. 그것은 기본적으로 감성적인 상징들을 이용해서 만들어진 것이다. 결론적으로 행위는 항상 소수의 내부자들에 의해 비공개 속에서 결정된다. 그 과정에 거짓이 개입되곤 한다. 그들 자신의 목적을 위해서, 공공의 대리자로 자임하면서, 그리고 공공의 지원을 받기 위해 대중을 속인다. … 공동체의 규모가 커지고 복잡성이 증가하면서 광대한 규모의 조직이 강제되었다. … 공중의 긍정적인 기능은 가끔 이 내부자들의 작업에 개입해 들어가는 것이다. … 공중의 문제는 그들이 공익을 추구하느냐, 아니면 사익을 추구하느냐에 달려 있다. 그리고 이런 문제에 대한 판단은 그들의 주장을 공개적으로 토론하고 그 결과를 널리 알릴 의지 여부에 달려 있다. 이성의 길은 정상적인 규칙(rule)을 자발적으로 따르는 것이다. 다른 제안의 합리성, 그리고 그 방법과 정신에 대한 통찰을 간과하고 심문을 기피하는 것은 이성과 법의 정상성에 반(反)하는 것이다.

  나의 요약은 무미건조한 것이지만 리프먼의 전체 이야기는 흥미롭고 우리로 하여금 많은 것을 생각하게 한다. 그러나 나는 그가 비판하는 공중이 공중 자체가 아니라 특정한 공중이라는 나의 평가를 수용해주기를 희망한다. 공중이란 하나가 아니라 다수이고 그들은 구체적인 상황에서 각자 다양하게 등장하는 현상이다. 오해를 피하기 위해 한 가지 덧붙일 것은 리프먼의 인사이더(insiders)란 정치권의 내부자만을 의미하는 것은 아니라는 것이다. 그들도 다른 상황에서는 아웃사이더(outsiders)가 된다. 산업과 경제 분야의 활동적인 산업체 리더들 —자본가이든 노동자의 리더이든 상관없이— 도 인사이더들이다. 그래서 리프먼의 주장은, 정부가 실질적으로는 비정치적 기관, 우리가 통상적으로 정부 관련 기관이 아니라고 간주하는 기관들의 인사이더들의 도움 속에서 운영된다는 것으로, 그것은 결과적으로 탈중심적 정부를 주장하는 새로운 접근이고 호소이기도 하다.

내가 생각하기에 리프먼의 비판 가운데 진정 중요한 부분은 그가 유권자 존재의 의미가 사양화되고 있다고 하면서도 그런 유권자들이 모든 문제를 해결해주기를 기대한다는 것이다. 그것은 구시대의 자유방임주의(laissez-faire) 식의 생각으로 이것은 혼란스럽다.

실은 리프먼이 비판한 대상이 허수아비 같은 인간이 아니라고 할 수 있는지는 의문이다. 나는 또 그가 상정하는 정통적인 민주주의 이론을 아무도 믿지 않았다는 말은 하지 않겠다. 그러나 이러한 관념(정통적인 민주주의 이론)은 사후에 나타나는, 즉 갖게 되는 생각이라고 말하는 것이 안전할 것이다. 즉 그들은 일어난 사실에 대한 '합리화(rationalization)'이다. 로빈슨(James Harvey Robinson)의 말을 빌리면 민주주의는 선이나 악이라는 관념의 실현으로서 생성하지 않았다. 대중정부란 다양하고 많은 사건들의 결과이다. 칼라일(Thomas Carlyle)은 민주주의자의 친구가 아니었는데, 인쇄기술이 주어진 이상 민주주의는 불가피하다고 하였다.(리프먼이 공중을 비판은 하지만 민주주의를 부정한 것은 아니다. —역자)

… 과거 민주주의를 지지한 대변자들의 공중에 대한 생각이 리프먼의

주장과 많이 달랐다는 생각은 들지 않는다. 공중은 최종 단계에서 심판자가 되는 것, 중요한 문제들을 대중적 판단에 부의하도록 강제하는 것, 가끔 통치자들이 그들의 주권자들 앞에서 심판을 받는 것, 이런 것들은 민주적 정부에서 엉뚱한 일이 아니었다고 나는 생각한다.

이런 제한된 범위의 일도 지적으로 수행하는 것이 최근 말할 수 없이 어렵게 되었다는 것은 의심의 여지가 없다. 이러한 변화는 리프먼이 우리에게 말하는 것과 같이 재사고를 필요하게 만든다. 그러나 이것은 그의 생각에도 수정을 요구한다. 그리하여 리프먼이 명백히 좋아하지 않을 최근의 오도된 공중의 행동들 ―금주법과 테네시법(Tennessee) 입법과정에서 예증된― 에 관한 논리적 분석은 비평보다 민주주의 정부의 기법에 기여할 것이다. 이들의 입법과정과 여론, 그리고 대중투표 사이의 관계를 리프먼이 글로 분석해주었다면, 그것은 계몽적이면서 동시에 흥미로운 것이 되었을 것이다. 어떤 문제를 갖고 그것을 여론과 대중투표에 부의해야 하는가 여부를 토론해보면 그 문제의 의미를 명료하게 밝히게 될 것이다. 전국적 차원의 공론에 부칠 것인가, 아니면 그런 것 없이 결정할 것인가? 아마도 후자의 문제를 갖고 전자, 즉 여론에 부쳐 결정하게 되면 계속하여 원점으로 되돌아가서 논쟁을 하게 될 것이다. … 분명히 사치단속법은 민주정부의 법이 아니다. 이것은 (민주주의와는 상관없는) 비정치적 문제의 법이다. 사치단속법 같은 사안들은 기차와 신문들에 의해 빠르고 복잡한 인터커뮤니케이션이 낳는 현상이다. 확실한 것은 리프먼은, 통치자가 이런 지혜롭지 못한 여론이 만드는 법으로부터 스스로 자신을 보호할 것을 권고하는 마지막 인사가 되리라는 것이다. 그러나 이런 일(여론의 압력)로부터 벗어날 방법이 있는가? 나는 이런 문제가 다른 형식의 정부보다 민주주의 정부에서 더 심각해졌다고 보지 않는다. 만일 이것이 보다 긴급한 문제가 되었다면 그것은 거대사회(Great Society)가 그렇게 만들었다. 말하자면 법이나 과학교육법(진화론 교육을 금지하는) 등을 지혜롭지 못한 법이라고 할 때 유권자의 전지전능이나, 무오류의 여론, 다수의 자연권에 대한 신념으로부터 나왔다는 주장은 거의 신뢰가 가지 않는 주장이다. 민주주의이론 때문이 아니라 금주법은 주류운반자들을 먹여 살리는 것이 싫어서, 도덕주의자 —카드 놀이, 음주, 댄스를 악마의 발명품이라는— 의 관점에서 오락을 싫어해서, 그의 신은 절약 혹은 부를 강조한다는 관점에서, 다수의 노동자를 고용하는 고용주의 입장에서, 살롱에서 이루어지는 정치권력이 무서워서—그리고 다른 많은 이유에서 만들어진 것이고 … 반진화론법을 통과시킨 사람들에게 생명을 주는 것은 열렬한 종교적 신념이다.

만일 민주주의제도가 공중에게 법의 통과를 결정하는 기회를 주는 것에 의문을 가질 수는 있지만, 그러나 그것에는 다른 함축되어 있는 뜻이 있다.(공중은 만병통치 혹은 완전한 치료를 해주는 약은 아니다. 그러나 의미가 있다. 듀이는 이런 점에서 급진주의적이 아니다—역자) 가톨릭 교회는 민주체제가 아니다. 그러나 다윈을 금서목록(Index)에 넣었다. 만일 교회가 학교를 완전히 통제하고 있었다면 교회는 테네시의 근본주의자(Tennessee fundamentalist)들보다 덜하지 않았을 것이다. 천부의 권리가 한때는 성직계급에게만 주어졌던 것이 다음에는 왕에게, 그리고 다시 인민에게 주어졌다고 생각하는 사람들이 민주주의가 권력의 오용을 자동적으로 막지 못한다는 것을 깨달은 것은 의심의 여지없이 바람직한 일이다.(민주주의가 권력의 오용을 자동적으로 방지하는 것이 아니다. 따라서 공중이 막아야 한다. 민주주의는 이 공중을 허용하고 가능케 한다. 공중이 없이는 민주주의는 무의미하다—역자) 그러나 모든 경우가 그런데 문제는 어리석음, 불관용, 무모함, 나쁜 교육, 소수집단의 훈시, 혹은 대중, 즉 다수라는 도덕적 휘장으로부터 곤란한 문제가 발생한다.

나는 리프먼의 훌륭한 논의를 공격하려는 의도는 조금도 갖고 있지 않다. 그러나 이들 문제는 좀 더 분석을 필요로 한다. 그것은 거대사회에 내재되어 있는 문제는 제외하더라도 다른 위험성들에 대한 분석을 요하는 것들이고, 그리고 민주주의의 취약성이 인과율적 —내재적— 인 것이 아니라 증상적이라는 사실을 유념하면서 논의하는 것이다. 그들 문제를 극복하는 데는 리프먼이 시사하는 현존 기술의 개선이 필요하다. 사회를 좀 더 조직하는 것이 필요하다. 또 공중과 관련된 좀 더 나은 논의도 필요로 한다. 신문 윤리의 수준도 더 높여야 한다. 궁극적인 문제는 과학적이고 예술적인 것이다. 문제는 신문을 사회의 제 활동 —다양한 인사이더 집단들의 욕구와 의도를 포함하여— 에 계속적으로, 체계적으로, 그리고 효율적으로 외부로 표출시키는 것이다. 이것은 지적이며 동시에 예술적 행위의 문제이다. 왜냐하면 발견하고, 기록하고, 해석하기 위한 과학적인 조직만이 아니라 탐구의 결과에 관심을 갖게 하고 이를 진지하게 표현하는 방법도 중요하기 때문이다. 나는 대부분의 사람들이 설탕을 영양소 때문이 아니라 미각의 만족을 위해서 먹는다고 생각한다. 그래서 나는 사실을 취하는 공중의 경우에도 다양한 공중들을 위해 준비되어야 하고 보통 보다 넓게 보면 공중은 공공적인 문제들에서도 그들의 사적인 관점에서 공익을 해석하고 그 위에서 그들을 다룬다는 것이다.

나는 나에게 가장 호소력이 있는 리프먼의 현대사상 —지성은 그 자체를 위해서가 아니라 특정한 어려움을 해결하고 갈등을 조절하기 위한 것이라는— 의 다원주의적 경향성을 효과적이고 통찰력 있게 구사한 그의 전문 철학자로서의 능력에 대해서는 언급을 하지 못했다. 이러한 철학적 배경은 그의 책으로 하여금 이 분야에 대한 거의 모든 현대의 저술들 가운데서 뛰어난 힘을 갖게 하였다. 나는 이 점은 다루지 않았다. 이미 이 글도 너무 길어졌고, 그래서 후일 이를 다시 돌아볼 수 있기를 희망한다.

듀이의 서평을 읽게 되면 우리는 듀이와 리프먼의 차이가 과연 무엇인가 하는 생각을 하게 된다. 가장 큰 차이라면, 리프먼은 민주주의 사회에서의 공중의 부정적인 측면을 강조하였지만 듀이는 공중의 긍정적인 측면을 주장한 것이다. 여기에 한 가지 덧붙인다면 리프먼이 비판한 공중과 듀이가 찬양한 공중은 다르다. 어쨌든 여기서 리프먼이나 듀이는 모두 민주주의의 프래그머틱한 문제를 다루고 있다. 이렇게 보면 리프먼의 저널리즘이나 듀이의 저널리즘이나 모두 프래그머틱하다. 그들의 차이는 근본적인 것이 아니다.

몇 가지 주제들

앞서 리프먼의 『여론』, 『환영의 공중』, 『공공철학』과 듀이의 『공중과그 문제들』에서 몇몇 중요한 관념을 논의한 바 있지만 좀 더 부연하고 싶은 것들이 있다. 그러나 그 안에는 불가피하게 반복되는 내용도 있을 것이다.

다원주의자 리프먼

리프먼은 다원주의자이다. 그의 언어관도 그렇다. 그는 언어의 한계를 인정한다. 즉 제한된 작은 수의 언어로 복잡한 세계를 표현해야 한다는 표상주의의 한계를 인정한다. 현대사회는 복잡한 거대사회(Great Society)이다. 이런 거대사회에서는 서로 다른, 즉 이종의 언어 게임들이 행해진다. 한 언어 게임의 유효영역은 극히 제한적이다. 이것은 거대사회는 하나가 아니라 다수의 언어 게임과 관습들의 연대 위에서 유지된다는 것을 의미한다. 다시 말해 다양한 사회집단들이 "같은 세계 안에 살면서도 다른 생각과 느낌을 갖고 산다."는 것이다. 즉 같은 세상에 살지만 다른 세상에서 산다는 것이다. 이것은 전통 민주주의이론이 상정하는 일관된, 그리고 합리적이고 지속적인 힘으로서의 여론은 존재할 수 없게 되었다는 것이다. 하나의 여론이 아니라 다수의 여론들이 존재할 수밖에 없다. 그러나 이들 다수의 여론은 고립된 동굴 속에 갇혀 있는 것만은 아니다. 그것이 아니라 각 집단의 여론 지도자(opinion leader)들이 있어서 이들이 상호 연결한다. 이것이 리프먼의 관점이다. 리프먼의 지도자는 후에 밀스(Charles W. Mills)의 권력 엘리트(power elite)로 발전한다. 이 점은 듀이와 같이하는 것이고 프래그머티즘의 관점이다. 여기서 우리는 리프먼이 실재론도 아니고 표상주의를 주장하는 것도 아니라는 사실을 확인하게 된다.

정부의 정당성과 여론

다수의견, 즉 여론으로 정의되는 인민의 의지는 정부의 정당성(legitimacy)을 담보하는가? 리프먼은 이에 회의적이다. 리프먼은 여론이 통치하는 것은 아니라고 한다. 이것은 토크빌의 주장이기도 하다. 1830년 토크빌(Alexis de Tocqueville)은 미국 방문에서 여론이 다수의 독재자가 되어 반대자를 질식시키고 개인의 자유를 위태롭게 할 수 있다는 곤혹스러운 사실을 토로했다. 리프먼은 대중(mass), 즉 다수의견의 지배는 미국 정치의 민주주의나 공화주의 모두를 위협한다고 했다. '인민의 의지(the will of the governed people)', 즉 주권(sovereignty)이라는 이름으로 다수의견이 소수의견을 무의미한 것으로 만들 수 없다는 것이다. 뿐만 아니라 리프먼은, 주권이 입법에 필수적이라는 로크(John Locke)의 가정이 반드시 진실은 아니며 현재 입법과정은 여론에 종속되어 있는데 문제는 이 여론이 시민들의 자율의지가 아니라 선전과 신문에 의해 '만들어진 것'이라고 주장한다. 민주주의 정부의 합법성을 정당화하는 '인민의 자율의지'라는 것은 허구이고 환상이라는 것이다.

듀이의 주장은 다르다. 현대사회에서 '공중'은 사양화되고 있다. 그러나 공중은 여전히 실체이다. 듀이는 '인민의 자율의지'를 '공중'이라고 하면서 이를 실체라고 주장한다. 즉 그는 여론을 중시한다. 특히 공중의 의지와 참여에 의한 민주주의를 그는 주장한다.

여기서 공중(the public)의 존재 여부 문제가 제기된다. 이미 말했지만 리프먼은 실체로서의 공중을 부정했다. 공중이란 만들어진 것이다. 지도자들이 사람들의 고정관념에 맞게 만든 상징들을 따라 모여든 사람들이 공중이다. 이들 상징은 감성적인 흡착력을 갖고 있으며 행위를 일으키는 힘이 있다. 이렇게 공중이란 "우리들 머릿속의 그림"과 상징에 의해 만들어진 환영이다. 따라서 이런 공중이 낳는 여론도 마찬가지로 환영이고 이런 환영이 민주주의 정부의 합법성을 정당화한다는 것을 리프먼은 받아들이기 어려워한다. 단순하게 이 말을 받아들이면 민주주의는 환영이라는 주장으로 들린다. 그러나 그것만이 아니다. 선전과 선동이 허구의 공중과 여론을 만드는데, 리프먼은 이를 부정한 것이다. 그리하여 그는 민주주의를 위해 전문직 엘리트의 충고와 지식이 선거로 선출된 통치자에게 제공되어야 한다고 주장했다.

듀이는 공중이 인간 연합(human association)의 필연적인 결과로 그것은 실체로 존재하는 것이라고 했다. 그의 주장은 이런 것이다. 인간은 연합 속에서 상호작용하면서 살고 있다. 그런데 이들 상호작용이 당사자들이 아닌 다수의 제3자들에게 중대한 영향을 미치는 경우 이것은 당사자들만의 문제가 아니다. 여기서 이들 다수의 영향을 받게 되는 관련자들이 공중을 형성한다. 간접적으로 혹은 직접적으로,

심각하게, 좋은 것이든 나쁜 것이든, 영향을 받는 사람들은 독자적인 집단을 형성한다. 이 집단의 이름이 '공중'이다. 공중은 조직되고 또 활동한다. 이처럼 듀이는 리프먼도 그랬지만 자연권과 같은 것에서 '공중'을 찾지 않는다. 그들은 이를 인간의 현실적인 사회생활에서 찾는다. 그러나 리프먼은 공중의 비합리성을 보았고 듀이는 합리성, 비합리성이라는 차원을 떠나 인간존재의 사회적 조건이 필연적으로 낳는 결과로 공중을 보았다.

리프먼에게 공중이란 이론적인 가상물, 즉 유령이다. 그래서 이런 여론이란 것이 정부의 기능을 지배하는 것은 가능하지도 바람직하지도 않다. 정부는 행정기관으로 시민들이 그들의 개인적인 목적을 추구하는 과정에서 발생하는 행정적 문제를 해결해주기 위한 제도이다. 이런 관점에서 정부에서 공중 ―혹은 여론― 의 역할은 작게 하고 전문가의 역할은 크게 하는 것이 좋다. 그러나 다시 말하지만 듀이에게 있어서 공중은 가상이 아니고 실체이다. 그리고 정부는 이 공공성 혹은 공중에 의해 만들어지는 것이다. 이런 그들의 상호작용을 관리하기 위해 정부는 만들어진 것이다. 한마디로 듀이에게 공중은 정부를 만들고 이를 운영하고 정당화하는 원천이다.

결론적으로 "정부의 합법성은 피통치자인 인민의 의지에 근거하는 것인가?"라는 물음에 대한 리프먼과 듀이의 답은 서로 다르다. 리프먼은 부정적이고 듀이는 긍정적이다. 그러나 누가 반드시 맞는다고 말할 수 있는 문제가 아니다. 왜냐하면 그 답은 구체적인 상황에 따라 다르기 때문이다. 그러나 이것은 분명하다. 리프먼은 유권자의 어두운 면을, 듀이는 밝은 면을 보았다는 사실 말이다.

저널리즘과 관련하여 정리해서 말한다면 리프먼이 저널리즘을 대중에 대한 서비스나 계몽의 도구로 보았다면, 듀이는 저널리즘을 공중의 생각과 의지의 도구로 보았다고 할 수 있다. 다시 말하면 리프먼이 저널리즘을 무엇을 위한(for) 것으로 보았다면, 듀이는 시민에 의한(by) 저널리즘을 주장하였다는 말이 된다. 이러한 도식은 민주주의 관념에 대해서도 동일하게 적용된다. 그리하여 리프먼의 저널리즘은 저널리스트, 즉 메시지를 보내는 측의 것이고 듀이의 저널리즘은 공중, 즉 메시지를 받는 측의 것이다.

지식이론: 우리는 어떻게 아는가

이러한 '공중'관은 지식이론(theories of knowledge)과도 깊이 관련되어 있다. 지식이론이란 '우리는 어떻게 아는가?' 하는 문제에 대한 이론이다. 이에 대한 리프먼과 듀이의 이론에도 차이가 있다. 그러나 그 차이는 강조점의 차이이지 서로 갈등적이라고 말하기는 어렵다. 리프먼은 이와 관련하여 '머릿속의 그림', '고정관념', '우리는 보고 나서 정의를 하는 것이 아니라 정의를 한 후 본다.'는 등 다수의 명제를 내놓았다. 이들은 모두 심리학적인 통찰이다. 이것은 그가 공동체 혹은 제도보다 개인을 더 중요하게 여긴다는 것을 말한다. 개인주의적이라는 말이다.[40] 이에 반해 듀이는 공동체, 커뮤니케이션, 합의라는 관념들을 지식의 소스로 주장한다. 듀이는 정신과 육체라는 이원론을 거부하고 있으며 그런 차원에서 그의 지식이론은 심리학이나 인식론이 아니라 그만의 경험론에 기초한 것이다. 그의 지식은 생물학적인 것이

---

[40] Dewey(1922, 1997). p. 158. 여기서 듀이는 지식은 연합과 커뮤니케이션의 산물이라는 것을 명시적으로 언급하고 있다. 그러면서 그는 리프먼의 인식론, 즉 지식에 대한 심리학적 이론을 강력히 비판하고 있다. 지식은 사회적으로 전승된 문화와 제도의 산물이라는 것이다. 그러나 리프먼도 지식이 사회적이고 문화적인 것이라는 점을 부정하지는 않았다. 리프먼의 이러한 심리학에 대한 경사를 라스키도 리프먼이 프로이트 심리학을 좀 잊었으면 좋겠다는 의견을 표현한 일이 있다.

다.[41] 그의 지식은 정신만의 현상이 아니라 정신과 육체 모두의 현상이다. 이의 연장선상에서 듀이에게 자연과 인간은 하나이다. 때문에 실험과학의 방법은 자연의 변화만이 아니고 인간 가치의 변화를 위해서도 당연히 적용될 수 있다. 지식이론과 과학이론은 동전의 양면과 같다.

리프먼과 듀이, 그들의 지식이론에는 차이가 있다. 그러나 엄밀한 의미에서 보면 리프먼에게 듀이 수준의 지식이론이 있다고 하기는 어렵다. 간단히 말하면 리프먼의 지식이론은 이론이라기보다 기존의 인식론에 대한 비판일 뿐이다. 이에 비해 듀이는 이론적이라고 할 수 있다. 철학사를 보면 궁극적인 지식의 소스는 무엇이고 그 진위의 검증과 판단은 무엇이 하는가 하는 문제에 대한 몇 가지 이론이 있다. 첫째는 이성(reason)과 개념(conception)이론이다. 둘째는 지각(perception)과 감각(sense)이론이다. 그리고 셋째는 칸트(Immanuel Kant)의 종합이론이다. 첫째, 지식의 대상 자체를 지식의 소스로 보는 이론은 이성이 지식의 발견과 진위를 검증하고 판단한다. 이 이론의 목적은 보편성과 법칙의 발견이다. 둘째, 지각 중시 이론은 개별자의 특수성을 존중하면서 정확한 관찰만이 지식을 낳는다는 주장이다. 이들은 정치적 의미도 달리한다. 전자는 이성적인 질서와 조직의 유지를 위해 합리성에 의한 통제의 필요를 강조하고 후자는 자유와 혁신,

---

41) 여기서 생물학적이라는 말의 의미는 다윈의 진화론에 듀이의 지성이 가해져 나온 생물학의 창발성으로서 지식을 의미하는 것이다. 생물학에서 물질이 생명이 되는 현상에는 창발성이라는 물질계의 특성이 있다. 단순한 것에서 복잡한 것으로 조직화되어가는 과정에 이전에 존재하지 않았던 새로운 특성이 나타나는 것이 창발성인데, 이 때문에 조직화가 어떤 임계점을 넘어서면 물질에서 생명성이 돌연히 나타나게 된다는 것이다. 결국 물질이 생명이 된다는 말이다. 지식도 이런 생명현상의 하나라고 듀이는 일찍이 본 것이 된다. 이일하(2014). 『생물학 산책』 20쪽 참조.

그리고 진보를 위해 개개인의 가치와 욕망을 중시했다. 한마디로 지식의 근거를 전자는 지식의 선험적 대상 자체에, 후자는 개인의 경험적 지각에 둔 것이었다. 그러나 지식의 근거는 어느 하나만은 아니다. 그리하여 이들 합리론과 경험론을 종합한 세 번째의 칸트의 이론이 나왔다. 칸트에 의하면 감성과 사유는 본래 서로 독립하여 존재하며 그 결합은 숨은 장소에서 갑자기 수행되는 활동에서 나온다. 즉 감각적 자료는 밖으로부터 인상되는 것이나 이를 연결하는 제 개념은 오성의 내부로부터 공급된 것이다. 이런 "종합은 의도적으로 통제된 기획에 의하여 되는 것이 아니라 자동적으로 돌발적으로 이루어진다." 는 것이다.

이렇게 지식이론은 세 가지가 있다. 아인슈타인의 상대성이론 이전의 과학이론과 전통적 철학이론에서는 그랬다. 그러나 듀이는 여기에서 지식이론의 코페르니쿠스적 전환 ―칸트가 아니라 듀이의― 이라고 주장하는 자신의 지식이론을 내놓았다. 그것이 실험적 지성이 낳는 지식이론이다. 지나친 단순화일 위험이 있지만 위에서 이야기한 세 가지 이론은 모두 지식의 '발견'이론이다. 합리론이나 경험론, 그리고 칸트의 종합이론 모두 지식은 어디에 있는 것이고 그것은 이성 혹은 감성 또는 오성에 의하여 발견되는 것이다. 칸트가 구성을 이야기하지만 그것은 듀이의 말대로 철저한 구성이 아니다. 창조하는 것이 아니기 때문이다.

그러나 듀이는 지식의 발견이 아니라 지성을 통한 창조 혹은 발명(invention)을 주장했다. 듀이의 발명이란 지식이론은 프래그머틱한 목적을 갖고 조작적 정의(operational definition)에 의해 대상을 변화시켜서 그것에서 지식이 만들어져 나오게 하는 이론이다. 그렇다면 그의 이론은 도덕적인 것이기도 하다. 왜냐하면 생산에는 목적이 있고 목적에는 가치가 실려 있기 때문이다. 듀이의 지식이론은 이렇게 사실과 가치의 분리를 인정하지 않는다. 듀이의 이런 지식이론은 그의 과학관에서 나온 것이다. 듀이는 뉴턴 시대의 과학과 아인슈타인 이래의 과학을 구분하고 이를 『확실성의 탐구』에서 상세히 밝히고 있다. 거친 결론이지만 듀이의 지식은 대중과 공중이고 합의의 결과이고 그의 지식은 순결하고 자족적인 것이 아니다.

리프먼의 지식이론과 뉴턴의 과학

리프먼의 지식이론, 과학관은 듀이와 다르다. 그러나 무엇이 어떻게 다른가 하는 것은 논쟁의 여지가 있다. 흔히, 특히 캐리의 문제제기 후 리프먼의 과학관은 제임스적이고 뉴턴적으로 규정되고 있다. 제임스는 "뉴턴의 우주는 폐쇄된 우주이다. 이 폐쇄된 우주는 철저히 기계적인 세계를 의미한다."는 말로 뉴턴의 과학을 정의한다.[47] 이로부터 뉴턴의 기계론적 과학은 우리의 지식활동과 독립하여, 즉 자연 속의 지식의 대상은 선험적으로 존재하고 과학적 지식이란 그것의 위치와 속도를 정확히 확인한 것이다. 미래와 과거는 완전히 결정적이고 고정된 동일한 하나의 도식에 속해 있다. 과학에서 관찰을 정확하게 수행한다는 것은 관찰 대상이 지니고 있는 본질적 특성의 법칙에 따라 고정된 변화의 상태를 기록하는 데 불과하다. 그리하여 라플라스(Pierre Laplace)의 만일 어떤 한때의 우주 상태에 관하여 기계적 지식을 가질 수 있다면 우주의 미래를 알 수 있을 것이라는 말을 인용한다. 하이젠베르크가 이런 뉴턴의 철학을 전복시켰다.[43]

---

42) John Dewey(1929, 1960). *The Quest for Certainty*. Capricorn Books. 앞으로 이 책은 'J. Dewey(1929)'로 표기함. p. 209.
43) Ibid. p. 202.

뉴턴 과학의 목표는 법칙(laws)을 확인하는 것이다. 개개의 사건은 오직 법칙의 한 사례일 뿐이다. 법칙은 존재자의 궁극적인 진술이다. 법칙은 존재의 궁극적이며 불변적 성질을 말하며 모든 관찰된 개개의 사건은 선행하는 실재세계를 포괄하는 보편적 법칙의 한 예에 불과하다. 사유는 실재자 속에 선행하여 있는 불변자를 가장 근접하게 파악할 때 타당성을 지닌 것이 된다. 이런 뉴턴 과학의 인식론은 밖에서 안을 들여다보는 것이다. 정확한 비유라고 할 수는 없지만 우리가 극장에서 연극을 관람할 때 객석에서 구경하는 것과 같은 의미의 인식론이다. 이러한 과학이론, 즉 자연을 방관자로서 관찰하여 법칙을 발견하는 지식이론이 정치경제학에서는 '자연법(natural laws)'으로 나타났다. 물리적 법칙이 물리현상을 지배하듯이 자연법이 인간행위를 지배하는 것은 당연하다. 따라서 자연법은 경제행위의 유일한 규범이다. 이로부터 나온 논리적 귀결이 '자유방임(laissez-faire)'이다. 경제적 조건을 인간이 고안한 목적에 봉사하도록 한다는 것은 해로운 간섭이었다. 이것은 보편적 법칙(universal law)의 한 예로서 뉴턴 철학의 유산이다.[44] 『여론』과 『환영의 공중』에 있는 리프먼의 지식이론은 이런 뉴턴 과학에 기초하고 있다는 해석을 캐리 측은 한다. 그의 지식이론, 즉 인식론은 방관자, 즉 관객이론이라는 것이다.

이 문제를 저널리즘과 관련하여 다시 논의해보겠다. 뉴턴의 우주는 기계적이고 고정된, 즉 닫힌 체계이다. 지식도 마찬가지이다. 닫힌 우주에 관한 지식도 당연히 고정된, 즉 닫힌 것이다. 이런 닫힌 체계에서 지식은 고정된 것이다. 리프먼의 '지식'은 이런 것이라는 해석이 있다. 그래서 지식의 타당성은 관찰의 정확성에 따라 결정된다. 저널리

---

44) Ibid. p. 212.

즘 뉴스의 경우 이것은 보도의 대상과 뉴스라는 사본이 얼마나 일치하느냐에 따라 그 타당성이 결정된다. 이것이 표상이론(representation theory) 혹은 거울이론(mirror theory)이다. 리프먼은 저널리스트의 객관성(objectivity)과 무관여성(disinterestedness)을 강조하였다. 이것은 인식적 오류가 인식 대상이 아니라 인식 주체의 문제라는 입장이다. 뉴스의 정확성과 같은 저널리즘의 문제는 인식 주체의 인지 능력, 즉 기자나 미디어 조직의 고정관념이나 편견과 같은 인지를 오염시키는 요소들이 문제라는 것이다. 리프먼은 오염되지 않은 지식을 주장한다는 것이다.

그러나 리프먼은 이러한 지식을 획득할 수 있다고 하지 않았다. 특히 저널리즘에서는 더욱 그렇다. 이 문제와 관련하여 리프먼은 『여론』에서 '고정관념'은 제거할 수도 없고 또 그것이 바람직한 것도 아니라고 했다. 그뿐 아니라 뉴스라는 것이 얼마나 많은 단계에서 게이트 키핑된 것인가를 그의 초기 저서 『뉴스와 자유』에서 잘 밝힌 바 있다. 이런 말을 하는 이유는 리프먼의 인식이론이 대응이론(correspondence theory)이 아니기 때문이다. 그래서 리프먼 연구자 잰센은 리프먼의 인식론이 정합설(coherence theory)이라는 주장을 한다.[45] 이것은 리프먼의 인식론이 엄밀한 의미에서 실재론적인 것이 아니라는 말이다. 리프먼은 지식과 진실이 사회적이며 문화적이라는 것을 인정한다. 그는 또 연극의 관객이면서 동시에 배우이기를 원한다. 그런 의미에서 그는 지식, 사실, 진실도 그의 민주주의이론에서의 시민들처럼 순결하고 순수한 '창백한 신'이 아니라는 것이다. 이런 메타포를 그는 많이 사용했다. 이 책을 시작하면서 소개한 리프먼의 70회 생일 기념 연

---

45) S. Jansen(2012). p. 24.

설에서도 그는 정부가 알아야 할 사실에 관해 아웃사이더만이 아니라 인사이더들도 완전히 알 수는 없다고 했다. 이런 측면에서 리프먼은 듀이나 다음 장에서 이야기하게 될 로티와도 먼 거리에 있지 않다. 여기에서 우리는 다시 캐리의 리프먼-듀이 '논쟁'의 오독을 확인하게 된다. 결론은 한마디로 리프먼은 뉴턴적이 아니라는 것이다.

듀이의 지성과 하이젠베르크의 과학

듀이는 하이젠베르크의 신과학과 지성을 주장하였다. 『확실성의 탐구』에서 듀이는 이성을 지성으로 대체한다.[46] 이 지성은 새로운 과학 패러다임의 이성이다. 듀이는 '불확정성의 원리'에 따라 자신의 지식이론을 전개한다. 그는 하이젠베르크의 원리가 확정적인 지식을 부정하고 지식이론의 파멸을 가져오는 것같아 보이지만 그렇지 않다고 했다. 뉴턴의 고정된 법칙으로 정확한 예측을 할 수 없는 우주는 무질서의 세계같이 보인다. '밖'의 사실이 '안'의 사실과 일치하지 않는 것이 분명할 때 우리는 불안을 느낀다. 그러나 이것은 그렇게 염려할 일이 아니라고 듀이는 말한다. '사실'이 우리의 '정신'과 일치해야 한다는 생각은 불변하는 것이 참 실재라고 하는 형이상학의 파생물이고, 또 관찰보다는 합리적 개념이 지식의 운반자라고 하는 것은 인식론의 파생물이라는 것이다.[47] 세계를 합리성으로 규정하였다는 것이다.

---

46) John Dewey(1929). 8장 지성의 자연화(the naturalization of intelligence)에서 지성을 다루고 있다. 특히 pp. 199-200 부분을 인용한다.

47) "우리들 머릿속의 그림"이 외부세계의 실재와 일치하지 않는 문제를 제기한 리프먼의 이야기는 유명한 일화이다. 듀이가 말한 이 불일치가 바로 이런 것이다. 그러나 리프먼과 달리 듀이는 이것을 장애로 보지 않는다. 리프먼은 이를 민주주의의 장애요소로 보았지만 듀이는 이를 오히려 민주주의의 덕목으로 본 것이다. 일치하지 않는 문제를 교정하기 위해, 혹은 서로 달리 인식하면서도 연합하기 위해

불확정성의 원리는 종래의 방관자적 인식론의 종언을 고하는 것이었다. 그리하여 듀이는 지식이란 방관자적 관찰, 그리고 이성의 산물이 아니라고 말한다. 대신 방관자가 아닌 참여자, 그리고 이성이 아닌 지성을 지식의 소스라고 그는 주장한다. 듀이의 지성은 그가 리프먼과 갈라지는 가장 중요한 분기점이다. 듀이는 지성에 대해『확실성의 탐구』에서 상세히 설명하고 있다. 이것을 리프먼과 비교하면서 보자. 이렇게 하는 것이 지성에 관한 설명이 좀 더 용이하고 또 리프먼과의 차이를 보다 분명히 할 것으로 생각된다.

듀이에게 지성은 지식이 만들어지는 용광로이다. 이 지성에 의하여 지식은 만들어진다. 그리고 이 지식은 다시 수정될 수 있게끔 공개되어 있다. 때문에 그것은 절대적 혹은 최종적인 것이 아니다. 듀이는 과학을 이야기하면서 하이젠베르크의 불확정성 원리의 패러다임 내에서 과학적 지식을 주장하였다. 다시 말하면 듀이의 지식은 절대적 확실성을 지닌 것이 아니라 확실성이 확률적으로 높은 지식이다. 확실성은 더 높아질 수도 더 낮아질 수도 있다. 듀이가 말하는 지식은 어떤 주어져 있는 대상에 대한 지식이 아니다. 듀이의 지식의 대상은 인간의 손이 닿지 않은 순수한, 그리고 자족적인 것이 아니다. 다시 말해 듀이의 지식은 인간이 그 지식의 대상에 어떤 조작(operation)을 가해서 변화시킨 결과로 얻게 된 지식이다. 그러면서 듀이는 자연(nature)은 알려질 수 있는 것(intelligible)이며 이해될 수 있는 것(understandable)으로 그와 같은 지식의 대상인 자연은 구성되고 조작되어 구체적인 대상이 될 때 알려지고 이해된다고 말한다. 이것은 지식은 선행하여 존재하는 어떤 대상을 그대로 파악하는 것이라는 전통

민주주의의 가치인 토론과 관용이 요구되기 때문이라는 것이다.

적인 지식이론과는 급진적으로 다른 것이다. 그렇다면 지식은 만들어지는, 즉 구성되는 것이지 가만히 저 혼자 홀로 있는데 관찰자에 의해 발견되는 것이 아니다.

지식, 그것은 과도적이고 상대적인 것이다. 그렇다면 지식을 지식이라고 할 수 있는 것은 무엇인가? 그것은 실험 과학적 방법이다. 과학적 방법에 의해 나온 것은 지식이라고 이름할 수 있다. 이 과학적 방법의 전 과정에 개입하여 그것을 이끄는 것이 지성이다. 그렇다면 다시 말하지만 지식은 지성의 산물이다. 실험 과학적 방법은 문제를 발견하고 해결 방법을 가정하고 실험하고 그 결과를 검증하고 판단하는 과정으로 되어 있는데, 이 모든 것에 지성은 개입하고 관여한다. 이것이 듀이의 지성의 의미이고 지식이론이다.

다시 말하지만 듀이는 이성을 지성으로 대체한다. 프래그머티즘의 이성이 지성이다. 그러면서 전통 철학이 자연을 본질적이고 합리적인 것으로 전제하면서 이성을 자연의 감시자로 보는 것에 반대한다. 그리하여 그는 활동과 창조가 없는 수동적인 이성을 적극적이며 활동하고 창조하는 지성으로 대체시켰다. 이런 지성의 힘에 의하여 우리는 우리가 대면하는 대상이나 사태의 가능성을 추정, 평가하고 이에 따라 행동한다는 것이다. 지성은 이성처럼 자연과 세계 밖 피안의 것이 아니라 우리의 자연과 세계라는 차안의 것으로 그 안에서 활동하는 힘, 즉 자연이다. 따라서 이 말은 자연 그것으로서 자연을 파악한다는 의미이다.

다시 말하지만 지성이 하는 일은 지식을 '발견'하는 것이 아니다. '발견'이 아니라 지성은 지식을 '발명(invention)'하게 한다. 이것은 듀이가 프래그머티스트로서 '과거'가 아니라 '미래'를 위한 지식의 창출을 주장한 것과 조화롭다. 그는 실험 과학의 조작(operations)과 처치

(treatments), 그리고 실험을 통해 지식을 만들어가는 세계를 말한 것이다. 이것은 마치 밭에 씨를 뿌리고 잡초를 뽑아주고 비료를 주는 등의 일을 하면서 농사를 지어 어떤 것에 내재되어 있던 가능성을 밖으로 발현시키는 것과 같은 것이다. 이를 듀이는 지성의 활동이라고 했다.

듀이에 의하면 과학의 특별한 힘은 우리들의 환경을 개척하는 데 있다. 이러한 사실은 우리의 환경이 불변의 것이 아니라는 것을 의미한다. 자연과학은 많은 과학적 지식을 생산하고 환경을 변화시켰다. 듀이는 인간의 가치 변화를 위해서도 이런 과학적 방법의 사용을 주장한다. 의사, 엔지니어, 예술가, 기술자들이 이런 활동을 하는 존재들이다. 물론 전통 철학은 이를 반대한다. 그것은 '기획된 조작(directed operations)'의 결과이지 순결한 선험적 지식이 아니라는 것이다. 그러나 듀이는 우리가 필요로 하는, 그리고 우리가 획득 가능한 지식은 그런 것이 아니라고 말한다. 듀이의 지식과 지성은 이런 것이다.

리프먼과 듀이는 지식과 민주주의 간의 관계에 대한 생각에서 차이가 있는 것 같지만 본질적인 것은 아니다. 리프먼은 지식, 즉 앎을 민주주의의 전제조건으로 삼는다. 그는 지식을 민주주의에 선행시킨다. 결과적으로 그는 지식을 가진 엘리트의 역할을 강조한다. 그러나 듀이는 그 반대인 것처럼 보인다. 듀이에게 지식은 공개적인 검증과 토론을 거쳐 확인되는 인간 공동체의 산물이다. 지식은 기본적으로 누구나 평등하게 참여하여 검증하고 토론하는 과정을 거쳐 나오는 결과이다. 따라서 지식은 항상 비판과 수정에 열려 있어야 한다. 이것은 지식이 민주주의의 산물이라는 것을 의미한다. 그는 리프먼과 달리 민주주의를 지식에 선행시킨다. 듀이는 이렇게 민주주의를 지식의 전제조건으로 본다. 듀이의 이러한 지식이론은 상대주의처럼 보일 수도 있다. 그러나 이것은 상대주의가 아니다. 상대주의가 아니라 열려 있다는 것으로, 그것은 지식이 발전할 수 있는 가능성을 의미하는, 즉 적극적이고 긍정적인 사고이다. 이런 듀이의 과학관은 당시로서는 새로운 것이었고 그의 사회이론도 마찬가지로 새로웠다. 개인은 개별자들이지만 연합 속에서 삶을 살아간다는 그의 주장은 인간관계의 재발견(rediscovery of human relations)이론과 같이하는 것이었다.

지식이론에서 리프먼은 듀이와 다르다. 그러나 그것이 근본적인 차원의 것은 아니다. 하이젠베르크의 불확정원리는 리프먼의 우상과 도그마를 부정하고 파괴하는 성향과 어긋나는 것이 아니다. 그러나 리프먼이 하이젠베르크의 원리를 당시 미국 사회의 모든 권위체계가 요동치는 상황에서 불안하게 여겼을 것이라는 추정은 필요 없다고 나는 생각한다. 그는 저널리스트이지 학자가 아니었다. 지식이론만 보면 리프먼의 입장은 소극적이고 듀이는 적극적이다. 듀이의 지성이란 관념 자체가 적극적이다. 리프먼에게는 그런 이론이 없다. 그러나 리프먼이 저널리스트로서 사실과 진실을 추구하는 행위 자체가 듀이가 말하는 지성, 그것의 실천행위라고 해석할 수 있다. 다시 말해 리프먼의 저널리즘 자체가 지성의 산물이었다는 의미에서 양자의 차이는 크게 강조될 사항은 아니다. 나는 결론적으로 리프먼을 형이상학적, 토대주의적, 표상주의적으로 정의하는 것에는 공감하지 않는다. 리프먼은 프래그머티스트이고 리버럴이었다.

역사와 문제적 상황에서

이 책에서 리프먼과 듀이를 비교하면서 이야기한 이유는 캐리의 '논쟁'이라고 부른 드라마 때문이 아니다. 리프먼의 『여론』과 『환영의 공중』, 그리고 듀이의『공중과 그 문제들』은 모두 정치철학 문제, 즉 민주주의, 공중, 자유, 저널리즘에 관한 이야기들로 되어 있다. 나의 결론은 그들 사이에 차이는 있지만, 큰 차이는 아니라는 것이다. 그리고 그 차이도 원론적인 것이 아닌 실천적인 것이다. 리프먼과 듀이는 특정한, 구체적인 문제의 상황에서 나온 아이디어를 주장한 것이다. 웨스트브룩도 같은 이야기를 한 바 있다.[48]

---

48) Robert B. Westbrook(1991), *John Dewey and American Democracy*.

4

저널리즘과
프래그머티즘

저널리즘과 프래그머티즘 사이에는 깊은 가족성이 있다. 무엇보다 저널리즘과 프래그머티즘에는 모두 하나의 세속적인 지식이론이 있다. 듀이는 프래그머티즘을 2원론적 인식론의 진실을 실험적 개념으로 대체하는 것이라고 한다. 이것은 진실을 경험에 의해 증명되는 어떤 것으로 대체한 것이다. 그리고 증명은 유용성에 따라 결정되는 것이다. 어떤 명제가 증명되었다는 것은 그것이 미래에 유용한 가이드로서 작용한다는 말이다. 이렇게 프래그머티즘의 진실은 효과적 행위의 술어로 정의된다. 그렇다면 저널리즘의 경우는 어떤가? 한마디로 저널리즘도 프래그머티즘과 같다. 저널리즘의 감시, 토론의 광장, 문화의 전승기능이라는 고전적 존재이유가 말하는 것이 문제해결의 가이드로서의 유용성을 진실의 기준으로 삼는 프래그머티즘과 무엇이 다른가? 저널리즘도 문제해결을 위한 유용성이라는 기준 위에서 그 모든 것이 평가된다는 점에서 그것은 곧 프래그머티즘이다. 저널리즘은 미래지향적인 것이다. 그것은 흔히 말하는 역사적인 진실이나 형이상학적인 진리를 추구하는 것이 아니다.

이처럼 저널리즘과 프래그머티즘은 가족성을 깊이 공유하고 있다. 그러나 여기서 한 걸음 더 나아가 보면 오늘날의 우리 저널리즘과 프래그머티즘이 공유하는 특별한 것이 있다는 것을 발견하게 된다. 그것은 자유주의 정치철학이다. 로티와 듀이 같은 프래그머티즘 철학자들은 프래그머티즘이 추구하는 목표란 '보다 나은 자유민주주의 사회'라고 말한다. 로티는 이 프로젝트의 중요한 참여자로서 저널리즘을 들고 있다. 우리는 저널리즘을 '보다 나은 자유민주주의 사회'를 위한 것이란 주장을 당연하게 받아들이고 있다. 저널리즘이란 로티의 프래그머티즘 철학처럼 자유주의 유토피아로의 진보를 위한 '치료적 (therapeutic)' 제도라는 것이다. 여기서 '치료'라는 말은 저널리즘을 계몽과 같은 어떤 전체적 프로그램의 수행을 하는 것이 아니라는 말이다. 즉 '치료'란 '수술'이 아니다. 오늘의 저널리즘은 '계몽주의'적 도구가 아니다. 지금은 계몽의 시대도 아니고 정치적으로 자유민주주의는 우리들이 이미 상당히 내재화한 정치제도로 이를 좀 더 나은 것으로 만들어가는 것이 오늘의 당연한 과제로 되어 있다. 그 과정에서 장애를 축소하는 일의 일부를 저널리즘은 하고 있다. 이것은 곧 로티가 그의 프래그머티즘 철학에 대해 주장한 것과 같은 것이다.

이러한 저널리즘의 프래그머티즘화는 저널리즘을 순결한 신(pale god)에서 진부(banal)한 인간으로 전환하는 것을 의미한다. 이것은 또 저널리즘의 사실(fact)과 진실(truth), 그리고 객관성(objectivity)이나 공정성(fairness)뿐만 아니라 자유(freedom)와 같은 규범적 가치들의 정당성을 프래그머티즘이라는 패러다임 안에서 이해해야 함을 의미한다. 이것은 저널리즘의 사실이나 진실이라는 관념뿐만 아니라 저널리즘 자체의 재서술을 요구하게 만든다. 그러나 이것은 저널리즘에서 이들

관념이나 이론을 완전히 새롭게 하는 혁명을 말하는 것은 아니다. 나의 이야기는 저널리즘 안의 형이상학, 토대주의, 그리고 보편주의를 쿤이 말한 패러다임, 즉 프래그머티즘이라는 패러다임의 것으로 하는 것이다. 한마디로 추상의 수준을 낮추어 나의 문화 안의, 즉 자문화중심(ethnocentric)에서의 형이상학과 토대, 그리고 보편성의 저널리즘을 나는 말하는 것이다. 이것은 어떤 의미에서는 인간의 눈과 신의 눈이 함께하는 저널리즘을 이야기하는 것이다. 그러나 그 신은 유일신이 아니라 '신들', 즉 신들의 사회에서의 신들이다. 서양사로 말한다면 그것은 로마(Rome)가 아니라 그리스(Greece)적이다. 모든 저널리즘이 프래그머티즘화한다거나 혹은 그렇게 되어야 한다고 하는 것은 아니다. 여러 종류의 저널리즘이 있을 수 있고 또 그것이 좋을 것이다. 그것이 프래그머티즘의 저널리즘 문화의 길이다.

나는 이런 생각을 하면서 저널리즘 안의 프래그머티즘과 프래그머티즘 안의 저널리즘을 들여다보려고 한다. 저널리즘과 프래그머티즘은 모두 세속적이고 실천적이며 반이론적이다. 그래서 프래그머티즘적인 것은 저널리즘적이고 저널리즘적인 것은 프래그머티즘적이다. 프래그머티즘 철학자 로티는 진실의 공급 수단으로 저널리즘을 높이 평가하는데, 사실 저널리즘은 매일 프래그머틱한 사실을 공급한다.[1] 물론 양자 사이에는 차이가 있다. 그러나 크게 보면 저널리즘은 프래그머티즘의 표현이다. 적어도 미국이나 한국의 경우는 그렇다. 저널리즘의 진실은 프래그머티즘 철학이 주장하는 진실과 다름이 없기 때문이다. 그뿐 아니다. 현대의 저널리즘과 프래그머티즘은 점점 더 서

---

1) 나는 '사실'과 '진실'이라는 말을 같은 의미로 사용한다. 물론 이들은 구별할 수도 있지만 굳이 그럴 필요가 없다고 생각한다. '빵'이나 '밥'을 음식으로 부를 수 있는 것과 마찬가지로 말이다. 'Truth'의 경우는 '진리'라고 한다.

로 가까워지고 있다.

역사를 보면 저널리스트들은 '그들의 진실'을 갖고 있었고 이를 갖고 저널리즘을 수행하였다. 그들의 규범은 관행과 습관이었다. 말하자면 '그들의 진실'은 관행과 습관의 산물이었다는 의미이다. 후에 다시 말하겠지만 프래그머티즘 철학자 제임스에게 관습은 곧 이성이다. 당초 저널리스트들은 인쇄 기술자와 같은 장인(匠人)이었다. 철학자나 과학자가 아니었다. 점차로 문인 ―소설가, 시인, 평론가 등― 이나 지식인들이 그 일에 합류했다. 그러면서 그들은 진실의 객관성, 공정성, 공개성, 검증 등 새로운 규범을 채택하고 전문성을 높였다. 그러나 기본적으로 저널리즘은 이론적이 아니다. 저널리즘은 개별 사건과 상황에 따른 구체적 반응이다. 이렇게 저널리즘은 보편적 원리나 이론이 아니라 개별적이고 구체적인 실천이라는 의미에서 강하게 프래그머티즘적이라고 말하는 것이다.

나는 이제 저널리즘과 프래그머티즘의 관계에 대해 이야기를 하겠다. 이것은 이들이 서로 어떤 관계를 맺고 있고 또 앞으로는 어떤 관계가 가능한가 하는 이야기이다. 비유하면 이것은 한 가정의 식구들 사이의 상호작용에 관한 이야기 같은 것이다. 나는 여기서 어떤 이론을 제시하는 것이 아니라 작은 주제의 '이야기'를 하려고 한다. 다시 말하면 전체를 하나의 그림으로 그리려는 것이 아니라 구체적이고 작은 주제의 에세이 여러 편을 모아놓는 식으로 하고 있다. 일종의 단편 소설집, 혹은 좋게 말하면 모자이크 그림처럼 말이다. 또 그들 속에 나의 주관적인 생각들이 포함되는 것을 과하게 피하려 하지 않겠다.

지식 대신 희망: 사실과 진실에 관하여

저널리즘의 기본 자산은 사실(fact)과 진실(truth)이다. 저널리스트의 첫 번째 의무는 사실과 진실 추구이다. 이 점을 저널리스트라면 누구나 수긍한다. 그러나 '사실'과 '진실'이 무엇인가 하는 질문에 대한 답은 간단치 않다. 대부분의 경우 혼란스럽고 명료치 않다. 실제로 어떤 하나의 사건에 대한 뉴스 ―특히 정치적인 사건의 경우― 는 방송이나 신문에 따라 다른 경우가 많다. 한국의 경우에도 우리는 신문이나 방송에 따라 주식이나 일기예보 외에는 사실과 진실 ―특히 정치 뉴스의 경우― 이 전혀 다른 경우를 많이 경험하고 있다. 그럼에도 불구하고 우리는 사실과 진실이란 것이 있고 이에 의존하여 우리의 삶을 꾸려간다.

프래그머티즘의 '지식 대신 희망'

사실이나 진실을 정의하는 것은 많이 힘들다. 그러나 생각을 바꾸어 "그것은 무엇을 위한 것인가?" 하고 묻게 되면 답은 그렇게 어렵지 않다. 그 답은 저널리즘의 사실과 진실은 우리들 삶의 도구라는 것이다.

프래그머티즘 철학자 로티의 언명 가운데 '지식 대신 희망(hope in place of knowledge)'이란 것이 있다. 로티는 물론 이것은 듀이의 이야기라고 밝히고 있다.[2] 또 시인 에머슨(Ralph W. Emerson)과 휘트먼

---

2) R. Rorty(2007). *Philosophy As Cultural Politics*. Cambridge University Press. p. ix.

(Walt Whitman)의 주장이기도 하다. 그래서 이것은 프래그머티즘의 말이지 로티만의 말은 아니라고 하는 것이 옳을 것이다. 어쨌든 나는 '지식 대신 희망'이란 말이 저널리즘에도 그대로 적용되는 말이라고 생각한다. 이를 더 이야기하기 앞서 먼저 로티의 다음과 같은 말을 인용하면서 시작한다.

"헤겔(Hegel)과 다윈이 협동하여 우리에게 미친 영향은 철학에게 '우리는 무엇인가?(What are we?)'에서 '우리는 무엇이 되려고 할 수 있는가?(What might we try to become?)'라는 질문을 하게 만들었다. … 우리 철학자들은 행위가 아니라 명상을 우선하는 것을 포기해야 한다. 우리는 마르크스가 우리의 직업은 과거와 다른 미래를 만드는 것을 돕는 것이라는 말에 동의해야 한다. … 철학자는 수도자나 성인의 역할을 하는 것이 아니라 엔지니어나 변호사와 같은 역할을 해야 한다. 그들은 그들의 고객들이 무엇을 원하는가를 알아야 한다. … 오직 전제자가 다스리는 나라만이 이런 철학자를 원하지 않을 것이다. 자유주의 사회는 항상 이런 철학자의 서비스를 원한다."[3]

위의 인용문에서 철학이란 단어 대신 저널리즘을 넣어도 크게 잘못될 일은 없을 것이다. 그렇게 하면 여기서 저널리즘은 조력자이지 지배자는 아니다. 저널리즘은 총통이 아니다. 다시 말하면 저널리즘은 하인으로는 좋지만 주인으로는 아니라는 말이다. 한마디로 저널리즘도 마찬가지로 그것은 수단이고 도구이다.

다시 프래그머티즘으로 돌아가 그것의 목표는 이론이 아니라 실천(praxis)을 돕는 것이라는 말을 한다. 프래그머티즘의 목표는 궁극적

---

3) R. Rorty(2006). *Take Care of Freedom and Truth Will Take Care of Itself*. Stanford University Press. Introduction by E. Mendieta. p. xvii에서 재인용. 앞으로 이 책은 'R. Rorty(2006)'으로 표기함.

인 진리(Truth)를 발견하는 것이 아니라 아이디어(idea)의 도구성을 탐구하는 것이라는 것이다. 그리하여 철학적 아이디어는 그것이 지칭하는 세계를 옳게 표상하고 있는가 여부가 중요한 것이 아니라, 그것이 우리의 세계를 우리가 희망하는 대로 변화시키는 것을 도와주느냐 하는 것이 중요한 문제가 된다. 이런 의미에서 프래그머티즘은 세계를 개량하려는 미래의 꿈을 향한 철학이다.

'지식 대신 희망'에 대한 로티의 이야기를 좀 더 들어보자. 그는 직접 이렇게 말한다. 플라톤과 아리스토텔레스의 인류의 가장 찬양받을 만한 가치는 사물을 그들이 진정으로 있는 그대로를 아는 것 ―즉 현상 뒤에 있는 실체로 파고 들어가는 것― 이라고 생각한 것은 오류이다. 그런 생각은 '불운한 현상'과 '실재(unfortunate appearance-reality)'라는 구도하에서 형이상학적인 것을 찾는 것인데, 프래그머티즘은 어떻게 이런 것 없이 지식을 탐구하느냐 하는 것을 보여주는 것이다. 나는 지식의 탐구를 지식 그 자체가 아니라 미래의 보다 큰 인간의 행복을 지향하는 수단으로 강등시키기를 원한다.[4] 로티의 이러한 이야기는 지극히 현실적이고 실천적인 것이다. 다시 말하면 그는 미국이라는 새로운 나라를 만든 힘은 지식이 아니라 새로운 유토피아에 대한 꿈이었다는 것이다. 이것은 또 세계를 개량하기 위해서는 지식이나 이론이 아니라 미래에 대한 낙관적인 꿈과 희망이 먼저라는 것이다. 미국이라는 국가는 개척자들의 꿈과 희망에서 시작하였고 지식은 이를 뒤따른 것이었다. 미래에 대한 낙관적인 전망과 열정이 없었다면 미국이라는 국가는 만들어질 수 없었다. 그것이 프래그머티즘의 정신

---

4) Richard Rorty(1999b). *Philosophy and Social Hope*. Penguin, p. xiii. 앞으로 이 책은 'R. Rorty(1999b)'로 표기함.

이라는 것이다.[5]

그리하여 프래그머티스트는 우리의 지식이 실재의 내재적인 본성에 대한 대응이라는 생각을 버리고 지식이란 어떤 하나의 과도적인 목적에 봉사하는 것으로 본다. 프래그머티스트는 우리의 정신(mind)이 우리의 밖에 있는 실재(reality)와 접촉한다는 이원론의 그림으로부터 벗어나 있다. 이것은 프래그머티즘이 다윈의 인류는 환경에 적응하기 위해 최선을 다하는 동물이란 이론으로부터 시작한다는 것을 말한다. 인간은 쾌락은 최대로 하고 고통은 최소화할 수 있는 도구를 발전시키기 위해 최선을 다한다. 우리가 사용하는 단어(words)도 그런 도구의 하나이다. 또 우리가 천동설이 아니라 지동설을 믿는 것은 우리가 우리의 선조들보다 더 나은 도구를 마련해 갖고 있다는 것을 의미한다.[6]

---

5) 그러나 로티는 '희망'이란 서구 세속화의 속성으로도 이야기한다. 그는 유럽이 발달시킨 자유민주주의와 기술은 인간의 고통을 크게 감소시키고 개인의 행복을 최대화하였다고 판단한다. 로티는 서구가 사회발전을 위해 준비한 것은 세속화(secularization)였다고 하면서 그것은 서구인들이 신이나 진리와 같은 역사나 초시간적인 존재와의 관계를 시간적인, 즉 인간들 간의 관계로 바꾸는 것이었다고 한다. 이러한 전환은 서구사회가 일상적인 행복과 물질적 부의 축적을 장려하게 만들었다. 로티는 이러한 세속화를 거치지 않은 사회의 —동양사회— 구성원들은 아직도 그들 자신을 신이나 영혼 혹은 영웅과 같은 존재와의 관계를 중시하면서 빈곤이나 불평등과 같은 일상적인 조건을 인내하게 만든다는 것이다. 후자의 경우 그곳에는 항상 초인적 존재나 금욕주의적인 수도자를 필요로 한다. 이렇게 그는 현대 서구사회는 '희망의 문화(a culture of hope)'를 상징하는 반면에 동양은 '인내의 문화(a culture of endurance)'를 상징한다는 것이었다. 이 이야기는 Wei Zhang(2006). *Heidegger, Rorty and the Eastern Thinkers*. State University of New York Press. p. 24. 참조.

6) Ibid. p. xxv.

242

저널리즘의 '지식 대신 희망'

나는 여기서 로티의 '지식 대신 희망'이란 주장에서 이 시대의 저널리즘을 재서술하라는 요구를 읽게 된다. 다시 말하면 이것은 저널리즘의 사실이나 진실, 객관성 등 여러 가지 핵심 관념들의 재서술이 필요하다는 것을 말하고 있다. 로티의 프래그머티즘은 진실이나 객관성을 급진적으로 거부한다. 이들 진실이나 객관성은 좀 더 나은 사회로의 진보를 위한 효율적 도구가 못 된다. 그리하여 로티는 '지식' —진실과 객관성의— 이 차지하고 있던 자리를 '희망'이란 어휘로 대체한다. 미국의 역사를 보더라도 '희망'이 미국이라는 나라를 낳은 진보의 토대 아닌 토대였다는 이야기이다.[7]

'지식 대신 희망'이라는, 즉 '지식'을 '희망'으로 대체하는 재서술은 급진적인 것이다. 로티는 철학을 '희망'과 '치료'라는 구체적, 사회적 기획이라고 하였다. 그의 명제를 저널리즘에 적용하면 저널리즘의 진실은 보편자로서의 진실을 구체적인 우리의 '희망'과 '치료'를 위한 실천적 진실로 정의하게 된다. 이것은 우리로 하여금 '진실' 대신 '희망'의 저널리즘을 주장하게 만든다. 또 이것은 저널리즘이 그것의 토대를 '희망'으로 삼을 것을 지시하는 것이다. 저널리즘이 추구하는 사실과 진실의 목적이 '희망'이라는 것이다. 한마디로 이는 '감시자(watcher)'로서의 저널리즘이라는 정체성을 보다 적극적인 것으로 재

---

7) 이러한 해석은 과장된 것일는지 모르겠다. 그러나 "로티는 진리가 존재하지 않는다고 주장하는 것은 아니다. 그는 진리에 대한 이론이 불필요하다고 생각할 뿐이다. 그에 의하면 우리가 참이라고 여기는 것은 대부분 논의가 필요 없는 것들이다."라는 해석이 있는데 그러한 '참'이라고 여기는 것을 나는 '토대'로 생각한 것이다. 김용준·이유선 등(2014), 『로티의 철학과 아이러니』, 35쪽 참조.

서술하는 것이다. 전통적 저널리즘 이론에 비추어보면 이러한 저널리즘은 언론제도의 네 가지 이론에 나오는 자유주의 언론이 아니라 권위주의 언론 체제를 주장하는 것처럼 보일 수 있다.[8] 물론 로티가 그런 권위주의를 주장한 것은 아니다. 그의 저널리즘 실천을 되돌아보거나 그의 자유사회에의 꿈을 보면 그것이 아니라는 것은 자명하다.

'지식 대신 희망'이란 로티가 그의 반토대주의 —우연성, 아이러니, 연대성— 에 대한 유럽 철학자들의 비판에 대한 반응이기도 한, 다시 말하면 그의 반토대주의의 토대, 그리고 상대주의라는 비판에 대한 방어로서 '희망'을 주장한 것이기도 하다. 여기서 로티는 "만일 당신이 희망을 갖고 있다면 당신이 그리스도가 하나님의 아들이라고 믿든 않든 혹은 보편적인 인권이란 것이 있다고 믿든 않든 그런 것은 중요한 문제가 아니다. 중요한 것은 보다 낳은 세상에 대한 꿈이다. 희망은 정당화를 요구하지도 않고 인식적 지위라든가 혹은 근본적인 근거라든가 또는 다른 어떤 것을 요구하지 않는다."고 했다.[9] 우리가 동일한 희망을 갖고 있다면 기독교도이든 마르크시스트이든 프래그머티스트이든 그것은 크게 문제될 것이 없다. 동일한 희망을 '토대'로 하여 연대를 이룰 수 있고 사회는 진보할 수 있다. 이처럼 로티에게도 이런 토대는 있다. 저널리즘도 마찬가지일 것이다.

---

8) 언론제도의 네 가지 이론은 언론학 이론의 고전으로 F. Sibert, T. Peterson, W. Schramm(1963)이 *Four Theories of The Press*에서 구분한 세계의 언론제도이다. 그것은 자유주의 언론과 권위주의 언론으로 나누고 다시 자유주의 언론을 자유방임주의 언론과 사회책임주의 언론으로, 그리고 권위주의 언론을 권위주의 언론과 공산주의 언론으로 구분하여 그것의 존재이유, 통제 방식 등의 특성을 열거하고 설명한 내용으로 되어 있다.

9) Richard Rorty(2002). *Against Bosses, Against Oligarchies*. p. 58. 앞으로 이 책은 'R. Rorty(2002)'로 표기함.

로티는 1998년 내놓은 『미국만들기(*Achieving Our Country*)』에서도 '지식 대신 희망'이란 주장을 하였다.[10] 휘트먼과 듀이는 '지식'의 자리에 '희망'을 대신 놓았다. 그들은 신의 의지(God's Will), 도덕적 법칙(Moral Law), 역사의 법칙(Laws of History) 또는 과학적 사실(Facts of Science) 대신 품위(descent) 있는 사회, 그리고 문명된 사회를 희구하는 유토피안의 희망에 그들을 맡겼다. 로티가 말한 '희망'은 보다 나은 사회에 대한 것이었다. 그는 미국의 전통적인 진보좌파를 '희망'의 당파로 부르면서 그들이 20세기 미국을 보다 더 정의로운 경제적, 군사적 거인으로 만들었다고 했다.[11]

　그러나 그의 '지식 대신 희망' 주장은 지식의 존엄성을 폄하하고 공공철학을 파괴하여 미국의 젊은이를 무사려(mindless)의 무리로 만든다는 비판을 받았다. 또 너무 나아간, 즉 과장이라는 평가도 있다.[12] 이 '지식 대신 희망'이란 말은 한참 후 있었던 한 대담에도 나온다. 이 대담은 작은 팸플릿 책자로 출간되었는데 그 안에 '반토대주의의 토대(The Foundations of Anti-Foundationalism)'라는 소제목 아래 이 '희망'이란 말이 논의된다.[13] 그 제목이 말하듯이 여기서 '희망'은 그의 반토대주의의 토대이다.

---

10)　Richard Rorty(1999a). *Achieving Our Country*. Harvard University Press. 이 책은 임옥희(2003). 『미국만들기』(동문선)로 된 한국어 번역판이 있다. 앞으로 이 책은 'R. Rorty(1999a)'로 표기함.

11)　Ibid. pp. 106-107.

12)　R. Rorty(2006). p. 4. 재인용. 로티에 대한 우호적인 비평가로 알려진 데넷(D. Dennett)은 "나 자신의 경험은 하이데거(Heidegger)나 셀라스(Sellars)와 같은 난해한 사상들에 대한 아주 좋은 소스로서 로티가 도움을 주지만 그러나 그가 말하는 것을 0.673 —그가 로티 요인(Rorty Factor)이라고 부른— 을 곱해서 들으면 좋다. 그는 모든 것을 보다 극단적인 것으로 항상 과장한다."라고 말했다.

13)　R. Rorty(2002). p. 58.

이와 유사한 로티의 주장은 그의 『실용주의의 결과』 한국어판 서문에도 나온다. 그는 여기서 '행복'이란 단어를 쓰고 있는데, "실용주의자들은 진실의 추구란 단지 행복 추구의 한 종류에 불과하다고 생각한다."고 했다.[14] 즉 프래그머티스트들은 진실이 행복을 위한 도구라는 것이다. 이것은 또 행복, 희망, 꿈을 진실보다 선행하는 조건으로 보는 것이다. 그는 지식보다 꿈을 먼저 위치시킨 것이다. 그래서 그는 민주주의를 철학보다 선행시키는 것이다.

로티는 프래그머티즘을 민주주의의 철학(philosophy of democracy)이라고 정의한 듀이를 지지한다. 그는 듀이가 미국과 프래그머티즘을 충일한 희망, 세계개량주의, 실험정신의 표현이라고 생각했다는 것이다. 프래그머티즘이 미국을 위해 하는 일은 철학적인 지식이 아니라 정치적인 희망을 제시하는 일이라고 로티는 말한다. 미국은 항상 미래 지향적인 나라이고 미국인들은 그들이 성취한 미국적인 업적을 자랑스럽게 생각하는 나라이다.[15] 그는 이렇게 정치에서 지식보다 희망이 더 중요하다고 생각한다. 미국을 만든 것은 정치적인 지식이 아니라 정치적 희망이었다는 것이다. 그리고 프래그머티즘은 이러한 희망을 위한 철학이라고 그는 말한다.

다시 말하지만 로티의 '지식 대신 희망'이라는 명제는 정치만이 아니라 저널리즘에도 설득력 있는 주장이라고 생각한다. 전통적으로 저널리즘의 자산은 사실과 진실이라는 몰가치적인 정보이지 '희망'과 같은 가치가 담겨 있는 관념은 기피 대상이다. 그러나 '희망'은 저널리즘의 사실과 진실에도 암묵적으로 내재되어왔다는 것이 정직한 이야기

---

14) 리처드 로티(1982)저 · 김동식 역(1996). 『실용주의의 결과』. 민음사. 10쪽.
15) R. Rorty(1999b). p. 24.

일 것이다. 그런 의미에서 '지식 대신 희망'이란 명제는 저널리즘의 명제이기도 하다.

우리는 '지식' 대신 '희망'의 저널리즘이라고 할 수 있는 사례들을 적지 않게 말할 수 있다. 미국의 경우 위에서 리프먼을 이야기할 때 많이 언급한 잡지 《뉴 리퍼블릭》, 그리고 제1, 2차 세계대전을 전후한 미국의 애국적 저널리즘과 정부의 선전 등은 모두 미국이라는 국가건설과 생존을 위해 저널리즘이 도구로서 역할을 한 사례들이라는 것을 부정할 수 없다. 물론 그것에는 의혹과 비판이 따르지만 말이다. 그뿐 아니다. 미국에서 저널리즘은 국가발전의 도구로서 이미 1920년대 이래 정치학과 사회학, 그리고 심리학 등에서 주된 관심과 이용의 대상이었다. 전시의 선전 혹은 사회통제의 한 축으로서, 그리고 국제관계의 한 수단으로서 저널리즘은 중요한 조종기구였다. 제2차 세계대전 후 미소의 냉전체제 형성과 미국의 세계 최강대국화는 저널리즘의 중요성을 더욱 강화시키면서 후진국 개발의 도구로서 저널리즘을 비롯한 매스미디어의 중요성이 더욱 강조되었다.

이를 말해주는 증언의 하나가 '매스미디어와 국가발전(mass media and national development)'이란 테제였다. 같은 이름의 책이 미국 커뮤니케이션학의 초기 개척자였던 슈람에 의해 출판되어 1960년대 후반에는 한국에서도 널리 읽혔다. 슈람 외에도 후진국의 근대화에서 매스미디어의 역할에 관한 다수의 연구들이 수행되었다. 초기의 연구 가운데 정치학 분야에서 러너(Daniel Lerner)의 『전통사회의 이행(*The Passing of the Traditional Society*)』, 로스토(Walt Rostow)의 후진국 개발론, 농촌 사회학 분야에서 로저스(Everett M. Rogers)의 『혁신의 전파(*Diffusion of Innovations*)』, 사회학과 사회심리학 분야에서 라자스펠드와 카츠의 『민중의 선택(*The People's Choices*)』 등은 모두 경제와 정치의 근대화 과정에서 매스미디어의 역할을 강조하는 연구들이었다. 또 이들은 발전 커뮤니케이션 이름으로 중요한 연구영역의 하나였다. 제2차 세계대전 시 미국 국방부 산하 선전국에서 선전과 설득의 효과를 연구한 소위 예일 커뮤니케이션 연구집단(the Yale communication research group)의 호블랜드 등의 설득 커뮤니케이션 연구도 이 시대의 국가적 과제를 위한 개척자적인 연구들이었다.

한국의 경우도 저널리즘 역사는 근대국가 건설 역사의 한 부분이다. 그것은 한말과 일제하에서의 국민 계몽과 구국운동, 해방 후 분단과 좌우 대결 속에서의 건국운동, 한국전쟁, 경제의 근대화와 산업화, 그리고 정치적 민주화 과정이라는 역사와 같이한 것이다. 이러한 역사는 분명 로티가 말한 미국의 유토피아 국가 건설과는 다른 한국적 특성을 갖고 있다. 무엇보다 우리의 문제는 유토피아가 아니라 생존 그 자체였다는 점에서 특수성을 갖고 있다. '희망'이란 단어는 우리에게 과분한 것이었다. 그러나 냉정하게 회고해보면 우리의 저널리즘 역시 새로운 국가건설이라는 '희망' 속에서 태어나 성장한 것이었다. 다시 말해 한국의 저널리즘도 '희망'의 저널리즘이었다는 의미이다. 언론은 억압 속에서 정치권력의 정당화를 위한 도구였다는 비판이 있지만, 그 시대를 부정적으로만 평가할 일은 아니다. 한국 저널리즘은 근대의 계몽주의에서 출발하여 식민지 시대에도 자신의 역할을 찾아 수행해왔고 한국사회의 산업화와 민주화 과정에서도 어떤 경우는 자율적으로 또 어떤 경우는 타율에 의해 자신의 역할을 조정하면서 환경에 적응해왔다. 이런 의미에서 보면 오늘의 저널리즘은 과거가 아니라 미래를 위한 것이 되기 위해서 여러 가지 문제를 재서술해야 할 때가 되었다는 말을 하게 된다.

표상주의와 미래를 위한 사실과 진실 문제

저널리즘은 자신의 사실과 진실의 이론으로 표상주의(represen-tation)이론 —혹은 대응(correspondence)이론— 을 받아들이고 있다. 이를 우리는 '거울이론'이라고 부른다. "신문은 사회의 거울이다."라는 메타포가 이를 말하는 것이다. 이들은 모두 실재(reality)를 전제하고 있는 이론이다. 그렇기 때문에 저널리즘은 '실재'의 거울이라는 이론을 충족시켜야 하는 압력을 부단히 받아왔다. 그 증거의 하나가 저널리즘 문헌에 나오는 '사실(fact)만이 아니라 사실에 관한 진실(truth about fact)'을 보도해야 한다는 주장이다.[16] 여기서 '사실만이 아니라 사실에 관한 진실'이란 말은 표상주의의 한계를 넘어서는 어떤 것을 저널리즘에 요구하는 것이다. 이것은 저널리즘이 선험적이며 형이상학적인 사실과 진실만을 자신의 토대로 삼아야 한다는 것은 물론 아니다. 그러나 이것은 근대가 '신'의 자리에 인간의 '이성'을 밀어 넣었지만 그래도 '신'을 완전히 버린 것은 아니라는 의미이다. 저널리즘의 경우 그 이유는 이론적이기보다 자신의 정당성을 확보하는 데 '신'의 권위가 필요했기 때문에 '이성'이라는 유사 신을 도입했다고 나는 해석한다.

다시 말하지만 저널리즘은 프래그머틱하다. 저널리즘의 진실이론은 프래그머티즘 이론에 더 가깝다. 여기서 '더 가깝다'는 것은 형이상학보다 반형이상학인 프래그머티즘과 더 많은 것을 공유하고 있다는 뜻이다. 저널리즘이 형이상학이나 실재(reality)를 전적으로 부정하

---

16) 1940년대 말 나온 사회책임주의 이론의 주장으로 저널리즘 뉴스는 "사실이 아니라 사실에 관한 진실"이어야 한다는 주장이 그 안에 있다.

는 것은 아니다. 그러나 저널리즘 진실의 문제는 소스가 아니라 도구로서의 유용성 문제이다. 유용하다면 그 소스가 무엇이든 진실로서의 자격이 있다는 것이다. 그런 의미에서 저널리즘의 '진실'이란 이름은 명목적인 것이며 그 정체성 또한 하나가 아니다. 진실 그것은 그저 프래그머틱한 도구일 뿐이다. 그리고 그 '진실'이라는 도구는 과거가 아니라 미래의 문제를 해결하기 위한 것이고. 따라서 그 진위는 미래에 결정된다. 프래그머티즘 역시 과거가 아니라 미래를 위한 진실과 미래를 지향한 지성 —듀이의— 을 주장한다. 《워싱턴 포스트》에는 "뉴스의 진실은 확인되었을 때의 진실과 거의 같은 것이어야 한다."라는 보도 원칙이 있다. 뉴스의 진실은 미래에 결정되는 것이라는 의미이다.[17] 저널리즘의 사실과 진실은 미래를 위한 도구이고 힘이다. 이것은 프래그머티즘의 진실과 같은 것이다.

저널리즘의 진실은 기능적인 것이다. 예를 들면 경찰은 사실 —진실— 에 근거해 용의자를 추적하고 검거한다. 판사도 증거와 증언에 따라 재판을 진행한다. 세금도 자료에 근거해 징수한다. 우리는 아이들에게 도덕, 역사, 물리, 생물학 등을 가르친다. 이들은 우리들 삶에서 필요로 하는 사실이고 진실이다. 그러나 그것은 고정된 불변의 것이 아니다. 그것은 항상 열려 있는 진실이다. 저널리즘은 일상적 삶의 근거로 기능할 수 있는 진실을 추구한다.[18] 이것이 저널리즘의 진실이다.

---

17) Bill Kovach and Tom Rosenstiel(2001). *The Elements of Journalism*. Crown. p. 44; 이종욱 역(2003). 『저널리즘의 기본요소』. 66쪽. 이것은 원문 "the truth as nearly as the truth may be ascertained"를 번역본에서 차용한 것임. 사실 프래그머티즘의 미래를 위한 진실이란 이 이상의 의미를 갖고 있다.

18) Ibid. pp. 42, 56; 역본 63쪽.

그러나 저널리즘이 진실의 형이상학이나 토대주의를 전적으로 부정하는 것은 아니다. 앞서 인용한 코바치는 저널리즘의 진실에 대해 이렇게 말한다. 20세기 정치적 이데올로기와 포스트모던 해체주의자들의 결론은, 진실이란 너무나 복잡하여 알 수가 없다는 것이다. 진실은 아예 존재하지 않을지도 모른다. 이것은 철학적으로는 타당할 수 있다. 그러나 저널리즘은 다르다. 저널리즘은 본래 철학적이거나 내성적이라기보다는 반응적 —돌발 사건이나 상황에 대한— 이고 실제적이다. 그리고 저널리즘이 추구하는 진실은 절대적 진실이 아니다. 화학방정식의 진실도 아니다. 저널리즘은 우리들 행동의 기준으로 기능할 수 있는 정도의 도구적 가치가 있는 진실을 추구한다.[19] 저널리즘에서 진실의 형이상학이나 토대주의 문제는 관심의 대상이 아니다. 중요한 문제는 진실의 유용성이다. 그런 의미에서 저널리즘에게 진실이 형이상학적이고 토대주의적인 것이든 혹은 반형이상학적, 반토대주의적인 것이든 그렇지 않든 그 문제에는 관심도 없고 중요하지도 않다. 문제는 유용한 도구로서 기능하는 것이 진실이라는 것을 의미하는 것이다. 그런 의미에서 저널리즘의 진실은 그저 우리가 유용한 이유에서 진실로 받아들이는 그런 것이다. 이렇게 보면 저널리즘의 진실은 곧 프래그머티즘의 진실이다.

　　그러나 전통 저널리즘의 진실은 실재론(realism)적인 것이다.[20] 코바치는 저널리즘은 뉴스를 내놓을 때 가능한 한 정확하고 진실된 것을

---

19)　Ibid. pp. 40-42; 역본 59-63쪽.

20)　여기서 '실재론적'이라고 하는 것은 저널리즘은 형이상학적 실재의 존재 여부가 관심의 대상이 아니라는 것이다. 단지 주어진 대상을 정확히 표현하는 것이 중요한 목표일 뿐이다. 그래서 '실재론'이 아니라 '실재론적'이라고 한 것이다. 프래그머티즘 역시 마찬가지이다.

목표로 한다고 말한다. 가능한 한 오류를 제거한 후 저널리즘 매체는 보도한다. 신문의 경우 1판의 기사는 2판, 3판에서 수정되고 방송의 7시 뉴스는 9시, 12시 뉴스에서 수정되고 보완된다. 이것은 진화이지 완결이거나 종말을 전제로 한 행보가 아니다. 그러나 이를 넘어서서 생각해야 할 문제는 여전히 남는다. 유용한 도구로서의 진실에는 누구의 어떤 목적을 위한 것인가 하는 문제가 남게 된다는 것이다. 이에 대한 보편적인 하나의 답은 없다. 그렇다면 저널리즘의 진실은 보편적인 것이 될 수 없다.

여기서 우리는 저널리즘의 진실은 대화의 산물이라는 말을 하게 된다. 저널리즘은 피드백(feed-back)을 중시한다. 여기서 피드백은 일종의 대화이고 이것은 진실 탐구에 필수적이다.[21] 듀이는 일종의 대화이기도 한 커뮤니케이션(communication)이 진실을 낳는다고 했다. 그는 진실(truth)이란 민주적 대화의 산물이라고 하였다. 물론 코바치의 대화나 진실이 듀이적인 것으로 보이지는 않는다. 그러나 뉴스는 취재, 기사 작성, 편집 혹은 편성, 제작 등 전 과정에서 사람들과의 대화의 산물이다. 어떤 선험적인 실재와의 직접적 접촉의 결과가 아니라 중재의 결과이다. 사실이나 사건은 스스로 말하지 않는다. 저널리스트들을 통해서 말하는 것이다. 그리고 이들 저널리즘의 진실은 저널리스트 공동체의 산물이다. 이것도 프래그머티즘의 진실 바로 그것의 한 성격이다.

저널리즘의 진실이란 이렇게 우리들의 문제에 우리가 보다 편하게 혹은 효율적으로 대처하게 해주는 도구들이다. 다시 말하지만 이것은

---

21) 원문은 The search for truth becomes a conversation이다. Ibid. p. 45; 역본 67쪽.

프래그머티즘에서 주장하는 진실이다. 그리고 현대 저널리즘의 진실 이론이 점점 더 프래그머티즘 쪽으로 기울고 있다. 이런 추세의 이유를 확실히 말하기는 힘들지만 이런 이야기가 가능하다. 그 이유를 커뮤니케이션 기술의 발전, 후기 자본주의의 확산과 심화, 포스트모더니즘 환경 등을 들고 있지만 이는 프래그머티즘화로 요약될 수 있다. 저널리즘은 보다 프래그머틱해지고 있고 저널리즘의 진실 또한 더욱 프래그머티즘화하고 있다는 것이다. 이와 같은 저널리즘의 프래그머티즘화는 계몽주의 모델에서 저널리즘이 점점 멀어지는 것이며 저널리즘의 전통적인 사실이나 진실, 그리고 지식과 정보라는 관념의 해체 혹은 외적인 확산 —내적인 수렴이 아니라— 을 의미하는 것이다. 이로부터 나오는 결론의 하나는 저널리즘의 전통적인 사실이나 진실의 표상주의를 받아들이기 어렵게 되었다는 것이다. 이런 관념의 해체 혹은 변화가 우리로 하여금 다시 생각하게 하는 것의 하나가 객관성(objectivity) 문제이다.

반토대주의적 객관성

객관성은 현대 저널리즘의 핵심적 가치이다. 그러나 아직도 이 문제는 뜨거운 주제이다. 저널리즘이 '객관적'이지 않다는 비판은 저널리즘에 대한 가장 흔한 비판이다. 뉴스의 객관성이란 가치는 거의 절대적이다. 그런데 왜 객관적이어야 하는가? 그 이유는 뉴스는 진실이어야 하는데 이를 실현하는 방법이 객관성이기 때문이라고 흔히 말한다. 그런데 과연 그런가? 객관성이 진실을 담보하는가? 위에서 살펴본 것처럼 진실이란 그렇게 단순한 것이 아니다. 예를 하나 들어

보자. 아우슈비츠의 가스실에서 죽어간 유대인들의 고통에 대한 진실이 제3자의 객관적인 보도에 과연 얼마나 담겨 있다고 할 수 있는가? 저널리스트는 그들의 고통을 진정 담아낼 수 있는가? 회의적이다. 그럼에도 저널리즘의 객관성이 주장되는 이유는 그것이 다른 방법보다 그래도 더 낫기 때문이라고 말한다. 그러나 항상 그런 것은 아니다. 객관주의는 실은 프래그머틱한 도구일 뿐이다. 그것이 우리들의 삶에서 유용하기 때문이다. 이것이 저널리즘의 객관성을 정당화하는 근거이다. 그렇다면 객관성은 유용성의 정당성 문제이지 실재의 표상문제가 아니다. 여기서 프래그머티즘의 상대주의 문제가 대두된다. 다시 말하면 이런 객관주의는 상대주의적인 것으로 객관성이라고 말할 수 없다.

다시 말하지만 객관성이란 저널리즘의 주된 가치이다. 리프먼은 이를 주장한 대표적인 저널리스트이다.[22] 그는 사실과 진실을 담보할 수 있는 방법으로 객관주의를 내세웠다. 그러나 그의 객관주의는 위에서 말한 바 있지만 표상주의적인 것이 아니다. 듀이나 로티는 실재론과 객관주의적 표상주의에 동의하지 않는다. 여기서 말해두어야 할 것은 듀이나 로티는 어떤 특정한 인간의 요구에 대처하기 위해 사물들이 가장 잘 기술될 수 있는 것 이상으로 사물의 본질 그 자체에 대해 말할 수 있다는 생각을 포기했다는 점이다. 표상주의의 포기이다. 그들은 데리다나 하이데거처럼 '존재의 형이상학'을 비판하는 철학자들과 생각을 같이한다. 듀이나 로티에게 객관성은 사람들 사이에 상호 주관적인 합의 —그러나 하버마스의 이성중심적인 상호 주관성과는 다르

---

22) 그러나 그의 객관주의를 기계적인 것으로 해석하기는 힘들다. 왜냐하면 그의 저널리즘 실천도 그렇지만 그는 저널리스트를 비유하자면 항상 연극의 관객이면서 동시에 출연 배우라고 했다. 저널리스트는 객관적인 구경꾼이 아니라는 것이다.

다— 일 뿐이지 신적인 어떤 것의 재현의 보증서가 아니다.[23] 다시 말하지만 리프먼도 이 점에서는 듀이나 로티와 크게 다르지 않다.

저널리즘 뉴스의 사실, 진실, 객관성은 모두 프래그머티즘에서 볼 때 도구들이다. 그런데 생각해보면 이들이 뉴스를 위한 도구가 된 것은 필연적인 이유가 있어서가 아니라 우연적인 것이었다. 반드시 그래야 할 근원적인 이유가 없었다는 것이다. 로티의 관점에서 보면 저널리즘의 이런 것은 우연이고 아이러니이며 연대의 결과이다. "왜 객관성이 미국의 저널리즘과 미국 사회의 주된 가치가 되었는가?" 하는 셔드슨의 이야기에도 로티의 이런 통찰과 유사한 내용이 있다. 그는 로티의 프래그머티즘에 동의하지 않지만 그렇다. 그의 이야기를 보자. 이제부터의 객관성 이야기는 주로 셔드슨의 것이다.[24]

저널리즘의 이념적 장치, 객관성

미국의 경우 1830년대 이전까지 객관성(objectivity)은 주된 가치가 아니었다. 미국의 신문은 당파지였고 중립적인 보도를 요구받지 않았다. 또 '뉴스'란 아이디어가 등장한 것은 잭슨(Andrew Jackson) 대통령 시대로 정치의 민주화, 시장경제와 기업권력의 확대, 도시 중산층의 권력이 강화되면서 나타난 현상이었다. 뉴스는 당파적인 것에서 중립적인 것으로 변했고 19세기 후반에는 엄격하게 사실보도를 추구하게 되었다. 이 이야기를 좀 단순화하면 그것은 상업화 현상의 하나였다. 그러나 1910년대 《뉴욕 타임스》의 경우에도 저널리스트가 사실과

---

23) R. Rorty(1999a); 임옥희 역(2003). 『미국만들기』. 46쪽.
24) 셔드슨의 이야기는 그의 Michael Schudson(1978). *Discovering the News*. Basic Books이다.

가치를 분리하는 일은 흔치 않았다. 그럼에도 저널리즘은 가치와 사실을 분리할 수 있고 그래야 한다는 객관성에 대한 믿음을 갖게 된다. 여기서 사실이란 그 자체가 스스로 입증 가능한, 지속적인 존재를 의미하는 것이다. 그것은 개인의 가치나 선호에 의해 왜곡되지 않은, 그리고 완결된 어떤 것을 말한다. 객관성이란 이런 의미에서 사실에 대한 믿음이고 가치에 대한 불신이고 양자를 구분하는 입장이다.

제1차 세계대전 이전의 저널리스트들은 이러한 견해를 갖고 있지 않았다. 그들은 실재론(realism), 즉 사실이란 세계에 대한 '인간의 진술'이 아니라 '세계 자체의 진술'이라고 생각했다. 그것은 순진한 토대주의적 사고이다. 이러한 토대주의적 견해는 '세계'란 우리의 정신활동이 구성한 것이고, 그리고 보고 말하는 우리의 관행에 의해 만들어진 구성물이라는 사고와는 반대되는 것이다. 또 인간은 문화적 동물이며 우리가 사실이라고 하는 것도 사회적인 필터를 거쳐 만들어진 구성물이란 것을 부정하는 것이다.

1920년대부터 사회사상에서 실재론 대신 구성주의가 중심에 들어서게 된다. 그 이전까지 저널리스트들은 인식의 주관성(subjectivity)에 관한 생각을 별로 하지 못했다. 이와 함께 당시 미국 사회는 많은 문제점이 있었지만 희망과 약속의 땅이라는 낙관적인 분위기가 지배적이었다. 정치적 민주주의는 의심의 여지가 없는 가치였고, 경제 분야에서는 자유기업의 가치가 주도하고 있었으며, 역사의 진보를 의심하는 사람은 거의 없었다. 그러나 앞서 리프먼과 미국의 자유주의에서 보았듯이 제1차 세계대전 후 상황은 바뀐다. 저널리스트는, 다른 사람들도 마찬가지였지만, 민주적 시장사회에 대한 신뢰를 잃어버린다. 그들은 전쟁 중의 선전과 보도가 당파적이었다고 생각하게 된다.

1920~30년대 많은 저널리스트들이 사실이란 것에 대한 믿음을 잃

게 되었다. 이에 대한 반응은 두 가지로 나타났다. 하나는 저널리스트들이 정치 칼럼과 같은 주관적 보도라는 새로운 장르를 개척한 것이다. 리프먼이 칼럼니스트로 일간지에 진입한 것이 그 예의 하나이다. 다른 하나는 사실을 보증할 수 있는 절차와 방법으로서 객관성의 발명이었다. 그리하여 객관성은 전문가의 인식 방법의 정당성을 보증하는 조건이 되었다. 즉 객관적 사실이란 전문가 집단이 인정한 일련의 규칙과 절차에 따라 검증된 사실을 의미하는 것이 되었다. 그러나 이 객관성은 논쟁의 대상이 된다. 두 가지 입장이 있었다.

하나는 객관성을 전문가 집단의 이익과 권력에 봉사하는 이데올로기라고 비판하는 입장이다. 즉 전문가들은 정치적인 문제를 객관적이란 기술적인 용어로 정밀화함으로써 그들의 권위와 권력을 정당화한다는 것이다. 듀이는 이런 관점에 서서 객관주의에 비판적이었다. 프래그머티즘은 왜 정치적 문제에서 객관적 지식이 '계시'나 '투표' 혹은 '합의'에 의해 결정된 지식보다 더 사실이고 진실인가 하는 의문을 제기한다. 전문가의 객관성이란 가면이고 그들만이 문제를 해결할 수 있는 것은 아니라는 것이다. 다른 하나는 객관성에 거의 절대적인 권위를 부여하는 입장이다. 이것은 저널리즘의 객관성을 과학적인 객관성과 동일한 수준으로 올려놓는 것이었다. 과학이 지식에 이르는 최선의 방법이라고 간주되던 상황에서 객관성은 그렇게 될 수 있었다.

객관성의 정치철학

여기서 한 가지 주목해야 할 사실은 저널리즘의 객관성이 과학에서처럼 어떤 종류의 지식을 믿어야 하는가 하는 문제 이상의 주장이라는 것이다. 저널리즘이 객관성을 사실과 진실에 이르는 최선의 길로 삼은 것에는 중요한 정치철학, 그리고 도덕철학이 있다. 다시 말하면 이것은 정치적 혹은 도덕적 판단을 할 때 우리가 어떤 종류의 사고 혹은 사람들의 의견을 따라야 하는가 하는 선언이다. 그렇다면 그들은 누구인가? 답은 '전문가'들이고 그들의 '독립성'이라는 것이다. 부연하면 이런 것이다. '전문가'란 고등교육과 훈련을 받은 사람들이다. 그리고 이들은 개인적인 선호나 욕구를 극복할 수 있는 능력과 자긍심을 갖고 있기 때문에 객관적인 지식에 충성한다는 가정이 있다. 그리고 '전문가'는 독립적이고 전문적 기술을 소유하고 있어야 한다. 그들은 기술적이고 전문적인 용어와 엄밀한 기준 위에서 문제점을 파악하고 이에 대처한다. 예로서 법관의 경우 그들은 의회의 의원보다 객관적일 수 있는데, 그 이유는 법관은 선출직이 아니고 대중과는 분리된 강력한 자율권을 가진 독립집단이기 때문이다. '객관성'이란 이런 전문집단의 속성이다.

엄밀하게 보아 저널리즘의 객관성이란 관념은 법이나 의학의 전문직의 규범으로서 요구되는 객관성과는 다르다. 저널리스트는 법적으로나 제도적으로 법조인이나 의사와 다르다. 저널리스트는 면허나 자격증이 필요 없다. 저널리즘은 시장에 의존한다. 그런데 저널리스트는 어떻게 해서 그처럼 객관성에 충성하게 되었는가? 어떻게 객관성이 저널리즘의 핵심적 가치가 되었는가? 객관성 없이는 저널리즘이 존재할 수 없는가? 왜 포기하지 않고 계속 이에 충성하는가? 객관주의는 좀 더 나은 저널리즘을 하는 데 진정 도움이 되는가? 그 답은 간단할 수도 복잡할 수도 있다. 객관성에 대해 듀이는 비판적이고 부정적이다. 반대로 리프먼은 이를 지지하고 주장하였다.

앞서 말했지만 위의 객관성 이야기는 주로 셔드슨의 주장을 요약한 것인데 그의 이야기를 조금 더 보자. 저널리즘의 객관성은 저널리스트와 뉴스 ―사실과 진실― 에 신뢰와 권위, 즉 지위부여 기능을 하였다. 이러한 지위부여는 시장에서 뉴스의 상품성을 보장하는 것이었다. 그리하여 객관주의는 사회제도로서의 저널리즘, 그리고 전문직으로서의 저널리스트에게 합법성(legitimacy)을 부여하는 중요한 근거로 작용하였다.[25] 객관주의는 저널리즘 세계에서 관행이 되었고 객관성은 뉴스의 품질 보증서가 되었다. 이렇게 객관성은 저널리즘과 저널리스트의 존재론적 조건이 되었다. 그리하여 객관성은 제임스가 말하는 '찬양'의 대상을 넘어서 저널리즘의 '이성'이 되고 '신'이 된 것이다. 한마디로 객관성을 낳은 것도 사실은 프래그머티즘이라는 것이다.

1960년대 저널리즘 ―신문― 을 비판하는 진영이나 이를 옹호하는 진영 모두 객관성을 그들의 논쟁 테이블에 올려놓았다. 객관주의는 과거 미국 저널리즘의 센세이셔널리즘의 대안으로서, 유럽의 당파지 전통에 없는 미국 저널리즘의 자부심이었다. 한마디로 객관성은 미국 저널리즘의 핵심적 가치였다. 그러나 이 객관성은 1960년대에 이르러 과거 어떤 때보다 격렬한 논쟁의 대상이 되었다.

객관성 문제는 과거 제1차 세계대전과 제2차 세계대전 후 한때 정부의 선전과 뉴스 관리, 그리고 제왕적 대통령의 등장과 함께 비판의 대상이 된 역사가 있다. 그러나 1960년대 베트남 전쟁을 둘러싼 정부의 뉴스 관리는 대학 캠퍼스와 저널리즘, 그리고 심지어 정부 내에서조차 점증하는 '저항문화' 속에서 객관성이 강력한 비판과 의혹의 대상이 된다. 그러나 적어도 표면적으로 객관성은 그 권위를 여전히 누리고 있고 어떤 의미에서는 더욱 강화되었다고 셔드슨은 본다.

그러나 프래그머티즘은 객관성을 불편해한다. 특히 로티의 프래그

---

25) Ibid. pp. 3, 10.

머티즘은 철학에서이지만 객관성을 강하게 비판한다.[26] 하지만 21세기인 지금도 뉴스의 객관성은 저널리즘의 주된 가치의 하나이다. 이것을 어떻게 이해해야 하는가? 저널리즘이나 프래그머티즘이나 모두 미국적인 것이다. 이들은 모두 미국 리버럴리즘 전통의 유산들이다. 그런데 이들의 관계는 갈등적인 것처럼 보인다. 과연 그런가?

그것은 아니다. 왜냐하면 저널리즘의 객관성과 프래그머티즘이 부정하는 객관성은 다른 것이기 때문이다. 다시 말하면 저널리즘의 객관성은 형이상학이나 토대주의의 객관성이 아니다. 저널리스트는 형이상학이나 토대주의에는 관심이 없다. 그러나 저널리스트들은 현실적으로 안정된 토대로서 기능을 해주는 형이상학이 아닌 형이상학적 토대를 필요로 한다. 도구적 토대 혹은 형이상학이 저널리즘의 토대이고 형이상학이다. 이런 것은 로티가 말하는 '우연성, 아이러니, 연대'의 산물로 간주될 수 있을 것이다. 저널리즘의 진실과 객관성은 '토대' 아닌 '토대'이다.

그렇다면 저널리즘의 객관성이나 객관주의가 프래그머티즘과 불화해야 할 이유가 없다. 더구나 프래그머티즘의 반토대주의나 반형이상학도 패권적이고 교조적인 것이 아니라 역사적이고 문화적인 것이라고 할 때 그것은 저널리즘의 객관주의, 그리고 더 나아가 인식론이나 표상주의와도 불화할 이유가 없다. 양자는 실제로 차이가 없기 때문이다. 즉 프래그머티즘은 형이상학을 비판하고 부정한다. 아니, 그런 것에 관심이 없다. 저널리즘도 형이상학적인 것에 관심도 없고 집착하지도 않는다. 즉 저널리즘에 약간의 형이상학이나 표상주의가 있

---

26) Richard Rorty(2006). Take care of freedom and truth will take care of itself. Interviews with Richard Rorty. ed. Eduard Mendieta. "The Quest for Uncertainty: Richard Rorty's Pilgrimage." p. 2.

다 하더라도 그것은 전략적인 것이지 그 이상도 그 이하도 아니다. 더구나 현대 저널리즘은 점차로 진실과 객관주의의 전선으로부터 서서히 퇴각하고 있는 것으로 보인다. 형이상학의 냄새가 점차로 더욱 약해지고 있다는 것이다. 이것은 객관성 문제가 철학의 문제에서 역사와 문화의 문제로 변하고 있음을 말하는 것이다.

자유의 광장에서 빚어지는 진실

위에서 나는 저널리즘의 가치들, 즉 진실이나 객관성과 가치들에 대한 존재의 형이상학을 부정하는 프래그머티즘을 많이 이야기했다. 그리고 이들을 낳는 것으로 도구와 희망을 이야기했다. 여기에 또 하나 보태서 말해야 할 것이 있다. 그것은 자유이다.

다시 진실 문제를 보자. 코바치가 저널리즘의 첫 번째 목표를 '진실'이라고 하였지만 프래그머티즘에서 보자면 저널리즘의 목표를 '진실' 대신 '희망'이라고 말하였다. 한마디로 저널리즘의 '진실'이론은 '진실' 그 자체를 목표로 하는 형이상학적인 것이 아니라는 것이다. 저널리즘의 '진실'은 미래를 위한 것이다. 이런 의미에서 코바치가 주장한 저널리즘의 '진실'이란 명목적인 것으로 이것이 프래그머티즘에서 보는 저널리즘의 '진실'이다.

반복하지만 전통적인 저널리즘의 진실은 자명하고 자족적인 것이다. 그래서 뉴스의 사실이나 진실은 어떤 곳에 이미 있는 것을 저널리스트가 드러내는 것이다. 밀턴의 『아레오파지티카』에서의 진실도 허위와의 대결에서 자신을 드러내는 것이지 없던 것이 만들어지는 것이 아니다. 진실은 선험적으로 존재하는 것이고 신의 목소리이거나 이성으로 이미 완결된 존재자이다. 진실은 인간이 객관적으로 표상할 수 있는 대상이다. 이것이 저널리즘에서 흔히 말하는 진실이고 사실이다. 저널리즘이 갖고 싶어 하는 진실과 사실도 이런 것이다.

그러나 다시 말하지만 프래그머티즘의 관점은 다르다. 듀이나 로티 모두 형이상학적인 진리나 객관적, 즉 방관자적 관찰에 비판적이고 회의적이다. 이미 이것은 하이젠베르크의 불확정성의 원리에서도 말한 것이다. 이러한 프래그머티즘의 정치적 의미를 담고 있는 로티의 "자유를 돌보면 진실은 스스로를 돌볼 것이다.(Take care of freedom and truth will take care of itself.)"라는 명제는 '진실 대신 희망'이란 테제와 함께 그의 정치철학을 대변하는 핵심적 주장의 하나이다. 한마디로 이것은 진실이란 형이상학적인 것이 아니라 정치적 합의의 결과라는 것이다.[27] 그뿐 아니라 로티는 여기서 그의 자유이론, 다시 말하면 형이상학적인 자유이론이 아니라 프래그머티즘의 자유이론을 개진하는데, 이것은 언론자유이론의 재서술이라고 할 수 있을 것이다. 자유의 광장이 주어지면 그곳에서 진리들은 태어나 춤을 출 것이라고 프래그머티스트는 말한다.

"자유를 돌보면 진실은 스스로를 돌볼 것이다."라는 명제는, 사람들이 그들이 믿는 것을 두려움 없이 자유롭게 말할 수 있으면 그 속에서 진실은 빚어지고 태어난다는, 즉 진실의 합의론이고 진화론이다. 로티의 이 주장은 중세 말 종교전쟁 시 에라스무스(Desiderius Erasmus)의 주장과 가까운 것이다. 에라스무스는 당시 종교적 갈등을 적대적 교파들 간의 평화를 위해 차이가 아니라 최소한의 합의할 수 있는 신념 —예로서 예수가 하나님의 아들이라는 것을— 이라도 함께 믿는다면 다른 차이들은 미루어두고 이에 근거한 평화를 주장하면서 종

---

27) R. Rorty(2006). p. 15.

교전쟁의 종식을 주장하였다. 이것은 로티의 반철학이 취하는 전략과 유사한 것이다. 이것은 또 진실이 합의의 산물이라는 것은 곧, 그것이 '우연성, 아이러니, 연대'의 산물이라는 것을 말하는 것이다. 이것은 정치의 미니멀리즘(minimalism)이고 철학적으로는 데리다적이다.

자유가 진실을 낳는다는 로티의 이 주장은 밀턴의 언론의 자유이론과 동일한 주장처럼 보인다. 그러나 그것이 아니다. 밀턴이 "진실과 허위를 대결하게 하라. 그 누가 진실이 패하는 것을 보았느냐."는 주장과 로티의 주장은 근본적으로 다른 것이다. 무엇보다 밀턴의 주장은 형이상학적이고 선험적인 진실을 전제로 한 자유의 토대주의적 주장이었다. 밀턴의 '진실'은 선험적으로 이미 존재하는 것이다. 다시 말하면 밀턴의 '자유' 그것은 '진실'의 '절대적인 힘'을 전제로 한 자유이다. 그렇기 때문에 '자유'는 2차적인 것이고 '진실'은 1차적인 것으로 '진실'은 '자유'에 선행하는 것이다. 밀턴의 자유이론은 이렇게 형이상학적이다.

로티의 자유이론은 밀턴의 자유이론과 또 다른 전제가 있다. 밀턴의 이론은 인간이성의 자율조정능력을 전제로 하고 있으나 로티의 이론은 당연히 그런 이성주의를 전제하지 않는다. 그는 다른 동물은 갖고 있지 않은 인간만이 느끼는 고통에 대한 감수성을 제외하고는 인간의 내재적 가치를 인정하지 않는다. 그러면서 로티는 인간의 가장 훌륭한 성격으로 상호간의 협동을 들고 있다. 그러나 밀턴은 인간이 이성적 존재이기 때문에 진실과 허위를 가르고 혹 일시적으로 잘못 판단하더라도 이를 자율적으로 교정한다는 이성주의를 주장하였다. 밀턴이 이렇게 자유에 이성을 앞세운다는 의미에서 그의 자유이론은 이성주의 이론이다. 그러나 로티는 이성에 자유를 앞세우고 있다. 양자는 이렇게 서로 다르다.

다시 말하지만 밀턴의 진실이론은 형이상학적이고 선험적이다. 그러나 로티의 진실이론은 반(反)형이상학적이고 경험주의에서 더 나아가 정치적이기까지 하다. 로티의 민주주의가 진실보다 앞선다는 테제 역시 같은 맥락의 주장이다. 이것은 또 진실은 개인의 인식 문제가 아니라 연대의 문제라는 것이다. 그것도 자유로운 연대, 즉 합의가 가능해야 한다는 것이다. 로티는 오웰의 『1984년』의 윈스턴을 이야기하면서 이를 말하고 있다. 로티는, 윈스턴이 당이 지배하기 전에 비행기가 있었다는 것을 안다고 하더라도 그것을 자유롭게 말할 수 있을 때만 이 합의에 의한 진실이 생성된다는 것이다. 공개적으로 자신이 알고 있는 사실을 타자에게 말할 수 있는 것이 자유라는 것이다. 이런 자유가 없으면 진실은 없는 것과 마찬가지라는 것이 로티의 주장이다.

'울림'이 있는 '진실'

프래그머티즘 진실의 문제는 표상의 정확성 문제가 아니다. 프래그머티즘에 따르면 저널리즘의 진실도 표상의 문제가 아니다. 그런 의미에서 프래그머티즘이나 저널리즘에 인식론은 없다. 이러한 반표상주의는 저널리즘에 커다란 도전이다. 한마디로 이것은 사실과 진실의 표상주의에 맹목적인 추종을 하는 저널리즘에 대한 경고이다. 이를 극단적으로 표현하면 저널리즘은 '사실'이나 '진실' 같은 어휘는 잊어버리는 것이 좋다는 것이 될 수 있다. 이것은 로티가 철학과 문학의 경계를 무너뜨리고 철학을 문예비평으로 대체하고자 한 기획과 같은 맥락의 주장이다. 리프먼이 주장한 인식론적으로 고양된 객관적 저널리즘에 의해 산출된 '진실'이란 명목적인 것이고 실질적으로는 무의미하다는 것이다. 이것은 형이상학이고 실천적 차원에서는 허상이라는 것이다. 이것은 또 구체적 실천의 뒷받침 없는 의미 없는 이론이라는 것이 프래그머티즘의 생각이다.

 훨씬 앞서 언급한 바 있는 리프먼과 듀이의 논쟁에 대한 캐리의 이야기는 이 표상주의 한계 혹은 문제를 다른 관점에서 이야기하고 있는데, 표상주의의 문제를 해석하는 데 조금은 도움이 된다. 캐리는 이니스와 맥루한을 인용하여 리프먼의 저널리즘은 '문자'와 '눈'의 저널리즘이고 듀이의 커뮤니케이션은 '말'과 '귀', 즉 구술(orality)의 커뮤니케이션이라고 했다.[28] 여기서 생각하게 되는 것은 이들 '눈'과 '귀'라는 감각기관이 낳는 기호와 표상의 내용이 서로 다르다는 주장이다. 따라서 인식내용도 다르다. 간단히 말해 캐리는 듀이나 로티가 강조하는 대화, 즉 '말'과 '귀'의 진실은 통감각적인 것으로 '눈'과 '문자'에서 나오는 리프먼의 시각적인 '진실'과는 다르다는 것이다. 즉 '말'과 '귀'의 문화에서는 '문자'와 '눈' 문화에서 나온 표상주의가 정당성을 확보할 수 없다는 말이다. 그런데 로티는 캐리보다 훨씬 더 철저하고 또한 한 걸음 더 나아갔다. 그는 『우연성, 아이러니, 연대성』에서 이렇게 말한다. 우리는 소설, 희곡, 시의 요점이 인간의 감정이나 상황을 '정확하게' 표상하는 것이 아니라는 바르트(Barthes)와 그의 동료 텍스트주의자들의 생각에 동의한다. 아무 기준도 없이, 그리고 예측 불가능하게 단어를 사용하는 문학은 그야말로 표상의 정확성을 통해서 측정될 수 없다.[29] 그리하여 그 대안의 하나로 로티는 문학작품 ─예로서 나보코프의 소설 『롤리타』─ 이 철학의 형이상학이나 표상주의가 주목하지 못한 인간의 잔인성을 밝히고 있다고 말한다. 여기서 바르트

---

28) James W. Carey(1989, 2009), *Communication as Culture*, revised edition, p. 63.
29) R. Rorty(1989), p. 167; 김동식 · 이유선 역(1996), 『우연성, 아이러니, 연대성』 304쪽.

의 말이나 로티가 말한 문학작품이나 모두 '문자'와 '눈'을 이야기한 것이지만 이들이 말한 '문자'와 '눈'은 그것 자체를 넘어선 것들로 '말'과 '귀'를 포섭하고 있는 것이기도 하다. 다시 말해 문자를 넘어선 문자를 말하는 것이다. 이를 좀 더 생각해보자.

'진실'의 표상주의가 과연 외피, 즉 겉만 표상하는 것이라면 그 대안은 무엇인가? 로티는 이와 관련된 답을 나보코프와 오웰의 소설에 대한 그의 독해에서 제시하고 있다. 그것은 '진실' —그런 이름의 어떤 것들이 있다면— 은 추상적이고 관념적 혹은 이론적인 것이 아니라는 것이다. 다음과 같은 로티의 말은 '진실'을 이야기하기 위해 한 말은 아니지만 그 의미는 '진실'과 깊이 관련된 것이다. 그는 이렇게 말한다. 나보코프는 관념을 일반화한다는 플라톤 식의 작업보다 그가 자신의 재능 —독특한 이미지를 만들어내는— 에 맞는 일을 하는 것이 자신의 불멸성을 획득하는 것이라고 말하고 싶어 했다. 수학보다 예술이 시간의 장벽을 뚫고 우연성을 넘어선 세계로 들어간다. … 수학보다 시를 택하라. 만일 당신의 책이 세공된 가죽에 고이 싸여 있기보다 독자에게 읽히기를 원한다면, 진실보다 마음의 '울림(tingles)'을 만들어내야 할 것이다. 우리가 상식이라고 부르는 폭넓게 받아들여진 진실의 묶음은 하이데거와 나보코프에게는 죽은 메타포를 모아놓은 것이다. 진실이란 '울림'을 일으키는 감각 능력이 친근함과 오랜 사용에 의해 문질러져 없어진 다음에 남은 뼈 조각들일 뿐이다. 나비의 날개를 문지르면, 투명해지긴 하겠지만 아름다움은 없어진다. … 메타포의 신선함이 닳아 없어지면, 진부하고 문자적이며 투명한 언어만이 남는다.[30]

로티는 '문자적이며 투명한 언어'의 진실을 거부한다. 그는 탈육된 뼈만의 진실이 아니라 살아 숨 쉬는 진실을 욕망하는 것이다. 진실이란 살아 있고 마음의 '울림'을 일으키는 것이어야 한다는 것이다. 그의 정신과 육체의 이원론 거부는 그의 진실에도 그대로 적용되는 것이다. 로티의 프래그머티즘은 구체적이고 섬세한 작은 디테일이 있는 살아 숨 쉬는 서술을 찬양한다. 여기서 한 가지 더 이야기한다면 '진실'에서 '울림'이 아니라 '울림'에서 '진실'이라는 사고를 생각하게 된다는 것이다. 다시 말해 '울림'이 우리로 하여금 '진실'을 느끼고 알게 한다는 것일 수 있다. 한마디로 '울림'과 '진실'은 이렇게 동거하는 것이다.

상상력의 진실

로티의 프래그머티즘은 보다 나은 자유주의 사회를 위한 것이다. 그에게 '자유주의 사회'란 잔인성과 고통이 최고로 혐오의 대상인 사회이다. 그러나 그 이유가 철학적인 이론에 근거한 것은 아니다. 이것은 자유주의 사회란 자유, 평등, 진리와 같은 추상적인 가치와 원리가 낳은 사회가 아니라 역사적으로 우연히 나타난 —인간의 고통과 잔인성을 혐오하게 된— 사회라는 것이다. 그는 이를 그의 『우연성, 아이러니, 연대성』 한국어판 서문에서 이렇게 말한다. 즉 민주주의 사회의 우월성은 합리성의 우월 때문이 아니라, 단지 그 사회들이 덜 잔인하다는 사실로 이루어졌다. 잔인성이란 우리가 보편적이요, 초문화적이며 초역사적인 인간성의 특징들에 기초를 둔 논증을 통해 수립할 수 있거나 수립해야만 하는 어떤 것이 아니다. 잔인성에 대한 혐오는 비교적 최근에 이루어진 깨어지기 쉬운 하나의 성취로, 바꿔 말해서 직관적이요 분명한 진리에 대한 호소보다는 잔인성의 결과에 대한 상

---

30) Ibid. pp. 151-152; 역본. 275-276쪽.

상력 있는 재서술에서 얻은 각성이고 성취이다.[31]

여기서 우리는 그가 '진리에 대한 호소'보다는 '상상력 있는 재서술'을 주장하고 있다는 점을 주목하게 된다. 여기에는 진실이라고 하는 것이 우리들의 구체적인 문제를 위해 무엇을 할 수 있는가 하는 그의 회의가 묻어 있다. 그리하여 그는 여기서 다시 '진실'이 아니라 '자유' ─상상력을 가능케 하는 조건인─ 를 앞세운다.

'잔인성'에 대한 상상력을 지닌 재서술로 로티는 나보코프(Vladimir Nabokov)와 오웰(George Orwell)의 작품을 들고 있다. 그는 『롤리타』와 『1984년』에 대한 긴 독해를 하고 그 이유는 나보코프와 오웰이, 슈클라(Judith Shklar)가 "자유주의자란 잔인성이 우리의 행위와 결부되어 있는 것 중 가장 나쁜 것이라고 믿는 사람을 말한다."고 한 그 속의 잔인성을 보여주고 있기 때문이다. 로티의 독해에 의하면 나보코프와 오웰 책의 주제는 잔인성이다. 나보코프는 심미적인 기쁨에 대한 사적인 추구가 잔인성을 낳을 수 있다는 것을 보여주는 내부로부터의 잔인성에 관해 썼고 오웰은 외부로부터, 즉 희생자의 관점에서 잔인성에 관해서 썼다는 것이다.[32]

로티의 잔인성에 관한 이야기에 나는 깊은 관심을 기울이게 된다. 왜냐하면 그것이 현대 저널리즘에 관한 이야기이기도 하다는 생각 때문이다. 설명하자면 이런 것이다. 첫째로 로티가 독해한 나보코프는 하이데거와 함께 '상식(common sense)'이라는 것을 거부한다. 상식은 경솔하고 천박한 합의를 정당화한 기만적인 이름이다. 나보코프는 공유하는 전제에 기초하는 신념을 가질 수밖에 없다는 플라톤주의와 민

---

31) 김동식 · 이유선 역(1996). 11-12쪽. 번역본에서 한두 곳 어감상의 어색함 때문에 이 글의 필자가 고쳤다.
32) R. Rorty(1989). p. 146; 역본. 266쪽.

주주의의 주장을 거부한다. 나보코프의 주제는 '일반적인 것에 앞서는 구체적이고 사소한 것의 중요함'이다. 아무리 급박한 위기에 처해서도 마음속에서 그것은 한쪽으로 밀어놓고 하찮은 작은 것에 놀라는 능력, 즉 삶에서의 이러한 부차적인 것들 ―현대 저널리즘은 흔히 잡음(noise)으로 치부하면서 제쳐버리는― 이 의식의 최고 형태라는 것이다. 그런 최고의 의식은 어린아이와 같은 마음속에나 있는 것이다. 이런 마음의 선이란 우리가 세상에서 상식이나 논리적으로 좋은 것이라고 하는 것과는 전혀 다른 것이다.[33] 로티의 이와 같은 이야기는 프래그머티즘의 진리 혹은 진실이란 이런 작고 사소한 것 ―그것도 가슴을 울리는― 에 관한 이야기라는 것이다.

이러한 로티의 이야기는 저널리즘 뉴스의 대상이 '급박한 위협이나 큰 문제'이지 '하찮은 사소한 것들'이 아니며, 또 저널리스트의 마음이라는 것도 '어린아이의 마음'이 아니라 차가운 이성의 거울이거나 탐욕스러운 선동가일 뿐이라면 로티가 기대하는 것처럼 '잔인성'의 제거라는 자유주의의 희망을 실현하는 데 저널리스트는 그렇게 큰 기여를 할 것처럼 보이지 않는다. 그렇다면 프래그머틱한 차원에서 보면 저널리즘 뉴스는 나보코프가 이야기한 시사적 쓰레기이고 '저널리즘의 첫 번째 목표는 진실 추구이다.'라는 것은 공허한 레토릭이다. 그러나 이 책 후반 ―4장 4절 '포스트모던 대중 저널리즘'― 에서 이야기하게 될 포스트모던한 저널리즘(popular journalism)이 전통 저널리즘이 간과해온 '하찮은 사소한 것들'에 반응하고 있다는 사실은 미리 말해두고 싶다.

나보코프가 사적인 기쁨의 추구에 의해서 발생하는 작은 규모의

---

33) R. Rorty(1989), p. 151.

잔인성이 언제나 있을 수 있다는 사실을 일깨워주었다고 한다면, 오웰은 독자로 하여금 놀랄 만큼 성공한 갱들의 집단과 연대한 지식인들이 '인간평등(human equality)'이란 명분 아래 범해온 잔인성을 알아차리게 했다.[34] 로티가 이렇게 나보코프와 오웰의 소설이 잔인성에 관해 철학이 하지 못하는 이야기를 한다고 한 것은 맞는 말이다. 그런데 이것은 저널리즘도 그런 작업을 할 수 있다는 말을 하는 것이다. 로티는 저널리즘도 소설이나 시가 하는 일을 할 수 있다고 했다. 다시 말해 나보코프와 오웰의 ―『1984년』의 후반 3분의 1에 나오는 오브라이언에 관한― 잔인성 같은 것은 저널리즘의 취재 대상에서 보통은 제외된다. 물론 이론적으로 볼 때 저널리즘에게 그것은 가능한 것일 수 있다. 그러나 저널리즘의 손은 너무 크고 둔해서 그런 작고 사적이고 하찮은 것들에 대한 감수성을 갖고 있지 못하며 또 그럴 필요도 조건도 되어 있지 않다. 듀이가『공중과 그 문제들』에서 뉴스가 예술이기를 기대한 것도 저널리즘 뉴스가 진실이란 레토릭에 묻혀서 이런 무감수성에 대한 그의 거부감을 포함하고 있는 것이다.

로티는 우리가 개별적인 목적에 도움이 되는 것이 무엇인가 하는 물음을 붙들고 있어야 한다고 충고한다. 보다 나은 자유주의자의 사회란 '진실' 혹은 '사실'과 같은 거창한 관념을 좇는 사회가 아니다. 작고 하찮은 일에서 나오는 마갈리트(Avishai Margalit)가 말한 굴욕감(humiliation) 같은 것이 사람들에게 고통을 안기지 않는 사회이다.[35] 그러나 이러한 자유주의의 이상이 실현 가능하다고 로티가 주장하는 것으로 보이지는 않는다. 단지 그는 자유주의 사회의 이런 잔인성을 조금씩 줄일 수 있기를 호소할 뿐이다. 로티는 이런 일을 저널리즘에

---

34) Ibid. p. 171.

게 기대하지만 그것이 과연 가능한지 나로서는 말할 자신이 없다.

'무관심'이라는 잔인성

로티는 나보코프가 가장 우려하는 잔인성의 형태는 완전한 무관심이라고 주장한다.[36] 잔인성의 최고 소스는 '무관심(incuriosity)'이다. 나는 로티의 이러한 독해가 저널리즘에게 적지 않은 의미가 있는 것으로 주목한다. 먼저 로티의 독해를 보자.

험버트(Humbert Humbert)와 킨보트(Charles Kinbote)는 잔인성에 관한 나보코프의 책에 나오는 중심인물이다. 이들은 모두 자신들의 강박관념에 영향을 미치는 것에 대해서는 섬세한 감수성을 가지고 있다. 그러나 다른 사람에게 미치는 영향에 대해서는 전적으로 무관심하다. 이 두 인물은 나보코프가 가장 우려하는 잔인성의 특정 형태, 즉 무관심을 극적으로 표현한다. 이런 시도는 이전에는 이루어진 적이 없다고 로티는 독해한다.

나보코프가 다루는 잔인성은 레닌, 히틀러에게 공통적으로 나타나는 '추잡한 광대극'이 아니라, 기쁨에 관한 능력을 가진 인간들이 저지를 수 있는 '특별'한 종류의 잔인성이다. 나보코프의 소설은 민감한 감성을 가진 살인자, 잔인한 탐미주의자, 연민의 감정이 없는 시인이 있을 수 있다는 사실에 대한 고찰이다. 타인의 삶을 스크린 위의 이미지로 옮겨놓으려는 탁월한 표상능력의 소유자들은 막상 그 사람들이 고통받고 있다는 사실을 주목하지 못할 수도 있다.[37] 바로 이것, 즉

---

35) Avishai Margalit(1996). *The Decent Society*. Harvard University Press.
36) 김동식 · 이유선 역(1996). 287쪽.
37) R. Rorty(1989, 2006). p. 157; 역본. 285쪽.

고통을 받은 자만의 아픔을 제3의 관찰자인 저널리즘은 과연 얼마나 사실과 진실이라는 장막 안에 담을 수 있을 것인가? 저널리즘은 자신의 잔인성에 얼마나 감수성을 지니고 있는가? 사실과 진실이란 단어는 저널리즘의 덕인가, 아니면 악덕인가?

중요한 것은 '관심(curiosity)'이다. 그런데 저널리즘은 대상에 대해 '관심'을 주는 것 같지만 실은 '관심'을 주지 않는다. 왜냐하면 우리가 어떤 것에 '관심'을 갖는다는 것은 그것의 개별성(individuality) 혹은 독특함(uniqueness)을 인정하는 것이다. 그러나 저널리즘이 어떤 것을 기사화할 때 이러한 독특함은 일반관념에 의해 잡음(noise)으로 사상되어버린다. 대부분의 경우 취재대상이 자신이 기사화되었을 때 갖게 되는 감정이 당혹감이다. 그 이유는 악의적인 왜곡이나 오용 때문인 경우는 말할 필요도 없지만, 그렇지 않은 경우 어떤 의미에서 보다 심각한 것은 자신의 생각과 언어가 일반화되어 그 속에 묻혀버리기 때문이다. 평범한 일반개념이 어찌 개별적이고 구체적인 '울림'이 있는 진실을 담을 수 있겠는가. 로티는 이를 위해 나보코프는 언어와 개념의 일반화를 기피하려 하였다고 말한다. 그는 하이데거의 말처럼 나보코프가 설교조로 되는 것을 피하려고 하였다고도 했다. 즉 나보코프는 너무 일반화되어 그 의미가 퇴색되고 투명해져버린 단어들의 사용을 피하려고 하였다는 것이다. 로티는 하이데거의 경우 자신이 만들어낸 단어들이 지나치게 일반화됨으로써 '개념'의 단계로 환원되고 그 단어는 동떨어진 어떤 목적을 달성하기 위한 단순한 도구가 된다는 사실을 우려했다고 하면서 나보코프도 진부하지 않은 그 나름의 책 쓰기를 희망했다는 것이다.[38] 로티의 이러한 이야기는 그가 철학을

---

38) Ibid. p. 161. n. 26; 역본. 293쪽. 주 26.

대신하여 지식을 낳는 소스로 저널리스트의 보고를 평가한 바 있는데, 저널리즘의 언어나 관행이 대단히 상식적인 것이라는 점을 생각할 때 과연 타당한 평가인가 하는 의문을 갖게 된다. 특히 객관적 저널리즘이 더욱 그렇다.

로티의 프래그머티즘에서 저널리즘과 관련해서 주목하게 되는 것은 그의 마지막 서술이란 없으며 오직 재서술이 있을 뿐이라는 주장이다. 마지막 서술이란 없다는 말은 과장하면 언어는, 그리고 관념이나 개념은 일회용이라는 것이다. 이것은 그의 반형이상학적 언어관, 즉 플라톤 식의 관념의 일반화를 거부한 표현이다. 여기서 우리는 다시 진실의 부재, 아니 우연성을 확인하게 된다. 일반관념의 진부함을 비판하면서 로티는 나보코프가 자신의 재능은 플라톤 식의 관념을 일반화하는 작업이 아니라 독특한 이미지를 만들어내는 것으로 그것이 자신의 불멸성의 가능성을 열어주는 것이라고 말하고 싶어 했다고 한다.[39] 앞서 나왔던 이야기이다. 그래서 로티는 기계로 찍어낸 일반개념이 아니라 이미지가 진실의 자리에 들어서기를 기대한다. 그렇다면 다시 말하지만 진실을 자산으로 하는 저널리즘은 어떻게 되는가? 아마도 이것이 요즘의 저널리즘이 겪고 있는 당혹스러운 경험들의 의미를 말해주는 것일 것이다.

프래그머티즘은 철학과 시학의 싸움에서 시학의 편에 서 있다. 저널리즘은 어떤가? 계몽주의 저널리즘은 철학 쪽으로, 그러나 요즘의 저널리즘은 점차 시학 쪽으로 옮겨가고 있는 것 같다. 저널리즘 정보의 연성화 현상이 그 예의 하나라고 할 수 있을 것이다. 전통적인 저널리즘에서는 이를 과거의 센세이셔널리즘으로 간주하면서 부정적으

---

39) Ibid. p. 151; 역본. 275쪽.

로 평가하고 있다.[40] 그러나 여기서 우리가 말하는 저널리즘의 시학화는 그런 것만이 아니라 이미지와 상상력의 무게가 점점 더 무거워지고 있는 현상을 말하는 것이다. 이것은 사실과 진실이란 말의 우연성을 직시하면서 이를 재서술할 것을 요구받고 있다는 의미이다. 앞서 나는 프래그머티즘이 저널리즘에 다가왔다고 말한 바 있다. 그러나 이번에는 지금 저널리즘이 프래그머티즘으로 다가가고 있다고 말하고 있다. 결국 이것은 저널리즘의 프래그머티즘화가 명료해지고 또 확대되고 있다는 것을 말하는 것이다. 또 저널리즘과 진실은 재서술되고 있음을 의미하는 것이다. 다시 말하면 이제 저널리즘은 사실이나 진실이란 어휘들은 물론 "언론은 사회의 거울이다."라는 메타포도 재서술되어야 할 시점에 서 있는 것 같다. 언론의 자유 같은 도덕적 가치나 규범도 마찬가지이다. 앞서도 이야기한 바 있지만 언론자유에 관한 서술이 토대주의에서 벗어나게 되는 것은 그 자유의 의미가 소극적 자유(negative freedom)와 적극적 자유(positive freedom)로 분류하는 패러다임을 벗어나고 있다는 것을 의미하는 것이다. 왜냐하면 이들은 모두 신학적이고 형이상학적인 토대 위에서의 주장이기 때문이다. 자유 혹은 언론자유라는 것도 우연성이나 아이러니, 연대성, 즉 역사와 문화를 넘어서는 그런 것이 아니다. 프래그머티즘은 이런 구분을 불편해한다.

40) Bill Kovach and Tom Rosenstiel(2014). *The Elements of Journalism*. 3rd ed. p. 218.

저널리즘의 '우연성, 아이러니, 연대성'

로티의 정치철학 책 『우연성, 아이러니, 연대성』의 앞 3장의 제목이 언어, 자아, 자유주의 공동체의 '우연성'으로 되어 있다. 저널리즘 안에 이를 넣고 이야기를 해보겠다.

먼저 언어의 우연성 문제를 보자. 플라톤은 선험적인 언어가 존재한다고 가정했다. 그것은 이성적인 것이고, 따라서 대상과 언어는 아이소모르픽(isomorphic)하다. 그러나 로티에게 우리의 언어는 역사와 우연성의 산물이다. 합리성, 진리, 진실이란 것도 우리가 갖고 있는 어휘들을 배열한 것이다. 반면에 상상(image)은 그러한 언어를 넘어서는 능력, 달리 말하면 새롭고, 낯설며, 패러독시컬하고 비합리적인 것들을 나타내는 어휘들과 이미지들을 꿈꾸는 것이다. 그렇기 때문에 우리의 문화는 철학자가 아니라 시인을 지식인의 전형으로 간주해야 한다고 로티는 주장한다.

자아(selfhood) 역시 우연성의 산물이다. 플라톤이나 칸트, 그리고 기독교 신학은 인간의 공통된 본성의 존재를 전제한다. 이에 근거하여 인간의 공적 영역과 사적 영역은 융합시킬 수 있다는 희망을 갖는다. 그러나 니체와 같은 철학자들은 이를 부정한다. 그럼에도 그들 회의론자들도 대부분 '인간의 본성'을 주장한다. '권력에의 의지'나 '성적인 충동' 등이 그것이다. 그들의 목적은 자아성취이다. 그러나 헤겔과 같은 역사주의자들은 '인간의 본성'이나 '자아의 가장 깊은 곳' 같은 것의 존재를 부정한다. 그들은 역사적 여건이 자아를 낳는다고 주장한다. 즉 역사에 선행하는 인간이란 없다는 것이다. 이런 자아에게 중요한 것은 과거가 아니라 미래이다. 앞으로 무엇을 어떻게 해야 하는가, 하는 물음을 던져야 한다. 이것은 형이상학과 신학으로부터 벗어나는 것을 의미하며, 이러한 전환은 '진리 대신에 자유'를 진보의 조건으로 삼게 만든다. 자아의 형이상학적 토대는 없다.

마지막으로 자유주의 공동체(liberal community)를 보자. 플라톤의 철학은 사회가 지식인에 의해 통치될 때 정의가 가능하다고 했다. 시인들은 추방되어야 한다. 시인들이란 나쁜 동물적인 정서와 욕구들에 빠져들게 하기 때문이다. 그러나 로티의 프래그머티즘은 플라톤을 역전시킨다. 자유민주주의 사회가 전체주의 사회보다 더 합리적인 것이 아니라고 하면서 플라톤을 거부한다. 달리 말하면 자유민주주의 사회는 초역사적이며 초문화적인 자명한 진리에 근거하는 것이 아니라 잔인성과 같은 인간의 고통이 낳는 결과에 대한 상상을 통해 이를 혐오하게 된 사회라는 것이다.

또 자유주의 사회란 개방사회인데, 그러나 이러한 개방성은 성서의 가르침이나 밀턴의 말처럼 자유롭고 공개적인 대결에서는 진실(truth)이 반드시 승리한다는 믿음, 즉 진실의 절대적 힘 때문이 아니다. 이 개방성은 그 자체가 이유이다. 즉 자유주의 사회란 자유롭고도 공개적인 대결의 결과를 —그 개방성의 결과가 어떤 것이든— 불만 없이 '진실'이라고 부르는 데에 만족하는 사회이다. 이것이 왜 자유주의 사회에는 '철학적 토대'를 제공하려는 노력이 잘못인가 하는 이유이다. 다시 말하면 그러한 토대들은 자유롭고 공개적인 대결에 선행하는, 그리하여 그 대결에서 얻게 되는 결과보다 우선하는 어떤 것을 전제로 하기 때문이다.[41]

이것은 '자유'를 '자유로부터 해방하는 것', 즉 자유의 토대란 자유를 한계 짓는 것이기 때문에 이를 거부하는 것은 당연하다. 마찬가지

---

41) R. Rorty(1989, 2006). pp. 51-52; 역본. 112쪽.

로 '언어의 우연성'은 '언어'로부터 언어를 해방하는 것, '자아의 우연성'은 자아를 자아로부터 해방한다는 의미에서 로티는 자유사회란 어떤 전제나 근거를 인정하지 않는 철저한 '우연성과 아이러니, 그리고 연대성'의 사회를 자유주의 사회로 재서술한 것이다. 사실 로티보다 앞서 듀이는 일찍이 자유주의 사회의 가장 큰 죄악은 '한계(limitation)'를 인정하는 것이라고 말한 바 있다. 자유주의 사회란 이렇게 미래가 열려 있는 가능성과 희망의 사회이다.

그렇다면 저널리즘의 미래를 로티가 말하는 상상력을 동원해 이야기해보자. 그러나 이보다 앞서 그의 자유주의 유토피아를 이야기할 필요가 있다. 로티는 그의 『우연성, 아이러니, 연대성』의 서론에서 이런 말을 한다. 아이러니즘이 보편적인 자유주의 유토피아가 가능하다. 탈형이상학적인 문화는 탈종교적인 문화와 마찬가지로 가능할 뿐만 아니라 바람직한 것이다. 자유주의 유토피아에서 인간의 연대성은 고통받고 있는 낯선 사람들을 우리들의 동료로 볼 수 있는 상상력에 의해 성취되어야 할 목표이다. 연대성은 반성에 의해 발견되는 것이 아니라 창조되는 것이다. 그것은 다른 낯선 사람들이 겪는 고통과 굴욕에 대한 우리의 감수성을 증대시킴으로써 창조된다. 그리하여 우리의 증대된 감수성은 그들의 고통을 외면하는 일을 어렵게 한다. 이렇게 다른 인간들을 '그들'이 아니라 '우리 가운데 하나'로 보게 하는 것은 낯선 사람들의 상황에 대한 상세한 서술과 우리 자신에 대한 재서술이다. 이것은 이론의 과제가 아니라 민속지학, 저널리스트의 보고, 만화 잡지, 다큐드라마, 그리고 특히 소설의 과제이다. 예로서 나보코프의 소설은 우리 자신들이 어떤 잔인성을 범할 수 있는지에 대해 상세한 내용을 제공해주며, 그 결과 우리 자신들을 재서술하게 해준다. 그것이 바로 도덕적 변화와 진보의 주요한 수단으로서 소설, 영

화, 그리고 TV프로그램이 설교와 논문을 점차적이지만 꾸준히 대체해가는 이유이다.[42]

여기서 로티는 저널리즘과 관련된 중요한 언급을 한다. 그것은 자유주의 유토피아에서는 서술이 이론을 대체하는, 그리고 그와 같은 대체는 우리들 삶을 단 하나의 비전이나 하나의 메타 어휘로 서술하는 것을 포기했음을 의미한다고 하면서 자유주의 유토피아 문화는 끝없이 더 나은 유토피아를 추구하는 문화라고 말한다. 그래서 자유주의 유토피아 문화는 이미 존재하는 궁극적 진리의 수렴이 아니라 자유의 증식이 실현되는 끝없는 과정으로 간주되리라는 것이다.[43] 이러한 로티의 주장은 그의 말대로 저널리즘이 이미 존재하는 진실을 발견하여 수렴하는 것이 아니라 저널리즘이라는 자유로운 광장에서 다양한 진실들을 발아시키는 도구라는 점을 말하는 것이다. 다시 말하면 그의 저널리즘은 진실의 전달보다 새롭게, 그리고 '울림'을 이끌어내는 지렛대이다.

쉽지 않은 저널리즘의 위기

로티의 나보코프와 오웰의 독해는 우리가 표상주의에 매달리지 않으면서 오히려 진실을 더 잘 말할 수 있다는 것을 가르쳐주고 있다. 그러면서 그는 우리로 하여금 전통 저널리즘의 기본 전제인 진실과

---

42) Ibid. pp. xv-xvi; 역본. 24-25쪽.
43) Ibid. p. xvi. 여기서 우리는 다시 로티가 형이상학적인 진리를 부정하고 있음을 읽게 된다. 그는 이미 존재하는 궁극적 진리를 찾아 수렴하는 것이 아니라 새로운 진리들을 발명하는 것이다. 이러한 진리관은 그의 진보좌파 정치철학, 즉 끝없이 혁신을 지향하고 있음을 보여준다.

표상주의에 대한 회의를 갖게 한다. 우리는 여기서 현대 저널리즘 위기가 간단하게 치유될 수 있는 것이 아니라는 사실을 확인하게 된다. 로티의 프래그머티즘이 저널리즘에게 시사하는 문제점은 세 가지이다. 그것은 저널리즘의 사실과 진실 문제, 표상주의 혹은 대응이론 문제, 그리고 언어철학 문제이다. 이들 가운데 앞의 두 가지는 이야기한 바 있다. 그러나 언어 문제는 좀 더 논의할 필요가 있다고 생각한다.

저널리즘의 언어관은 실재론이고 사실주의이다. 특히 뉴스가 제도화되면서 이런 언어이론은 그 기본이 되었다. 저널리즘의 기사는 전달을 위한 것으로 가치가 부가된 용어나 수식어는 금기이다. 이러한 뉴스 작성이론에서 언어는 순수한 매체일 뿐이다. 실재는 저 밖에 있고 언어는 그 실재와 우리를 연결해주는 매체이다. 플라톤의 형이상학적 언어가 이런 것이다. 그러나 로티의 언어이론은 데이비슨(Davidson)이론이고 비트겐슈타인(Wittgensteinian)적 아론이다. 언어는 표상을 위한 매체가 아니다. 로티는 데리다의 '차연'과 '해체(deconstruction)'이론에 공명하고 받아들인다.[44] 그는 데리다의 기표(signifier)는 기의(signified)에 닿지 못하고 미끄러진다는 주장을 받아들인다. 의미는 기표와 기의의 관계는 아니다. 이들은 한마디로 표상주의 저널리즘과는 조화로운 것들이 아니다. 현대 저널리즘은 기표가 기의에 닿지 못하고 미끄러지는 정도가 아니라 기의 없는 기표가 난무하는 언어 세계 속에 있다. 그런 의미에서 저널리즘의 재서술은 불가피해졌다. 로티는 저널리즘을 진실의 소스로 간주하면서도 표상주의 저널리즘은 부정하고 있다. 그런 의미에서 그는 전통적인 실재론

---

44) R. Rorty(2006). *Take Care of Freedom and Truth Will Take Care Itself*. Introduction by Eduardo Mendieta. p. xvi.

적 표상주의 저널리즘을 말하고 있는 것은 아니다.

여기서 저널리즘의 문제를 지시하는 로티의 언어 이야기를 다시 인용한다. 그는 이런 말을 한다. 언어가 표상이라는 관념을 버리고 언어에 대해 철저한 비트겐슈타인이 된다는 것은 곧 세계를 탈신비화하는 것이다. 오직 그렇게 할 때만 우리는 진실이란 문장이고 문장은 어휘로 이루어지는 것이며, 어휘는 인간에 의해 만들어진 것이므로, 진실도 인간에 의해 만들어지는 것이라는 주장을 충실히 받아들일 수가 있다.[45] 이러한 로티의 주장은 전통 저널리즘의 생각과는 갈등적인 것이다. 로티는 데이비슨의 언어이론을 따르는데, 그것은 저널리즘에게도 중요한 의미가 있다. 데이비슨은 진화론에서처럼 언어를 끊임없이 낡은 형태를 죽이는, 그것도 고상한 목적을 달성하기 위해서가 아니라 맹목적으로 죽이는, 새로운 삶의 형식이라고 본다. 실증주의자는 갈릴레오가 하나의 발견 ―세계와 잘 부합하는 일에 필요한 것인데, 아리스토텔레스가 간과하였던 어떤 낱말을 마침내 찾아냈다― 을 하였다고 보는 데 비하여 데이비슨은 갈릴레오를 특정한 목적을 위해 이전의 어느 것보다 더 좋은 도구를 운 좋게 발견하게 된 사람으로 본다. 갈릴레오 식을 일단 알게 된 다음에는 누구도 아리스토텔레스 식에 대해서는 흥미를 갖지 않게 된다. 마찬가지로 낭만주의자들은 예이츠(William Yeats)가 과거에 누구도 갖지 못했던 것을 얻게 되었고 오랫동안 표현되기를 고대해왔던 것을 표현해냈다고 보는 반면에, 데이비슨주의자는 예이츠를 그 이전 세대인들이 썼던 시의 단순한 변형만이 아니라 그런 시들을 쓸 수 있게 해준 어떤 도구들과 용케도 마주쳤던 사람으로 본다. … (그런 것들은) '진실'이라고 불리는 이미 존

---

45) R. Rorty(1989). p. 21; 역본. 59-60쪽.

재하는 어떤 단위체의 본질에 관한 모종의 발견이 아니다. 그것은 우리가 말하는 방식을 바꾼 것이며, 그래서 우리가 원하는 바를 바꾸고 우리 자신에 대해 생각하는 바를 바꾼 것이다.[46]

이렇게 로티가 말하는 데이비슨 언어철학을 길게 인용한 이유는, 이것은 저널리즘에 중요한 말이기 때문이다. 그것은 무엇보다 저널리즘이 전통적으로 수용하고 있는 실증주의 진실이론, 즉 진실은 탐구에 의하여 점차로 완성의 길을 가고 있다는 주장과는 전혀 다른 시나리오를 제시하고 있다는 점이다. 다시 말하면 이것은 저널리즘의 진실이란 어떤 하나의 궁극적인 진실을 추구하는 것이 아니라는 것이다. 단지 재서술될 뿐이다. 또 저널리즘의 진실도 말 —어휘— 로 된 문장이고 이 말은 인간이 만든 것이기 때문에 그 진실이란 것도 인간의 것이라는 데이비슨의 주장을 저널리즘은 인정해야 한다. 그렇다면 우리는 저널리즘의 진실을 아리스토텔레스가 아니라 갈릴레오나 예이츠 식으로 혹은 그 반대로 서술할 수도 있다. 그러나 이것은 갈릴레오가 아리스토텔레스보다 더 우수하다는, 그리고 예이츠가 그 이전의 다른 시인들보다 더 훌륭하다는 이야기가 아니다. 데이비슨주의자의 생각은 그렇다.

오늘의 진실이 어제의 진실보다 더 나은 진실은 아니다. 단지 다른 종류의 진실일 뿐이다. 이것은 위에서 부정적으로 이야기해온 표상주의의 진실이 틀렸고 프래그머티즘의 진실이 옳다는 주장도 아니라는 것을 말한다. 프래그머티즘이 표상주의를 거부하는 것은 표상주의가 전제하고 있는 형이상학적 근원을 거부하는 것이지 표상 자체를 거부하는 것은 아니다. 따라서 만일 저널리즘이 있지도 않은 형이상학적

---

46) Ibid. pp. 19-20; 역본 57-58쪽.

근원을 전제로 하지 않는다면 단순한 표상으로서의 진실을 다른 진리들과 일반적으로는 비교할 수 없다. 왜냐하면 이를 비교할 수 있는 근원적 규준이 없기 때문이다. 단지 특정 시공간에서 주어진 어떤 목적을 성취하는 데 어떤 진실이 더 유용하다고 말할 수 있을 뿐이다.

그렇다면 모든 저널리즘을 아우르는 형이상학적 규준이 없는 상태에서 우리는 어떤 저널리즘이 다른 것보다 더 낫다는 말을 할 수 없다. 어제보다 오늘이 좀 더 나아졌고 내일은 다시 또 나아질 것이라는 주장도 가능하지 않다. 이 주제는 더 논의되어야 할, 그러나 이 책의 범위를 벗어난 것으로 생각된다. 저널리즘은 이들 문제를 만족스럽게 해결할 길이 없다. 단지 어떤 것이 다른 것보다 좀 더 나은가를 고민하고 저마다의 선택을 할 수 있을 뿐이다. 저널리즘과 저널리스트가 자유로워야 하는 이유가 바로 여기에 있는 것이다.

일반개념의 문제: 황홀감과 친절함

로티의 나보코프 독해에서 읽게 되는 또 다른 저널리즘 관련 고민은 '일반개념(general ideas)' 문제이다. 예술가 어휘의 생명은 신선함이다. 그것은 일반화되면 생명력을 잃는다. 하이데거와 마찬가지로 나보코프는 설교조로 되는 것을 피하려는 시도, 즉 사용이 너무 일반화되어서 그 의미가 퇴색되고 투명해져 버린 단어들의 사용을 피하려 하였다. 하이데거는 자신이 만들어낸 단어들이 지나치게 일반화됨으로써 '개념'의 단계로 환원되고 그 단어가 동떨어진 어떤 목적을 달성하기 위한 단순한 도구가 되어서 자신의 저작들의 고유한 의미를 상실하게 되는 것을 우려했다. … 나보코프는 이런 진부하지 않은 그 나름의 책을 희망했다.[47] 로티는, 나보코프가 일반개념은 작가의 사적인 자아 완성과 불멸성을 낳을 수 없다는 것, 그리고 그런 일반개념이 '세계를 창조'할 수 없다는 것을 그의 소설에서 드러내 보여주고 있다고 했다.[48] 로티의 독해는 기계로 찍어낸 일반개념의 무의미와 황폐성을 이야기하고 있다.

로티의 이러한 일반관념 이야기는 저널리즘에는 사실 많이 아픈 이야기이다. 왜냐하면 저널리즘은 ─대중매체로서─ '기계로 찍어낸 일반개념'에 주로 의존하기 때문이다. 로티에 의하면 비트겐슈타인과 하이데거 같은 철학자들은 개별성과 우연성을 드러내기 위한 철학을 하였다. 그리하여 이들은 플라톤이 시작한 철학과 시인의 싸움에서 시인의 편에 섰다.[49] 그러나 이런 차원에서 보면 저널리즘은 플라톤 편이지 시인 편이 아니다. 저널리즘은 구체적인 사건이나 사태를 일반개념에 의존하여 구성한 기사를 대중 일반에게 전달하는 것이 그의 일이다. 저널리즘은 나보코프가 신뢰하지 않은 일반개념을 신뢰한다. 이것이 예술가와 저널리스트가 갈라지는 길목이다. 그런 이유에서 저널리즘은 사적인 개별성과 우연성을 받아들이기 힘들다. 저널리스트는 예술가가 그의 예술을 통해 갖게 되는 사적인 황홀경(ecstasy) 같은 것을 가질 수도 없다. 저널리스트는 대신 예술가들이 갖지 못하는 독자에 대한, 즉 공적인 친절함(kindness)을 즐길 수 있다. 이런 사적인 '황홀경'과 공적인 '친절함'을 하나로 통합할 수 없다는 것을 나보코프의 소설 ─『롤리타』와 『창백한 불꽃』─ 은 분명하게 보여주고 있다고 로티는 말한다.[50] 저널리즘의 예를 보자. 저널리스트에게 취재 대상

---

47) R. Rorty(1989), p. 161, n. 26; 역본, 293쪽, 주 26.
48) Ibid. p. 168; 역본, 305쪽.
49) Ibid. p. 26; 역본, 69쪽.
50) Ibid. p. 160; 역본, 292쪽.

들이 토로하는 불만 가운데 가장 흔한 것은 기사가 자신의 뜻을 제대로 담아내지 못한다는 것이다. 자기가 생각하는 진실이 아니라는 것이다. 물론 잘못된 기사인 경우는 말할 것도 없다. 그러나 아무리 능력 있고 양심적인 기자가 잘 쓴 기사라 할지라도 정작 당사자는 자신이 아니라 남의 이야기인 것 같다는 경우가 보통이다. 정도의 차이는 있지만 그렇다. 그러나 이것은 사적이고 개별적인 것을 공적인 것으로 번역해서 서술해야 하는 저널리즘의 불가피한 한계이다. 다시 말하면 취재대상의 고유한 진실 ─고통과 같은─ 은 기사화되면서 일반 개념화된다. 사실 사적인 고통을 그대로 공적인 것으로 전환하는 것은 불가능하다. 그러나 저널리즘의 기사는 이를 통합한 것이다. 여기서 저널리즘은 사회적인 진실을 위해 개인의 고유한 진실을 희생시킨다. 예술은 대체로 그 반대이다. 이런 통합은 대단히 어려운 과정이지만 불가능한 일은 아니다. 로티는 하이데거와 나보코프를 이런 균형 있는 통합을 성취한 철학자와 작가로 말한다.[51] 로티의 언급은 없었지만 팝 미술의 워홀(Andy Warhole)도 그 대열에 든다고 할 수 있을 것이다.[52]

그런데 말이다. 오늘날 우리는 저널리즘의 사실과 진실을 저널리즘의 언어 ─예로서 일반관념─ 로 소진하는 것이 점점 더 어려워지는 것을 경험하고 있다. 이것은 마치 계몽주의의 합리성이 현대 민주주의를 발전시킨 주된 힘이었지만 오늘에 와서는 오히려 장애가 되고 있는 것과 마찬가지가 된 현상과 비슷하다. 전통적인 사실과 진실이 저널리즘의 정당성을 담보하는 자산이지만 오늘에 와서 보면 그 정당

---

51) Ibid. p. 161, n. 26; 역본. 293쪽. 주 26.
52) 이와 관련된 문제는 다음의 포퓰러 컬처(popular culture)에서 좀 더 언급하겠다.

성을 훼손하는 구실이 되기도 한다. 이것은 오늘의 저널리즘은 사실이나 진실이라는 어휘에 지나치게 매달리지 않아야 한다는 것을 뜻한다. 그 이유는 이들이 플라톤적인 근거를 갖지 못한 가공물이기 때문이기도 하지만 현실적으로 현대 저널리즘 세계를 보면 과거의 사실이나 진실만으로는 그 역할을 다할 수 없게 되었기 때문이다. 사실 현재의 상황을 보면 사실이나 진실은 명목화되어 내용 없는 형식이 되었고 또 너무 복합적인 것이 되었다. 뉴미디어가 이를 더욱 부추기고 있다. 좀 과장하면 사실과 진실이 무력해졌다는 것이다. 그 증거의 하나가 저널리즘 매체에 대한 대중의 신뢰도 추락이다.

다시 말하지만 현대 저널리즘이 주로 사용하는 일반개념의 힘이 무력화되고 있다. 일반개념은 나보코프의 말처럼 구체적인 부분들이 그 뒤에 남아 있게 되면 모든 것이 불분명해진다. 전통적으로 일반개념은 저널리즘의 주된 서술 도구이다. 그러나 현대는 일반개념으로는 이 시대의 사실과 진실을 서술하기가 점점 더 어려워졌다. 저널리즘의 효과가 떨어졌다. 그렇다고 저널리즘이 일반관념을 포기할 수도 없다. 중요한 문제는 이런 일반개념의 저널리즘이 어떻게 그 딜레마를 벗어나는가 하는 것이다. 그 틈새를 비집고 들어오는 현상의 하나가 포스트모던 문화라는 생각을 해본다. 로티는 나보코프와 오웰에서 그 길을 찾고 있는 것 같다. 물론 저널리즘으로서는 아직은 동의하기 어렵지만 말이다. 그렇게 하기 위해서는 저널리즘과 문학이나 예술 사이의 경계를 지워버려야 하기 때문이다. 그것은 어려운 일이다. 그러나 현재의 저널리즘 문화가 영원히 지속될 것이라고 장담할수도 없다. 또 그것이 사라진다고 해서 반드시 나쁜 일이라고 할 수도 없다. 그런 의미에서 다른 저널리즘의 세계를 상상해볼 수도 있을 것이다.

저널리즘의 진부성

로티의 프래그머티즘은 사실, 진실, 객관성, 언어의 선험적인 근거와 보편성을 부정한다는 이야기를 되풀이한다. 한마디로 이들은 초역사적인 인간의 본성이나 초자연적인 힘의 결과가 아니다. 프래그머티즘은 사실, 진실, 객관성, 언어, 자유, 민주주의를 커뮤니케이션, 즉 대화(conversation)의 결과라고 한다. 커뮤니케이션이란 단어는 오늘날 여러 분야에서 집착하고 매달리는 인기 있고 힘도 있는 단어이다. 대학, 포스트모던 철학, 사회비평, 공공 저널리즘 운동 등이 모두 커뮤니케이션이란 어휘에 집착한다. 매스미디어 비평, 그리고 담론 — 숙고— 민주주의 정치철학자들도 그렇다. 듀이, 하버마스, 로티, 오크쇼트(Oakeshott), 가다머(Gadamer) 등은 모두 앎의 모형으로서 대화에 그들의 관심을 돌렸다. 저널리즘도 이런 대화의 한 양식이다.

이런 저널리즘은 대단히 세속적이고 그런 의미에서 '진부(banal)'한 것이다. 로티에 의하면 프래그머티즘도 '진부'한 것이다. 그는 한 대담에서 진부하다는 것을 이렇게 말했다. 프래그머티즘은 일종의 보편주의자들이 궁극적인 진리를 획득하기 위한 기획이나 사물의 실제 존재를 밝힌다는 그런 거창하고 고상한 정신 같은 것은 갖고 있지 않다. 또 프래그머티즘은 '이제 모든 신성한 것은 부숴버리고 새로운 체계를 창조해야 한다든가 모든 것은 새로워져야 한다.'는 것과 같은 낭만적이고 열정적인 주장을 허용하지도 않는다라고 말한다. 프래그머티즘은 그런 면에서 위대함이나 고상함과 같은 것을 아쉽게도 갖고 있지 못하다.[53] 프래그머티즘에는 위대, 완전, 고상, 순수 같은 것은 없

---

53) R. Rorty(2006), p. 134.

다. 그래서 그의 프래그머티즘 정치철학도 혁명이 아닌 일상의 작은 악들의 제거에 의존하는 '진부한' 진보주의이다.

로티의 이 '진부성(banality)'이라는 단어는 순수, 순결, 완전, 고상함, 위대함과 같은 관념과 거리가 먼 시시하고 평범한 것이라는 의미이다. 그러나 로티의 경우 이것은 아렌트(Hannah Arendt)의 '악의 진부성(banality of evil)'에서처럼 비극의 소스로서의 부정적인 것이 아니다. 그는 '진부'라는 단어를 평범한 것, 일상적인 것, 그리고 신적이 아닌 인간적이고 세속적인 것을 의미한 것으로 이해한다. 그러나 이것은 분명 이성주의나 계몽주의적 이상주의와 다른 것으로 미국 좌파 리버럴리스트의 고뇌와 회의가 담겨 있는 어휘로 읽힌다. 다시 말하면 그의 '진부'라는 말은 그의 정치적 입장인 리버럴리즘이 이론화되고 아카데미즘화되면서 대중의 일상적인 고통에 무관심해지고 있는 미국 좌파의 현실 도피에 대한 비판을 담고 있는 어휘이다. 따라서 그의 진부성은 현실에서 우리가 피할 수 없는 오염된 공기와 같은 것을 상징하는 어휘이다. 일상적인 삶과 같은 것 말이다.

저널리즘은 프래그머티즘처럼 진부한 것이다. 저널리즘의 사실이나 진실도 마찬가지이다. 그것은 순수, 절대, 완전, 최종과 같은 수식어를 붙일 수 없는 그런 것이다. 그래서 최근의 한 저널리즘 연구자는 저널리즘의 지식을 회의적 앎(skeptical knowing)이라고 했다.[54] 저널리즘의 사실은 완결된 것도 자족적인 것도 아니다. 그것은 비판과 수정 혹은 허위라는 주장에 항상 열려 있는 공개적인 것이다. 그래서 우리는 그런 것을 진부한 것이라고 말하는 것이다.

---

54) Bill Kovach and Tom Rosenstiel(2010). *Blur: How to Know What's True in the Age of Information Overload*. p. 31.

진부한 저널리즘의 사실과 진실

저널리즘의 사실과 진실에 잠재되어 있는 문제에 대응하기 위해 저널리스트는 다양한 노력을 한다. 그 가운데 가장 통상적인 방법은 사실과 진실을 검증하는 것이다. 그리고 그 검증의 기준은 프래그머틱한 것이기보다 형이상학적이고 토대주의적인 것이다. 다시 말하면 그것은 저널리즘의 진부성을 수용하기보다는 그것의 완결성과 자족성을 추구하는 엄밀하고 고상한 노력이 보다 일반적이다.

그러나 철학적인 이유는 차치하고라도 무엇보다 현실에서의 미디어 기술의 발전과 다원화는 저널리즘의 이런 형이상학적 대처를 계속할 수 없게 만들고 있다. 구체적으로 1980년대에서 1990년대에 이르게 되면 '검증의 저널리즘(Journalism of verification)'은 현실적으로 불가능하게 되었다.[55] 그 이유는 다매체, 다채널이라는 기술과 환경의 변화이다. 수없이 많은 매체들이 1년 365일 24시간 정보를 쏟아내는 상황에서 저널리스트들이 뉴스의 사실과 진실을 모두 검증한다는 것은 곧 경쟁에서 패배하는 것을 의미한다. 이것은 정보의 전달 기술과 속도전의 결과이다. 이를 가장 극적으로 출발시킨 것이 CNN 뉴스일 것이다. 터너(Ted Turner)의 목표는 실시간으로 하루 24시간 계속해서 독점적으로 전 세계 뉴스를 생방송하는 것이었다. 그리하여 CNN은 세계 각지의 뉴스가 있는 곳에 카메라와 특파원을 보내 생방송하는 새로운 뉴스 모델을 출발시켰다. 한마디로 CNN은 저널리즘의 게이트키퍼(gate-keeper)이기를 포기하고 직접 뉴스 메이커와 시청자를 연결하는 기술이기를 자처한 것이다. 검증은 시청자의 몫이 되

---

55) Ibid. p. 38.

었다. 이런 새로운 뉴스 모델은 CNN에서만 끝나는 것이 아니라 오늘날 블로그, IPTV, 유튜브, 야후(Yahoo), 네이버(NAVER), 다음카카오(Daumkakao), 그리고 트위터 등 전통의 게이트키퍼가 거의 없는 매체들이 우후죽순처럼 나타나 전통매체를 몰아내고 있다. 텔레비전의 경우에도 수백 개의 채널이 방송되고 있으며 우리나라의 경우에도, 특히 종합편성 채널은 주장(assertion) 저널리즘, 그리고 확신(affirmation) 저널리즘이라는 새로운 뉴스모델을 만들어내고 있다. 이런 게이트키퍼가 사라진 저널리즘에 대한 우려가 우리 사회에서도 깊다. 미국도 그렇지만 말이다. 그러나 그것이 정당한 우려라 할지라도 과연 30~40년 전 지상파 방송이 지배하던 그 시절로 미디어 세계가 되돌아갈 수 있다고 믿는 사람은 없다. 그것은 마치 우리가 애미티(Amity) 공동체로 들어가는 것과 유사한 것이기 때문이다.

철학자들은 질겁하겠지만 저널리즘의 코바치는 이에 대해 "기술은 단순한 하나의 도구가 아니다; 그것은 체계이다."라고 기술의 지배론을 단언하고 있다.[56] 하이데거와 같은 철학자들은 언어가 인간을 사역시킨다고 말한다, 우리는 이를 통찰로 받아들인다. 그런데 우리는 기술이 우리를 사역시킨다는 주장을 기술결정론이라고 비판한다. 그러나 코바치의 말처럼 저널리즘 매체는 앞으로 —아니 이미— 하나의 기술체계가 되어 전통적인 정보의 내용과 형식이 컴퓨터 속에서 나올 수도 있을 것이다. 그러면 저널리즘은 오웰의 『1984년』의 오브라이언(O'Brien)일 수도 있다. 이것은 불가능한 시나리오가 아니다. 로티의 말을 빌리지 않더라도 말이다.

---

56) Ibid. p. 39.

저널리즘의 프래그머티즘화 현상

저널리즘 현장을 바탕으로 코바치는 이론적이 아닌 현실적인 저널리즘의 변화를 몇 가지로 요약하는데, 이것은 주목할 만한 가치가 있다. 내가 이를 주목하는 이유는 그 변화가 저널리즘의 보다 프래그머티즘화를 의미하는 것이기 때문이다. 다시 말하면 코바치가 말하는 새로운 저널리즘 —뉴스 모델들— 은 바로 프래그머티즘의 반토대주의, 다른 말로 하면 로티의 진리와 객관성을 부정하는 입장을 반영하는 것으로 읽히기 때문이다.

코바치가 앞서 말한 바 있지만 지금 저널리즘은 전통적으로 강조해온 검증이 불가능하거나 검증의 가치가 평가절하되고 있다. 그리고 대신 '주장(assertion) 저널리즘'의 비중이 무거워지고 있다. '주장 저널리즘'은 비유하면 일종의 '속기(stenography)' 저널리즘이다. 뉴스 메이커가 주장하는 이야기를 저널리스트가 그대로 받아서 뉴스로 내보내는 뉴스가 이런 것이다. 과거 한국의 경우 1950~60년대 정부가 발표하는 보도용 자료를 몇 자 첨삭한 후 그대로 신문이나 방송에서 내보내던 형식이 이런 것이었는데, 오늘날 이것은 다른 이유 때문에 다시 부활되고 있다. 코바치는 이를 기술과 스피드 경쟁 때문이라고 하였다. 그러나 그 이유는 그 이상이라고 보아야 한다. 한마디로 이것은 저널리즘에서 편집하는 일, 즉 게이트 키핑 기능이 불가능해졌을 뿐만 아니라 그 정당성이 약화되었다는 것이다. 검증은 너무 어려운 일이 되었고, 또 검증을 하려 해도 검증의 기준이 없어졌다는 것이다. 로티의 프래그머티즘으로 말하면 검증의 형이상학적 토대는 말할 것도 없고 현실적으로 사실과 진실이 너무 다양해졌다는 것이다. 그리하여 오늘의 저널리즘은 그 검증을 수용자들에게 미루어버릴 수밖에 없게 되었다. 그리하여 전통 저널리즘에서는 단지 원자재였던 루머, 암시, 비난, 고발, 추정, 가상 같은 것들이 그대로 하나의 완성된 제품 ―뉴스― 이 되어 수용자에게 전달되고 있다. 미국의 경우 ABC 등 네트워크 방송은 저녁 뉴스의 경우 편집자의 원고 검증률이 92% 인 데 반해 케이블 방송 뉴스의 경우 60%가 아무런 사전 검증 없이 방송되고 있다. 다시 말하면 케이블 방송의 경우 뉴스 메이커 발언의 진실이나 품위와 관련 없이 그대로 중계하고 있다는 것이다.[57] 방송은 속기사이고 단순한 게시판이다. 아주 극단적으로 표현하면 이러한 저널리즘의 저널리스트는 식당의 웨이터이다. 최근 우리의 경우에도 인터넷 방송을 통해 나오곤 하는 막말 방송이 바로 이런 것들이다. 요즘 빈번하게 발생하는 '아니면 말고' 식의 정치인들의 근거 없는 말도 바로 이런 '주장 저널리즘'의 악폐라고 할 수 있지만 이것이 현대 저널리즘의 한 유형임을 부인할 수 없다.

코바치가 새로운 모델로 들고 있는 '확신 저널리즘(journalism of affirmation)'도 그렇다. 이것은 일종의 신-정파뉴스(neo-partian form of news) 저널리즘이다. '확신 저널리즘'은 특정한 정치적 이념을 숨기지 않고 공개적으로 지지하는 저널리즘이다. 대표적인 미국의 사례가 폭스(Fox) 텔레비전이다. 정파지는 과거 미국의 경우 18~19세기 지배적이었던 당파 신문이 그 뿌리이다. 다시 말해 뉴스라는 개념이 생기기 이전 미국의 신문은 이런 당파지들이었다. 그 시기를 지나면서 미국 저널리즘에는 뉴스라는 보도형식과 객관성이라는 가치가 등장하고 신문의 지배적 규범이 되었다. '확신 저널리즘'은 이런 당파지와 유사하다. 그러나 양자 사이에는 중요한 차이가 있다. 무엇보다 과거의

---

57) Ibid, p. 40.

당파지는 정치인들의 정파적 도구였을 뿐 그들은 신문발행을 통해 재정적 수입을 기대하지도 않았고 또 그런 보상이 없었다. 단지 정치적인 지지를 확대하고 선거 시 표를 확보하기 위한 것이었다. 그러나 오늘날의 '확신 저널리즘'은 상업적인 목적으로 운영된다. 이들 저널리즘은 이를 운영하는 소유주의 정치적 입장과는 관계가 없다. 말하자면 기업으로서 경영하면서 소유주의 정치적 입장이 아니라 재정적 수입을 추구할 뿐이다. 그런 신문이나 방송의 목적은 돈이지 정치가 아니다. 상업적 보수주의이고 상업적 진보주의일 뿐이다. 폭스 텔레비전은 보수주의자들을 위해 프로그램을 제작하고 편성한다. 그러나 그 목적은 보수주의자들의 돈이지 그들의 정치적 입장이 아니다. 일종의 이데올로기 기업이다. 폭스 뉴스의 시청자들이 돈을 지불하면서 이에 대한 보상으로 받는 것은 사실과 진실이 아니다. 그들이 얻는 것은 그들의 보수주의에 대한 확신과 예찬이다. 진보주의의 경우도 마찬가지이다. 매스커뮤니케이션 효과이론에서 일찍이 강조해온 매스컴의 보강기능(reinforcement function)도 이런 것이다. 폭스 뉴스를 보면서 보수주의자들은 심리적 안정감을 얻게 된다는 것이다.

'확신 저널리즘'과 '의견 저널리즘(opinion journalism)'은 다르다. 전통적으로 의견 저널리즘은 특정한 정치적 이념을 갖고 있지만 검증된 증거에 근거하여 자신의 칼럼을 쓰는 저널리즘을 의미한다. 그런 칼럼니스트는 자신의 정치적 입장에서 정치적 문제를 해석하고 의견을 제시하지만 반대되는 증거도 검증하고 타당한 것이라면 이를 인정하면서 자신의 의견을 펼친다. 의견 저널리즘의 정당성은 중립성(neutrality)보다 정확성(accuracy)을 더 중시한다. 그런 칼럼니스트의 예로 코바치는 지금은 고인이 된 《뉴욕 타임스》의 보수주의 ―우파― 칼럼니스트 브룩스(David Brooks)를 든다.[58] 브룩스는 증거

(evidence)와 신념(belief) 사이의 투쟁에서 증거의 편에 서 있었다고 평가한다. 코바치에 따르면 '확신 저널리즘'은 상대를 악으로 전제한 후이를 합리화하기 위해 검증되지 않은 증거를 일방적으로 동원한다고 하였다. 코바치의 이러한 지적은 미국이나 한국에서도 새로이 등장하고 있는 저널리즘의 형식들을 상기케 한다. 그는 다시 '확신 저널리즘'과 '의견 저널리즘'의 차이를 이렇게 말한다. 그것은 경험주의(empiricism) —증거라는 경험을 존중하는— 와 선전(propaganda)의 차이이다. 후자는 수용자의 이해(understanding)를 돕고 탐구(inquiry)를 하도록 하는 저널리즘이고, 전자는 특정 신념(belief)을 주창하는 저널리즘이라는 것이다.[59] '확신 저널리즘'의 목적은 설득이고 '의견 저널리즘'의 목적은 사고와 토론이라는 것이다. 코바치는 또 브룩스에 대한 동료 칼럼니스트의 인상적인 평가를 인용하는데, 이런 것이다. 브룩스의 칼럼에는 가장(pretense) —위선— 이나 증오(hate)가 없다는 것이다.[60] 오늘날과 같은 막말 시대에 이것은 한국 저널리스트들도 귀담아 들어야 할 저널리즘의 덕목이다.

코바치는 '주장 저널리즘'과 '확신 저널리즘' 외에 다른 양식의 저널리즘도 주목하고 있다. 그들은 집합 저널리즘(the journalism of

---

58) Ibid. p. 142. 여기서 브룩스는 오바마 취임 초기 그의 경제정책에 대한 비판 칼럼에서 오바마 대통령의 경제정책이 의도는 좋지만 잘못된 것이라는 지적을 한다. 그러나 그는 비판을 하면서도 구체적인 증거로 과거 역사적으로 의도는 좋았지만 실패한 오래전의 공산주의와 최근의 월남전 정책을 예로 들었다. 그는 또 자신의 지적이 절대적으로 옳다는 것은 아니라고 했다. 코바치가 그를 존경받는 보수주의 칼럼니스트로 드는 이유로 브룩스는 비판하면서도 상대를 절대악으로 전제하거나 몰아가지 않는다는 것이다.
59) Ibid. p. 143.
60) Ibid. p. 142. 여기서 말한 동료 칼럼니스트는 《뉴욕 타임스》의 칼럼니스트 겔브(Les Gelb)이다.

aggregation), 블로그(Blogging), 트위터(Twitter), 유튜브(Utube), 카톡 등 인터넷 저널리즘 매체들이다. 이들 가운데 '집합 저널리즘'은 한국에서도 위력적으로 영향력을 행사하는 네이버나 다음 등에서처럼 타 매체들의 뉴스나 콘텐츠를 모아서 제시하는 일종의 플랫폼 저널리즘이다. 미국의 경우에는 야후(Yahoo) 등을 대표적인 사례로 들 수 있을 것이다. 이들 새로운 기술매체는 점차로 그들의 저널리즘 기능을 증대시키고 있다. 또 이들은 위에서 언급한 전통 저널리즘의 규범이나 가치 —예로서 공정성이나 객관성, 그리고 사실이나 진실의 검증—의 문제를 무력화시키면서 영향력을 행사하고 있다.

저널리즘은 어떤 모습으로 지속될 것인가

현대 저널리즘의 변화에 대한 여러 가지 이야기가 있다. 일찍이 코바치는 저널리즘 매체가 기업의 한 부수기관으로 전환되고 있다고 이야기한 바 있다. 그는 저널리즘과 무관한 기업에 의해 뉴스가 생산되는 현상이 늘어나고 있으며, 이것은 기업의 상업적 이익을 위한 상품으로 뉴스가 전락하는 것을 의미한다고 우려하였다. 그리하여 민주주의의 조건으로 독립적 언론이란 명제가 과연 유지될 수 있는가 하는 의문을 제기한 바 있다.[61] 그로부터 13년이 지나 동일한 책의 3판을 내면서 그는 20세기를 지배해온 저널리즘의 명패였던 《뉴스위크》, 《타임스 미러(Times Mirror)》와 《나이트 리더(Knight Ridder)》 신문 그룹은 사라졌고 TV 네트워크의 뉴스룸은 절반 이하의 규모로 축소되었으며 신문사 편집국들의 규모는 그보다 더 줄어든 3분의 1이 되었고,

---

61) Bill Kovach and Tom Rosenstiel(2001), *The Elements of Journalism*, p. 13.

신문 기업들의 매출은 그 이상으로 줄어들었다고 했다. 그러면서 그는 이러한 현실에 직면하여 우리는 다음과 같은 질문을 더더욱 하게 된다고 말한다. 지난 19세기에서 20세기에 이르기까지 저널리즘을 이끌어왔던 원리 가운데 아직 유효한 것으로 어디까지를 지킬 수 있는가? 과연 원리들이란 것이 있기는 한가?[62]

오늘날 저널리즘 연구자들의 현실 진단에는 대체로 어떤 공통점이 있다. 첫째는 저널리즘의 '게이트 키핑' 기능이 축소되고 있다는 것이다. 심하게는 소멸되고 있다는 것이다. 이것은 수용자, 즉 시민들 각자가 저널리스트가 되었음을 의미하는 것이기도 하다. 인터넷과 같은 매체기술이 뉴스 소스와 수용자를 직접 연결하면서 전통적인 의미의 저널리스트가 하던 역할을 축소 내지 소멸시키고 있다는 것이다. 편집과 같은 '게이트 키핑'에서 수용자 각 개인들의 몫이 증대되었다는 것이다.

둘째로 21세기 우리는 하나의 뉴스 플랫폼(platform)이나 정해진 시간에 뉴스를 구하지 않는다. 이메일, 블로그, 여타 SNS 등 다양한 인터넷 매체를 통해, 그리고 네이버나 다음, 야후, AOL 등 24시간 우리가 원하는 시간에 원하는 매체나 소스에서 뉴스를 얻을 수 있다. 이것은 새롭고도 도전적인 경험이다. 물론 아직 뉴스의 대부분은 기존의 신문이나 방송 등에서 나오는 것들이다. 그런 의미에서 전통적인 뉴스가 사라진 것은 아니다. 그러나 저널리즘이 대중 계몽을 위한 설교이던 시대는 분명 지나가고 있다. 저널리즘은 교사가 아니라 아주 호의적으로 말해 대화의 중개자 정도가 되었다. 이것은 물론 저널리스트

---

62) Bill Kovach and Tom Rosenstiel(2014). *The Elements of Journalism*. 3rd ed. p. x; 이재경 역(2014). p. xi.

의 이야기나 전문적 저널리즘이 완전히 사라진다고 하는 것은 아니다. 그것이 아니라 저널리스트의 의미가 재서술되고 있다는 것이다.

셋째로 저널리즘은 서비스 산업이 되고 있다는 것이다. 지금 저널리즘은 시장의 상품이다. 그리고 그 시장은 공급자가 아니라 소비자가 힘을 더 갖고 있는 시장이다. 수용자가 저널리즘에게 서비스를 주문하면 미디어는 이를 공급한다. 오래전 리프먼은, 칼럼니스트는 다른 사람을 자문하기 위해서가 아니라 자신이 쓰고 싶은 것이 있고 그럴 마음이 있을 때 글을 쓴다고 했다. 그러면서 저널리스트는 식당의 '웨이터'가 아니라고 했다. 그러나 지금 저널리스트들은 서비스업이 되어가고 있다. 저널리즘 매체는 지금 정보라는 상품을 창고에 쌓아놓고 수용자들이 원하는 정보를 그곳에서 끄집어내어 공급한다. 이것은 식당에서 고객의 주문을 받아 음식을 제공하는 일과 크게 다르지 않다. '게이트 키퍼'를 '웨이터'라는 메타포로 대체하면 저널리스트들은 불편해할는지 모르겠다. 그러나 서비스직이라고 해서 저속한 것은 아니다. 철학도 서비스하는 역할을 하는 것이라고 로티는 주장하지 않는가. 세상이 그렇게 되었다.

이상 세 가지는 코바치의 평가를 위주로 하여 정리한 것이다. 그러나 저널리즘의 미래에 대한 그의 전망은 그렇게 비관적이지 않다. 그는 저널리즘이라는 영역과 '게이트 키퍼' 혹은 전문직으로서의 저널리스트라는 직업이 변화는 하겠지만 사라지는 일은 없을 것이라고 전망한다. 그의 이러한 진단을 틀렸다고 할 수는 없지만, 그렇더라도 저널리즘의 변화는 단순한 것이 아니라고 나는 생각한다. 비유한다면 중세의 종교와 현대의 종교는, 말은 같은 종교이지만 다르다. 종교개혁 이전의 가톨릭 교회는 인간의 육체와 영혼 모두의 구원자였지만 그 후는 의사가 육체의 구원을 맡았다. 신부와 같은 성직자의 정체성도 달라졌다. 저널리즘도 마찬가지이다. 전통 저널리즘의 어떤 부분이 남고 어떤 부분이 사라질 것인지 우리는 예측하기가 쉽지 않다. 코바치와 같은 저널리즘 쪽의 인사들은 전통 저널리즘의 가치들을 유지할 수 있고 그래야 한다고 주장한다. 그러나 그것은 일종의 환원주의이다. 그것이 가능한지, 그리고 바람직한지 판단하기 쉽지 않다.

그러나 오늘에 이르러 보면 그동안의 저널리즘 변화는 패러다임 수준의 변화이다. 커뮤니케이션 기술이 낳은 다매체 저널리즘은 1950~60년대 IBM의 개인용 컴퓨터, 그리고 인터넷으로 연장되고 다시 뉴 미디어와 스마트폰, 사회매체로 확산되고 이것이 앞으로 어떻게 될 것인지 예측할 수 없다. 헤겔의 말을 빌리면 나의 미네르바 여신은 아침부터 날지 않는다. 나는 살아보지 않은 미래를 이야기할 수 없다. 그러나 지금까지의 변화, 즉 내가 IBM 컴퓨터에서 연구용 통계를 수집 정리하던 것을 인터넷에서 하고 스마트폰에서 정보와 뉴스를 검색하게 되면서 50~60여 년 전 신문 —4면짜리— 과 라디오, 텔레비전 방송을 접촉하면서부터 갖게 된 저널리즘에 대한 경험을 되돌아보면 그것은 어느 정도 정리해서 이야기할 수 있다. 나의 이야기는 이런 것이다.

무엇보다 저널리즘의 사실이나 진실이라는 것이 이제는 굳이 구하려 애쓰지 않아도 우리들의 일상에서 흘러다니는 물건이 되었다. 이것은 우리 한국 사회가 한편으로는 개명되었고 다른 한편으로는 진부해졌다는 말이기도 하다. 회고해보면 사실과 진실은 소크라테스에게는 다이몬의 것이었고 가톨릭 시대에는 교황의 신탁, 종교개혁 후에도 성직자의 신탁, 데카르트와 칸트는 이성, 푸코는 권력, 하버마스는 간주관적 합리성의 산물이었다. 그러나 앞서 많이 이야기하였지만 사실이나 진실은 원래부터, 즉 처음부터 있던 어떤 것이 아니라 우리에게 어떤 의미를 갖는 것을 우리가 받아들이게 된 어떤 것이다. 형이상학적인 것이 아니다. 이것이 듀이나 로티가 말하는 프래그머티즘의 사실과 진실이다. 서투른 것이지만 비유를 하나 들겠다. 현대 의학에서 병의 진단은 거의 기계가 한다. 의사는 그 결과 —사실과 진실—를 해석하고 치료한다. 그것도 기계의 지도하에 수술이나 약물을 투여한다. 이것은 의학의 사실과 진실이 기술의 발전에 따라 새로워지고 재서술된다는 것을 말해준다.

그런데 저널리즘 세계는 의학세계보다 훨씬 열악하다. 사실과 진실 문제에서 말이다. 왜냐하면 저널리즘에는 CT나 MRI 또는 병리학적 혈액검사 기구 같은 것이 없기 때문이다. 아마도 120년 전 발명된 X-레이 검사에 준하는 기구도 없다고 보아야 할 것이다. 사실과 진실의 진단 도구로 신이나 이성이나 합리성은 의학으로 친다면 아마도 민간요법 정도의 것으로 말할 수 있다. 사실 현대의학의 진단이나 치료 방법도 환자에게 심각한 문제를 안겨주는 경우가 많다. 흔히 수술 같은 경우 0.1%의 잘못될 확률이 있다는 말을 의사들은 하곤 한다. 그러나 어떤 환자가 그 확률 안에 들어가는 경우, 그래서 잘못되는 경우 그에게는 그것이 0.1%가 아니라 100%인 것이다. 객관적인 확률은 주관적 존재, 즉 당사자에게는 전혀 의미가 없다. 객관적 사실이나 진실도 이런 것이다.

이것이 진실 —사실— 의 무엇을 말하는 것인가? 우리가 보통 진실 혹은 사실이라고 하는 것들이 구체적인 각자의 삶에서는 그 의미가 달라진다. 다시 말하지만 위에서 말한 0.1%의 가능성도 나에게 나타나면 100% 진실이 된다. 그렇기 때문에 사실과 진실에 대한 검증에서 과학적인 방법이라고 해서 무조건 정당성을 갖는 것은 아니다. 사실이나 진실이란 객관적이고 보편적 차원이 아닌 주관적이고 개별적 차원의 의미가 있기 때문이다. 이것은 사실과 진실의 인식론 차원이 아닌 규범적인 정당성 차원의 문제가 있다는 말이다.

사실과 진실의 정당성 문제

오늘날 저널리즘 뉴스는 사실과 진실만으로 완성되는 것은 아니다. 사실과 진실의 정당성 문제가 중요하다. 현재의 저널리즘 세계에서 뉴스는 고정된, 그리고 완결된 어떤 최종의 상태에서 현실적이며 개인적인 실천과 관련된 미완의 것, 그리고 불확정적이고 상대적인 것으로 전환되고 있다. 이러한 추세는 저널리즘 현장에서도 점차 확산되고 있다. 코바치는 이와 관련하여 '의미를 만드는 뉴스(sense making news)'라는 새로운 뉴스의 요소를 언급하고 있다.[63] 과거 전통적 뉴스는 완결된 사실이면 되었지만 지금은 아니라는 것이다. 과거의 뉴스 형태는 수용자가 어떤 사건에 대한 뉴스를 접하게 되면 그 사건에 대해서는 더 생각해볼 것이 없는 모든 것이 그 안에 있는 것이었지만, 이제는 그것이 아니라는 것이다.

새로운 내용과 형식의 뉴스가 등장하고 있다. 뉴스가 단순히 사실을 전달하는 것에서 수용자가 '의미를 만드는 뉴스'로 확장되고 있다고 코바치는 이야기한다. 그는 예로서 미국의 전쟁 뉴스는 전통적으로 전공을 세운 전투원을 영웅으로 만드는 보도를 해왔는데《월 스트리트 저널》은 이라크(Iraq) 전쟁에서 혁혁한 전공을 세운 한 미군 대위보다 아무런 전공이 없는 —부상, 포로, 전역을 하는— 한 미군 여성 전투원을 미국 역사상 가장 유명한 여성 전사로 만들었다는 사실을

---

63) Bill Kovach and Tom Rosenstiel(2010). *Blur*. p. 65.

든다. 이것을 코바치는 과거에는 없었던 일로 뉴스는 보다 해설적으로 변화하는 것으로 수용자들의 의미구성의 공간을 확대한 것으로 해석한다. 코바치는 이 '의미를 만드는 것(sense-making)'을 '맥락화하는 것(contextualize)'이라고 말한다.[64] 이것은 이 책 뒷부분에 나오는 데리다의 해체(deconstruction)와 약간은 관련시켜 볼 수도 있을 것이다.

다시 말하면 저널리즘의 사실이 과거의 전통적인 기준에서 진화하는 것이 아니라는 말이다. 즉 그것은 과거 미국의 허친스(Hutchins) 위원회의 '사실만이 아니라 사실에 관한 진실(truth about fact)'을 보도해야 한다는 주문에 대한 반응이 아니다. 또 폴라니의 암묵적 지(tacit knowledge)를 지향하는 것도 아니다. 코바치의 말은 그가 의식하고 한 말은 아니겠지만 로티의 프래그머티즘과 데리다의 해체 관념에 가까운 것으로 보인다. 간단히 말하면 저널리즘 뉴스가 텍스트(text)화하고 있다는 것이다. 사실과 진실을 텍스트로 본다는 것은 그것의 고정성과 확실성을 부정하는 것이다. 텍스트로서의 사실과 진실은 데리다가 말한 흔적(trace)에 오염되어 있으며 그것들이 나타날 때는 보충(supplement)이 가해지는 그런 것이다. 코바치가 데리다의 해체철학이나 로티의 프래그머티즘에 의지해서 하는 주장이라고는 생각하지 않는다. 그러나 그러한 시대의 변화를 함축한 주장이라고 생각하는 이유는 코바치도 저널리즘의 뉴스 변화를 미국 사회의 문화변화의 결과로 보기 때문이다.

이러한 변화는 뉴스가 시민들의 공통된 인식이나 의미를 낳는 것이 아니라 각자가 저마다의 해석과 의미를 가질 수 있는 공간을 허용하는 것으로 변했다는 것을 시사하는 것으로 나는 읽는다. 이것은 —

---

64) Ibid. p. 67.

프래그머티즘, 특히 로티의— '포괄적'이 아니라 '개별적이고 구체적'인 차원에서의 의미를 이야기해야 하게끔 오늘의 저널리즘이 변해가고 있는 현실에 대한 반영으로 해석된다. 이것은 보편성보다 개별성을 강조하는 관점이다. 수사적인 표현이지만 이것은 저널리즘이 저널리즘의 전통적인 경계를 넘어서고 있다는 것을 상징한다. 또 이것은 리프먼이 주장한 '무관여 저널리즘(journalism of detachment)'의 정당성에 의혹을 제기하는 것이기도 하다. 또 이것은 저널리즘이 저널리스트가 아니라 독자의 손에 달렸음을 의미한다. 오늘의 저널리즘은 일반성이 아니라 개별성을 존중해야 하게끔 변화하고 있다는 것이다. 이것은 또 공적이면서도 사적이어야 한다는 말이기도 하다. 로티식으로 말하면 나보코프이면서 동시에 오웰이 되는 문제이다. 로티는 그 가능성을 부정한다. 저널리즘의 문제도 마찬가지이다. 사람에 따라 니체를 좋아할 수도 있고 헤겔을 좋아할 수도 있다. 마찬가지로 공적인 삶을 존중하는 사람과 사적인 삶을 존중하는 사람이 각기 있을 수 있다. 저널리즘의 경우도 마찬가지이다.

어색하고 혼란스럽고 불편하기까지 하지만 저널리즘에서 사실과 진실이 맥락적이고 유연하며 실천적인 것으로 진화하고 있는 것은 매체의 다양화와도 관련된 것이다. 오늘을 보면 어떤 하나의 사건이 발생하면 수없이 많은 이야기들이 뉴미디어를 통해 등장하여 갑론을박을 한다. 그렇다고 그런 갑론을박이 하나의 결론으로 수렴되는 것도 아니다. 그런 일은 별로 없다. 물론 소규모의 제한된 합의 같은 것은 가능하다. 그러나 그런 합의도 일시적이고 잠정적인 합의이다. 이것은 우리가 불확실성의 세계에서 살고 있음을 보여주는 것이다. 이런 불확실성의 세계에서는 커다란 교란이 있다. 사람들은 촛불 시위도 하고 경찰차를 뒤엎는 폭력도 행사한다. 그러나 그들 대부분 혁명을 원하는 것도 아니다. 어떤 때는 자신들이 길을 막고 다른 때는 길이 막힌다고 불평하고 항의한다. 요컨대 저널리즘의 사실과 진실은 일상적이고 생겼다가는 사라지고 그런 의미에서 우상도 아니고 그렇다고 우리가 전적으로 없이 살 수 있는 그런 것도 아니다. 코바치가 말하는 사실과 진실은 이런 것인데, 그렇다면 그가 말하는 식의 검증 저널리즘은 불가능하다. 왜냐하면 이런 사실과 진실의 검증 기준은 없을 뿐만 아니라 더구나 의미에 대한 검증은 지극히 제한적일 수밖에 없기 때문이다. 의미란 구체적이고 개별적 텍스트 속의 것이다. 의미의 체화적(embodiment) 성격을 생각하면 더욱 그렇다. 누구의 사실이고 진실인가 하는 문제가 중요해졌다. 정의의 경우 누구의 정의인가 하는 문제가 중요해진 것처럼 말이다.

이러한 사실과 진실의 변화는 저널리즘을 설교가 아니라 대화의 장소 혹은 의미의 발견을 위한 가이드로 만들어가고 있다. 저널리즘은 말하자면 의미를 찾아 떠나는 여행객이 찾는 플랫폼, 즉 공항이나 기차역 혹은 버스 터미널과 같은 장소이다. 여행객들은 여기에서 그들의 여행을 시작한다. 사실이나 진실의 종류나 품질도 여행의 방법이나 목적지처럼 꼭 하나일 수는 없다. 이처럼 각자의 사실이나 진실은 다수이다. 이렇게 되면 사실이나 진실 문제의 핵심은 정당성(justification)이 된다. 어떤 사실이나 진실이 나에게 과연 타당한 의미가 있는, 즉 정당성을 갖고 있느냐 하는 점이 중요하게 된다. 객관성이나 공정성, 그리고 투명성(transparency)은 후순위의 문제가 된다. 이것은 저널리즘의 사실과 진실에 대한 인식론이 사실과 진실의 정당성과 같은 규범론에 의해 상당 부분 구속적인 것이 되고 있음을 의미한다. 사실과 진실의 정당성은 규범의 문제이고 그런 의미에서 인간의 문제이다. 다소 과장하면 이것은 신 혹은 형이상학의 저널리즘에서 인간 저널리즘으로의 진화이다. 이것은 역시 저널리즘의 진부성을 확인케 한다.

이와 관련하여 로티의 프래그머티즘 이야기를 한 가지 더 하겠다. 그는 좌파 리버럴이지만 신좌파(new left), 즉 1960년대의 베트남 전쟁 반대 학생운동가, 블랙 팬더(Black Panthers), 헤이든(Tom Hayden), 호프먼(Abbie Hoffman), 그리고 그 상속자인 문화좌파(cultural left)를 강하게 비판하였다. 그는, 신좌파가 미국 역사의 아픈 상흔(stigma)에 매달려 현실적이고 구체적인 개혁보다는 자기학대, 자기비하를 하면서 문화적 자학이론을 탐구하는 작업에 몰두하였다는 회고와 비판을 한다. 그들은 좌파운동을 문화이론화하고 대학정치를 통해 대학 일부 학과에서 주인이 되었다. 이들은 구좌파(old left) —하우(Irving Howe)와 같은— 가 계급과 돈의 문제 등 구체적인 개혁을 추구한 것과 달리 스스로 소수임을 받아들이고 현실정치가 아니라 이론에 안주하였다. 로티는 이들 문화 좌파가 미국을 30년 전보다 훨씬 더 문명된 —약자들에 가해지는 새디즘과 잔인성이 덜한— 사회로 만들었지만 계급과 노동문제를 제기하는 데 있어서 그들은 무능했다고 비판한다. 이러한 무능은 최고의 정치적 선을 실현하기 위한 정치적 행위 영역에서 좌파가 소외되게끔 만들었다. 구체적인 예로 경제적 부정의, 그리고 불공정한 노동 현실이 '후기 자본주의'라든가 '이념'과 같은 하나의 전체적 개념으로 서술되면서 문화적 좌파는 이런 대세에 어쩔 수 없다는 생각을 했고 대신 그들은 노동문제를 좀 더 잘 알게 되었다는 것을 위로로 삼으면서 자기합리화를 하였다고 로티는 아주 시니컬한 평가를 한다.[65] 로티는 여기에 더하여 1980~90년대 미국의 민권운동

---

65) R. Rorty(2002). pp. iv-v.

이나 다양한 소수집단의 해방운동의 성공에 '문화'라는 관념이 기여한 바가 없다고 했다. 그는 이들 운동의 성공은 문화이론이 아니라 킹 (Martin Luther King)의 레토릭이었다고 말한다.[66] 한마디로 로티의 말은 '문화'와 같은 거대담론이나 이론이 아니라 문제의 해결이 중요하다는 것이다. 이것이 그의 프래그머티즘이고 정치철학이다.

로티의 이야기를 길게 하였다. 저널리즘의 재서술을 위해 그의 이야기는 중요하다. 저널리스트들은 인정하기 싫겠지만 저널리즘의 기본 자산인 사실과 진실, 그리고 의견도 돈벌이의 도구가 되고 있는 것은 현실이다. 이를 로티 식으로 말하면 이런 현상을 후기자본주의나 신자유주의와 같은 이념이나 거대담론의 문제로 치부하고 현실적으로 아무것도 할 수 없다는 패배주의에 안주하지 말라는 것이다. 이를 개혁하기 위해 후기자본주의나 신자유주의와 같은 가상적인 전체체계, 즉 하나로 이론화하면서 이를 전제로 하나의 커다란 개혁 프로그램을 만들고 이를 외치고 다니는 것은 위선이고 거짓이다. 그런 식의 사회개혁은 역사에서 성공한 적이 없다고 로티는 주장한다. 재서술은 보다 구체적으로 하나하나 서술되어야 한다. 모든 것을 한꺼번에 해결할 수는 없다. 이러한 로티의 생각은 그의 반패권주의, 다원주의, 그리고 민주주의 정신이다. 속된 말로 만병통치약을 찾지 말라는 것이 로티의 말이다.

---

66) Ibid. p. 32.

프래그머티즘과 문화연구, 포스트모더니즘

위에서 이야기한 프래그머티즘의 사실 및 진실과 관련하여 부연해야 할 내용이 있다. 그것은 로티가 말하는 프래그머티즘의 사실과 진실은 포스트모더니즘(post-modernism)의 것이고 상대주의(relativism)적이라는 해석이다. 이에 대해 로티는 그의 프래그머티즘은 포스트모더니즘도 아니고 상대주의는 더더욱 아니라고 하였다.

먼저 포스트모더니즘 문제를 이야기한다. 1990년대 전후 저널리즘 혹은 미디어 연구에서는 '탈사실(post-facts)'이라는 말이 흔하게 발견된다. 그러나 '탈사실'이란 관념의 의미, 그리고 그 대안에 대해서는 이론과 주장이 다양하다. 그들 가운데 일부는 주로 객관성이나 공정성 확보의 불가능성에서 그 이유를 찾고 또 다른 일부는 철학의 언어적 전회(linguistic turn), 즉 언어이론, 그리고 차원이 다르지만 포스트모더니즘이나 문화연구(cultural studies)와 비판이론(critical theories)들도 역시 '탈사실'이란 관념을 지원하고 있다.

이들은 철학적으로 몇 가지 공통점을 갖고 있는데, 이들이 모두 반계몽주의, 반형이상학, 반토대주의, 반표상주의적이라는 점이다. 물론 이들의 반(anti) 강도와 초점에 차이가 있지만 말이다. 나는 '사실과 진실'과 관련하여서는 포스트모더니즘을 포함한 문화연구 쪽의 논의를 간략히 언급하고 그 다음 저널리즘과 민주주의의 관계는 비판이론 쪽의 논의를 다시 다음 절에서 이어가려고 한다. 그러나 이 책에서의 주된 이야기는 프래그머티즘이지 문화이론이나 비판이론이 아니기 때문에 이에 관한 내용은 가급적 간략히 하겠다.

포스트모던 대중 저널리즘

포스트모더니즘의 의미에 대해서는 이야기를 하지 않겠다. 왜냐하면 그것은 아직도 하나로 규정된 바 없고 다양하기 때문이다. 단지 그것이 반계몽주의 혹은 계몽주의에 대한 불만에서 나온 사유라는 정도만 말한다. 혹은 현대성, 즉 모더니티(modernity)에서 나온 하나의 변형이라는 말을 할 수도 있다. 이런 포스트모더니즘, 즉 저널리즘의 포스트 모더니티 현상 가운데 핵심적인 것의 하나가 '탈사실' 현상이다. 너무 단순화하는 것이지만 저널리즘의 주류가 인쇄매체인 신문에서 TV로 옮겨간 것이 포스트모더니즘 현상이다. 이것은 문자에서 말, 영상으로 기호체계가 옮겨간 것을 말하는 것으로 이에 따르면 신문은 모더니티, TV는 포스트 모더니티의 매체이다. 여기에는 전통적인 사실과 진실의 의미 변화가 내포되어 있다. 이러한 변화를 '대중적 실재(popular reality)', 그리고 문화를 '대중적 문화(popular culture)'로 이름하기도 한다.[67]

포스트모더니즘 저널리즘에 대한 하틀리(John Hartley)의 이야기는

---

[67] 이것은 John Hartley(1996). *Popular Reality*. Arnold의 내용을 중심으로 한 것이다.(앞으로 이 책은 'J. Hartley(1996)'으로 표기함) 여기서 'popular'라는 단어는 '대중'이라고 옮겼다. 원래 'mass'라는 말이 더 오래되고 더 많이 알려진 단어이지만 굳이 'mass culture'가 아니라 'popular culture'라는 이름을 붙인 것은 아마도 'popular'라는 어휘가 갖고 있는 보다 긍정적인 의미 때문이라고 짐작된다. 과거 대중문화(mass culture) 혹은 대중사회(mass society)라는 말에서 'mass'가 부정적 감각이 실린 단어라면 'popular'는 다수의 지지를 받는 혹은 인기가 있는 것을 의미하는 긍정적, 진보적 성향을 함축하고 있는 단어로 받아들여지고 있다. 이런 이유에서 'popular'를 '대중적'이라고 번역하는 데는 다소 혼란이 있을 수 있지만 일반적으로 그렇게 사용하고 있기 때문에 달리 번역하지 않았다. Hartley는 분명 'popular'라는 말을 호의적으로 사용하고 있다.

구체적이고 통찰력 있는 것이지만 그것이 곧 '탈사실' 저널리즘을 의미하는 것인가 하는 물음에는 약간의 의문이 있다. 왜냐하면 그의 이야기는 '탈'사실이라기보다 '사실'에 대한 로티의 말을 빌리면 '재'서술로 보이기 때문이다. 먼저 그가 말한 '사실'의 변형을 본다.

그의 주장은 기본적으로 반이원론(anti-Cartesian)이다. 다시 말하면 그는 전통적인 저널리즘을 모더니티(modernity), 즉 현대성의 구현(embodiment)으로 보면서 이러한 현대성과 반현대성 사이의 '입맞춤(kissing)'이 일어나는 곳을 현대 저널리즘의 장(sphere)이라고 말한다. 그는 몇 개의 그림과 사진을 구체적인 예로 들고 있다. 하나는 '지식은 권력이다.(knowledge is power.)', 즉 우리가 흔히 말하던 '아는 것이 힘이다.'라는 구호를 상징하는 그림이다. 그것은 상류층 권력 엘리트가 아침 대판 사이즈 신문《타임스(The Times)》를 읽고 있는 그림(1835년 작품)이다. 우리의 경우도 개화기 이래 50~60년 전까지만 해도 신문을 본다는 것은 개명했다는 증거이고 엘리트 혹은 중류 이상 상류층이라는 것을 보여주는 것이었다. 그들은 으레 아침이면 아내가 갖다 놓은 신문을 머리맡에서, 혹은 밥상머리에서 읽고 세상 돌아가는 일을 알고 있다고 여겼다. 하틀리는《타임스》를 읽고 있는 신사 그림과 대조적으로 만(Sally Mann)의 아이들이 침대 위에서 널려 있는 신문의 그림과 만화 등을 턱을 괴고 엎드린 자세로 한가롭게 들여다보는 사진(1991년 작품)을 보여준다. 또 다른 사진은 캘빈 클라인 진 바지의 모델로 하루아침에 슈퍼 모델이 된 모스(Kate Moss) 사진이다. 1990년대까지 패션계의 슈퍼 모델은 그리스 조각과 같은 완벽한 외모였다. 그러나 이런 '미'적 기준이 허물어지고 소위 '헤로인 시크(heroin sick)' 모습의 모스가 그 시대의 상징 모델이 되었다. 모스에 대한 캘빈 클라인 측의 이야기는 포스트모더니즘적인 사실에 대해 시사하는 의미가 깊다. 캘빈 클라인 측은 모스에 대해 "그녀는 자그마하고 어리고 무심하고, 그리고 반면에 그녀는 대단히 세련되었으며, 그리고 성숙한 여인이다. 이렇게 모두 갖춘 모델은 흔치 않다."라고 평했다. 한마디로 그녀는 천진성과 섹시함, 미숙함과 성숙함의 양면을 동시에 갖고 있는 모델이라는 것이다.[68] 2원론적 구분은 무의미하게 되었다.

하틀리에게 이들 사진은 포스트 모더니티의 표현이다. 그러나 그의 이야기에서 중요한 것은 그가 저널리즘을 텍스트로 보았다는 점이다. 쉽게 말해 저널리즘 안의 '사실과 진실'이 순수하고 자족적인 것이거나 완결된 어떤 것 그 자체가 아니라 ―코드가 아니라― 즉 알몸이 아니라 옷을 입은 상태의 것이란 의미이다. 실증주의적 경험론의 '사실'이란 옷을 다 벗은 알몸의 것인데 여기서는 아니다. 여기서 '옷'이란 '문화'이다. 다시 말해 문화라는 옷을 입은 '사실과 진실', 그것이 텍스트이다. 의미는 텍스트의 산물이고, 그렇다면 전통 저널리즘이 주장하는 객관적이고 공정한, 그리고 표상주의 혹은 형이상학적 사실과 진실은 처음부터 없다. 의미는 수용자가 만드는 것이다. 프래그머티즘의 관점에서 보면 포스트모던한, 그리고 문화연구의 이러한 '사실과 진실'은 상당 부분 동의할 수 있는 성격들이다. 이런 포스트모던 ―문화연구 전통을 포함하여― 한 사실과 진실이란 해부학의 대상이 아니라 생물학적인 관찰 대상이다. 전통 저널리즘의 방법은 해부학적이지만 프래그머티즘은 생물학적이다.

그러나, 특히 프래그머티즘과 문화이론 사이에는 중요한 차이가 있다. 무엇보다 양측의 정치철학이 다르다. 문화연구는 영국 좌파(left)

---

68) J. Hartley(1996). pp. 14-19.

308

정치의 부활이란 정치적 목적을 갖고 있다.[69] 그러나 프래그머티즘의 정치철학은 로티나 듀이 모두 진보주의이고 좌파 —미국의— 이지만 로티의 경우 그의 정치철학은 '소시민 리버럴리즘(petit bourgeois liberalism)'이란 평가를 받을 만큼 온건한 좌파이다. 그리하여 로티는 보다 나은 자유주의 사회로의 진보라는 사회적 희망을 주장하지만 홀(S. Hall)의 야망은 영국 좌파의 부활과 사회주의 사회의 구축이었다. 로티의 프래그머티즘이 마르크스 없는 리버럴리즘이었지만 홀의 문화이론은 마르크스가 있는 좌파이론이다. 하틀리는 미국 저널리즘의 이론과 연구를 이런 틀 속에서 비판하고 있다.[70]

다시 말하면 하틀리의 이야기는 미국의 신문, 라디오, TV 저널리즘이 문화, 사회, 정치에서 적극적으로 실재를 구성하고 통제하는 행위 주체라는 것이다. 저널리즘은 실제로는 보이지 않는 것을 마음에는 보이게 만드는 일을 한다. 또 저널리즘은 지식과 상식의 창조자로 사회적 질서를 낳고 유지하는 역할을 한다. 뉴스는 악, 즉 나쁜 뉴스를 보도하여 선이 무엇인가를 교육한다. 우리가 우리의 환경을 통제

---

69) 홀(Stuart Hall)은 영국의 문화연구 시조이다. 그는 1970년대 Birmingham Center for Contemporary Cultural Studies의 소장으로 있으면서 문화연구를 시작하였다. 그의 목적은 대중문화(popular culture) 그 자체를 탐구하는 것이 아니라 영국의 좌파 정치(British Left)의 지적인 부활을 추구하는 것이었다. 센터는 마르크시스트(Marxist)적 이론화를 위해 연구를 수행했지만 연구보고서를 내놓은 것이 아니라 그람시안(Gramscian)적인 의미에서 지식인들을 조직하는 것이었다. 즉 계급, 성, 윤리 등을 둘러싼 정치 투쟁을 지식인으로서 돕는 것, 다시 말해 정치적 행동을 위한 이론적 근거지와 갈등의 문제의 핵심점을 밝혀내고 과거 전통적으로 좌파(the left)가 무시하였던 정치적 통제에 관심을 기울이는 것이었다. J. Hartley(1996). p. 235 참조.

70) Richard Ericson, Patricia Baranck, John Chan 3인의 "Visualing Deviance, Negotiating Control and Representing Order"라는 신문, 라디오, TV 저널리즘의 제작, 소스, 내용에 관한 연구가 있다.

하려는 욕구 충족을 위한 지식이 뉴스라는 것이다. 이것은 문화와 역사에 오염되지 않은 사실이나 진실은 없다는 주장과 표리관계에 있는 주장이라고 할 수 있다. 달리 표현하면 사실과 진실의 문제는 인식론적 문제가 아니라 문화론적 문제라는 것이다. 이것은 문화연구 전통의 주장인데, 하틀리의 해석은 미국의 경험주의 연구도 과거 영국이 자신의 제국을 물리적인 힘보다는 정보와 판타지를 통해 지배한 양식을 생각하게 한다는 것이다.[71] 문화연구는 저널리즘을 이념적 기구로 정의한다.

그러나 하틀리도 지적하지만 미국 전통의 저널리즘 연구나 이론은 저널리즘 매체를 정치체제나 이데올로기가 아니라 전문직이나 정부 차원의 행정과 관련된 비공식적인 기구의 일종으로 본다. 다시 말하면 저널리즘은 정치 사회체제의 운영을 위한 것이지 체제의 전복을 위한 것이 아니다. 저널리즘은 이데올로기의 국가기구도 아니고, 그래서 이를 뒤집는 혁명을 기도하지도 않는다. 다만 원하는 것은 체제를 좀 더 낫게 개선하는 데 기여하는 것이다. 이 점은 로티가 분명히 밝히는 입장이다. 그는 현재의 자유민주주의 체제에는 자체적으로 모순을 개선해 나갈 수 있는 메커니즘이 있다고 했다. 이것은 위에서 이미 인용해서 말한 바 있다. 여기에 한마디 더 부연한다면 행정을 위한 —프래그머티즘의— 사실과 진실은 체제변혁을 위한 마르크시즘의 사실 및 진실과 그 의미가 다르다. 그럴 수밖에 없다. 로티 —하틀리도 그런 것 같지만— 가 존중하는 데리다의 철학에 나오는 보충(the supplement)이나 흔적(the trace) 때문이기도 할 것이다.

사실과 진실에 대한 관념이 프래그머티즘과 문화연구나 포스트모

---

71) J. Hartley(1996). p. 245.

더니즘의 관점이 이렇게 같은 것 같으면서도 다르다. 프래그머티즘과
포스트모더니즘의 차이는 나중에 마무리하면서 좀 더 이야기하겠다.
이제부터는 저널리즘과 민주주의 문제로 넘어간다.

5

저널리즘과 민주주의

저널리즘은 민주주의를 위한 유용한 도구라고 말한다. 그렇다면 과연 얼마나 그런가? 이 주제는 앞에서 리프먼과 듀이의 정치철학에서 살펴본 바 있다. 여기서 나는 이를 몇 가지로 나누어 다시 살펴보겠다. (1) 저널리즘은 정치적 민주주의를 위해 무엇을 하는가? (2) 어떤 저널리즘이 보다 유용한가? 전문직 저널리즘인가, 대중의 참여 저널리즘인가? (3) 더 나은 자유민주주의 사회를 위해 필요한 저널리즘은 어떤 것인가? (4) 저널리즘과 민주주의의 관계는 역사의 필연인가, 우연인가? 그리고 마지막으로 (5) 공론장으로서의 저널리즘과 정치적 민주주의와 관련하여 이야기를 하겠다. 이들 문제는 저널리스트들은 물론 지식인들의 지적 자긍심, 그리고 정체성과도 관련된 문제이다.

저널리즘은 정치적 민주주의를 위해 무엇을 하는가

인식론 민주주의: 리프먼의 관점

민주주의라는 말은 다의적이다. 여기서는 리프먼이 생각하는 민주주의의 의미를 먼저 살펴보겠다. 그 다음 민주주의를 위한 저널리즘의 역할에 대한 그의 주장을 이야기하겠다. 리프먼은 그의 『여론』에서 민주주의를 구체적으로 서술하고 있다. 『여론』의 6부 '민주주의의 이미지'에 핵심적인 이야기들이 있다. 리프먼에 의하면 통치자의 자격은 세상에 대한 지식이 그 기준이다. 여기서 리프먼은 아리스토텔레스의 "만일 한 국가에서 시민들이 각자의 재능을 판단하고 이에 따라 관직을 맡기는 제도라면 그런 국가의 시민들은 서로 잘 알아야 한다. 이런 지식이 없이 공직 선거를 하거나 법률 소송의 판결이 이루어진다면 그 결과는 모두 잘못된 것이 될 것이다."라는 말을 인용하면서 지식(knowledge)을 민주주의의 전제조건으로 삼는다.[1] 리프먼은 아리스토텔레스의 이 말이 민주주의자들에게는 특별히 어려운 짐을 안겨주는 것이라고 했다. 왜냐하면 궁중의 왕족이나 귀족들은 서로를 잘 알 수 있다. 수가 적고 가깝게 지내기 때문이다. 그러나 민주주의는 많은 유권자들 가운데 누구나 통치자가 될 수 있다. 민주주의는 시민의 존엄성과 평등을 전제한 정치제도이다. 그런데 오늘날 그 많은 유권자들은 서로를 잘 알 수가 없다. 통치자나 통치를 위한 문제에 대해서도 선거를 통해 결정을 해야 하는데 시민들은 충분한 지식을 가질 수 없다. 이상과 현실이 다르다. 이것이 민주주의에는 큰 짐이다.

---

1) W. Lippmann(1922, 1947). p. 164.

과거 제퍼슨 시대의 작은 사회, 즉 타운십(township) 사회에서는 모두가 정보를 비슷한 수준으로 갖고 있었다. 그러나 현대사회에서는 아니다. 다시 말하지만 『여론』의 이야기는, 미국의 독립혁명 당시 제퍼슨의 타운십 정치의 핵심은 수가 적고 동질적인 인구, 그리고 폐쇄된 지역 공동체에서의 삶이었다는 것이다. 당시의 미국은 바다에 떠 있는 작은 섬들과 같았다. 이들은 고립된, 거의 자족적인 삶을 살아가는 공동체들이었다. 이런 공동체의 구성원들은 동일한 환경에서 동일한 사실 혹은 정보를 접하고, 그리하여 그와 관련된 해석이나 판단도 비슷한 것일 수밖에 없었다. 그 당시의 시민들은 하나의 지식공동체, 하나의 해석공동체 속에서 살았다는 말이다. 만약 구성원들 사이에 판단이 다를 경우 자유 토론을 거치면 쉽게 합의할 수 있었다. 공동체가 단순했다. 그러나 이들 단순한 공동체가 많아지고 이들을 묶어서 하나의 큰 공동체, 즉 연방을 구성하려고 하자 그들 사이에 갈등이 발생하게 되었다. 리프먼은 이를 다음과 같이 설명하고 있다. 1787년 5월 혁명의 지도자들이 연방규약 수정을 놓고 필라델피아에서 회동했을 때 이들은 민주주의란 '혼란과 경쟁의 스펙터클' 이상의 것이 아니란 것을 체험하였다. 단순한 외교적인 집회였던 처음의 연방의회 정치를 경험했던 혁명 지도자들은 다수의 자기중심적인 커뮤니티가 하나로 혼합되었을 때 어떤 사태가 발생하는가를 현실에서 경험했다. 그리하여 해밀턴과 같은 연방주의자는 "인간은 공통된 이해를 갖고 있기 때문에 협력하는 것이 아니라 각자 이익의 균형을 유지할 수 있을 때 협력을 한다. 그래야 인간은 통치가 가능하다는 전제하에서 정치가 가능하다."라고 했다.[2] 제퍼슨은 그렇게 생각하지 않

---

2)　W. Lippmann(1922, 1949), pp. 176-177; 김규환 역(1973), 296-297쪽.

았지만 말이다. 리프먼은 해밀턴의 입장을 지지한다.

리프먼의 민주주의의 토대는 '지식'이다. 인간의 존엄성이나 평등이 아니다. 그런 의미에서 그의 민주주의는 계몽주의, 그리고 모더니티 (modernity)의 산물이다. 한마디로 그는 '민주주의는 지식이다.'라는 말을 하는 것이고, 그런데 모두가 민주주의가 요구하는 지식인이 될 수 없다는 것이다. 이것은 그를 반민주주의자로 오해하게 만드는 대목이다. 그러나 그는 대중에 대해 회의적이지만 엘리트가 대중의 인식론적 짐을 덜어주어 민주주의의 한계를 극복할 수 있기를 기대하였다.

세계에 대한 인식과 이해의 한계

민주주의 정치를 실천하는 데 저널리즘 —신문— 의 역할을 리프먼은 소극적으로 평가한다. 그 이유는 이중적이다. 하나는 시민의 인식 능력, 그리고 다른 하나는 저널리즘의 한계이다.

먼저 인식 능력에 관해 보자. 과거 제퍼슨 시대에는 비교적 시민들의 인식 능력에 장애가 크지 않았다. 외부요인이 크지 않았다는 말이다. 그 시대의 사회는 작은 규모의 폐쇄적이고 자율적인 농촌공동체였다. 그곳에서의 시민들은 토지를 소유한 제한된 수의 백인들이었고 그들은 매체 없이 그들이 필요로 하는 지식, 즉 정보를 직접 얻을 수 있었다. 이런 환경에서는 그것이 정치에 반영될 수 있었다. 여론은 자발적인 것이었다. 그리하여 제퍼슨 민주주의는 작고 자족적인 농촌공동체—타운십에서 계몽된 시민들에 의한 것이었다. 그래서 리프먼은 '제퍼슨의 민주주의 이념은 이상적 환경과 선택된 계급의 민주주의'라고 말한다.[3] 그러나 현대 사회는 다르다. 사회의 규모는 거대해졌고 그 구조와 내용은 복잡해졌다. 그 안에서 일어나는 일들을 일반인은 제대로 알 수가 없게 되었다. 전문가들도 자기 분야가 아닌 것은 알 수 없을 정도이다. 그뿐이 아니다. 시민들은 그들이 결정해야 하는 문제에 대해 알려고 하지도 않는다. 이를 그는 『환영의 공중』에서 말했다. 설사 저널리즘이 세계에 대해 정확한 그림을 제공한다 하더라도 보통 사람들은 이 정보 덩어리를 처리할 만한 시간도 능력도 없다. 민주주의에 대한 계몽주의적 아이디어, 즉 모든 사람들이 그를 둘러싸고 있는 세계를 직접 경험할 수 있고 또 이해할 수 있다는 가정은 현대사회에서 가능하지 않다는 것이 리프먼의 판단이다.

이러한 리프먼의 생각은, 민주주의에서는 유권자가 그들이 투표하는 문제에 대한 합리적이고 객관적인 정보를 갖고 있어야 하는데 현실은 그렇지 않다는 것이다. 『여론』과 『환영의 공중』의 주장이 그런 것이다. 그리하여 그는 유권자의 지식에 의존한 자유민주주의에 깊은 의문을 제기하였다. 그러나 한계가 있지만 그런 조건 아래서 가능한 민주주의를 그는 주장하였다. 그는 현실을 직시할 것을 강조하였다. 그의 민주주의는 간접, 즉 대의민주주의이다. 이러한 그의 관점은 과거의 정치철학자들도 주장한 것이라고 하면서 마키아벨리, 토크빌, 그리고 해밀턴을 언급하였다. 리프먼은 특히 마키아벨리를 주목하였다. 마키아벨리는 "세계는 자신의 관점을 교정하는 일이 거의 없는 사람들, 모든 공적 관계를 사적 입장에서 보는 사람들, 그래서 자기중심적으로 다른 사람들과의 영원한 투쟁 속에서 사는 사람들로 구성되었다."고 했다.[4] 그는 토크빌도 인용한다. 토크빌은 '여론'이란 '다수'의 의견일 뿐 정당성을 갖춘 '공적(public)' 의견이 아니라고 했다. 로크의

---

3) Ibid. pp. 170-171.
4) Ibid. p. 169.

국민주권(soverignity)에 의해 입법과 정치가 이루어진다는 가정은 허구이며 현재 입법은 물론 민주주의 정치는 신문 —당시의 저널리즘 매체는 신문이었기 때문에— 이 만들어내는 여론이다. 그런데 이 여론은 만들어진 것이다. 신문이, 선전과 조종이 만들어내는 '여론'이 잘못된 민주주의 정치를 낳고 있다.

저널리즘의 힘: 리프먼의 평가

리프먼의 경우 민주주의를 위해 필요한 인식 능력의 심각한 결함, 그리고 거대사회의 복잡성이라는 조건 속에서 살아가는 일반 대중을 저널리즘이 과연 얼마나 도와줄 수 있는가 하는 문제에 회의적이다. 다시 말해 "저널리즘은 민주주의를 위하여 무엇을 하는가? 그 답으로 저널리즘은 시민들에게 민주주의를 위해 필요한 합리적이고 객관적인 정보를 제공한다."는 것은 맞는 것 같으면서도 아니라고 생각하였다. 이상적으로는 그렇지만 현실은 아니라는 것이다. 저널리즘이란 그런 것이 아니라고 그는 생각한다. 그러면서 그는 저널리즘 뉴스의 속성을 이렇게 말한다.

이 세상의 모든 기자들이 하루 종일 일을 한다 하더라도 세상에서 일어나는 일 모두를 목격할 수는 없다. 결국 기자들이 세상에서 일어나는 사건이나 대상 가운데 일부만을 선택해서 뉴스로 삼는다는 말이다. 이것을 우리는 게이트키핑(gate-keeping) 행위라고 부른다. 예를 들면 사건기자가 스미스 씨의 파산 사실을 뉴스로 기사화하는 경우 그 기자는 그에 대해서 극히 일부분만 알고 있을 뿐이다. 기자의 지식은 스미스 씨나 그의 거래처 혹은 가족이 알고 있는 것과 비교하면 극히 제한된 것이다. 그런 의미에서 뉴스는 사건 전체를 보여주는 거울이 아니다. 돌출되어 나온 한 부분을 알리는 것에 불과하다. 그뿐 아니다. 기자가 현장에서 사건을 목격하고 기사를 만들어 본사 편집국에 보내더라도 그것이 모두, 그리고 그대로 신문에 실리는 것이 아니다. 편집국의 데스크나 편집자가 들어온 여러 가지 기사들과 함께 검토하여 싣거나 버리거나 하는 등 또 다른 단계의 게이트키핑을 한다. 그 과정에서 기사는 다시 쓰이기도 하고 줄어들거나 길어지며, 그리고 제목이 붙고 어느 면에 얼마나 크게 실을 것인가를 결정한다. 이렇게 독자에게 제공되는 뉴스는 여러 단계의 과정에서 선택을 통과한 결과물이다. 그렇기 때문에 뉴스는 사건이나 대상의 완전한 표상 혹은 그 자체가 아니다. 이런 저널리즘의 뉴스 —물론 사설이나 칼럼을 포함하여— 가 민주주의를 위해 필요한 지식 모두를 대체할 수가 없다.

그러면서 그는 이렇게 말한다. 신문이 사회제도를 대신할 수는 없다. 신문은 어둠속에 묻혀 있는 어떤 에피소드들을 찾아내서 우리에게 보여주고는 다시 또 다른 에피소드를 찾아서 비춰주는 서치라이트 불빛과 같다. 인간은 이 빛에만 기대어 세상일을 처리할 수 없다. 우리가 이런 에피소드나 사건, 전쟁이나 재난 발생 뉴스를 접한다고 해서 문제가 해결되는 것도 아니고, 그것으로 사회가 통치되는 것은 아니다. 먼저 사람들이 자신의 빛으로 세상을 볼 때 비로소 신문은 그들이 공감을 얻을 수 있는 결정을 할 수 있게 도와줄 수 있다. 문제는 신문보다 더 깊은 곳에 있는 사회제도이다. 그렇기 때문에 뉴스의 한계를 보완하는 것도 사회제도에서 시작되어야 한다.[5] 그는 대중사회, 대중민주주의 사회에서 저널리즘 뉴스가 민주주의를 위해 할 수 있는 일이 많지 않다는 것이다.

---

5) Ibid. p. 229.

그의 결론은 이렇다. 신문은 민주주의이론이 지금까지 인정한 것보다 훨씬 힘이 없다. 신문은 존엄한 국민주권을 대변해야 한다는 짐을 짊어지기에 너무나 약한 존재이다. 또 민주주의론자들이 신문의 내재적 속성이라고 주장하는 진실의 전달자 역할을 감당할 힘도 신문은 갖고 있지 않다. 이것이 리프먼의 생각이다.

참여 민주주의: 듀이의 관점

듀이는 민주주의란 커뮤니케이션 —저널리즘이 아니라는 것을 다시 상기한다— 이라고 하였다. 민주주의를 커뮤니케이션 —대화— 행위 그 자체라고 했다. 듀이는 리버럴이었다. 미국의 리버럴은, 인간이 진화과정에서 사회에 적응도 하지만 동시에 사회를 변화시키기도 한다는 개량된 다위니즘(Darwinism)의 입장을 취했다. 또한 인간이 서로 투쟁만 하는 것이 아니라 상호협동도 하는 존재라고 본다. 커뮤니케이션은 상호협동의 양식이고 방법이다. 이렇게 민주주의에는 커뮤니케이션이 전제된다. 커뮤니케이션은 대화(dialogue)이고 그것이 민주주의를 가능케 한다. 민주주의는 인식 —지식— 의 문제가 아니다. 왜냐하면 듀이에게 사실과 진실은 물론 과학적 진실도 인식이 아니라 커뮤니케이션의 산물이기 때문이다.

그러나 듀이의 커뮤니케이션 매체는 신문이나 방송과 같은 매스미디어가 아니라 개인 간의 직접 커뮤니케이션이 가능한 '지역 공동체(local community)'를 의미한다. 듀이에게 매체는 신문이나 방송과 같은 매스미디어가 아니라 사람들이 같이 모여 사는 삶의 '공동체' 그것이다.[6] 그 안에서 우리는 서로 얼굴을 마주 보면서 이야기를 나눈다. 듀이는 보는 것이 아니라 말, 즉 대화를 강조한다. 여기서 한 가지 주목할 것은 그의 매체, 즉 '공동체'의 정신은 역사와 문화의 결과라는 사실이다. 그래서 듀이는 단순한 뉴스, 즉 정보의 의미를 높이 평가하지 않는다. 그에 따르면 뉴스의 의미는 사회 속에서 결정된다. 뉴스의 의미는 맥락 속의 것이다.[7] 뉴스의 의미는 단순히 인식 혹은 인지의 문제가 아니라는 것이다. 특히 민주주의에서는 말이다.

듀이의 경우 민주주의에 대한 저널리즘의 기여는 회의적이다. 대신 그는 커뮤니케이션을 강조하는데, 그것은 저널리즘과 다른 것이다. 다시 말하지만 듀이의 매체는 인간 공동체이고 리프먼의 매체는 저널리즘 매체이다. 듀이의 매체는 인간이고 그 형식은 대화이다. 고전적인 라스웰(Harold Lasswell)의 매스 커뮤니케이션 모델에 따르면 듀이가 민주주의를 위해 강조한 것은 토론이다. 리프먼은 감시인데 말이다.

듀이가 주장하는 민주주의는 참여민주주의이고 숙의민주주의이다.[8] 저널리즘은 이런 참여와 토론을 위한 광장이다. 그리고 이러한 광장에서의 토론은 정보를 공개하고 그것이 참인가 거짓인가를 검증한다. 그러나 그것만이 아니다. 공적 토론은 사실의 진위는 물론 그것의 정당성도 검증한다. 다시 말하면 커뮤니케이션은 단지 사람들에게 정보를 전파하는 것만이 아니라 정보의 도덕적 정당성도 제공한다. 저널리즘은 민주주의의 도덕적 정당성을 담보한다는 것이다. 이 문제는 듀이가 리프먼과 달리 주장하는 중요한 대목이고 차이이다.

---

6) Dewey(1927). p. 216.

7) Ibid. pp. 179-180.

8) 숙의민주주의(deliberative democracy)의 핵심적인 아이디어는 시민이나 그들의 대표들이 공공의 문제에 대해 의견이 불일치할 때 상호 수용 가능한 결정에 이를 때까지 이성적인 숙의를 계속한다는 것이다. 사실 이 아이디어의 역사는 오래된 것이지만 이 이론은 아직도 진행 중인 이론이고, 때문에 그렇게 만족스러울 정도로 정리가 된 상태는 아니다.

엘리트의 전문직 저널리즘인가, 대중의 참여 저널리즘인가

어떤 것이 더 나은가? 기본적으로 정치적 민주주의는 저널리즘이 아니라 현실정치의 문제이다. 리프먼은 "중요한 사안의 결정을 신문 기고자들이나 라디오 방송인들, 로비스트, 또는 대중 집회나 행진 및 시위의 조직자들에게 맡기는 것은 마치 음식을 프라이팬으로부터 꺼내 불 속으로 던져버리는 것과 같다."고 했다.[9] 그것은 프라이팬의 열이 시원치 않다고 요리하던 음식을 불 속에 집어넣고 요리를 하려는 것과 같다는 것이다. 공공 정책결정은 국민으로부터 책임과 권한을 부여받은 정치인들이 자신의 책임하에 결정해야 한다. 정치는 정치인에게 1차적인 책임이 있다. 정치인들이 시원치 않다고 대중에게 정치를 넘겨서는 안 된다. 그러나 정치는 국민의 동의 없이는 실패할 가능성이 높다. 여기에 저널리즘의 존재이유가 있다.

민주주의는 저널리즘의 문제가 아니라 정치의 문제라고 했지만 그래도 저널리즘은 중요하다. 현실이 그렇다. 그래서 우리는 어떤 저널리즘이 더 좋은가 묻곤 한다. 그런 질문의 하나가 "저널리즘의 주역은 누구인가?"이다. 이에 대해 리프먼은 전문가(experts)라고 하고 듀이는 공중(publics)이라고 했다. 어쨌든 리프먼은 저널리즘에서 전문가의 역할을 강조하였다. 반복하는 말이지만 리프먼에게 저널리즘의 뉴스는 유사환경(pseudo-environment)이지 실재가 아니다. 아무리 정확하게 표상하려고 노력하더라도 실재 그 자체를 그대로 전하지는 못한다. 물론 예외도 있다. 야구 시합의 승패와 점수, 주식시장의 주가,

---

9) Walter Lippmann. "And Now Congress." Today an Sep. 30, 1939. in C. Rossiter and J. Lare(ed). *The Essential Lippmann*. p. 281. Harvard Univ. Press. 1982.

국회의 법안 표결 결과 같은 경우는 사실을 분명하게 전한다. 그러나 이것은 사실의 일부, 즉 돌출된 부분만을 밝힌 것이다. 그런 결과의 이유나 의미는 명료하게 하나로 말할 수 없다. 더구나 수량화할 수 없는 정치적 문제의 뉴스는 더욱 그렇다. 뉴스가 가능한 한 정확하고 진실된 것이 되기 위해서는 전문가가 필요하다고 리프먼은 주장한다. 그는 오늘날로 치면 일종의 연구기관(think-tank)과 같은 정치적 관찰 기구(political observatories)가 필요하다고까지 하였다. 저널리스트들은 이런 기관에서 전문적인 정보를 얻어 보다 정확한 뉴스를 시민들에게 전달할 수 있다.[10] 이렇게 전문가에 대한 리프먼의 생각은 긍정적이다. 전문가는 지식을 갖고 그들의 사적 이익을 초월하여 전문직을 수행하기 위한 능력을 갖고 있다. 그들은 전문 경영인이나 전문 기술자와 같이 객관적이고 전문적 훈련을 받은 사람들이다. 그러나 리프먼은 이들 전문가가 정부를 직접 운영하는 것을 주장하지는 않았다. 선출된 정치인들이 전문가의 도움을 받아 정부를 운영해야 한다고 했다. 리프먼은 저널리즘에서도 전문가의 중요성을 주장하였다. 리프먼이 주장한 객관적 저널리즘 역시 이러한 전문직의 객관성, 다시 말해 자신의 이익, 시장의 유혹, 정치적 욕망에 구속받지 않고 독립적인 전문가 정신에 따르는 것이다. 그의 이러한 전문가 중시 주장은 그의 저널리즘을 엘리트 저널리즘이라고 부르게 하였다.

그러나 듀이는 다르다. 위에서 이미 많이 이야기했지만 듀이는 전

---

10) M. Schudson(2008), p. 109. 리프먼의 주장은, 저널리즘은 사회가 제도적으로 정확한 자료를 제공해준다면 정확한 뉴스를 전할 수 있다는 것이다. 기록을 위한 좋은 장치와 기구가 있는 곳에서는 정확한 뉴스 보도가 이루어진다고 하면서 증권거래소나 세관의 기록 등을 예로 든다. 이것은 저널리즘이 사회제도를 대체할 수는 없다는 리프먼의 주장을 뒷받침하는 것들이다. W. Lippmann(1947), p. 216 참조.

문가도 그들의 이익을 추구하는 이기심을 벗어날 수 없다고 했다. 리프먼의 기대처럼 객관적이고 중립적이 될 수 없다는 것이다. 듀이는 대중들의 정치 세계에 대한 이해가 대단히 낮을 뿐만 아니라 관심도 별로 없다는 리프먼의 주장에 공감한다. 듀이도 사람들이 정치문제에 대한 토론을 지루해하면서 시간이 조금 길어지면 곧 하품을 한다고 했다. 그렇지만 듀이는 리프먼의 전문가들이 탈이기적이라는 주장에는 동의하지 않는다. 그들 전문가도 일반 대중의 견제가 없다면 그들만의 집단이익에 빠져든다는 것이다. 그러나 듀이가 전문가의 전문적 지식을 존중하지 않거나 그들의 역할을 부정하는 것은 아니다. 그것이 아니라 듀이는 이들 전문가와 대중들 간의 커뮤니케이션을 강조한다. 듀이의 주장은 전문가들의 의견이 대중의 구체적인 삶과 이익을 위해 쓰여야 한다는 것이다. 전문가의 지식과 정보는 대중을 위한, 대중의 것이어야 한다는 것이다.

듀이는 전문가와 엘리트에 비판적인 것처럼 보인다. 그는 지성이 인간 모두의 보편적 속성이기 때문에 대화와 토론을 통해 자율통치를 위한 지식과 정보를 획득할 수 있다고 했다. 지성은 인간 누구나 갖고 태어났다. 그는 저널리즘을 지성을 위한, 지성에 의한 대화와 토론의 장으로 본다. 민주주의를 전문가에게 위임하는 것은 지성의 보편성과 자율통치 원리와 맞지 않는다. 역사적으로 이 전문가들은 공적 이익보다 특수한 계층이나 인물에게 예속되어 그들의 이익을 대변해왔다. 이러한 전문가에 대한 비판은 1960년대, 특히 미국의 경우 베트남 전쟁 전후 광범위하게 확산되었고 그 중심세력은 신좌파 —로티가 지적한— 였고 대학이었다. 학생운동은 격렬했고 1910년대의 활발했던 자유주의자들의 혁신운동은 지속될 것처럼 보였다. 그렇지만 로티의 말대로 그 결과는 자유주의가 노동자의 실질적인 삶의 개선과는

326

거리가 먼 것이 되었다는 비판을 받았다.

듀이의 참여민주주의는 전문가가 아니라 공중(public)이 주도하는 민주주의이다. 그리고 참여 혹은 공공 저널리즘 역시 공중이 모여서 스스로 구성하고 운영하는 저널리즘이다. 그러나 저널리즘의 경우 그런 공중이 모여 만들고 운영하는 매체는 미국이나 한국에서나 성공적이지 못한 것이 현실이다.

민주주의나 저널리즘에서의 전문가와 전문 지식에 대한 평가는 크게 보아 두 가지로 갈린다. 하나는 보수적 우파 자유주의 진영의 긍정적인 평가이다. 리프먼은 여기에 속하는 것 같지만 자세히 들여다보면 아니다. 위에서 이미 이야기했지만 그가 전문가에 대해 주장하는 것은 전문가의 통치가 아니라 통치자에 대한 전문가의 지식제공이다. 보다 낮은 민주주의를 위해 선거에 의해 선택된 인사이더에게 정보와 지식을 제공하는 것이다. 전문가가 통치하는 것을 그는 반대한다. 그런 의미에서 그의 엘리트주의를 단순화하는 것은 맞지 않다. 다른 하나는 진보적 좌파 자유주의 진영의 부정적 평가이다. 이들은 전문가의 지식이나 기술적 지식이 가치중립적이라는 데 동의하지 않는다. 듀이나 로티는 이쪽이다.

유럽의 철학이나 지식사회학 분야에서 이 주제가 많이 논의되어왔지만 미국의 경우는 오히려 영문학과나 문예비평 쪽이 전문가 비판의 논의를 이끌어왔다. 그러나 오늘날 전문가는 어떤 진영에서도 무시될 수 없는 것이 현실이다. 쉬운 예 하나를 보자. 미국이나 한국이나 달러(dollar), 즉 돈은 오늘날 우리의 피부가 되어 우리는 그 밖으로 나갈 수 없게 되었다. 이 달러의 문제를 다루는 것은 경제이론이고 그 지식이다. 경제가 정치, 사회, 문화, 과학을 지배하는 힘이 되면서 민주주의나 저널리즘도 경제적 기술 지식의 조종대상으로 편입되었고 더욱 그렇게 진행되고 있다. 저널리즘도 대기업의 한 부서로 편입되고 있다. 지구상에서 아주 적은 수의 국가 —북한을 포함한— 들만이 그들의 저개발 덕분에 이런 경제적, 기술적 기술과 지식의 지배를 덜 받고 있는 것으로 보인다. 그러나 앞으로도 그런 상태가 계속될 수는 없다. 또 사실은 돈이 더 힘을 발휘하는 사회라는 정보도 있다.

오늘날 전문가는 우리의 호불호를 떠나 사회 모든 분야가 통치(governance)를 위해 필수적인 존재가 되었다. 심지어 개인의 경우에도 전문가에게 자신의 일을 맡겨야 하는 영역은 지금도 광범위하지만 더욱 확산되고 있다. 물론 이들 전문가가 이기적이고 독선적이어서 혹은 푸코의 지적처럼 권력이 되어서 그들의 전문성을 이용하여 우리들의 자율성을 무시하는 것을 경계해야 하는 것은 당연하다. 사실 듀이가 부정한 전문가의 이런 폐해는 고전에서도 언급된 바 있다. 1600년대에 밀턴은 『아레오파지티카』에서 검열관인 성직자의 검열이 개인의 자율성을 억압하는 악이라고 강력하게 반대한 바 있다. 이때의 성직자는 오늘의 전문가에, 그리고 그들의 신학적 지식과 판단은 오늘날의 과학적 지식과 판단에 해당하는 것이라고 할 수 있다.[11] 그러나 이들 전문가 집단의 독선과 부패, 그리고 비민주성이라는 위험은 과거나 현재나 마찬가지로 존재한다. 이 점은 듀이의 지적이 옳다. 그러나 17세기와 현대의 전문가들은 같은 전문가이지만 그들이 살고 있는 세계의 성격에는 차이가 있다. 17세기의 신학적 세계와 달리 현대의 자유민주주의에는 그 안에 자체의 모순을 수정할 수 있는 기제를 갖고 있다. 이것은 듀이가 우려한 전문가 집단의 부작용을 제어할 수

---

11) 존 밀턴 저·임상원 역주(1998). 『아레오파지티카(*Areopagitica*)』. 나남. 검열관 성직자의 문제는 책 전반에 걸쳐 언급되고 있지만 119-128쪽에 좀 더 구체적으로 실려 있다.

있다는 희망적인 생각일는지 모르지만 말이다. 이런 점에서 리프먼이 듀이에 비해 설득력을 더 갖고 있다고 할 수 있다. 앞으로 언젠가 사건기사 작성은 컴퓨터가 하고 정부정책에 대한 자료나 논리적 검증 같은 것도 컴퓨터가 하게 될 날이 올 것이다. 그러면서 사건기사뿐 아니라 리프먼이 쓰던 칼럼 같은 것도 인공지능과 컴퓨터가 하는 날이 올 수 있다. 인지과학과 뇌과학, 그리고 컴퓨터 과학 기술이 이를 가능하게 만들지 못할 것이라고 장담하기 어렵다. 이들 세계를 통치하게 될 주역들도 전문가들일 것이 아닌가?

다시 말하지만 전문가 문제에 대해 듀이보다는 리프먼의 답이 더 시대변화와 조화로운 것으로 보인다. 듀이가 엘리트가 아니라 공중의 참여를 중시한 것이 전부 틀렸다고 할 수는 없다. 왜냐하면 그가 커뮤니케이션, 즉 대화를 민주주의의 도구로 본 것은 비현실적이지만 그것을 전적으로 무시할 수는 없기 때문이다. 그러나 듀이가 주장한 대화의 의미는 점차로 보다 제한적이 되어왔다. 이것은 현대 민주주의가 합의이론이 아니라 갈등이론으로 전환되고 있다는 느낌에서 하는 말이다. 이것은 프래그머틱한 관점이고 로티의 이야기이기도 하다. 위에서 이야기한 전문가의 문제, 특히 정치적 민주주의에서 대화의 의미를 셔드슨의 최근 저서는 비판적으로 비교적 솔직히 개진하고 있다. 그의 주장은 듀이가 아니라 리프먼의 엘리트주의를 현실적인 것이라고 말한다.[12] 이러한 입장은 듀이의 계승자인 로티까지도 전문가의 필요성에 관한 한 리프먼과 의견을 같이한다. 그래서 그는 기술관료들의 노하우 없이 숙의적인 의회가 어떻게 가능한가를 물으면서

---

12) M. Schudson(2008). 이 주제에 대한 논의는 이 책 9장과 10장에 있다.

리프먼의 전문가 주장을 지지한다. [13]

결론은 전문가 엘리트 저널리즘이 공중의 참여 저널리즘보다 우세한 위치에 있다고 말할 수 있다. 적어도 정치적 민주주의와 관련해서는 말이다. 이 시대가 전문가의 시대라는 것은 사실이다. 우리들은 요즘 영혼의 문제를 목사, 신부, 스님에게 맡긴다. [14] 육체의 문제는 의사와 간호사, 세금 문제는 회계사와 세무사, 휴식과 오락은 TV 드라마와 쇼, 그리고 아이돌, 교육은 학원 강사, 결혼은 중개소 등등 모든 것이 이렇게 나누어져 전문화(?)되었다. 저널리즘이라고 예외가 될 수는 없을 것이다.

더 나은 자유민주주의 사회를 위한 저널리즘

자유주의 유토피아는 신의 나라가 아니다. 저널리즘이 지향하는 목표 역시 신국이 아니다. 저널리스트는 미래를 위한 기사를 쓴다. 또 저널리스트는 사회, 즉 공공선을 위한 저널리즘을 한다. 정치적으로 자유주의 저널리즘은 좀 더 나은 자유민주주의 사회를 실현하기 위한 도구이다.

그렇다면 '자유주의 사회'란 어떤 사회인가? 프래그머티스트 로티의 이야기를 보자. 자유주의 사회란 시민들이 사적으로는 그가 원하

---

13) R. Rorty(1997). p. 104.
14) 밀턴은 출판의 자유를 억압하는 것은 인간이 이성적이기를 포기하게 하는 것이라고 비판하면서 종교적인 문제를 성직자에게 위임하는 전문화(?)를 비판하고 있다. 그 내용의 일부가 다음에 있다. 존 밀턴 저·임상원 역(1998). 『아레오파지티카』. 나남. 120-121쪽.

는 것 —예로서 심미주의와 같은— 을 허용하면서도 공적으로는 타인에게 해를 끼치지 않으며, 많이 가진 사람들이 덜 가진 사람들의 자원을 빼앗아 갖지 않는 것을 목표로 하는 사회라고 했다.[15] 이것은 사적인 것과 공적인 것을 최대한 조화롭게 하고 분배의 정의를 추구하는 입장이다. 그러나 이것은 사적인 것과 공적인 것이 하나로 통합되는 것을 의미하지 않는다. 개인들은 각자 자신의 선택에 따라 사적 혹은 공적 선을 추구할 수 있다. 대체로 보통사람들은 양자의 중간 정도에 있다. 자유사회란 사람들이 공적인 선과 사적인 선 사이의 갈등으로 인한 고통을 최소화하는 사회라는 의미이다. 기본적으로 밀(J. S. Mill)의 자유의 원리, 즉 타인에게 해악을 끼치지 않는 한 개인의 자유가 억제되어서는 안 된다는 것과 같은 것이다. 롤스(J. Rawls)의 『정의의 이론』의 제2의 원리를 떠오르게 하는 원리이기도 하다. 로티는 정치철학에서 자유주의이론으로 밀의 이론 이상의 것을 읽은 바 없다고 술회하고 있다.[16]

로티의 자유주의에서 공과 사의 통합과 같은 것은 없다. 공과 사를 하나의 메타 어휘로 수렴하려 하지 않는다는 것이다. 로티는 자유주의나 자유주의 사회를 관념화하는 대신 자유주의자란 슈클라(Judith Shklar)의 '잔인성'을 우리가 행하는 가장 나쁜 악이라고 생각하는 사람이라는 말을 인용하면서 자유주의 사회의 유토피아를 서술한다. 어떻게 보면 이 '잔인성의 축소'가 자유주의의 모든 것을 수렴하는 어휘처럼 보이기도 한다. 그러나 로티는 자유주의를 합리성이나 자유, 평등, 인권과 같은 보편적 단어로 관념화하지 않았다. 대신 그는 '잔인

---

15) R. Rorty(1989). p. xiv; 역본. 21쪽.
16) R. Rorty(2002). p. 65.

성의 축소'를 자유주의 사회를 보다 나은 것으로 만드는 길로 주장할
뿐이다. 아마도 그의 이러한 '잔인성'에 관한 생각은 상당 부분 역사
에 대한 그의 해석의 결과로 보인다. 미국 역사에서 로티와 같은 자유
주의자들을 가장 괴롭혀온 문제가 '잔인성'이라는 말처럼 들리기 때문
이다. 우리 한국과 같은 나라에서 '잔인성' 수준의 문제는 사치처럼 느
껴지지만 미국의 프래그머티스트에게는 그렇지 않은 것 같다. 어쨌든
이 '잔인성'을 자유주의 최대의 적이자 악으로 간주하면서 로티는 이
잔인성이 어떤 것이고 그 소스가 무엇인가를 구체적으로 말한다.

　　로티가 말하는 '잔인성'으로는 이스라엘 철학자 마갈리트(Avishai
Margalit)의 『품위 있는 사회(Decent Society)』의 주제인 굴욕감(humili-
ation)과 같은 것도 있다. 로티는 이 굴욕감을 잔인성의 하나로 서술
하고 있다. 마갈리트는 굴욕감을 두 종류로 나누는데 하나는 제도가,
다른 하나는 개인이 낳는 굴욕이다. 그러면서 그는 '품위 있는 사회'
는 종교나 인종 차별과 같이 사회제도가 그 사회의 개인들에게 굴욕
감을 주지 않으며 '문명된 사회(civilized society)'는 개인이 다른 개인에
게 굴욕감을 주지 않는다고 했다. 로티의 '잔인성'이란 이런 '굴욕감'
을 의미하는 것이기도 하다. 로티에 의하면 듀이는 '품위 있는 사회'
를, 휘트먼은 '문명된 사회'를 원했다고 했다.[17] 로티의 조금 더 나은
자유주의 사회란 이런 품위 있고 문명된 사회를 의미한다.

　　다시 말하지만 로티의 자유주의 사회란 잔인성이 최고의 악이기 때
문에 이를 제거하는 것이 덕목인 사회이다. 그러나 이것은 어떤 형이
상학적인 근거에서 나온 주장이 아니다. 왜 하필 잔인성인가 하고 물

---

17)　Avishai Margalit(1996). *The Decent Society*. p. 1; R. Rorty(1998). p. 25; 임옥희
　　역(2003). 36쪽.

으면 그렇게 우리가 생각하게 되었다는 것뿐이다. 다시 말하는 것이지만 로티는 리버럴로서 미국 사회에서 제거되어야 할 최고의 악을 잔인성으로 본다. 그것은 미국 역사에서 있었던 흑인과 유색인종, 여성, 노동자, 가난한 자들에 대한 잔인성만이 아니라 새디즘, 게이, 문화적 소수 집단에 대한 잔인성을 모두 포괄한다. 그러나 로티가 가장 중요하게 보는 잔인성은 노동자가 겪는 고통이다. 그리하여 그는 고전으로 돌아가 노동자의 권익을 자유주의의 핵심 문제로 생각한다. 그는 이렇게 구체적인 잔인성의 문제를 자유주의자의 가장 중요한 과제로 제시하고 있다. 그러나 그의 해법은 점진적 개혁이다. 어떤 프로그램을 갖고 그것에 의한 전체적 혁명(total revolution)이 아니다. 그의 개혁은 설득에 의한 것이고 설득의 대상은 가진 자가 어떻게 해야 한다는 것이지, 못 가진 자가 어떻게 해야 한다는 것이 아니다. 어떻게 보면 그의 밑으로부터의 요구를 우선하지 않는 것은 반동적이라는 주장도 있다. 여기에서 그의 철학이 프티 부르주아 리버럴리즘이라는 평가를 받고 있는 것이다. 위에서 이미 언급한 바 있다.

결론적으로 그는 '왜 잔인성인가?'가 아니라 '무엇이 잔인성을 낳는가?'라는 잔인성의 소스를 제어하는 것이 중요하다고 주장한다. 이것은 이론이 아니라 민속지학, 저널리스트의 보고, 만화 잡지, 다큐드라마, 그리고 특히 소설의 과제라고 했다. 이들은 우리 자신들이 어떤 종류의 잔인성을 범할 수 있는지에 대해 상세한 내용을 제공해주고, 그 결과 우리 자신들을 재서술하게 해준다는 것이다. 그것이 바로 도덕적 변화와 진보의 주요한 수단으로서 소설, 영화, 그리고 TV 프로그램이 설교와 논문을 꾸준히 대체해가고 있는 이유라고 로티는 말한다.[18] 여기서 우리는 로티가 왜 저널리즘을 중시하는가를 읽게 된다.

로티가 저널리즘을 잔인성의 소스를 밝히는 중요한 수단으로 언급하고 있다는 것을, 나는 저널리즘에 의미 깊은 것으로 받아들인다. 그리고 그가 저널리즘보다는 소설을 더 중요하게 보았다는 것 또한 중요한 의미가 있다. 그는 『엉클 톰의 캐빈(*Uncle Tom's Cabin*)』, 『레미제라블(*Les Miserables*)』, 『흑인 소년(*Black Boy*)』 등의 소설과 독특한 종류의 사람들이 다른 종류의 사람들에게 잔인하게 되는 방식에 관한 소설들을 예로 들고 있다. 그는 또 『미들마치(*Middlemarch*)』의 미스터 쿠자본(Mr. Causaubon)이나 『블릭 하우스(*Bleak House*)』의 젤리비 부인(Mrs. Jellyby)과 같은 타자의 고통에 대해 무감각한 인물들로 그와 같은 우리 자신의 행위가 잔인성의 소스일 수 있다는 것을 말하고 있다고 했다.[19] 그러나 로티의 나보코프와 오웰에 관한 이야기는 특별히 자세하다.

나보코프와 오웰의 잔인성

로티는 특히 나보코프와 오웰을 『우연성, 아이러니, 연대성』에서 두 개의 장 —7장과 8장— 을 할애해서 다루고 있다. 그는 나보코프의 『롤리타』와 오웰의 『1984년』은 자아창조보다는 잔인성이 그 주제라고 독해한다. 로티는 여기서 '무관심(incuriosity)'이 잔인성의 중요한 소스라고 말한다. 나보코프는 심미적인 기쁨을 추구하는 사적인 집념, 즉 내부로부터의 잔인성을, 그리고 오웰은 외부, 즉 타자로부터의 잔인성을 보여주고 있다. 잔인성의 소스는 다양하다. 그중에도 나보코프가 진정 두려워한 잔인성은 자신도 인지하지 못하는 속에서 그의 삶

---

18) R. Rorty(1989). p. xvi; 김동식 · 이유선 역(1996). 25쪽.
19) Ibid. p. 141; 역본. 256-257쪽.

자체가 타자에게 낳는 잔인성이었다고 로티는 말한다. 나보코프는 그가 학교친구나 가정교사에게 뜻하지 않은 고통을 주었을지도 모른다는 기억으로 심하게 괴로워했다. 나보코프가 창조한 킨보트, 험버트는 강박관념 소유자들이다. 그들은 그들의 강박증이 다른 사람에게 영향을 주는 것에 대해서 전적으로 무관심했다. 여기서 나보코프는 그가 가장 우려하는 잔인성의 특정 형태로 무관심을 극적으로 표현하고 있다.[20] 한마디로 나보코프는 심미적 기쁨에 대한 사적 추구가 타인에게는 잔인성이 될 수 있음을 보여주고 있으며, 오웰은 『1984년』에 등장하는 오브라이언의 모습을 통해 유사한 사실을 폭로하고 있다고 로티는 읽는다.

다시 말하지만 로티는 특히 '무관심'을 주목한다. 그것이 잔인성의 중요한 소스라는 것이다. 이러한 '무관심'의 강조는 그의 정치철학의 어떤 것을 말해주고 있다. 그가 희망하는 사회는 '품위 있고 문명화된 사회'로 이것이 자유민주주의의 유토피아라는 것이다. 자유와 평등이라는 추상적 관념의 사회가 아니라 사회적 제도가 개인에게, 어떤 개인이 다른 개인에게 굴욕감을 안겨주지 않는 사회가 그의 자유민주주의 사회인 것이다. 이런 사회는 제도가 그 구성원인 개인을 존중하고 관심을 갖는, 그리고 그 사회의 개인들은 다른 개인들에 대한 관심과 존중을 요구한다. 이것은 그의 자유주의가 로크 식의 소극적 자유주의가 아니라 적극적 자유주의라는 것을 의미하며, 동시에 자유를 통해 무엇을 만들려는 프래그머티즘의 정통적 사유의 것임을 말한다. 그러나 로티가 말하는 이러한 사회의 개인들은 그들의 자유주의에 대한 신념이란 것이 우연한 역사적 산물이고 그 근거가 형이상학적이

---

20) Ibid. pp. 157-158; 역본. 287쪽.

아니며, 그래서 그들은 자유주의자이면서 아이러니스트로서 연대하고 있을 뿐이라는 것을 자각하고 있을 때에야 가능한 것이다. 이것은 그의 자유주의가 신의 자유주의가 아니라 인간과 역사의 자유주의라는 것을 말한다.

다시 말하는 것이지만 로티는 자유주의의 목표를 잔인성의 축소라고 했다. 저널리즘은 우리가 타자의 고통에 대해 관심을 갖게 한다.[21] 그러나 이를 위해서 저널리즘은 상상력과 배려나 연민 같은 감성을 갖고 흔히 보통은 지나쳐버리는 대상에 관심을 기울여야 한다. 저널리즘은 이런 관심을 통해 자유주의 사회의 발전에 기여한다. 그러나 상상력 —특히 시적인— 은 현대 저널리즘의 객관주의와 배치되는 가치이다. 이런 의미에서 이것은 현대 저널리즘에 대한 공격적인 재서술이다. 그러나 이런 종류의 저널리즘이 역사에 없었던 것은 아니다. 로티는 우리에게 과거의 '이야기 저널리즘'이나 저널리즘의 문학적인 전통을 상기시킨다. 이러한 주장은 듀이의 경우에도 있다. 듀이는 뉴스가 예술의 차원으로 높아지기를 희망하였다. 듀이는 그의 『공중과 그 문제들』에서 의사소통 —뉴스와 같은— 이 예술이라는 기예에 의해 보다 충실해질 수 있다는 주장을 했다. 즉 예술은 관습과 틀에 박

---

21) 뉴스란 리프먼의 말처럼 서치라이트를 비춰 어떤 대상에 대해 관심을 갖게 한 것이다. 반대로 관심 밖에 있게 된 대상들은 소외감과 굴욕감을 갖게 될 수도 있다. 저널리즘은 이런 관심과 무관심을 사회적으로 관습화한다. 이런 의미에서 저널리즘 매체는 사회 통제기구이다. 저널리즘의 주목을 받지 못하면 있었던 사실도 없는 사실이 된다. 따라서 저널리즘 뉴스의 문제는 진실 여부가 문제라고 하지만 그 이전에 정당성의 문제가 있다. 즉 뉴스의 대상이 뉴스가 될 만한 정당성을 갖고 있는가 하는 가치판단의 문제가 있다는 것이다. 그 반대의 경우도 마찬가지이다. 이런 의미에서 저널리즘의 뉴스는 잔인성을 해소하는 데 긍정적일 수도 있고 부정적일 수도 있다. 무조건 저널리즘이 잔인성을 해소하는 기능을 하는 것은 아니다. 로티는 저널리즘과 관련하여 여기까지는 언급하지 않고 있다.

힌 의식의 외피를 뚫고 나가는 것이라고 하면서 시, 드라마, 소설 등이 우리가 표현할 수 있는 것의 한계가 얼마나 넓은가를 보여주고 있다고 했다. 그리하여 자유로운 사회적 탐구가 의사소통의 예술과 결합할 때 민주주의는 정점에 도달할 것이라고 했다.[22]

로티 역시 예술을 주목한다. 그는, 나보코프가 '예술'을 '호기심, 다정함, 친절, 무아경'이 동시에 존재하는 상태라고 하면서 '호기심'을 제일 앞서 말하고 있다는 점을 주목하였다. 관심이 예술의 시작이라는 것이다. 예술가는 대부분의 사람들이 주목하지 않는 것에 주목하고 다른 사람이 그저 받아들이는 것이지만 그런 것에서 나오는 순간적인 섬광과 같은 빛을 발견한다고 했다. 예술가야말로 호기심과 감수성을 갖고 언제나 모든 것에 주목하는 사람이다.[23] 아마도 저널리즘에서도 로티는 이런 것을 희망한 것으로 보인다. 그런 점에서 로티는 잔인성의 소스를 밝히는 저널리즘은 하이데거가 비판한 일반개념으로 무장한 과학적이고 객관적인 저널리즘이 아니라 '호기심, 다정함, 친절함, 무아경' 속에서 고유하고 구체적인 어휘를 갖고 이야기하는 저널리즘일 것이다. 이런 저널리즘은 셔드슨이 말한 신식의 '사실(fact)' 저널리즘이 아니라 구식의 '이야기(story)' 저널리즘에 좀 더 가까운 것이다. 그러나 어떻게 보면 로티의 저널리즘이 포스트모던한 것으로 보다 신식의 저널리즘일 수 있다. 어쨌든 오늘의 뉴미디어 상황을 보면 '사실'은 인터넷 매체들이 다루고 전통적인 저널리즘 매체 신문이나 방송은 점차로 잡지화, 소설화되고 있다.

결론은 이렇다. 보다 나은 자유주의 사회를 위한 저널리즘의 역할

---

22) Dewey(1927, 1954). p. 184; 역본. 180-181쪽.
23) R. Rorty(1989), pp. 158-159; 역본. 288-289쪽.

은 그 사회 안의 잔인성을 축소하고 제거하는 것이다. 그러나 이것은 쉬운 일이 아니다. 전통적인 객관적이고 일반화된 사실이나 진실로는 잔인성의 모습을 밝히는 것이 가능하지도 충분하지도 않다. 잔인성은 고유하고 주관적인 것이기도 하다. 잔인성 혹은 굴욕감 같은 것은 많은 경우 주관적이다. 사람들은 신 앞에 무릎 꿇는 것을 굴욕적이라고 생각하지 않는다. 그러나 사람이 사람에게 무릎 꿇는 것은 참기 어려운 굴욕이다. 지하철에서 노인이 자리 양보를 받는 경우 어떤 노인은 고맙게 생각하지만 굴욕감을 느끼는 노인도 있을 수 있다. 이렇게 굴욕감 혹은 잔인성은 많은 경우 주관적이고 일반화하기 어렵다. 저널리즘의 잔인성에 대한 보고는 단순히 진실 혹은 사실을 보고하는 것이 아니다. 저널리즘의 사실과 진실은 구체적인 것이다. 저널리즘의 보고는 취재 대상에 대해 배려 —혹은 감정이입— 와 연민을 갖고 관찰한 것이어야 한다. 로티의 말처럼 상상력이 필요한 일이다. 그러면서도 저널리즘은 객관적이어야 한다는 규범을 벗어날 수 없다는 점에 그 고뇌가 있다.

저널리즘 뉴스가 대상이나 사건을 일반화하여 상품으로 만드는 것은 일종의 소외를 낳는다. 소외는 잔인성의 한 종류이다. 뉴스는 특수하고 구체적인 것을 일반화하고 보편적인 것으로 전환하는 것을 의미한다. 이런 보편화 과정은 뉴스의 대상이나 사건의 고유성을 희생시키지 않으면 안 된다. 로티는 이러한 일반성이나 보편성에 비판적이다. 그의 반토대주의가 이를 지시하는 것이기도 하다. 로티가 진실보다 자유를 앞세우는 것도 그의 보편주의에 대한 불편을 말하는 것이다. 그는 각 진실의 개별성을 중요하게 본다. 이런 의미에서 진실 각자의 개별성을 무시하고 보편화하고 여기에 어떤 하나의 이름을 붙인다는 것은 진실도 잔인성의 소스가 될 수 있다는 것을 의미한다. 로티는 우리들의 삶을 숫자로 변수화하는 사회과학적인 인지가 아니라 해석학적이고 역사적인 이해를 선호하는 것으로 보인다. 여기에서도 로티가 높이 평가한 저널리즘은 아마도 문학적인 저널리즘을 의미한 것으로 이해된다. 그가 진실 혹은 진리에 대해서도 그것은 '울림'이 있는 것이어야 한다고 한 것을 보더라도 그는 사회과학적 혹은 계량주의에게는 친절하지 않다. 그가 주장하는 자유주의 사회를 위한 저널리즘은 흔히 이야기하는 이성주의적 감시나 토론의 장을 넘어서 예술과 같은 모습을 지닌, 그리고 일반개념이 지배하지 않는 구체적인 이야기의 저널리즘이다.

저널리즘과 민주주의의 관계에 대하여

민주주의에 저널리즘의 의미는 무엇인가? 흔히 민주주의를 위해서 자유로운 저널리즘은 필수적이라고 말한다. 민주주의는 저널리즘 없이는 불가능하다. 그러나 이 말이 언론은 민주주의에 필요하고도 충분한 조건이라는 뜻은 아니다. 요즘 한 저널리즘 연구자는 이런 말을 했다. "유감이지만 뉴스만으로는 저널리스트들이 민주주의를 위해 희망하는 만큼 많은 것을 할 수 없다. … 대부분의 사람들은 그들의 삶을 영위하는 데 뉴스를 필요로 하지 않는다. 그들은 전쟁이나 9·11 사태 같은 경우를 제외하고는 뉴스를 뒤쫓지 않는다."[24] 저널리즘이 딜레마에 빠져 있는 민주주의를 구원하기는 역부족이다. 이것은 과거 리프먼이 한 말과 같은 말이다.

---

24) Herbert J. Gans(2003). *Democracy and the News*. pp. IX-X.

민주주의 정치에서 저널리즘의 역할에 대한 평가는 그렇게 단순하게 또 확실하게 말할 수 있는 문제가 아니다. 위에 인용한 갠스(Herbert Gans)의 말도 그런 것이다. 리프먼은 민주주의란 유권자가 자율통치를 위해 필요한 정보를 가질 수 있어야 하는데 현대 거대사회에서 그것은 불가능한 것이 현실이라고 했다. 그래서 리프먼은 저널리스트가 이런 유권자의 일을 대신 한다고 말한다. 여기서 저널리즘과 저널리스트는 수탁자(trustee)이다. 그러나 리프먼이 주장하는 저널리스트의 역할은 여기서 끝나는 것이 아니다. 저널리스트는 전문가로서 선거를 통해 선출된 정치인들에게 충고를 하고 감시하고 비판함으로써 선거라는 민주주의의 핵심적 절차를 보다 유효하게 한다. 저널리즘과 저널리스트는 민주주의의 실천 과정에서 유권자만이 아니라 정부의 운영과 관리에 아웃사이더와 인사이더로서 관계한다.

결론적으로 민주주의와 저널리즘의 관계는 직접적인 함수관계가 아니다. 리프먼의 지적처럼 저널리즘이 사회제도를 대체할 수는 없다. 저널리즘이 교육기능을 갖고 있지만 학교를 대체할 수 없는 것과 같다. 저널리즘이 부실한 민주주의의 모든 책임을 질 수는 없다. 그러나 민주주의의 어떤 문제를 해결하는 데 저널리즘이 구체적으로 무엇을 어떻게 기여할 수 있다는 식의 이야기는 할 수 있다. 큰 이론이 아니라 작은 이론으로 접근하면서 작은 기여는 할 수 있다는 것이다. 내가 이 책에서 저널리즘의 프래그머티즘 —로티와 듀이의— 의 의미를 강조한 것도 이런 저널리즘의 역할 가능성 때문이다. 다시 말하고 싶은 것은 프래그머티즘이나 민주주의, 그리고 저널리즘은 모두 일상적이고 진부하다는 것이다. 거대하고 숭고함 같은 가치와는 먼 것들이다. 그러나 그 진부함이 저널리즘과 민주주의를 친밀하게 연결해주는 고리이다. 저널리즘 비평가들의 혹독한 미디어 비평에 대해 나는 당혹감을 느낄 때가 적지 않은데, 중요한 이유가 바로 이런 저널리즘의 진부성에 대한 외면 때문이다. 한마디로 비평이 너무 완고하고 고상하다는 것이다. 저널리즘이나 민주주의나 모두 진부한 것들이다. 이들을 순결과 숭고, 그리고 완전과 같은 어휘에 담는 것은 위선과 무책임한 지적 유희가 되기 쉽다. 아주 좋게 해석하더라도 그것은 근원도 없는 근원으로 돌아가려는 도피성 환원주의로 보이곤 한다.

또 하나 더 말해야 할 것이 있다. 저널리즘 ―언론― 과 민주주의의 관계에 대한 논의를 보면 많은 경우 정적이고 도식적이다. 민주주의와 저널리즘은 모두 완결된, 그리고 고정된 것으로 전제한다. 민주주의는 최선의 정치제도이고 저널리즘은 사실과 진실의 산파이다. 민주주의를 위해 이런 저널리즘은 필수적 전제조건이다. 그런데 이런 저널리즘이 대단히 부실하다는 것이 비평가들의 일관된 주장이다. 그런데 이상한 일은 이런 부실한 저널리즘에도 불구하고 민주주의는 진보해왔다. 그런 예의 하나가 한국이다. 한국의 저널리즘에 대한 비평가들의 평가는 항상 낙제점이다. 그런데도 한국의 민주주의는 진보해왔다. 이것은 역설이다. 이런 역설이 말하는 것은 무엇인가? 나는 로티의 반토대주의적인 어휘인 '우연성, 아이러니, 연대성'에 의존하여 이를 설명하고자 한다. 한마디로 로티의 자유민주주의는 우연성과 아이러니, 그리고 연대성으로 이루어진 자유주의자들의 정치체제이다. 그리고 오늘의 이런 자유민주주의 사회는 인류 역사에 나타난 우연한 현상이다. 저널리즘도 마찬가지이다. 이들은 형이상학적 원리나 역사의 법칙 같은 것에 의해 나타난 것이 아니다. 정치적 자유민주주의란 이런 것이다. 자유로운 저널리즘도 마찬가지이다. 또 이런 정치적 자유민주주의와 자유로운 저널리즘의 인연도 이런 것이다. 그들은 단지 연대해 있을 뿐이다. 그리고 서로 갈등도 하고 협조도 한다. 저널리즘은 자유민주주의를 도와주기도 하지만 때로는 장애가 되기도 한다. 그 역도 사실이다. 따라서 이들 사이의 관계는 보편적이고 전체적인 하나의 이론으로 구성될 수 없다.

다시 말해 저널리즘과 민주주의의 관계는 한 가지가 아니다. 그것은 아이러니와 우연성이 개입된 연대이다. 여기서 '아이러니'란 저널리즘과 민주주의의 관계가 긍정적인 것이 아니라 부정적인 것일 수도 있다는 것이다. 지금 우리가 당연한 것으로 생각하고 있는 양자의 긍정적 관계는 현대에 이르러 미국이나 일부 서구 국가에서 운 좋게 성취된 것이지 역사적 법칙 같은 것의 필연적인 결과가 아니다. 물론 이를 위한 의지와 노력과 희생이 있었지만 그렇다고 반드시 오늘의 결과를 낳았어야 할 보편적인 이론이나 원리는 없다. 이렇게 보면 시원치 않은 저널리즘이라도 민주주의를 발전시켰을 수 있다. 역으로 아주 훌륭한 저널리즘이 민주주의를 파괴할 수도 있다. 고대 아테네의 민주주의에는 소피스트라는 고대의 저널리스트들이 있었다. 그리고 그들이 소크라테스에게 독배를 안겼다. 아테네의 민주주의에게도 독배를 안겼다.

결론적으로 자유민주주의와 자유로운 저널리즘은 관계가 있지만 인과율(causality)적인 것은 아니다. 단지 더 나은 자유주의 사회로 진보하는 데 자유로운 저널리즘이 중요한 기여를 해왔고 지금은 그러하지만 앞으로도 반드시 그럴 것이라는 보장은 없다. 다시 말하면 자유민주주의를 위해서 저널리즘이 필요한 이유는 있지만 그것이 민주주의를 만든다는 주장, 즉 양자의 관계를 인과관계라고까지는 말할 수가 없다. 그러나 지금은 모두가 민주주의를 위해서 저널리즘이 필요하다고 말한다.

그래도 저널리즘은 필요하다. 왜?

저널리즘은 이 시대의 민주주의에 왜 필요한가? 우리는 보통 저널리즘의 '사실과 진실'을 '순결'하고 '완결'된, 그래서 '자족적'인 어떤 것, 그리고 여기서 한 걸음 더 나아가 '선'으로 전제한다. 이것은 한마디로 플라톤적이다. 그리고 그 안에는 '악'을 '선'으로, 그리고 '추'를 '미'로 대체하려는 계몽주의적 기획이 담겨 있다. 전통 저널리즘에는 그런 것이 있다. 오늘의 저널리즘도 마찬가지이다. 그러나 로티의 『우연성, 아이러니, 연대성』을 읽으면서 다시 생각하게 되는 것은 저널리즘의 '사실이나 진실'의 '진부함(banality)'이다. 그것들은 순수, 순결, 완결된 것들이 아니다. 듀이의 『확실성의 탐구』에서도 이를 읽게 된다. 그는 '확실성'이 아니라 '불확실성'의 축소를 지식의 목표로 삼았다. 이것은 저널리즘의 사실과 진실이란 것도 결핍된 것들이다. 그런 의미에서 그들은 '진부'하다. 고귀하고 순결하며 완전하고 완결되고 덕성으로 가득한 그런 천사들 세계의 사실과 진실이 아니다. 그것은 모자라고 흠이 있고 결핍된, 그래서 미완의 것이란 의미에서 인간의 것이고 진부한 것이다. 저널리즘 자체가 그렇고 민주주의 역시 그런 것이다.

이러한 관점은 어떻게 부실하고 흠 많은 저널리즘이 민주주의 발전에 기여할 수 있었는가 하는 의문을 해소시킨다. 한마디로 저널리즘은 그 진부성으로 해서 역시 진부한 자유민주주의를 도와줄 수 있었고 지금도 도와주고 있다. 저널리즘의 이런 진부성이 저널리즘의 자유와 자율성을 허용케 하고 민주주의도 그 자체의 진부성이 민주주의를 가능케 하는 것이다. 또 그래서 저널리즘과 민주주의가 긍정적인 관계를 가질 수 있는 것이다. 지금도 다행히 이들 두 개의 사회제도는 상호 지원하고 있다. 그러나 꼭 그래야만 하거나 그런 것만도 아니다. 저널리즘과 민주주의의 긍정적 관계는 로티의 말대로 서구사회가 운이 좋아서 향유하게 된 인류의 성취이다. 우리 한국의 경우는 그런 행운을 현대에 이르러서야 누리게 되었지만 그것도 정말 운이 좋아서였다고 말하지 않을 수 없다. 그러나 이것은 언제든 깨어질 수도 있다. 다시 말하지만 저널리즘도 민주주의도, 또 이들의 관계도 형이상학적인 것이 아니다. 그것은 로티의 말처럼 우연성과 아이러니, 그리고 연대가 있었기에 가능한 것이었다. 민주주의와 저널리즘의 관계도 지금은 불변의 것처럼 보이지만 그것은 아니다. 저널리즘의 사실, 진실, 객관성, 공정성이나 언론자유 같은 가치와 규범들도 불멸의 것은 아니다. 민주주의도 마찬가지이다. 이것은 흠 없고 완전한 저널리즘만이 선이고 민주주의를 위해 기여한다는 생각을 잊는 것이 좋다는 이야기이다.

이와 유사한 이야기를 앞서 언급한 바 있는 미디어 사회학자 셔드슨도 하고 있다. 즉 미국의 저널리즘은 흠이 많지만 민주주의에 필요한 존재라고 그는 말한다.[25] 오늘의 저널리즘은 '마음에 들지 않지만(unlovable)' 그래도 자유민주주의에 기여한다. 그는 이렇게 말한다. 앰뷸런스를 뒤쫓는 사건변호사가 다른 사람의 불행을 100만 달러 수익의 기회로 삼는 것과 마찬가지로 사건기자는 독자의 관심을 끌고 그의 승진기회를 제공할 뉴스를 쫓는다. 우리가 그리 사랑할 수 없는 이런 것들이 민주주의를 위해서 가장 중요한 공헌을 한다.[26]

신문 —셔드슨은 저널리즘이 아니라 신문(the press)이라는 용어를

25) Michael Schudson(2008). *Why Democracies Need An Unlovable Press*. Polity Press. 참조.
26) Ibid. p. 51.

사용했다— 은 민주주의와 자유표현의 요새이다. 그러나 신문은 민주주의와 자유표현을 제한하기도 한다. 저널리즘은 권력을 비판하면서도 동시에 권력에 제한을 받아들인다. 예를 들면 뉴스의 주된 소스는 고위 정부관리들이다. 이들이 공개적, 비공개적으로 가하는 제한이 있다. 뉴스는 당연히 이들 고위관리의 의견을 중심으로 만들어진다. 그리하여 그들의 의견을 반영하게 되면서 비판은 자연히 제한된다. 또 다른 예를 보면 기자와 편집자는 전문직으로서 그들 집단의 규범에 따라 표현의 내용과 방식에 구속을 받는다. 표현의 자유의 가치를 믿고 있으며 이를 주창하지만 이들은 저널리스트 공동체의 관습과 규범의 제한을 벗어나는 것이 힘들다. 또 저널리스트는 대체로 대학교육을 받은 중상위계층의 의견을 여론으로 간주함으로써 이것이 그들의 표현을 제한하기도 한다. 이렇게 저널리즘의 자유표현은 알게 모르게 저널리즘의 규범과 관행의 구속 아래에 있다. 이벤트 뉴스, 경마식 선거 보도, 반정치적 시니시즘, 그리고 저널리스트들의 독립적이고 초연한 듯한 태도 등도 표현의 자유와 비판을 제한한다.[27)]

저널리즘은 이렇게 속물적이다. 그래도 민주주의는 이를 필요로 한다고 셔드슨은 주장한다. 그는 저널리스트의 덕목을 이렇게 말한다. 저널리스트는 어떤 사태의 배경과 그 밑의, 즉 암묵적 지식(tacit knowledge)을 갖고 있다. 그래서 저널리스트는 표면의 갈등만이 아니라 사태의 흐름과 구조를, 그리고 정치적 세계의 덕과 가치를 밝힌다. 그리하여 시민들이 희망을 갖고 그들의 공동체의 의미를 갖게 함으로써 공적 일에 개입하고 헌신하게 만든다. 세계, 국가, 지역 차원에서 저널리즘은 그런 기능을 한다. 상상력을 지닌 저널리스트는 사건 속

---

27) Ibid. p. 54.

에 숨겨져 있는 드라마를 읽는다. 그들은 표출되지 않은 갈등을 알아본다. 밖으로 드러나지 않은 이벤트의 밑에는 강력한 지도자 혹은 행운의 이야기들이 있다. 그래서 셔드슨은 민주주의를 위한 저널리즘의 공헌은 신문이 고상하고 훌륭하기 때문이라고 생각하지 않아야 한다고 말한다. 저널리즘의 거칠고 격정적인 혹은 다른 세속적으로 악덕으로 간주되는 것들이 민주주의에 기여하기도 한다. 저널리즘의 이런 아름답지 못한 것들이 아마도 다른 어떤 아름다운 것들보다 민주사회에서 저널리즘을 더 값진 것으로 만든다. 저널리즘에는 우리가 결코 사랑할 수 없는 진부하고 추한 부분들이 있다. 그러나 저널리즘의 악은 대체로 필요악들이고 이들이 민주주의에 기여한다. 이것은 셔드슨의 미국 저널리즘 이야기이다. 그러나 한국의 저널리즘도 마찬가지이다. 부실하고 흠이 많은 저널리즘에도 불구하고 한국의 민주주의가 발전해왔다는 역설에 대한 답을 우리는 이렇게 셔드슨의 통찰에서 읽을 수 있다. 사실 한국의 신문들은 —보수나 진보를 불문하고— 민주주의 발전에 기여했다. 《한겨레》와 《경향신문》만 기여했고 《조선일보》, 《중앙일보》, 《동아일보》는 아니라고 하는 것은 공정하지 않다.

저널리즘의 친민주주의 문화

나의 결론은 이렇다. 저널리즘은 민주주의에 봉사한다. 무엇보다 저널리즘의 친민주주의 문화가 중요한 공헌을 해왔다. 우리 한국의 경우 신문을 중심으로 한 전통 저널리즘의 문화는 친민주주의이다. 현대 민주주의가 정보를 지닌 '유식한 정보시민(informed citizen)'을 필요로 한다면 이러한 정보를 제공하는 주된 매체는 신문이나 방송과 같은 저널리즘 매체들이다. 그러나 그러한 상호관계가 선험적이고 필

346

연적인 것은 아니다. 우연성과 아이러니가 전제된 연대 관계일 뿐이다. 정치적 민주주의만으로 자유언론이 가능한 것도 아니고 역으로 자유언론만으로 정치적 민주주의가 가능한 것도 아니다. 물론 어느 정도는 그런 시대도 있었다. 그러나 지금은 그런 시대도 사회도 아니다. 한 가지 분명한 것은 저널리즘이나 민주주의나 모두 완결된 자족적인 제도가 아니다. 이를 솔직하게 받아들일 때 저널리즘이나 민주주의는 진보할 수 있고 양자의 관계도 더 건전하게 진보할 수 있다.

저널리즘 공론장과 민주주의

저널리즘과 민주주의 관계에 대한 중요한 문제 하나가 더 있다. 그것은 공론장(public sphere) 혹은 공공영역(public space)이라는 것이다. 과거 전통 저널리즘 ―주로 미국의― 에서 이들 용어는 거의 사용되지 않았다. 그러나 요즘에는 미디어 연구자들이 많이 관심을 기울이는 관념인 것 같다. 최근 미국 유수 대학들의 미디어 분야 교재들을 보면 이들 공론장 혹은 공공영역을 제목으로 한 한두 개의 장이 포함되어 있는 것을 발견하게 된다. 이러한 현상은 전통 저널리즘 연구와 교육에서도 저널리즘 매체를 공론장 혹은 공공영역으로 간주하는 현상이 커진 것을 상징하는 것이다. 사실 방송매체는 '커먼 캐리어(common carrier)', 즉 전기, 가스, 수도와 같은 사회의 필수적인 공공재 취급 사업으로 간주되어왔다. 그러나 공론장이나 공공영역이란 관념은 희미했고 소유와 경영도 공영이 아니라 주로 사유체제로 유지해왔다.

하버마스의 공론장: 계몽적 이성

'공론장' 하면 하버마스에서 시작해야 하는 것처럼 되어 있다. 반드시 그렇다고 생각되지는 않지만 그렇다. 하버마스가 1960년 '공론장'이란 관념을 내놓은 이래 그것은 미디어 연구 분야에서 가장 중요한 어휘의 하나가 되었다. 최근의 포스트모더니즘과 비판이론 쪽의 저널리즘 연구에서도 마찬가지이다. 그러나 다양한 비판이 가해졌고 그 위상이 이전 같지는 않다. 프래그머티즘은 그들 비판의 중요한 소스라고 할 수 있다. 어쨌든 하버마스의 공론장과 듀이와 로티 프래그머티즘의 공론장, 그리고 포스트모더니즘 쪽의 공론장 담론을 살펴본 후 21세기인 이 시대의 민주주의와 공론장의 관계에 대하여 우리가 어떤 말을 할 수 있는가를 생각해보겠다.

프랑크푸르트학파의 후예인 비판이론가들은 미디어와 시민성(citizenship) 간의 관계를 다양한 방식으로 고찰하였다. 그 가운데 하버마스의 공론장(public sphere) 관념은 민주주의와 미디어의 관계에 대한 고찰의 출발점으로 언급된다. 시장과 국가의 통제 밖에서의 정보와 의견의 교환과 숙고의 장소로서 정의된 공론장은 미디어의 새로운 역할을 조명한 것이었다. 공론장은 시민주체들의 상상력이 낳은 공동체로 이곳에서 정보와 대화를 나누면서 숙고적 민주주의가 이루어지는 것으로 주장된다. 이에 대한 비판은 물론 있다. 공론장이라고 해서 누구나 자유롭고 평등하게 참여하지 못한다는 것이 그중의 하나이다. 문화자본이 부족한 약자들은 여기서도 소외된다. 어쨌든 요즘 공론장 혹은 대중매체(popular media)가 시민성을 낳고 키우는 기지(base)라는 주장은 계속되고 있다. 앞서 언급한 하틀리나 피스크 등을 그 예로 들 수 있을 것이다.

하버마스의 주장을 좀 더 보자.[28] 그의 초기 저술에는 문화산업에 대한 비판이론이 그의 '공론장의 구조적 변환론(The Structural Transformation of The Public Sphere)'에 있다. 그는 17세기에서 현재에 이르기까지 미디어 제도의 발전사에서 공론장의 생성과 해체를 추적하였다. 규모는 작지만 독립적인 출판물, 즉 매스미디어의 출현으로 나타난 부르주아 공론장은 국가의 권위가 유식하고 합리적인 공중 앞에서 비판을 받고 정당화되어야 하게끔 만든다. 이들 외에 오늘날에는 국가권력과 대규모의 상업적 조직 ─매스 커뮤니케이션 영역에서의─ 들의 확대와 함께 다양하고 많은 수의 공론장이 새로이 등장하고 있다.

하버마스는 공과 사(public and private) 구분이 고대 그리스에서도 있었지만 유럽의 17~18세기 자본주의 경제와 부르주아 입헌국가의 성립과 함께 급격히 나타난 현상으로 말한다. 부르주아 공론장은 초기에는 문학(literature)영역에서 시작되었지만 곧 정치적인 것으로까지 확대되었다. 17세기 후반과 18세기 파리와 런던의 살롱과 커피하우스는 토론과 논쟁의 중심지가 되었다. 이들은 신문의 발전으로 더욱 활발해지고, 정치적 주장의 표현이 강화되었다. 신문은 정치적 비판의 주된 포럼이 되었다. 그러나 하버마스에 의하면 매스커뮤니케이션의 상업화가 이런 공론장을 오염시키고 파괴했다. 신문 내용은 비정치적이며 사밀화되고 선정적인 것이 되었다. 독자는 점점 소비자가 되고 신문은 광고수입에 더욱 의존하게 되었다. 시민의 생각과 의지는 PR과 광고의 관리 대상이 되었다. 대중(mass)은 그저 원자재이고 공적인

---

28) John B. Thompson(1990), *Ideology and Modern Culture*, Stanford University Press, p. 109

결정과 토론에서 배제되었다. 하버마스는 이런 대중과 공론장을 계몽주의적 이성으로 재구성할 것을 주장한다.[29]

듀이의 공론장: 공중과 지성

공론장 문제에서 듀이와 하버마스 사이에는 유사성이 적지 않다. 듀이의 공중(public)이란 하버마스의 공론장을 구성하는 주체이다.[30] 그러나 하버마스와 듀이 사이에는 철학 혹은 지성사적으로 중요한 차이가 있다. 그것은 무엇보다 하버마스의 공론장이 '이성(reason)'의 장으로 계몽주의의 회복을 기획했다면 듀이는 그런 이성에는 관심이 없다는 점이다. 듀이의 관심사는 이성이 아니라 지성(intelligence)이다. 지나친 단순화인지는 몰라도 하버마스는 당연히 유럽의 계몽주의가 그 소스이지만 듀이에게는 그런 계몽주의가 없다. 한마디로 두 철학자는 서로 다른 세계에서 다른 세계를 사고하고 기획했다는 것이다. 듀이를 비롯한 미국의 프래그머티즘 철학자나 사상가들에게는 회복해야 할 잃어버린 땅 ―계몽주의와 같은― 같은 것은 없으며 오직 새로 개척하고 창조해야 할 세계만이 있었다.

이렇게 보면 하버마스의 공론장과 듀이의 공론장은 그 존재이유나 메커니즘이 같을 수 없다. 다시 말하지만 하버마스 공론장의 주인이

---

29) Ibid. pp. 110-113.
30) 톰슨(Thompson)은 "듀이와 하버마스는 '공중'과 '대중'(mass) ―즉 '수용자(audience)'― 를 구분하고 있다. 그러면서 그들이 관심을 갖고 있는 것은 모두 '공중'이지 '대중'은 아니다."라고 말한다. 그러나 듀이가 '공중'과 '대중'을 구분한 것은 아닌 것 같다. 왜냐하면 대중도 '지성'을 갖고 있다는 의미에서 '공중'과 차이가 없기 때문이다. 듀이의 '공중'은 특정 문제에 대해 의식을 갖고 모인 '대중'이기 때문이다.

보편적 이성이고 추구하는 가치가 통합(unit)이라면, 듀이 공론장의 주인은 지성이고 그 목표는 연대(solidarity)이다. 이것은 하버마스가 정치와 현존 문제에 대한 이성적인 대화와 토론의 공론장을 주장하였다면 듀이는 시민들이 자신들의 지성을 동원하여 그들의 당면 문제를 해결하기 위해 모여 토론하고 합의하는 '주민회의(town meeting)' 정도를 공론장의 모형으로 말한 것이다. 듀이는 시민들이 자신들이 관련된 문제라고 생각하는 경우 이에 대처하기 위해 모여서 의논하게 되는데, 이들을 공중(the public)이라고 하였다. 그러나 여기에는 엘리트만이 모이는 것은 아니다. 누구나 공중의 구성원이 된다. 이런 점에서 듀이의 공론장은 하버마스의 공론장보다 더 진보적이고 민주적이다.

'공론장'이란 사회구성원들의 사회적 상호작용이 일어나는 장소를 의미한다. 전통적인 저널리즘이나 매스커뮤니케이션 연구에서 이러한 상호작용에 대한 관심은 1930년대에도 이미 많이 있었다. 듀이는 시카고 대학교에서 미드(C. Mead)의 사회적 상호작용 이론에 영향을 받았고 그의 철학에 반영하였다. 사회과학 분야에서는 소위 메이요(George Mayo)의 호손(Hawthorn) 연구 등 인간관계(human relations)의 중요성을 부각시킨 다수의 연구 보고서들이 나왔고, 라자스펠드와 카츠의 정보와 영향의 2단계 전파이론 등도 사회적 상호작용의 한 유형을 제시한 것이었다. 이들은 미국의 매스커뮤니케이션 연구가 '공론장'이란 단어를 사용하지는 않았지만 미디어의 공론, 즉 여론 형성과정에 개인들 간의 상호작용의 효과연구라는 이름으로 수행한 공론장 연구들이다. 다시 말하면 하버마스가 유럽에서 발견한 살롱이나 커피하우스에서의 시민들의 상호작용과 이들 여론 형성과정의 상호작용이 기본적으로 다른 것이 아니었다는 말이다. 이 과정에서 대중매체는 여론지도자 —추종자들보다— 에게 정보와 영향력의 소스로서 중요한 기능을 하는 것으로 밝혀졌는데, 이것은 매스미디어의 공론 형성 기능을 말해주는 것이었다.

하버마스의 공론장은 그것이 자본주의와 자유주의에 의해 왜곡되어 이를 계몽주의적 이성으로 구원해야 할 이데올로기의 장이다. 그러나 듀이 프래그머티즘의 공론장은 이성의 손에 의해 구원될 수 있는 그런 것이 아니다. 공론장은 삶의 현장 전체에 산포되어 있으며 살아 숨 쉬는 것이다. 공론이란 관념은 어떤 유의 상호작용의 다른 이름일 뿐이다. 구체적인 예로 앞서 말한 라자스펠드 등의 연구들 외에 우리는 라스웰이 열거한 커뮤니케이션 기능, 감시, 토론, 교육 —문화전승— 가운데 토론의 광장(forum)을 공론장으로 들 수 있다. 그러나 사실 이들 세 가지 기능은 서로 단절된 별도의 기능이 아니다. 이들은 모두가 공론장의 공론기능을 한다. 또 제퍼슨의 민주주의이론, 그리고 마이클존(A. Meiklejohn)의 자치정부의 전제조건인 주민회의(town meeting) 같은 것들도 모두 공론장이론이라고 할 수 있다.

분명 듀이나 전통 저널리즘의 공론장 담론과 하버마스의 공론장 담론은 다르다. 전자는 공론장을 이데올로기와 무관한 것으로 간주하지만 하버마스는 그것의 이데올로기 문제를 주목하였다. 즉 전통이론이 공론장을 행정의 차원에서 논의하였지만 하버마스는 체제의 차원에서 논의한 것이다. 그런데 이런 하버마스의 이론이 미국에서 강화되고 있다는 것은 어쩌면 미국 사회의 위기의식이 반영된 것이 아닌가 하는 생각을 하게 된다. 미국의 지난 공론장 담론은 '공'과 '사'를 어떻게 지혜롭게 구분할 것인가 하는 것이었다. 프래그머티즘은 그 방법이었다. 듀이는 개인성(individuality)을 민주주의 최고의 덕목으로 주장하였다. 그는 '공'에 '사'가 수렴되어 하나가 되는 통합(unit)이 아니라 오히려 '공'이 '사'에 수렴되어 발현되는 다원주의를 기대하였다.

전자는 마르크스(Marx)이고 듀이의 프래그머티즘은 헤겔(Hegel)이다. 어느 것이나 이뤄지기도 어렵고 이루어진다 해도 만족스럽지 않다. 아마도 현재의 자유민주주의 체제에서 최적의 이론은 롤스의 제2원리인 것 같다고 로티는 말한다. 그러나 그것도 현실화하는 것은 여전히 문제로 남는다. 후에 다시 이야기하겠지만 로티가 우려한 빈부격차 문제는 더욱 확대 심화되고 있다는 것이 그 증거이다.

포스트모더니즘의 공론장

포스트모던 계열의 공론장(public sphere) 담론은 포스트모더니즘이란 관념만큼이나 모호하다. 그러나 한 가지는 분명한데 여기서 공론장은 주가 신문이 아니라 TV이다. 다시 말해 TV 매체의 성격에서 공론장의 성격을 논하고 있다는 것이다. 현대 사회에서 TV는 공동 공론장(common public sphere)이다. 이 점은 근본적으로 리프먼 시대와 다르다. 그리고 TV를 주된 공론장이라고 말했지만 각종 뉴미디어들도 있다. 이들의 상호작용은 다양한 방식으로 이루어지고 있다.

고전적 공론장의 주된 기능은 미디어 ―저널리스트와 사회 엘리트들― 가 공적 주제를 제시하고 토론하면서 시민들이 참여하도록 하는 것이다. 공론장은 공통된 의견을 도출하면서 동시에 시민들을 교육하는 효과도 낳는다. 그러나 대중 저널리즘(popular journalism) 공론장의 주인공은 시민들이다. 미디어가 아니라 오히려 시민들이 주체이다. 또 공론의 내용에 정보와 오락의 구분이나 공과 사의 영역 구분은 희미해졌거나 없어졌다.

포스트모던 시대의 지식은 흩어지고 확산되었다. 그 변화에 대해 이런 설명이 있다. 대중 저널리즘의 정보에서 공식 대 비공식(formal vs. informal), 공적 대 사적(public vs. private), 보편 대 특수(universal vs. particular), 사실적 대 가공적(factual vs. fictional), 실재 대 환상(real vs. illusory)이라는 2원적 구분은 사라졌다. 그것만이 아니라 규범적 차원의 2원론도 거부한다. 그곳에서는 종점보다 시점(origin over destination), 여성보다 남성(male over female), 욕망보다 진실(truth over desire), 이미지보다 단어(word over image)의 우선성 같은 전통적 구분은 없다.[31] 과거 대영제국 빅토리아조 시대 대영박물관이나 왕립지리학회 등은 지식의 저장고로서 제국 왕실의 충성 기관이었다. 그러나 지금은 저널리즘이 지식의 저장고이다. 그리고 이들 저널리즘은 왕실이 아니라 시민에게 충성한다. 그러나 그렇다고 이런 저널리즘이 정치적으로 진보적이거나 해방과 같은 정치적 목표를 갖고 있는 것은 아니다. 단지 이 점은 분명해 보인다. 저널리즘이 대중(popular)의 인기에 의존하는 매체가 되면서 이 저널리즘이라는 지식의 저장고는 판타지, 이미지 위주의 물건들로 채워지게 되었다. 포스트모던한 공론장에서는 하버마스가 사라지고 있다는 말이다. 듀이나 로티는 몰라도 말이다. 여기서 보면 하버마스의 이론은 이데올로기일 뿐이고 너무 경건하고 엄숙하다.

다시 말하지만 전통 저널리즘 ―미국의― 의 공론장은 프래그머틱한 것이다. 저널리즘의 주된 기능은 우리들의 삶을 위협하는 사건과 사태의 발생을 감시하고 이에 대응하도록 하는 것이다. 전쟁, 테러, 폭력 혹은 천재지변과 같은 급성적 위협(acute threats)이나 기후변화나 인구의 노령화 문제와 같은 만성적 위협(chronic threats)에 대응하는 데 저널리즘은 큰 역할을 못한다. 저널리즘은 전자에 보다 효과적이

---

31) J. Hartley(1995). p. 156.

다. 미국의 경우 9 · 11 사태 때 혹은 우리 한국의 경우 휴전선에서 무력 충돌이나 IMF 외환위기 같은 때 뉴스, 해설, 사설이나 논평은 최고의 관심 대상이 된다. 저널리즘은 토론을 통해 시민들의 지혜와 의지를 모아 행동을 이끌어낸다. 그렇게 좋은 사례는 아니지만 IMF 때 금모으기 운동 같은 것이 그런 것이었다. 제퍼슨 시대 주민 회의(town meeting)가 하던 일이다. 따지고 보면 하버마스가 주장한 것도 바로 이런 것이고, 이것이 민주주의를 위해 미디어가 하는 주된 기능으로 간주되어왔다.

저널리즘이라는 미디어 공론장이 감시, 토론, 합의만을 만들어내는 공간은 아니다. 앞서 말한 것처럼 교육이라는 기능이 있다. 시민들은 저널리즘을 통해 자신의 정체성을 획득하고 수정 변화시키기도 한다. 이것은 일종의 교육 기능이다. 이런 교육의 주된, 그리고 공식적인 기관은 학교이다. 그러나 종교기관이나 사회단체와 같은 비공식적 교육 기관들도 있다. 그중 하나로 신문이나 TV와 같은 저널리즘 매체들이 들어간다. 이들의 기능을 우리는 매스미디어의 사회화(socialization) 기능이라고 하였다. TV가 휩쓸기 이전까지 우리는 미술, 패션, 고고학, 긴 머리의 랩 음악 등을 거의 모르고 있었다. 오래전부터 우리는 TV가 아동에게 미치는 영향, 즉 미디어의 간접적 교육에 관심을 기울여왔다.[32]

---

32) 대표적인 초기 연구들로 Wilbur Schramm, Jack Lyle, E. B. Parker(1960), *Television in the Lives of Our Children*, 그리고 H. T. Himmelweit and A. N. Oppenheim(1959), *Television and Child* 등이 있다. 이들 외에 Schramm 등 (1954) 편의 *The Process and Effects of Communication*, Joseph Klapper(1960) 의 *The Effects of Mass Communication*, S. Lowery and M. L. Defleur(1983)의 *Milestones in Mass Communication Research* 등에 그동안 이루어진 연구들이 소개되고 있다.

이렇게 말하고 보니 저널리즘의 공론장이론이란 저널리즘 내지 매스 커뮤니케이션 이론에서 오래전부터 이야기해온 것이라는 사실을 깨닫게 된다. 비판이론과 문화이론에 뿌리를 둔 하버마스와 포스트모던 이론, 그리고 듀이나 로티의 저널리즘에 관한 주장들도 사실은 오래전 ―1920년대― 부터 있어온 이야기들이다. 한마디로 공론장이론은 매스커뮤니케이션의 효과이론 가운데 하나라는 것이다. 다만 다시 말하는 것이지만 하버마스의 공론장이론은 커뮤니케이션 ―저널리즘 매체를 포함한― 구조가 이데올로기에 의해 왜곡되었다는 비판이론적 전통의 것이고, 전통 커뮤니케이션 이론은 이데올로기의 문제라기보다 자유민주주의의 절차 문제로 인식하고 있다는 점에서 양자의 차이가 있을 뿐이다.

　어쨌든 오늘날 TV가 지배적인 공론장이 되었고 삶의 양식이 보다 포스트모던해진 것은 사실이다. 그런 의미에서 포스트모던한 공론장 이야기는 관심의 대상이다. 그러나 그 내용들은 산만하고 흩어진 파편들과 같다. 때문에 하나의 체계로 구성해서 말하기보다 다양한 서술 가운데 몇 가지를 그대로 옮겨보겠다. 대중매체는 공적 의미(public meaning)가 아니라 사적 의미(private meaning)로 채워지고 있다. 또 남성적인 것에서 여성적인 것으로, 노(old)에서 청(young)으로, 투쟁에서 사색으로, 통치에서 소비로, 법에서 자율을 지향하는 내용으로 전환되었다. 또 정보와 오락이라는 2원론적 구분도 무너졌다. 저널리즘 공론장은 공통된 관심사를 가진 사람들로 이루어진 공중 ―듀이가 말한 공중― 으로 구성되는 것만이 아니라 다양한― 어떤 때는 서로 공약성이 없는 다른 문화영역들의 대중들이 대화와 갈등을 경험하는 곳이다. 그런 이유에서 저널리즘이라는 공론장에 어떤 하나의 보편적인 정체성을 부여하려는 것은 적절치 않게 되었다.

그런 이유에서 지구상에서 가장 힘 있는 미국의 대통령도 이상야릇한(?) 현대의 대중 이미지에 매달리곤 한다. 클린턴(Bill Clinton)의 대통령 선거 팸플릿은 저급(trash)과 고급(quality), 사실(fact)과 판타지(fantasy), 정치(politics)와 개인의 특성(personality)이 하나로 뒤범벅된 그를 보여주었다.[33] 이런 것이 포스트모던한 미디어 장의 모습이다.

　　현대의 민주주의는 매개 민주주의(mediated democracy)이다. 미디어가 유권자의 의견을 매개한다는 의미에서이다. 대의 민주주의도 매개 민주주의이다. 제퍼슨 시대의 직접 면대면 커뮤니케이션 민주주의가 오늘날은 미디어, 특히 TV를 통한 매개에 의존하고 있다. 이런 민주주의에서 미디어의 역할이 중요한 것은 당연하다. 미디어 가운데 특히 오늘날 지상파 텔레비전이 주된 매체이지만 뉴 미디어들 역시 다양한 차원의 매개를 한다. 그리고 그 내용 가운데 오락의 비중이 점점 더 무거워지고 있다. 정치는 물론 민주주의와 관련하여서도 오락적 요소가 두텁게 되었다. 이것은 저널리즘 공론장이 반형이상학, 반표상주의적인 것이 되었다는, 혹은 프래그머틱해졌다는 것을 보여주는 것이다.

　　공론장은 역사적, 사회적 공간이다. 이곳은 정보, 지식, 아이디어가 전파 교환되고, 논쟁이 일어나는 사회적 공간이며 정치적 의견이 형성되고 조직되는 공간이다. 유럽의 근대사에서 가장 유명한 그런 공간 중 하나가 영국의 '블룸스버리 그룹(Bloomsbury Group)'이다. 경제학자 케인스, 소설가 E. M. 포스터 —이 책 마지막에 그의 소설을 이야기할 것이다— 정치사상가 레너드 울프(Leonard Woolf)와 소설가 버지니아 울프(Virginia Woolf) 부부 등이 회원이었던 그 클럽은 오늘날의

---

33)　J. Hartley(1996). p. 24.

BBC나 다른 TV 미디어만큼이나 의미 있는 공론장이었을 것이다. 그러나 TV는 문제를 제기는 하지만 문제를 해결해주지는 않는다. 현실에서 그것은 정부와 같은 통치 행정기관의 몫이다. 현실에서 사회적 이슈는 정치인과 미디어의 상호작용에 의해 만들어진다. 그리고 공론장과 정치가 인식론의 지배에서 해방되어야 한다고 하지만 그 출발은 항상 인식 혹은 인지에서 시작되는 것이 사실이다. 그러나 그것이 이성과 감성 가운데 이성에 의해 인지되는 것만은 아니다. 특히 TV의 텍스트는 감성의 영역을 벗어나서는 의미가 만들어지지 않는다. 표상된 정보가 감성, 그리고 비합리성을 벗어나 표상에 이르는 길은 없다. TV 저널리즘의 커뮤니케이션에서는 이를 제거할 수도 없고 또 그래서도 안 된다. 또 하나 잊지 않아야 할 사실은 TV는 산업이라는 점이다. 그 경제적 토대는 상업성이다. 공영이든 민영이든 마찬가지이다. 물론 TV의 모든 것이 경제로 환원될 수는 없지만 말이다.

　나의 관심은 미디어와 민주주의에 대한 그동안의 전제와 관념을 재서술하는 것에 있다. 이러한 재개념화는 현대적 공론장의 조건과 메커니즘에 관한 우리의 이해를 위해 결정적으로 필요하다. 나는 그러한 재서술이 자유민주주의와 프래그머티즘이라는 틀(frame), 즉 패러다임 안에서 이루어지는 것이 가장 바람직할 것이라고 주장한다. 왜냐하면 프래그머티즘은 비판이론이나 문화이론 혹은 포스트모던 저널리즘 이론들을 포섭 대체할 수 있고 실천적인 이론을 제공할 수 있다고 생각하기 때문이다.

6

저널리즘에게 보내는
프래그머티즘의 충고

저널리즘에 대한 프래그머티즘의 의미는 깊고 전반적이다. 그러나 이를 하나의 보편적인 이론으로 제시하기는 어렵다. 왜냐하면 프래그머티즘이란 그 자체가 보편성을 거부하기 때문이다. 그러나 프래그머티즘이 오늘의 저널리즘에게 지시하는 몇 가지 도전적인 문제를 정리해서 말할 수는 있다. 이들은 다음과 같이 요약된다. 첫째는 현대 저널리즘의 인식론적 문제이다. 둘째는 인식론 문제의 연장이기도 한 것인데, 저널리즘이 이제는 사회들의 '통합'이 아니라 '연대'로 그 기능을 전환하는 문제이다. 그리고 마지막 셋째는 저널리즘의 지식이나 정보의 순혈주의를 지양하고 그 안에 미래에 대한 '희망'이란 가치를 포섭시키는 문제이다. 이것은 저널리즘이 '지식보다 희망'을 지향하는 것을 의미한다. 이들은 모두 듀이나 로티의 프래그머티즘이 주장하고 추구하는 것들이고, 또 리프먼의 저널리즘에도 암묵적으로 전제되어 있던 가치들이었다. 이들을 부연하여 더 이야기한다.

인식론 저널리즘으로부터의 탈출

로티는 계몽적 합리주의(enlightenment rationalism)가 자유민주주의 초창기에는 필수적인 것이었지만 이제는 자유민주주의 사회의 유지와 발전에 방해물이 되었다고 했다.[1] 이것은 저널리즘에도 그대로 맞는 말이다. 즉 저널리즘은 계몽주의적 합리주의에 기반하고 있었지만 오늘날에는 저널리즘의 유지와 발전에 저해요인이 되고 있다는 주장을 할 수도 있다는 말이다. 그래서 이제는 전통적인 저널리즘의 사실, 진실, 합리성, 도덕적 의무 등의 관념이 아닌 다른 어휘가 더 중요하게 되었다. 그것은 무엇들인가? 저널리즘이 사실과 진실의 보편성이나 합리성을 포기하는 것이 가능한가? 그 방법은 구체적으로 무엇인가? 그것은 무엇을 의미하는가? 로티 식으로 말하면 그것은 저널리즘의 형이상학적 요소를 제거하는 것이다. 다시 말해 실재라는 토대가 없는 사실이나 진실로 저널리즘의 사실과 진실을 재서술하는 것이다. 이것은 새로운 실재를 다른 것으로 대체하자는 것이 아니라 그것의 토대 혹은 실재라는 생각을 잊어버리자는 것이다. 저널리즘의 소리를, 신의 진실이 아니라 인간의 진실을 생각하자는 것이다. 이런 곳에 비인간적인 힘이라는 관념이 들어설 자리는 없다. 다시 로티 식으로 말하면 저널리즘의 자유도 신의 선물이 아니라 우연성에 대한 각성에서 나온 것이다. 니체(Nietzsche), 제임스(W. James), 프로이트(Freud), 프루스트(Proust), 비트겐슈타인(Wittgenstein)이 우연성에 대한 깨달음(freedom as the recognition of contingency)으로서 자유를 인

---

1) 이 문제는 R. Rorty(1989)의 제3장 자유주의 공동체의 우연성(the contingency of a liberal community)에 주로 포함되어 있다.

식했다고 한 로티의 말이 이런 것이다.[2]

　계몽주의와 혁신주의 시대 이래 미국이나 한국의 저널리즘관은 고상한 것이었다. 이런 시대가 한참 지난 지금도 미국이나 한국의 저널리즘관은 아직도 그렇다. 그러나 그것은 아니다. 저널리즘은 정치적 매체이다. 정치란 고상한 것이 아니다. 그것은 마키아벨리적 세계에 더 가깝다. 그럼에도 저널리즘은 정치를 그렇게 보려 하지 않는다. 저널리즘은 정치를 지식과 인식, 그리고 합리성의 문제로 정의한다. 그래서 혁신주의와 함께 유식한 '정보시민(informed citizen)'이란 어휘가 등장하고 저널리즘은 시민의 알권리를 내세운다. 이것은 계몽주의 모델이다. 계몽주의 모델은 정치적 이념을 악으로 간주하였다. 이것은 저널리즘의 자기 정당화 내지 자기미화에 필요한 관념이다. 저널리즘은 세상사에 오염되지 않은 존재가 되기 때문이다. 셔드슨은 이를 100년 전 미국 혁신주의 시대(progressive era)의 모델이라고 말한다.

　여기서 소위 '정보시민'이란 관념은 리버럴들 ―특히 좌파― 에게 친숙한 것이었다. 그들은 유권자의 이상형을 독립적이고 합리적인 시민으로 전제하고 이의 성취를 기획하였다. 민주주의는 지식과 정보, 즉 앎의 정치로 정의하였다. 미국의 경우 1880년대 선거 캠페인은 군중집회와 퍼레이드를 하는 것이었는데, 1920년대에는 팸플릿 캠페인으로 바뀐다. 선거의 중심이 군중집회, 즉 정파에서 개별적인 유권자로 옮겨진다. 지역의 고등학교 강당에 모여 세력을 과시하는 지지 군중의 집회에서 유권자 개인들이 선거 캠페인의 대상이 된 것이다. 그러나 한 가지 흥미로운 현상은 70~80%에 달하던 투표율이 1920년대에는 오히려 50% 이하로 떨어졌다는 것이다. 리프먼이 공중을 허상이

---

2)　R. Rorty(1989). p. 42; 역본. 102쪽.

라고 한 이유 중 하나인 투표율 저하가 이런 것이다. 이와 함께 인식론적 정치가 의혹의 대상이 된다.

그러나 '정보시민'이란 관념은 아직도 저널리즘의 정당성을 담보하는 핵심적 관념이다. '정보시민'이란 관념과 함께 저널리즘은 변해왔다. 신문들은 점점 더 정치적 당파로부터 독립성을 주장하게 되었고 저널리스트들도 자신의 독립성에 자부심을 갖게 되었다. 말하자면 오염되지 않은 정보를 제공하는 순결한 존재가 되어 독립적인 전문직 종사자로 자긍심을 주장하게 된다. 그러면서 기사의 리드(lead)와 역피라미드(inverted-pyramid) 기사 작성법이 나오게 된다. 이것은 저널리스트들이 뉴스에서 무엇이 중요한 내용인지를 자신들이 판단하고 결정하는 것을 의미했다. '정보시민' 모델에는 또 다른 함축적 의미가 있다. 그것은 시민들 각 개인의 합리성과 독자성을 신성시하면서 당파정치를 부정하는 것이다. 즉 정당은 부패집단이고 반민주적인 것으로 치부하면서 정치를 보다 도덕적인 것으로 전제하고 인식하는 것이었다. 저널리즘은 반정당과 반정치적이 되어갔다. 셔드슨은 미국의 저널리스트들이 가정하고 있는 전형적 정치적 모델은 유권자의 합리적 선택(rational-choice), 시민의 의무(civic-duty), 반정파(anti-party)라는 합리적 개인주의 이론이라고 했다. 사실은, 정치가 인식론의 문제가 아님을 말하는 것이다. 그래서 셔드슨은 미국 저널리즘의 정치적 지식과 정보제공이라는 인식론 중심적 기능에 비판적이다.[3]

그의 주장은 설득력이 있다. 그러나 나는 셔드슨의 주장을 좀 더 확장하고 심화할 수 있기를 기대한다. 저널리즘의 정치적 지식과 정보의 외연과 내연을 더 확장 심화할 필요가 있다. 이것은 인식론을 넘

---

3) M. Schudson(2008). pp. 75-76.

어서는 문제이다. 이런 의미에서 로티의 프래그머티즘 정치철학과 그의 나보코프와 오웰의 작품에 대한 문예비평은 시사하는 바가 크다. 저널리즘이 하는 일은 단순한 정보제공이 아니다.

연대를 낳는 저널리즘으로

나는, 저널리즘은 민주주의를 위해 존재한다는 말이 별로 말해주는 것이 없다고 생각한다. 그것은 단지 정치적 수사일 뿐이다. 프래그머티즘에서 보면 자유로운 저널리즘, 즉 자유언론이나 민주주의는 무의미한 명목적인 말들이다. 우리는 그런 말들을 통해서는 그것이 무엇이고 어떤 것인지 구체적인 느낌을 가질 수 없다. 어떤 것을 경험하고 느끼고 미래를 상상하게 하는 것은 오직 구체적인 실천을 통해서이다. 그래서 우리는 자유로운 저널리즘의 어떤 것이 민주주의의 어떤 것을 돕는가를 구체적으로 서술해야 한다. 자유로운 저널리즘이 민주주의를 해칠 수도 있다. 그 역도 마찬가지이다.

전통적인 저널리즘 이론은 민주주의를 위한 저널리즘의 역할을 감시(watch-dog) 기능으로 정의하고 있다. 여기에 토론 및 교육 기능이 더해져서 궁극적으로 저널리즘은 자율통치를 위한 '정보시민(informed citizen)', '전능한 시민(omnicompetent citizen)'을 만드는 수단으로 간주된다. 이와 같은 저널리즘의 감시, 토론, 교육이라는 일련의 기능은 마치 공장에서 제품을 생산하는 과정을 상기케 한다. 공장에서 원자재를 가공하고 조립해서 어떤 제품을 제조 생산하는 것과 다름이 없는 것 같다. 전통 저널리즘 이론은 이렇게 자신을 규정하고 있다. 여기서 저널리즘은 개인적 차원에서나 사회적 차원에서 이렇게 하나의 결과를 만든다. 한마디로 그것은 하나의 통일된 결과, 즉 통합이다. 저널리즘의 용광로 이론이라고 할 수 있다.

그러나 프래그머티즘이 시사하는 저널리즘의 기능은 통합이 아니다. 우리는 이를 로티의 주장에서 읽게 된다. 로티는 구체적인 저널리즘의 감시기능이 낳을 수 있는 중요한 결과 하나를 이야기한다. 그것은 '그들'을 '우리'로 만드는 연대라고 그는 말한다. 이 연대라는 것은 우리 내부에 우리의 본질적인 인간성이라는 것이 있어서 그것에 의한 것이 아니다. 그는 연대란 인간성에 대한 반성적 성찰이나 탐구가 아니라 다른 사람들을 고통받는 동료들로 볼 수 있는 상상력에 의해 성취되어야 할 어떤 것이라고 말한다. 로티는 이런 연대의 창조에 저널리즘이 어떻게 기여하는가를 설명한다. 그 예로 잔인성의 소스에 대한 저널리즘의 보고를 유용한 것으로 평가한다. 다시 말하지만 '보다 나은 자유주의 사회'를 위해서, 그리고 연대를 위해서 저널리즘은 철학보다 더 유용한 일을 한다고 말한다.

이러한 로티의 주장은 저널리즘에 더욱 의미를 부여한다. 그는 그의 자유주의 유토피아가 우리의 삶의 모든 측면을 단 하나의 비전, 즉 그것을 단 하나의 메타 어휘로 서술하는 것을 거부한다. 기본적으로 자유주의적인 저널리즘을 주장하는 것이다. 또 역사를 넘어선 혹은 인간 내부 깊은 곳에 내재해 있는 어떤 본성에 의해 지배받는 저널리즘을 그는 받아들이지 않을 것이다. 그는 이렇게 말한다. 탈형이상학적인 문화는 탈종교적인 문화와 마찬가지로 불가능하지 않을 뿐만 아니라 똑같이 바람직한 것으로 보인다.[4] 여기서 '문화'라는 단어 대신 '저널리즘'이라는 말을 해도 틀리지 않을 것이다. 그런 의미에서 그

---

4) R. Rorty(1989), p. xvi; 역본, 24쪽.

의 저널리즘은 형이상학적인, 즉 하나로의 통합을 지향하는 저널리즘이 아니라 다수이고 다양한 문화들의 연대를 창조하는 저널리즘을 의미하는 것이라고 할 수 있다. 한마디로 프래그머티즘의 저널리즘은 연대의 저널리즘이라는 것이다. 나는 로티의 말을 빌려 현대 자유주의 저널리즘은 '우연성, 아이러니, 연대성'의 저널리즘이라고 말한다.

'희망'의 저널리즘

로티는 저널리즘의 덕목에 긍정적이다. 저널리즘은 근대의 산물인데 로티는 이런 근대를 희망의 세대로 보며 미래를 낙관한다. 그의 이런 긍정적인 태도와 낙관주의가 아마도 그가 '지식' 대신 사회적 '희망'을 주장할 수 있는 이유이기도 할 것이다. 또 그의 반(反)철학과 반토대주의가 허무주의나 회의주의 혹은 해체주의로 읽히지 않는 데는 그의 이런 적극적이고 낙관적인 리버럴리즘이 있기 때문이기도 하다. 자유가, 그리고 당연히 자유로운 저널리즘이 우리가 희망하는 바를 성취할 수 있는 기회를 더 허용할 것이라고 그는 믿는다. 이것은 그가 저널리즘 ─사실은 커뮤니케이션─ 의 한 축인 비판이론에 발을 담그지 않고 있다는 것을 의미한다. 그는 하버마스가 자유주의자이지만 아이러니스트가 아니고 푸코는 자유주의자가 아니지만 아이러니스트라고 하면서, 하버마스에게는 동의하면서 비판하고 푸코에 대해서는 비판하면서 동의한다. 로티는, 근대 자유주의 사회가 그 이전의 사회들보다 더 자유롭다는 것을 푸코가 인정하지 않는다고 비판한다. 푸코는 현대 자유주의 사회의 속박이 전근대적인 사회들은 꿈도 꾸지 못했던 속박을 낳았다고 했다. 또 그는 이러한 속박을 고통의 감소에 대한 적절한 대가로 보지 않는다. 그는 현대의 빛이 아니라 그림자를 보았다는 것이다. 그러나 로티는 현대의 자유주의 사회의 업적을 기리면서 자유주의 사회는 그 자체를 개선할 자율조정 기능을 내포하고 있다고 본다. 그리하여 그는 중요한 것은 먼저 무엇이 고통을 낳는가를 저널리즘, 대학, 그리고 여론이 찾아내는 일이라고 했다.[5] 그런 후 이를 개선하자는 것이다.

로티의 철학은 저널리즘적이다. 그것도 현대적이다. 그를 현대적이라고 하는 이유는 그의 프래그머티즘이 저널리즘에 담겨 있는 인식론적, 그리고 형이상학적 토대의 포기를 지시하고 있기 때문이다. 그는 잔인성의 한 유형으로 마갈리트의 '굴욕(humiliation)'을 예로 들면서 중요한 것은 '왜 굴욕을 피해야 하는가?'가 아니라 '무엇이 굴욕을 낳는가?'를 문제로 삼아야 하는 것이라고 주장했다.[6] 굴욕의 소스가 무엇인가를 찾아 이를 제거하는 것이 우리의 주된 관심사여야 한다는 것이다. 이것은 철학이 아니라 저널리즘이 더 적합하고 잘하는 일이다. 그는 또 하버마스에 대한 그의 비판에서도 저널리즘의 실천 양식을 주목하였다. 로티는 하버마스가 '주관 중심의 이성'을 '의사소통적 합리성'으로 대체시킨 것에는 동의하지만 그것의 보편성을 주장하고 있는 점에는 동의하지 않는다. 즉 자유주의 사회란 왜곡되지 않은 의사소통의 결과가 무엇이건 간에 어떤 견해가 자유롭고도 개방된 만남에서 승리하든 간에 그것을 '참' —'옳음' 혹은 '정의'— 이라고 부르는 데 만족하는 사회라는 것이다. 이것은 '의사소통적 합리성'의 보편성을 폐기하는 것이며, 따라서 전통적인 인식론적 형이상학적 문제

5) R. Rorty(1999), pp. 61-63; 역본(1989), 130-132쪽.
6) 이유선, 「로티의 정치철학」; 김용준·이유선 등(2014), 『로티의 철학과 아이러니』.

들 또한 폐기하는 것이다. 이런 인식론적 형이상학적 문제들의 폐기는, 사실 저널리즘이 추구하는 저널리스틱한 것이다. 저널리즘에서는 아침의 사실과 진실이 저녁에는 허위가 되는 일이 빈번하게 일어나고 또 이를 관행으로 허용하기도 하고 혹은 덕목으로 삼기까지 하는 특이한 조직이다. 이에 동의하는 철학은 아마도 프래그머티즘이 대표적인 것일 것이다.

로티 프래그머티즘의 사유를 빌려 저널리즘을 말한다면 그것은 진실 대신에 자유를 앞세우면서 자유주의 사회의 진보라는 '희망'을 위한 실천을 의미하는 것이다. 그리고 저널리즘과 프래그머티즘을 이야기해온 이유는 저널리즘이 우리를 만들고 있다면 그것을 우리가 원하는 저널리즘으로 만들려는 '희망'을 갖고 있기 때문일 것이다.

짧은 메모들

이제 나는 프래그머티즘이 저널리즘에게 전하는 메시지를 메모 형식으로 적는다. 이렇게 하는 이유는 전체 내용을 하나로 체계화하는 것이 부담스러워 생각나는 대로 자유롭게 서술하기 위한 것이다. 말하자면 일종의 쪽지들이다.

우선 로티가 말한 프래그머티즘을 간략히 적는다. 프래그머티스트는 —고전(classic) 및 네오(neo-pragmatism) 모두— 사물의 궁극적인 존재 방식이 있다고 믿지 않는다. 그들은 현상 대 실재와 같은 이원론적 구분을 유용한 기술(description)과 덜 유용한 기술이라는 구분으로 대체하기를 원한다. 여기서 '무엇을 위해 유용한 것인가?'라고 묻는다면 '보다 나은 미래를 창조하는 데 유용한 것이다.'라는 것 외에 할 말이 없다. 그리고 '보다 나은' 것을 휘트먼은 '다양성과 자유(variety and freedom)'라고 했고 듀이는 '성장(growth)'이 유일한 목표라고 했다고 로티는 상기한다.[7] 그는 또 자유주의 사회 최고의 악은 잔인성이라고 했다. 그리하여 보다 나은 자유주의 사회를 위해 잔인성의 추방을 주장한다. 그는 왜 잔인성이 최고의 악인가에 대한 형이상학적 근거는 없고 또 그럴 필요도 없다고 했다. 이런 프래그머티즘의 반철학과 반토대주의, 반표상주의, 현상과 실재 간의 이원론 부정, '자유주의'와 '잔인성' 등의 어휘들은 현대 저널리즘에 시사하는 바가 크다. 반복하는 내용이 많겠지만 그들을 다음과 같이 말한다.

(1) 프래그머티즘은 반(反)형이상학, 반토대주의, 반철학이다. 로티의 프래그머티즘이 그렇다. 그러나 프래그머티즘에 상대주의라는 척도를 들이대는 것은 적절치 않은 것 같다. 왜냐하면 프래그머티즘은 상대주의라는 문제에 관심이 없을 뿐만 아니라 의미 있는 것이 아니기 때문이다. 그뿐 아니라 프래그머티즘에는 반형이상학적인 형이상학, 반토대주의적인 토대가 있기 때문이기도 하다. 저널리즘이 바로 이런 프래그머티즘과 같은 것이라고 말한다. 저널리즘의 실재(reality)란 형이상학적, 토대주의적, 표상주의의 실재가 아니다. 저널리즘의 실재도 일정한 시간과 공간 내에서의 것이다. 과장하면 픽션(fiction)과 논픽션(non-fiction)의 구분도 희미하다. 또 실재에 대한 저널리즘의 뉴스가 소설, 시, 드라마보다 더 정확하고 진실된 것이라고도 할 수 없다. 뉴스와 진실은 같은 것이 아니다.

(2) 저널리즘은 현상의 외피를 벗겨내고 실재를 드러내는 것을 목표

---

7) R. Rorty(1999). p. 27-28.

로 한다. 저널리즘은 이렇게 주장한다. 실재는 불투명한 글쓰기, 그리고 복잡한 이론에 의해 모호해진다. 창문 유리에서 이기심이나 편견과 같은 먼지를 닦아내면 진실은 명료해진다. 이것이 현대 저널리즘의 실재론적 관점이다. 그러나 프래그머티즘은 현상을 아무리 벗겨내도 실재라는 것은 드러나지 않는다고 말한다. 우리가 실재라고 말하는 것은 명목적인 것이다. 그래서 저널리즘이 말하는 사실(facts)의 드러냄이란 실재와 관련된 일이 아니다. 그것은 로티에 의하면 실재와 관련된 것이 아니라 어떤 서술에 대한 재서술일 뿐이기 때문이다. 그렇다면 저널리즘에서 인식론은 아주 제한된 의미를 갖고 있다.

(3) 저널리즘은 '거울'이 아니라 '지렛대(lever)'이다.[8] 저널리즘의 내용은 대안적 재서술이다. '사실 저널리즘(fact journalism)'이든 '이야기 저널리즘(story telling journalism)'이든 그들은 모두 대안적 서술이다. 오웰의『동물농장』,『1984년』의 힘은 그것이 거울로서 현실을 정확히 표출하고 있기 때문이 아니라, 당시의 정치 현실에 대한 대안적 재서술이라는 점에 있었다. 저널리즘도 마찬가지이다. 저널리즘은 거울이 아니라 대안적 서술로서 상상을 가능하게 하는 '지렛대'이지 '거울'은 아니다. '거울'인 것 같지만 말이다.

(4) '무관심'은 특별한 종류의 잔인성이다. 우리는 개인 혹은 사회제도의 '무관심'의 잔인한 결과를 적지 않게 경험하곤 한다. 청소년들의 '왕따'나 불우한 이웃, 장애인, 외국인 노동자들의 굴욕감이나 잔인성의 소스가 실은 '무관심'인 경우가 많다. 로티는 이런 '무관심'이 낳는 잔인성과 굴욕감을 오웰과 나보코프의 소설에서 읽고 있다. 그 소설들은 독자로 하여금 그들이 주목하지 않은 잔인성과 굴욕의 사례를

---

8) 여기서 '지렛대'란 말은 R. Rorty(1989), p. 174; 역본, 317쪽에 나오는 단어이다.

감지하도록 한다고 했다. 이들 소설이 철학이나 이론보다 실재의 드러냄을 더 잘하고 있다는 것이다. 그리고 사실이란 것은 때로는 시적인 상상력에 의해 더욱 잘 드러난다는 의미이기도 하다. 요컨대 사실이란 서술이고 그것이 다시 재서술, 재재서술된 것이라는 것이다. 저널리즘의 사실이라고 다르지 않다. 저널리즘은 이런 의미에서 양날의 칼이다. 저널리즘은 잔인성을 제거하면서도 동시에 잔인성을 낳는다.

(5) 현대의 자유주의 사회란 잔인성이 최고의 악으로 간주되는 사회이다. 잔인성의 소스는 사회제도일 수도 개인일 수도 있다. 제도가 낳는 잔인성으로 인종이나 성차별 등이 있다. 개인 차원으로는 나보코프의 『롤리타』와 『창백한 불꽃』의 험버트, 그리고 킨보트 개인의 심미적 기쁨의 추구가 타인에게 안기는 잔인성 같은 것이다. 저널리즘은 잔인성에 대한 보고를 통해 우리로 하여금 이를 낳는 고통에 관심을 갖게 한다. 그러나 이것은 저널리스트가 흔히 예술가가 그런 것처럼 상상력을 갖고 남들이 주의를 기울이지 않는 것을 주목할 수 있어야 가능하다. 이것은 저널리즘의 창조적 기능을 말하는 것이고, 또 저널리즘이 미래를 위한 것임을 주장하는 것이다. 프래그머티즘에서 사실의 의미는 미래에 결정되는 하나의 가정이다. 저널리즘에서의 사실이란 것도 마찬가지이다. 그 의미는 미래와 관련된 것이다. 그런 의미에서 로티는 '지식'에 '희망'이란 의미를 더한다. 저널리즘의 감시, 토론, 교육 기능도 미래를 위한 것이다. 로티의 프래그머티즘은 저널리즘을 비판이나 비난에서 희망을 위한 것으로 전환할 것을 지시하고 있다. 자유민주주의 사회의 유토피아로 향해서 말이다.

(6) 프래그머티즘에서 저널리즘은 미래에 대한 전망과 서술이다. 저널리즘은 현전의 사실과 진실의 서술로 보이지만 사실 그것은 미래를 위한 이야기이자 시나리오이다. 로티는 공산주의 과두체제에 대한 오

웰과 솔제니친의 소설 —저널리즘은 아니지만— 을 그 예로 들고 있다. 그것들은 정치적 잔인성에 관한 자유주의자의 재서술이었다는 것이다.[9] 그들의 서술은 사실의 폭로나 이데올로기 문제를 제기하는 것이 아니다. 그것은 어떤 의미에서 저널리즘의 정치 뉴스와 다른 종류의 대안적 저널리즘 서술이었다. 이들은 단순한 사실이나 진실이라고 하는 것으로 구성된 서술이 아니라 소름끼치는 미래의 가능성을 담고 있는 서술이었다. 사실 이런 것은 소설이 많이 해온 일이다. 이런 의미에서 프래그머티즘은 현대 저널리즘의 핵심적 가치로 여겨지는 객관성이나 '무관여(detachment)'주의에 비판적이다.

(7) 프래그머티즘에서 자유주의 사회란 우리들의 서로 다른 여러 가지 견해 가운데 자유롭고도 개방된 대결에서 승리하게 되는 것은 어떤 것이든 그것을 '진실' —옳음 혹은 정의— 이라고 부르는 데 만족하는 사회이다. 여기서 자유는 진실보다 앞선다. 자유주의 사회의 저널리즘도 이렇게 자유가 진실보다 선행하는 세계의 것이다. 다시 말해 자유주의 저널리즘이란 진실을 알리는 것보다 진실을 낳는 곳이라는 것을 말하는 것이다. 언론자유 혹은 자유로운 저널리즘이라는 것도 그것이 진실을 반드시 낳는다는 진실이란 토대의 자유가 아니다. 밀턴의 표현의 자유이론은 진실이란 토대 —선험적 존재— 를 전제로 한 자유이론이다. 다시 말하면 진실이 자유를 낳는다. 진실이 자유롭게 할 것이라는 말이 이런 것이다. 그러나 프래그머티즘의 자유는 토대 없는 자유이다. 로티의 프래그머티즘에 따르면 표현의 자유는 진실을 만드는 수단이다. 자유가 진실이 태어날 수 있도록 한다는 말이다. 진실은 발견되는 것이 아니라 만들어진 것이다.

---

9) R. Rorty(1989), p. 173; 역본(1996), 315쪽.

(8) 저널리즘이 민주주의를 낳고 민주주의가 철학을 낳는다. 이것이 프래그머티즘 —특히 로티와 듀이— 의 관점이다. 철학적 원리가 민주주의를 낳고 민주주의가 저널리즘을 낳은 것이 아니다. 민주주의는 어떤 철학이론이 아니라 실천이 낳았다는 것이다.[10] 민주주의가 철학을 선행한다는 것이다. 저널리즘의 '진실'이 형이상학적, 토대주의적, 패권적, 본질적인 것이 아니라는 것이다.

(9) 민주주의가 철학에 선행한다는 것은 앞서 말한 것처럼 '진실'이 '자유'를 낳는 것이 아니라 '자유'가 '진실'을 낳는다는 것이다. 그러나 저널리즘에서 코바치는 저널리즘의 첫째 의무가 '진실' 추구이고, 둘째로 저널리즘의 가장 우선적인 충성 대상은 시민이라고 했다.[11] 그러나 이 말은 혼란스럽다. '진실'과 '시민'은 서로 조화롭게 함께할 수도 있고 그렇지 않을 수도 있다. '진실'이 형이상학적이고 신적인 것이라면 그 '진실'은 굳이 '시민'의 관여가 없어도 된다. 이 경우 '진실'은 자족적인 것이다. 그러나 저널리즘의 '진실'은 '자유'의 산물이라는 점에서 자족적인 것이 아니다. 시민의 동의가 필요한 민주주의의 산물이다. 프래그머티즘은 진실의 경우에도 그것이 전지전능하거나 패권적이고 탐욕적이 되는 것을 반대한다. 로티가 '보스(boss)'와 '과두체제(oligarchies)'를 반대하는 것도 이런 의미일 것이다.[12] 그는 이성은 물론 하버마스의 '간주관적 합리성(intersubjective rationalism)'도 부정하는데 그 이유도 로티는 그것의 보편성을 부정하기 때문이다. 저널리즘의 진실이란 반형이상학적이고 반토대주의적인 것이다. 저널리즘에 어떤 토대가 있다면 그것은 반토대주의적인 진실이다. 비유하자면

10) 김용준 · 이유선(2014), 83-84쪽
11) Bill Kovach and Tom Rosenstiel(2001), p. 12; 이종욱 역, 15쪽.
12) R. Rorty(2002).

바다에 떠 있는 배를 토대로 삼는 것처럼 말이다.

(10) 저널리즘이 자유민주주의의 중요한 조건이라는 것은 아직도 사실이다. 정치적 민주주의를 위해 저널리즘이 시민들에게 정보를 제공해야 한다. 이런 저널리즘과 민주주의의 연결 고리는 '이성'과 '인식'이다. 과거 '이성'과 '인식'은 민주주의와 저널리즘의 핵심 요소 전부였다. 이렇게 '이성'과 '인식'은 근대의 민주주의와 저널리즘을 만들어내는 데 핵심이었지만 이제는 그것을 버려도 좋다는 것이 프래그머티즘의 입장이다. 보다 나은 자유주의 사회의 유토피아는 '이성'이나 '인식'에 의해 성취 가능한 것이 아니라는 주장이다. 그런 일반관념이나 이론이 아니라 저널리즘 ―로티가 명시적으로 이를 언급한 것은 아니다― 의 경우 이에 기여하는 주요한 방식의 하나가 보통 간과되고 있는 특별한 형태의 고통과 굴욕에 대한 관심을 갖는 것이다. 그리고 저널리스트는 시적인 상상력을 갖고 이들을 서술하는 것이다. 오늘의 저널리스트는 고통받는 자의 고통을, 즉 그들의 언어를 이해해야 한다. 이를 위해서 저널리스트는 시인의 상상력을 지녀야 한다. 그리고 고통이 지시하는 언어를 저널리스트는 익혀야 한다. 단순히 객관적인, 즉 사물화된, 일반개념의 언어로는 충분하지 않다. 그러나 이런 것을 저널리즘 전통은 그리 환영하지 않는다.

(11) 저널리즘은 공적인 것으로 불린다. 사실 로티의 프래그머티즘은 공적인 것과 사적인 것 사이의 구분을 부정하지만 말이다. 공적이란 타자와 관련된 것을 말한다. 이런 의미에서 저널리즘은 타자와 관련된 것이고 타자와 연대 속의 결과이다. 연대는 인간의 내면에 숨겨져 있는 선험적인 본성에 의해 저절로 만들어지는 것이 아니다. 그것은 우리가 타자, 즉 낯선 '그들'을 '우리'로 보는 우리의 상상력에 의해 만들어지는 것이다. 이런 의미에서 연대란 창조이다. 저널리즘은 이

런 연대를 만든다. 저널리즘은 사람들의 고통과 굴욕감에 대한 우리의 감수성을 자극하여 연대를 낳고 확대시킨다. 그러나 저널리즘의 이러한 연대성의 확대나 강화 혹은 사회통합 기능은 자유주의 저널리즘에서는 강조되지 않는다. 왜냐하면 이것은 권위주의적 혹은 전체주의적인 것으로 치부하는 경향 때문이다. 그러나 저널리즘의 연대성 강화 기능은 중요한 것이다. 자유주의 저널리즘 이론이 주도하고 있는 미국의 경우에도 그렇다. 셔드슨은 전적으로 호의적인 시각은 아니지만 9·11 사태 당시 미국 저널리즘이 보여준 통합 기능 ―혹은 애국주의― 을 주목하였다. 9·11 테러 사태 후 미국 저널리즘은 단순한 정보수집이나 분석이 아니라 미국 사회의 안녕(comfort)과 미국적 가치에 대한 재확신(reassurance)을 추구하였다. 그는 이것이 미국 공공 저널리즘(public journalism)의 기능이라고 말하고 있다. 미국의 저널리즘은 위기 시에는 중립성을 포기한다. 국가적으로 비극적인 사건이 발생할 때, 예로 케네디 대통령이나 킹 목사의 암살 사건이 발생했을 때, 또는 9·11 같은 테러나 재난이 발생했을 때, 그리고 국가안보에 위협이 발생했을 때 저널리즘은 중립성을 포기했다는 것이다.[13] 한마디로 미국의 저널리즘은 그의 공동체에 충성한다는 것이다. 셔드슨의 미국 저널리즘에 대한 이야기는 우리에게도 말하는 바가 적지 않다. 그것은 미국의 ―한국도― 저널리즘관은 고상하다는 것이다. 즉 알권리에 충실하여 시민들이 앎을 획득하여 그들이 정치적 결정을 올바로 행사하도록 하는 것이다. 이것은 미국의 경우 20세기 초 혁신주의 시대 리버럴의 정치적 주장이다. 그러나 이것이 저널리즘의 전부는 아니다. 그럼에도 오늘의 저널리즘은 ―미국이나 한국 모두― 아

---

13) M. Schudson(2008). pp. 82-83.

직도 여기에 머물러 있다. 오늘의 시민들은 저널리즘이 시민의 알권리만이 아니라 좀 더 나은 자유민주주의 사회로의 진보를 위해 무엇인가를 해야 한다고 기대한다. 그 무엇인가에서 로티가 말한 가장 중요한 것은 우리가 전에는 무관심했던 사람들이 겪고 있는 고통에 대한 구체적인 서술이다. 이런 것은 플라톤이나 칸트가 아니라 시인들이 더 잘할 수 있는 일이다.

현대의 시민은 정보시민(informed citizen)에서 한 걸음 더 나아가 권리(rights)를 갖고 이를 적극적으로 행사하는 시민이다. 이를 위한 저널리즘의 예로 최근 우리 TV에 등장하고 있는 신문고 형식의 민원해결을 호소하는 프로가 있다. 사실 오래전 일이지만 경찰서의 기자실은 시민이 억울한 일을 당했을 때 찾아가는 구제기관이던 시절도 있었다. 저널리즘 매체 자체가 오늘날에도 비공식적인 정부기관의 역할을 하고 있다. 이것은 전근대적인 현상으로 오늘날 거의 잊힌 저널리즘 매체의 모습이다. 그러나 이러한 기능은 요즘 다시 강조되는 경향이 있다. 변호사를 찾아가는 것보다 기자실을 찾아가는 것이 돈도 안 들고 용이하다. 이것은 단순한 사실과 진실의 제공에 의한 간접적인 방식이 아니라 직접적으로 시민의 권리행사를 돕는 예이다. 저널리스트는 '사실'과 '진실' 그 자체를 추구하는 철학자가 아니다. 그들은 명목적 '사실'과 '진실'의 세계에서 탈출할 수 있기를 원한다. 저널리즘이 재서술되고 있다면 그 이유는 이런 것일 것이다. 그러나 이것은 자율성과 온정주의(paternalism)를 통합할 수 없다는 사실을 숙제로 안고 있다. 사적인 나 개인의 황홀경과 타자에 대한 친절함을 통합할 수 없는 것과 마찬가지로 이것은 자유주의의 영원한 딜레마이고 고민이다.

(12) 저널리즘은 연대성(solidarity)의 산물이고 또 그것을 낳는다. 좀 더 이야기해보자. 미국 커뮤니케이션학 비조의 하나인 라스웰이 오래

전 매스 커뮤니케이션의 기능으로 언급한 사회통합과 유사하지만 같은 것은 아니다. 통합에 대한 전통 철학과 프래그머티즘의 관점은 대조적이다. 전통 철학은 우리의 내부에 본질적인 인간성, 즉 '핵심적 자아' 같은 것이 있다고 전제한다. 이것이 토대가 되어 통합이 이루어진다는 입장이다. 그러나 프래그머티즘은 본래적인 '핵심적인 자아' 같은 것은 없다고 부정한다. 로티는 통합의 근거로서 인간의 본성이나 토대를 부정한다. 그는 '자유주의의 유토피아'를 주창하지만 그것은 '역사의 배후에 무엇이 있다.'는 형이상학적 개념 —토대주의적 가치나 본성— 에의 의존함이 없는 연대로 이루어진 사회라고 했다. 하나로 통합된 사회가 아니다. 그것은 다원주의적 연대의 사회를 말한다. 이런 연대성은 우리가 타자의 삶의 세세한 부분을 상상력을 통해 자신의 것으로 동일시할 때 가능하다고 그는 주장한다. 프래그머티즘의 저널리즘 장(Journalism sphere)은 다원적인 사회구성원들이 구성한 연대이다. 이것은 라스웰이 말한 통합과는 다른 개념이다. 다시 말해 저널리즘은 아이러니스트 자유주의자들이 어떤 역사적 원리나 법칙이 아니라 우연히 만들게 된 연대성의 세계이다. 그리고 저널리즘은 이런 연대를 낳고 관리 유지하는 기능을 하는 것이다.

(13) 저널리즘의 뉴스와 토론 가운데 보다 우선시되어온 것은 뉴스 제공이다. 저널리즘의 주된 기능은 뉴스, 즉 정보 —지식 혹은 진실— 제공이라는 것이다. 여기에는 여러 가지 의미가 함축되어 있다. 저널리즘은 객관적인 정보를 제공하여 유식한 정보시민을 낳는다. 그리고 이런 지식이 정치적 민주주의를 가능하게 한다. 이것은 인식론적 정치이론이다. 또 이것은 고전적 자유방임주의의 개인의 자율성과 자족성을 강조하는 것이기도 하다. 그러나 듀이나 로티의 프래그머티즘은 자유방임주의적인 개인주의를 반대한다. 그들은 토론, 즉 대화

378

에 의한 합의를 주장한다. 듀이는 커뮤니케이션에는 후하고 저널리즘에는 박하다. 로티는 저널리즘을 높이 평가하였는데, 섬세하고 배려심이 있는 거의 예술에 가까운 저널리즘이었다는 의미에서 듀이의 커뮤니케이션과 크게 다르지 않다. 한마디로 그들은 타자와의 대화를 강조하면서 자유민주주의의 진보를 여기에서 찾는다. 그러나 셔드슨 같은 저널리즘 연구자들은 대화를 통한 민주주의 —이것은 숙의민주주의인데— 에 비판적이다.[14] 셔드슨은 듀이의 커뮤니케이션보다 리프먼의 저널리즘이 민주주의에 더욱 중요하다고 본다. 풀뿌리 민주주의가 아니라 전문가가 이끄는 저널리즘이 민주주의에 필요하다는 것이다.

(14) 저널리즘은 아이러니스트인 현대인에게 심리적 보강기능(reinforcement function)을 한다. 이것은 전통적인 매스미디어의 효과 기능의 하나로 일찍부터 주장된 바 있다. 아이러니스트는 자기 자신의 마지막 어휘, 자기 자신의 도덕적 정체성, 그리고 자신의 생각이 정상인가에 대해 의구심을 갖고 있다. 그는 타자와의 대화를 원하는데 이것은 생리적 욕구와 같다. 아이러니스트가 대화를 원하는 것은 타자들 앞에서, 즉 공개장에서 그 자신의 정체성을 확인하고 불안을 축소하려는 것이다. 이 과정에서 그의 정체성은 재서술되기도 한다. 저널리즘은 이런 아이러니스트의 공개적 대화의 장이고 다이몬이기도 하다.

(15) 리프먼의 저널리즘은 흔히 엘리트주의라고 비판받는다. 그러나 그의 엘리트주의는 특정 문제와 관련된 제한된 겸허한 엘리트주의이다. 그는 인간의 무오류성을 부정하는 밀(J. S. Mill)적인 듀이나 로

---

14) Ibid. p. 95.

티와 같은 리버럴이다. 리프먼은 저널리즘의 도덕성을 주장한다. 이 책 서론에서 소개된 그의 70회 생일 기념 연설의 핵심 내용이기도 한 저널리스트도 아웃사이더라는 그의 관점이다. 그뿐 아니다. 다음은 그의 전기를 쓴 스틸(R. Steel)이 인용한 리프먼의 말이다. 여기서 리프먼이 주장한 것은 저널리스트의 주적은 교만이라는 것이다. 리프먼의 이야기는 이런 것이다.

나에게 칼럼니스트가 칼럼 자체의 가치와 권위 이상으로 자신을 공공성을 상징하는 존재로 생각하는 것은 독자의 권리를 무시하는 것으로 보인다. 정치인과 마찬가지로 칼럼니스트는 공적 성격을 갖게 되고 그런 위치에서 칼럼을 쓴다. 그러나 칼럼에는 그의 사적 삶, 자존감, 충성심, 이익과 야망, 이런 것들이 함께 섞이게 마련이다. 30여 년의 저널리즘 생활에서 나는 나의 직업에 있는 함정들이 어떤 것들인가를 알게 되었다. 일반적인 부패는 논외로 하고 말하자면 이런 것들이다. 내부정보를 이용한 이익 취득, 받은 호의 되갚기, 시류에 따르는 것, 그러나 최고의 악은 사건의 관찰결과가 아니라 자신의 명성을 높이기 위해, 다시 말해 매명을 하는 것이다. 이런 위험과 유혹 때문에 나는 어떤 규범을 갖게 되었다. 그것은 나는 무엇인가 말해야 하는 것이 있다고 생각할 때 칼럼을 쓴다는 것이다. 나는 내가 공적 중요성을 지닌 존재라고 생각해서 쓰는 것이 아니며 또 나의 칼럼을 자주 혹은 가끔이라도 읽는 독자들에게 자문을 위해 쓰는 것이 아니다. 이것이 나의 규범이다. 이는 프랭크 코브(Frank Cobb)의 유훈으로 그는 나에게 이를 엄격하게 가르쳤고 그가 세상을 떠나기 전 오랫동안 병석에 있으면서도 후배들에게 가르친 것이 이런 것이다. 그는 많은 신문인들이 알코올이 아니라 교만, 즉 자기 과신이 그들을 자멸의 길로 밀어 넣었다고 충고했다. 칼럼니스트 개인은 공공의 인물이 아니고 최소한 그러지 않아도 된다. 그는 공적 제도의 존재가 아니며 영향력과 리더십의 저장 용기도 아니다. 그는 리포터이고 논평가로서 그가 생각하고 발견한 것을 독자들 앞에 내어놓은 다음에는 그로부터 떠난다. 그는 우주를 커버할 수 없다. 만일 그가 이런 우주적 차원의 미션을 위해 자신이 소명되었다고 상상하기 시작하면 그는 점점 더 많은 것에 대해 점점 더 말할 것이 적어지고, 그래서 결국은 모든 것에 대해 아무것도 말할 수 없게 된다."[15]

저널리즘과 저널리스트 최고의 악은 자만심과 교만이다. 리프먼 저널리즘의 객관주의는 도덕적 주장이기도 하다. 즉 프래그머티즘이 형이상학이나 토대주의 혹은 이론주의에 적대적인 것은 아마도 이런 자만심과 교만이라는 도덕적인 이유에서 비롯되는 것일 수도 있다. 적어도 부분적으로는 말이다.

---

15) R. Steel(1981). p. 388. 코브는 일간지 《월드》의 논설과 의견란의 주필이고 선배였다. 리프먼은 코브의 대리(Cobb's deputy)로 직책을 받아 입사하였다.

7

마무리 이야기

이 책은 저널리즘과 프래그머티즘에 관한 것이다. '왜' 하고 물으면 그 답은 저널리즘의 진보를 위해 프래그머티즘이 하나의 가이드라인이 될 수 있다고 생각하기 때문이다. 또 지금 저널리즘은 보다 프래그머틱하게 진화하고 있다고 생각하기 때문이다. 원래 저널리즘과 프래그머티즘 사이에는 공약성이 크다. 양자 사이에는 공통점이 많고 또 서로에게 의미하는 바가 깊다. 나는 저널리즘에 대한 프래그머티즘의 의미가 무엇인가를 생각했다. 리프먼에게서는 저널리즘의 프래그머틱한 실천이 현실적으로 과연 어떤 것인가를 읽어보려고 하였다. 듀이와 로티의 이야기에서는 프래그머티즘 철학이 저널리즘에게 하는 말이 무엇인가를 듣고자 했다. 듀이는 저널리즘이 아니라 커뮤니케이션을 강조하면서 저널리즘의 커뮤니케이션화를 기대하였다. 이것은 지난한 일이다. 그런 일은 저널리즘과 커뮤니케이션이 상당하게 서로 자기부정을 해야 가능한 일이기 때문이다. 그러나 양자는 프래그머티즘을 축으로 하여 서로 중첩되는 교집합 부분을 확대할 수 있다. 나의 전망은 저널리즘이 지금 더욱 프래그머티즘으로 진화하고 있다는 것이다. 동시에 이 책은 리프먼, 듀이, 로티, 그리고 프래그머티즘을 통하여 부분적으로나마 현대의 저널리즘, 민주주의, 자유주의의 고뇌와 갈등을 이야기하였다.

여기서 나는 마무리하면서 먼저 한 가지 문제를 짚고 가겠다. 그것은 비교적 최근 저널리즘의 사실과 진실에 관한 포스트모더니즘 —문화연구를 포함하여— 쪽의 이야기이다.[1] 이 이야기를 하는 이유는 그것에 프래그머티즘 —특히 로티의— 과 중첩되는 내용이 많이 있지만 양자는 구분되어야 할 필요가 있기 때문이다. 로티는 자신의 철학이 포스트모더니즘으로 불리는 것을 강하게 거부하고 있다. 이를 언급한 후 다른 이야기들로 마무리 이야기를 끝내겠다.

포스트모더니즘, 해체주의, 리버럴리즘, 프래그머티즘

포스트모더니즘과 문화연구 이야기를 한다.[2] 오늘날 우리의 지식은 광범위하게 확대되고 있지만 그 토대는 더욱 불안정해지고 있다. 반토대주의나 반표상주의는 이런 의미에서 당연한 결과라고 말할 수도 있다. 사실과 진실의 순결성도 주장하기 어렵게 되었다. 포스트모더니즘 내용의 하나가 이런 것이다. 이 용어가 나온 것은 오래되었지만 지금까지도 그 의미가 명료하지 않다. 그래서 로티는 포스트모더

---

1) 이 이야기는 위의 4장 4절 프래그머티즘과 문화연구, 포스트모더니즘에서 다룬 부분이다. 그러나 이들 사유의 차이를 지성사적 차원에서 살펴보는 것은 의미 있는 일이라고 생각해서 다소 중복되는 것도 있지만 다시 언급한다.

2) Peter Dahlgren(1995), *Television and the Public Sphere*, Sage.

니즘이란 단어가 너무 많은 것을 의미하기 때문에 무의미하다고까지 한다. 그러나 이 말은 여전히 많이 사용되고 있는 것이 현실이다. 특히 TV 문화와 관련해서 그렇다. 그러나 TV 저널리즘에서의 포스트모더니즘 의미는 그렇게 급진적이고 혁명적인 것은 아니라고 나는 생각한다. 그런 의미에서 오늘날 저널리즘에서 말하는 포스트모더니즘은 대단히 온건한 것으로 모더니티(modernity)의 반성 정도로 이해한다.

한 TV 저널리즘의 문헌을 보면 포스트모더니즘을 계몽주의 (enlightenment)의 자기반성으로 말하고 있다.[3] 포스트모더니티 (postmodernity)는 그래서 계몽주의의 어떤 성격에 대한 비판적인 입장이다. 특히 토대주의자들이 이성에 근거하고 체계, 인지에 근거 (cognitively-based)한 지식을 강조하는 것에 대한 비판적 성찰을 말하는 것이다. 포스트모더니티는 지식, 사회, 자아의 형성과정에 개재되어 있는 우연성을 주목한다. 어쨌든 우리는 지금 이런 포스트모더니즘과 전통적 계몽주의 사이에서 고민하고 갈등하고 있다. 그리하여 우리는 모호하고 불안하며 무질서한 세계를 무조건 배척할 수만은 없게 되었다.[4]

포스트모던한 사실과 진실은 계몽주의적인 것이 아니다. 그런 의미에서 그것은 프래그머티즘과 같다. 이성과 합리성에 회의적이라는 점에서도 그렇다. 한마디로 정보가 감성과 비합리성을 벗어나 표상에 이르는 길은 없다는 것에서도 마찬가지이다. TV 저널리즘이 이를 특히 강조한다. TV 저널리즘에서 이를 제거할 수도 없고 또 그래서도 안 된다.[5] 엄격하게 보면 신문, 라디오, TV 저널리즘 어디에서도 표상

---

3) Ibid. p. 73.
4) Ibid. p. 75.
5) Ibid. p. 150.

된 사실과 진실, 즉 정보에서 감성이나 비합리성을 완전히 제거한다는 것은 불가능하다. TV 저널리즘의 경우 풍부한 감성과 비합리성은 오히려 덕목이다.

요즘의 TV 저널리즘 문헌에는 포스트모더니티라는 이름으로 불리는 다양한 서술들이 많다. 그런 포스트모던 서술은 저널리즘의 '사실'과 '진실'을 실재(reality)의 표상이 아니라 텍스트(text)라고 말한다. 저널리즘의 사실과 진실만이 아니라 저널리즘의 모든 것이 텍스트이다.[6] 이것은 저널리즘의 사실과 진실이 고정된 것이 아니라는 의미이다. 전통적인 저널리즘에서 말하는 사실이나 진실은 없다는 것이다. 저널리즘은 텍스트라는 주장을 펼친 하틀리가 과연 텍스트라는 말을 얼마나 급진적으로 사용한 것인가 하는 것은 불분명하다. 그러나 그의 텍스트가 데리다의 텍스트와 같이 사실과 진실의 급진적인 해체는 아니지만 그런 지향성의 것으로는 보인다.

여기서 데리다의 텍스트에 관한 이야기를 먼저 한다. 데리다의 철학은 어렵다. 때문에 비전공자로서 주저되지만 한 한국 철학자의 이해를 소개하는 정도로 데리다의 텍스트에 관한 이야기를 한다.[7] 데리다의 철학은 철학사에서는 해체철학이라고 한다. 해체란 플라톤 이래 서양철학사의 모든 이론과 사상, 그리고 진리에 관한 학설을 해체하는 것이다. 데리다의 철학은 백지 위에 쓰인 숨어 있는 흰 글씨 ―검은 글씨가 아니라― 로 된 그 무엇을 읽는 것이다. 텍스트는 책과 비교하면 이렇게 다르다. 책에는 저자가 있고 주제가 있으며 중심이 있고 주변이 있다. 책에는 안과 밖이 있다. 외연과 내용이 정해져 있다

6) J. Hartley(1996). p. 3.
7) 김형효(1993). 『데리다의 해체철학』. 민음사. 15-28쪽. 텍스트에 관한 이야기는 여기에 의존하였다.

는 말이다. 그러나 텍스트에는 그런 것이 없다. 텍스트는 날실과 씨실을 서로 얽어서 천이 만들어지는 것과 같다. 그것은 논증적인 것이 비논증적인 것과, 언어적인 것이 비언어적인 것과, 이성적인 것이 감성적인 것과 얽힘으로써 만들어지고 해석된다. 이런 과정이 끊임없이 계속된다. 그런 의미에서 텍스트에는 고정된 의미도 없고 시작이나 끝도 없다. 그래서 텍스트는 항상 다른 텍스트와 접목되어 부유한다. 이를 데리다는 차연(différence)이라고 부른다. 이를 비유하여 책을 정착민, 텍스트를 유목민의 삶으로 말한다.

데리다의 철학은 해체철학이다. 그가 해체하는 것은 중심이고 주인이고 토대이다. 하틀리가 저널리즘을 텍스트라고 말했는데, 다시 말하지만 그것이 데리다의 텍스트인가 하는 것은 회의적이다. 그는 그의 주장을 포스트모더니티 혹은 포스트모더니즘으로 설명하고 있는데 데리다는 포스트모더니즘을 부정하고 있기 때문이다. 다시 말하면 데리다는 토대를 해체하고 있는데, 포스트모더니즘이라고 하면 그것은 또 다른 토대를 전제하는 것이기 때문이다. 데리다의 해체는 언어의 해체만을 이야기하지 않는다. 그의 해체는 건축에도 적용되는데, 파리에 있는 라 빌레트(la Villette) 공원을 하나의 예로 들 수 있다. 이 공원은 해체주의 건축가 추미(Bernard Tschumi)의 작품이다. 추미는 이 공원의 설계에 대해 "역사적으로 건축을 비용, 구조, 용도 세 가지의 조화로운 종합으로 보았다면 라 빌레트 공원은 이를 반대하는 것이다."라고 말한다. 그리고 데리다는 한 인터뷰에서 이 공원의 해체주의적 성격에 대해 "건축에 있어서 해체는 당신이 어떤 건축학적 철학, 그리고 건축학적 전제들을 해체했을 때 나타난다."고 했다. 라 빌레트 공원은 단순한 휴식을 위한 장소가 아니다. 공원은 더 이상 현실로부터 보호되는 고결한 이상세계의 축소판이 아니다. 공원과 도시는 별개라는 전제는 해체된다.

해체는 흔히 포스트모더니즘이나 포스트구조주의의 성격으로 이야기된다. 그러나 데리다는 '포스트(post)'라는 단어를 거부한다. 해체란 어떤 하나의 공간이나 시기에 속한 것이 아니다. 해체라는 성질은 포스트모더니즘 혹은 모더니즘이 갖고 있는 하나의 성격일 수 있다. 그러나 해체의 주된 관심은 문화적 실천의 근본적 토대에 변화를 가하는 것이다. 그래서 포스트모더니즘을 다원주의, 이질성, 복고풍이라는 사유를 어떤 것 —예로서 라 빌레트 공원의 빌딩— 에 부여하는 것으로 해석할 수 있다. 그러나 해체주의란 건축의 건축학적, 그리고 철학적 전제를 해체해버리는 것이다.[8]

그렇다면 '저널리즘은 텍스트'라는 하틀리의 주장은 데리다의 텍스트를 말하는 것이 아니다. 물론 그의 주장을 포함하여 저널리즘 쪽의 포스트모더니즘은 2원론 —진실 대 허위와 같은— 이나 자아의 정체성, 혹은 이성의 독점적 지배, 그리고 특히 저널리즘에서 저널리스트를 주체로, 그리고 독자를 객체로 위치시키는 것을 거부하고 있지만 데리다가 말하는 수준의 해체, 즉 토대 없는 사실이나 진실 혹은 텍스트를 말하는 것 같지는 않다. 그렇다면 그것, 즉 포스트모던 현상이라고 하는 대중실재(popular reality)와 대중 저널리즘(popular journalism)은 모더니티의 변화이지 모더니티의 대안이나 혁명은 아니다. 저널리즘에서도 그것은 동일한 패러다임 안에서의 변화를 지칭하는 것일 뿐이다.

나의 생각은 포스트모더니즘, 그리고 문화연구의 주장은 사실과

---

8) Jeff Collins and Bill Mayblin(1996). *Introducing Derrida*. Totem Books. p. 133.

진실의 연성화를 의미하는 것 정도라는 것이다. 위에서 잠깐 언급한 포스트모더니즘이 계몽주의의 경직성에 대한 불만의 표현이라는 주장도 이를 말하는 것으로 나는 읽는다. 포스트모더니즘이 그렇게 많은 것을 이야기하는 것은 아닌 것 같다.

나의 결론은 저널리즘에 대한 프래그머티즘 —로티와 듀이의— 의 주장들이 포스트모더니즘이나 문화이론에 비해 훨씬 현실적으로 의미가 있다는 것이다. 특히 정치적으로 그렇다. 포스트모더니즘과 달리 프래그머티즘은 아나키즘이나 상대주의가 아니라 보다 나은 자유민주주의 사회, 그리고 이런 사회에로의 진보를 돕는 저널리즘에 유용한 지적 도구가 될 수 있다. 이런 주장을 합당한 것으로 생각하게 하는 데 로티의 다원과 프래그머티즘 이야기는 설득력이 있다. 요약하면 이런 것이다.

다원의 인간의 동물화와 다원주의

로티는 포스트모더니즘을 우울하고 비관적인 것으로 평가한다. 그는 이렇게 말한다: 포스트모던 철학의 사고는 무사려, 그리고 어리석은 문화적 상대주의이다. 어리석은 것도 그것을 문화라고 말하는 것은 존경받을 만한 아이디어가 아니라고 나는 생각한다. 내가 철학적 다원주의(philosophical pluralism)라고 부르는 것은 이런 어리석은 것이 아니다. ⋯우리는 모든 문화가 나름대로 저마다의 내재적 가치를 갖고 있다는 공리주의의 아이디어를 그대로 인정해도 좋다. 우리는 모든 문화와 인간을 서열화하는 것의 무용함을 알았다. 그러나 이러한 서열화가 무용하다는 것이 바람직하지 못한 문화, 그리고 바람직하지 않은 인간이 있다는 생각을 부정하라는 의미는 아니다. 다원주의와 문화적 상대주의는 다르다. 그 차이는 프래그머틱하게 정당화한 관용과 무사려한 무책임 사이의 차이와 같은 것이다. 의미가 부재한 포스트모더니즘이 대중의 인기를 끌고 있는 것은 철학적 다원주의와 역사가 우리에게 등을 돌리려 한다는 대단히 합리적이고 설득력 있는 이 시대의 공포에 제대로 대응하지 못하고 있는 현실의 반영이다. 나는 포스트모더니즘이란 단어를 오용하고 있는 사람들에게 말한다. 많은 나의 동료 철학자들은 포스트모더니스트 상대주의라는 단어를 공리주의나 다원주의에 사용하고 있다. 그런데 이것은 방다(Julien Benda)의 '지식인의 배반(treason of the clerk)'과 같다. 마치 기독교인들이 호모섹스가 문명의 몰락을 가져올 것이고, 그래서 플라톤과 칸트로 돌아가야 한다고 하고 공리주의와 프래그머티즘은 우리들의 지적, 도덕적 능력을 약화시킨다고 말하는 것과 같다. 그들은 유럽의 민주주의의 이상은 다원주의자들의 입을 다물게 하는 게 바람직할 것이라고 주장한다. 그는 프래그머티즘이 다원주의이지 상대주의가 아니라고 강조한다. 그러면서 이렇게 말한다. 우리는 지난 2세기 동안 많은 것을 배웠다. 인종과 종교의 차이에도 불구하고 한 세계에서 살 수 있다는 것을 알았다. 이를 잊어버리는 것은 비합리적(irrational)이다. 독일인들이 히틀러(Hitler)의 유대인 학살 계획을 수용한 것, 그리고 세르비아의 밀로세비치(Milosevic)의 인종청소는 비합리적인 것이다. 이런 일들은 프래그머티스트의 다원주의에서도 비합리적이다. 프래그머티즘은 상대주의가 아니며 합리성과 비합리성의 구분이 있다. [9]

　　여기서 한 가지 더 해야 할 이야기가 있다. 그것은 로티가 말하는

---

9) R. Rorty(1999). pp. 275-277.

다원주의와 포스트모더니즘, 그리고 문화연구에 관한 지성사이다. 나는 어떤 측면에서는 여기서 더욱 로티의 정치철학을 읽을 수 있다고 생각한다.

로티는 포스트모더니즘의 다양성에 함축되어 있는 지성사적 의미를 이렇게 말한다. 포스트모더니즘 현상의 대부분은 전체성, 즉 하나(unity)라는 관념의 상실에서 비롯된 것이다. 추측(로티의)이지만 이와 같은 상실은 자유민주주의 제도가 지속되기 힘들다는 약 1세기 전 나타난 철학적 성찰과 함께였다. 이것은 정치적으로는 유럽중심주의의 쇠퇴를 상징하는 것으로 세계의 주인으로서 유럽의 위상이 무너지기 시작한 것을 의미한다. 이것은 미래의 어느 시점이 되면 평등, 민주적 관행과 제도가 보편적이 될 것이라는 역사적 전망의 포기이다. 중심이 해체되고 산포된 것이다. 로티는 포스트모더니즘을 이러한 시대변화의 반응으로 보았다. 한마디로 유럽중심주의의 해체 결과가 포스트모더니즘이고 그것의 아나키즘이고 다양성이라는 것이다. 다시 말하지만 로티는 포스트모더니즘의 다양성을 역사적 변화에 긍정적으로 반응하는 것을 포기한 허무주의와 지적인 패배주의라고 보았다.

이를 말해주는 이야기는 포스트모더니즘 담론에서도 발견된다. 하틀리는 대영제국의 세계지배가 물리적 힘이 아니라 사실은 지식과 정보에 의한 지배였다는 문헌을 인용하면서 그것은 판타지의 제국이었다는 주장을 한다. 식민지를 포함한 모든 제국의 정보와 지식은 분류되고 체계화되어 왕실서고, 즉 대영박물관이나 왕립지리학회에 축적되었고 통치의 힘은 그 속에서 나왔다는 것이다. 이것은 그람시(Antonio Gramsci), 알튀세르(Louis Althusser), 푸코(Michel Foucault)의 이론을 상기하게 해준다. 그러나 지금의 지구촌 사회에서는 왕실서고 대신 저널리즘이 정보와 지식의 서고이고 또 그것은 왕이 아니라 대중에게 충성하게 되었다. 하틀리의 이야기는 아니지만 이러한 변화는 곧 로티가 말한 전체, 즉 하나(unit)라는 관념의 상실을 의미하는 것이고, 대중이 정보와 지식의 주체가 되었다는 것은 그것이 대중만큼이나 다양한 모습으로 나타날 수 있다는 의미이다. 결국 이것이 부정적으로 나타난 것이 포스트모던 매체의 모습이라는 결론을 내리게 된다. 하틀리가 원하든 원하지 않든 말이다.[10]

그러나 프래그머티즘의 경우는 다르다는 것이 로티의 주장이다. 위에서 이미 이야기한 바 있지만 프래그머티즘은 그것에서 민주주의와 희망의 철학이 나왔다는 것이다. 프래그머티즘의 다원성은 적극적인 것이고 희망적인 것이다. 로티는 프래그머티즘의 이런 다원성을 다윈의 진화론을 통해 설명한다.

로티는 전체, 즉 하나(unit)라는 관념을 "실재와 진리는 하나이다.(Reality and Truth are One.)" 그리고 "사물의 진정한 존재 상태는 하나, 즉 단일체 진술이다.(One True Account of How Things Really Are.)" 라고 하면서 이에 대한 포기가 프래그머티즘의 정신이라고 말한다. 포스트모더니즘도 마찬가지이다. 그러나 이를 프래그머티즘은 긍정적으로, 포스트모더니즘은 부정적으로 수용하였다는 것이다.

로티에 의하면 이런 하나 관념의 포기는 다윈에서부터 시작되었다. 19세기에는 우주가 우리 인간을 위해 창조되었다는 확신을 포기하고 대신 인간은 자신의 운명을 통제할 수 있게 되었다는 신념을 갖게 되었다. 그러나 20세기 후반에는 이런 생각을 지속해서 가질 수 없게 된다. 그리하여 두 가지 현상이 나타났는데 하나는 공리주의, 프래그머티즘, 그리고 다원주의가 20세기 사회적 희망의 원천으로 등장하

---

10) J. Hartley(1996). pp. 45-46.

게 되었다. 이들은 우리들의 현존 역사적 상황의 평가에서 나온 것이다.[11]

돌아보면 플라톤과 정통 기독교 신학은 인간을 동물적인 부분과 신적인 부분으로 나눈다. 여기서 후자는 당연히 전자보다 우위에 있다. 그러나 다윈은 동물적인 부분, 즉 물질을 존중받게 만들었다. 다윈의 이론은 18세기의 민주화혁명과 산업혁명이 없었다면 유럽 지식인들의 상식이 되지 못했을 것이다. 이들 혁명은 인간의 조건을 변화시키는 인간의 힘을 증명하는 것이었고 이것이 다윈의 이론에 힘을 주었다. 결국 이것은 인간이 인간 외의 다른 힘에 의존함이 없이 인간 완성을 성취할 수 있다는 믿음을 갖게 했다.

그러나 그 이전 시대에 그런 힘은, 인간은 동물과 다르다는 것을 의미하는 것으로 보였다. 지식인들은 인간을 신성을 지닌 존재라고 당연히 여겼다. 인간에게는 동물에게 없는 영혼이라는 것이 있다. 이에 의존하여 고대로부터 철학자와 종교사상가들은 신의 계명이 없다면 인간은 평화와 협동 속에서 함께 살 수 없다고 주장했다.

그러나 19세기 유럽과 미국의 많은 지식인들은 복종으로서의 도덕성 ─십계명이나 정언명령에─ 에 의문을 갖기 시작했다. 그들은 니체가 말한 자아창조(self-creation)가 복종을 대체할 수 있다는 생각을 했다. 신의 도움 없이 새로운 예루살렘을 만들 수 있다고 생각했다. 이것은 진보가 수직적인 것, 즉 깊어지고 심오한 것이 아니라 수평적으로 확대되는 것을 상징하는 것이었다. 역사발전의 원천으로 인간이 신, 이성, 자연을 대체하기 시작했다. 다윈은 이러한 변화의 주요한 힘이었다. 왜냐하면 이것은 자아창조, 과거의 극복, 생물학적 동물의

---

11) R. Rorty(1999). p. 262.

종으로서 인간은 지속적으로 진화할 수 있는 것으로 보이기 때문이다. 이러한 인간의 폭발적인 자아신뢰는 다윈이 인간의 동물화를 하기 이전에는 없던 현상이었다.[12]

플라톤에서 헤겔에 이르기까지 인간은 서열적으로 평가되었다. 성직자는 전사보다, 귀족은 평민보다, 남편은 아내보다, 그리스인은 야만인보다, 자유민은 노예보다, 백인은 흑인보다, 정신과학은 자연과학보다 우월한 존재로 매겨졌다. 그러나 다윈 이후 자연이 자연을 이끄는 것이 아니라고 생각하게 되었다. 자연에게 정신(mind)이란 것은 없다. 인간은 자신의 삶을 위한 꿈을 가질 수 있게 되었다. 이것은 인간의 삶에 급진적 다양성을 낳고 사람들이 서로 다르다는 것을 당연한 것으로 받아들이게 하였다. 사회는 그 구성원들이 각자의 자유로운 삶을 위한 것으로 간주되었다. 사회란 어떤 덕을 성취하기 위해 있는 것이 아니라는 말이다. 사회나 조직의 목적을 덕이 아니라 자유로 보는 것이다. 이것은 플라톤의 단일체, 즉 하나(unity)라는 관념을 다수라는 관념으로 대체하는 것이었다. 성(sex)이 다른 즐거움 —예로 종교적 봉헌, 철학적 성찰, 예술 창조— 보다 저급한 것이 아니라는 의미이다. 20세기 자유민주주의 공화국에서 사람들은 다른 이웃들의 사적인 즐거움(pleasure)은 내가 상관할 일이 아니라는 생각을 갖게 되었다. 이것은 밀(J. S. Mill)의 자유원리 사상의 핵심이다. 인간들을 미리 정해진 기준에 따라 급을 매길 수 없다. 밀은 민주주의의 시민정신은 사람들의 삶의 가치에 대해 합의를 요구할 수 없다는 결론을 내린다. 이러한 사고는 프래그머티즘의 진실은 실재에 대한 대응이라는 아이디어의 포기와 연결된다. 이러한 포기는 진실 탐구가 인간행복의

---

12) Ibid. p. 263.

탐구와 다른 것이 아니라는 말을 하게 만든다. 또한 모든 진실된 명제는 사물이 어떻게 존재하는가에 대해 하나의 통합된 단일체적 관점이어야 할 필요가 없다는 의미이다. 그런 이유에서 우리는 정치적으로도 상호 조정(mutual adjustment)을 필요로 하지 종합(synthesis)을 요구하는 것이 아니다. 프래그머티즘의 진실은 이미 존재하는 실재에 대한 정확한 표상이라는 이론을 거부한다. 곧 우리가 무엇을 표상하고 그것과 같아지는 것이 아니라 그것에 적응하는 것이 중요하다는 주장이다.[13)]

로티는 이렇게 프래그머티즘이 다원주의와 공리주의와 함께 다원주의를 낳았고 그것이 단순히 상대주의나 아나키즘이 아니라 정치적으로는 자유민주주의를 위한 희망의 철학이라는 것이다. 이런 지성사의 맥락에서 보면 저널리즘은 지금 프래그머티즘이라는 역 ―기차―에 이르러 있다.

보다 나은 자유주의 사회를 위하여

듀이는 프래그머티즘 철학자이자 진보좌파 자유주의자(liberal)로, 그의 정치철학은 이상주의라고까지 읽힌다. 듀이의 이런 이상주의는 리프먼의 현실주의와 대비된다. 듀이는 반형이상학적인데 이상주의로 읽히고, 리프먼은 형이상학적인데 현실주의적이라는 이야기는 좀 이상하다. 그러나 그렇게 읽게 된다. 이것은 모순이다. 그러나 이를 해소할 수 있는 길이 없는 것은 아니다. 즉 이들의 형이상학적 문제는

---

13) Ibid. p. 268.

잊어버리고 '보다 나은 자유주의 사회'를 위해 주장한 것이 무엇인가로 질문을 바꾸는 방법이 있다. 그렇게 하면 리프먼이나 듀이 모두 프래그머틱했고 리프먼의 저널리즘이 듀이의 커뮤니케이션보다 정치적으로는 더 프래그머틱한 것이었다는 말도 할 수 있다. 단지 리프먼이 저널리즘, 당면한 문제, 전통적 지식의 유용성을 주장하였다면 듀이는 커뮤니케이션, 미래의 희망, 실험적 지식의 필요성을 주장했다는 점에서 다르게 된다. 두 사람 모두 '보다 나은 자유주의 사회'로의 진보를 위한 주장을 했다.

리프먼과 듀이의 대립은 언론학 분야에서 신문의 정치적 기능과 관련된 논쟁으로 다루어졌지만 사실은 승패가 날 수 있는 게임은 아니다. 적어도 프래그머틱한 차원에서는 그렇다. 2원론을 부정하는 프래그머티즘에서 말한다면 이들의 논쟁은 일종의 정책적 선택 문제에 관한 것이다. 다시 말하면 흑묘백묘론(黑描白描論), 즉 검은 고양이든 흰 고양이든 쥐를 잡아야 고양이이니 어떤 고양이를 내세우느냐 하는 것은 그때의 상황에 따라 결정할 문제이다. 리프먼의 이론이나 듀이의 이론이나 이들이 보다 나은 자유주의 사회를 위하여 유용하다면 그것이 프래그머틱한 진실이다. 단 이때 논쟁이 되어야 할 것은 어느 것이 보다 더 유용한가 하는 것이 문제가 될 뿐이다.

어쨌든 오늘의 저널리즘은 미국이나 한국 모두 리프먼적이다. 저널리즘의 사실과 진실, 객관주의, 무관여 저널리즘과 같은 기술적, 도덕적 규범들은 대체로 리프먼의 수사들(rhetorics)이라는 의미에서 하는 말이다. 그러나 그것은 리프먼적이라고 하기보다 프래그머티즘적인 것인데 그것들도 지금 다시 재서술되고 있다. 그리고 그 재서술은 보다 로티-듀이적 프래그머티즘으로의 것으로 진행되고 있다. 보다 노골적으로 반토대주의로 말이다. 이것은 불가피한 현실이고 시대의 흐름인 것 같다.

현실을 보면 21세기 저널리즘의 정치적 짐은 점점 더 무거워지고 있다. 산업자본주의라든가 세계화 문제 같은 것은 뒤로 미루어놓고 보더라도 그렇다. 내가 이야기하는 짐이란 정치적 민주주의와 자유주의 의미의 해체 —로티 내지 데리다의— 현상, 그리고 그 결과인 저널리즘 장의 복잡성(complexity)에서 오는 것들이다. 역사를 보면 정치적 자유주의와 민주주의는 저널리즘의 기본조건이었다. 그러나 자유주의도 그렇고 민주주의도 그 의미가 해체되고 있으며, 이것은 저널리즘에는 중요한 긴장요인이 되고 있다.

저널리즘은 알게 모르게 변화하고 있으며 새로운 저널리즘 문화가 만들어지고 있다. 그런 문화를 어떻게 명명해야 할지 모르겠지만 이를 '포스트모던화'보다 네오(neo)라는 수식어 없이 단순히 '프래그머티즘'화의 진전이라고 나는 부르고 싶다. 저널리즘의 반토대주의, 저널리즘의 세속화 정도로 말이다. 이것은 저널리즘의 다원주의 —아나키즘이 아니라— 를 말하는 것이다. 저널리즘이 하나의 모델로 수렴되지 않는다는 의미에서 그것은 탈하나(unit)화이다. 그리하여 저널리즘 세계도 매체들의 생존경쟁의 장이 되었다.

이 책은 여러 가지 문제를 다루고 있지만 나는 그들을 하나의 큰 맥락 속에서 이야기하고자 했다. 여기서 큰 맥락이란 큰 주제라는 말이기도 한데, 그것은 '자유민주주의 사회를 위해서 저널리즘은 무엇을 하는가?'라는 것이었다. 이 질문 안에는 '자유민주주의는 저널리즘을 필요로 하는가?', '저널리즘은 어떤 것이어야 하는가?'와 같은 또 다른 질문들이 포함되어 있다. 먼저 '자유민주주의는 저널리즘을 필요로 하는가?' 하는 물음에 대한 답은 '필요하다'는 것을 우리는 모두 받아들인다. 자유민주주의 사회에서는 어디서나 마찬가지일 것이다.

한국의 경우도 마찬가지이다. 우리의 신문이나 방송, 그리고 뉴미디어 등이 실천하는 저널리즘은 부족한 것이 많지만 그래도 우리의 자유민주주의를 위해서 반드시 필요하다. 보다 나은 자유주의 사회로 진보하기 위해서도 저널리즘은 필요하다.

저널리즘은 필요하다. 그리고 그 이유는 단순히 민주주의를 위해 필요한 정보를 제공한다는 것 이상의 저널리즘 존재의 정당화 논리가 있다. 그것은 현대 사회의 복잡성이 저널리즘을 더욱 필요하게 만들고 있다는 것이다. 제퍼슨 시대의 직접 민주주의는 단순했다. 그러나 오늘은 다르다. 직접 민주주의는 대의민주주의가 되었고 여기에 인터넷, SNS 등 뉴미디어, 여론과 시민사회조직의 영향력 등으로 정치적 구조와 체계가 대단히 복잡해졌다. 리프먼은 1920년대에 이미 미국의 대의민주주의가 여론에 의해 마비되고 있다고 했다. 의회, 정당, 유권자, 정부기관, 저널리즘 매체들은 그들 자체만이 아니라 상호간의 관계가 대단히 복잡해졌다. 민주주의 메커니즘은 물론 저널리즘 매체의 구조, 그리고 그들의 정보 혹은 지식이라는 것도 복잡해졌다. 한마디로 민주주의 정치나 저널리즘 모두가 전문적 지식을 요구하는 체계가 되었다. 저널리스트도 과거의 폭넓은 지식을 지닌 교양인에서 전문 지식인이 되어야 하게끔 되었다.

이와 같은 정치와 미디어 생태계에서 뉴스는 보다 전문적인 것이 되어가고 있다. 뉴스는 객관적 사실을 대상으로 한다. 그러나 점차로 뉴스도 그 이상의 것으로 변하고 있다. 폴라니의 명시적(explicit), 그리고 암묵적(tacit) 지식이라는 구분에서 암묵적 지식이 점차 저널리즘에서 중요해지고 있다는 것이다. 말하자면 뉴스의 객관적인 사실이라는 것이 '명시적'인 것에서 '암묵적'인 사실까지 포함하는 것으로 변하고 있다는 말이다. 흔한 비유이지만 바다에 떠다니는 빙하를 기사화할 때 물 위에 떠 있는 부분만이 아니라 물 밑의 보이지 않는 부분까지 포함해야 한다는 말이다.

탐사보도나 폭로 저널리즘 같은 것은 폴라니의 '사실 이상의 사실'을 밝히는 수단이다. 그러나 프래그머티즘은 폴라니 이상의 것을 기대한다. 로티는 사실과 진실이 우리에게 구체적이고 개별적인 것만이 의미 있는 것이라고 했다. 그는 이를 '울림'이 있는 사실과 진실이라는 말로 표현한다. 이것은 사실이나 진실의 일반관념이 아니라 말하고 나더라도 그 뒤에 더 말해야 할 구체적인 어떤 남는 것이 없으며, 뿐만 아니라 가슴의 '울림'을 낳는 그런 사실과 진실을 의미한다. 그러나 이것은 저널리즘에는 어려운 일이다. 저널리즘의 주된 언어는 대중적이고 일반관념이기 때문이다.

다시 말하지만 21세기 현재에도 민주주의, 특히 정치적 민주주의에 저널리즘이 중요한 역할을 한다는 것은 진실이다. 신문이나 방송들이 셔드슨의 말처럼 '마음에 들지는 않지만(unlovable)', 그래도 그들은 우리에게 도움을 주고, 그래서 우리는 그들을 필요로 한다.[14] 현재의 민주주의는 대의민주주의이다. 이런 대의기관은 더욱 늘어나고 다양해지고 있다. 선거로 뽑는 것은 아니지만 저널리스트는 우리의 대의원이고 저널리즘은 우리의 대의기관이다. 대의민주주의에서 의회는 전문가 조직이고 의원들도 정치 전문가들이다. 정치인도 전문가이다. 흔히 잘 이야기되지 않지만 그들 의원 뒤에는 전문가 집단들이 있다. 현대국가의 정부는 전문가들에 의해 관리·운영되고 있다. 저널리즘 매체 역시 전문화 조직이다. 저널리스트도 고급 교육과 훈련을 받고 10~20년 혹은 그 이상 각 분야에서 전문적 지식과 경험을 쌓은 전문

---

14) M. Schudson(2008). *Polity*. 이 책의 'unlovable'에서 차용한 것이다.

가이다. 따라서 일정 수준의 저널리스트라면 그들은 프로이고 대학의 교수나 변호사, 판검사, 의사, 전문 경영인과 다름없는 전문직들이다. 요컨대 현대사회는 전문가들에 의해 운영된다.

저널리즘이 자유민주주의를 위해 필요한 어쩌면 가장 중요한 핵심적 기능은 그것이 갖고 있는 대항력이다. 국가와 정부라는 전통적인 공적 권력만이 아니라 오늘날 급성장하고 있는 대기업 권력에 대한 견제 능력을 저널리즘만큼 갖고 있는 집단은 없다. 저널리스트는 이들 권력에 이의를 제기하고 비판한다. 이것이 저널리스트의 최고 덕목이다. 이런 의미에서 저널리즘은 특별한 종류의 전문가 조직이다. 저널리스트는 시민의 권리를 위임받은 수탁자이며 동시에 대리인(agent)이다. 이것은 리프먼의 관점이다. 전문가로서 저널리스트는 외부인(outsider)이며 동시에 내부인(insider)이다. 내부인에 가장 근접해 갈 수 있다는 의미에서 준내부인이다. 리프먼은 때로 백악관에서 대통령이나 참모들과 정책을 의논하고 지원하고 반대하고 비판도 하는 그런 전문가로서의 저널리스트였다. 그는 저널리스트가 권력자와 너무 가까워지는 것은 위험하다고 했다. 그러나 저널리스트가 전문적 지식을 갖고 정치에 관여하는 것을 부도덕하거나 비난받을 일로 생각하지는 않았다.

그러나 이미 언급된 바 있지만 듀이는 민주주의 정치에서 전문가의 역할에 회의적이었다. 민주주의는 전문가가 아니라 대중이 공중이 되어 실천하는 것이라는 것이다. 그러나 그것은 직접민주주의 시대에는 몰라도 대의민주주의 시대에는 아니다. 전문가들이 그들의 집단이익을 추구할 것이라는 듀이의 비판은 옳다. 그러나 대중도 자신의 이익을 추구한다. 많은 경우 문제를 전문적 지식이 없는 비전문가들에게 맡기는 것은 어리석은 일이다. 뿐만 아니라 도덕적이지도 않고 정의롭지도 않다. 환자는 의사가 치료하는 것이다. 의사는 그런 능력과 자격을 갖고 있기 때문에 환자를 치료하는 것이 도덕적이고 정의롭다. 예술가도 마찬가지이다. 예술가는 자신이 가장 잘할 수 있는 예술 행위를 한다. 그런 의미에서 예술가는 도덕적이고 정의롭다. 이런 의미에서 고도의 복잡성을 지닌 민주주의를 위한 전문적인 저널리스트의 역할은 긍정적으로 평가되어야 할 일이지 듀이처럼 부정적으로 평가할 일은 아니다.

듀이의 대중 신뢰가 전적으로 틀린 것은 아니다. 듀이에 의하면 인간은 모두가 지성(intelligence)을 갖고 태어났다. 그가 저널리즘 대신 커뮤니케이션을 강조한 것도 이런 인간의 능력에 대한 신뢰에서 나온 것이다. 그는 민주주의란 커뮤니케이션, 즉 대화의 산물이라고 하였다. 공적 문제를 대화와 토론에 의해 해결하는 것이 민주주의라는 것이다. 이를 우리는 숙의민주주의라고 부른다. 이런 대화, 즉 커뮤니케이션에 대한 관심과 집착은 여러 곳에서 발견된다. 포스트모던 철학, 공동체주의적인 사회비평, 매스미디어 비평, 공공 저널리즘 운동 등 다양한 분야에서 대화의 가치는 강조되고 있다. 로티의 경우도 그렇다. 로티는 우리의 지식은 대화의 산물이라고 했다. 인간은 자연과 직접적으로 대면하는 것이 아니라는 것이다. 로티, 오크쇼트, 가다머는 지식의 산파로서 대화를 강조한다.[15]

그런데 이런 대화는 문제해결(problem solving)을 위한 것이지 아무런 목적이 없는 한담이 아니다. 문제해결을 위한 대화에는 일정한 규

---

15) M. Shudson(2009). p. 95. 셔드슨의 로티에 대한 해석은 오해의 여지가 있다. 로티는 대화를 강조하지만 저널리즘의 역할을 긍정적으로 본다는 것은 앞서 수차례 언급한 바 있다. 그가 잔인성에 대한 저널리즘의 보고를 높이 평가한 것이 그 예이다.

칙이 있다. 문제해결을 위한 대화는 평등이 목적이 아니다. 문제해결이 목적이다. 또 이런 대화는 평등하고 자유롭고 자발적이어야 한다. 그러나 대화와 평등은 조화로운 것이 아니라 갈등적이다. 대부분의 경우 대화에서 평등을 강조하면 할수록 실패한다. 평등에 집착하는 대화는 결국 침묵으로 끝난다. 대화에 참여하기 위해서는 문화적 자본을 가져야 한다. 누구나 동일한 대화 능력을 갖고 있는 것이 아니다. 이런 한계를 극복하기 위한 것이 대의민주주의이고 저널리즘이다. 중구난방 모두가 떠들고 참여하는 것이 아니라 선택된 사람들이 대표로서 참여하는 것이다. 물론 앞서 말한 전문성이 정당화되는 이유가 여기에도 있다. 민주주의도 전문직의 관리를 필요로 한다. 민주주의가 저널리즘을 필요로 하는 이유도 이런 것이다. 그런 의미에서 듀이 식의 대화를 민주주의의 영혼(soul)이라고 하는 것은 무리이다. 물론 그 정신은 좋다. 그러나 그것은 위험하다고까지 셔드슨은 말한다.[16]

민주주의와 저널리즘 혹은 언론의 관계에 대한 문제는 아직도 살아 있는 논쟁 주제이다. 어떤 하나의 이론으로 수렴되지 않았다. 그 이유의 하나는 다시 말하지만 민주주의나 저널리즘이란 것이 고정되어 있는 실체가 아니기 때문이다. 그것은 살아서 항상 변하고 있다. 따라서 보편성을 지닌 하나의 이론으로 서술하는 것은 무의미한 것이 되곤 한다. 그러나 자유로운 저널리즘이 자유민주주의 발전에 필요한 긍정적인 조건이라는 것은 아직도 진실이다. 저널리즘을 대체할 만한 새로운 사회적 제도가 공식적이든 비공식적인 것이든 아직은 나타나지 않고 있다.

---

16) Ibid. p. 95.

그러나 저널리즘의 미래에 대한 전망은 갈라진다. 하나는 저널리즘 연구자들의 것이고 다른 하나는 로티와 같은 프래그머티즘의 전망이다. 먼저 저널리즘 연구자 코바치의 이야기를 들어보자. 그는 매체 환경의 변화에서 저널리즘의 미래를 많이 불안해한다. 그는 지금 세계화와 과학기술에 의해 세계는 하나의 거대시장이 되었는데 여기서 저널리즘이 계속 생존해갈 수 있을 것인가 회의적이다. 만일 그렇게 되어 자유로운 시민이 되기 위해서 필요한 정보를 제공하는 저널리즘이 사라지게 되면 민주주의도 위기에 처할 것이라고 전망한다. 그러면서 그는 전통 저널리즘의 회복을 주장하였다.[17] 이것은 토대주의적인 환원론이다. 저널리즘 비평을 보면 이런 환원론이 지배적이다.

　　그러나 환원론에 프래그머티즘은 동의하지 않는다. 저널리즘이란 말을 직접 사용하지는 않았지만 로티는 이런 말을 한다. 그는 한 토론에서 "세계화가 문화적인 궁핍과 빈곤을 낳는다."는 주장을 비판하면서 문화가 본래적인 내재적 가치가 있다는 관점을 부정한다. 문화는 인간의 욕구를 충족시키기 위해 발명된 인간의 고안물로서 욕구가 변하면 새로운 고안물이 발견되어야 한다. 하나의 문화가 망해버릴지도 모르는 상황에 직면할 때 우리는 상실감을 갖게 되지만 이는 자연스러운 것이다. 그는 한 사람의 불멸성과 같이 한 문화의 불멸성을 기대한다는 것은 어리석다고 말한다.[18] 로티의 이야기는 저널리즘과 저널리즘 문화에도 그대로 적용된다. 다시 말하면 우리는 현존하는 저널리즘 문화의 불멸성을 확신할 수도 없고, 또 좀 더 나아가 저널리즘 그 자체도 반드시 영원히 존재해야 하는 것이 아니라는 말이다.

---

17)　B. Kovach(2001). p. 11.
18)　R. Rorty(2006). pp. 36-56.

저널리즘도 하나의 문화양식이다. 그리고 그것은 항상 변화 속에 있는 것이다. 이들 변화를 보는 입장은 한 가지가 아니다. 지금의 변화는 낙원의 상실을 의미하며, 그래서 이를 회복해야 한다는 토대주의적이고 환원론적인 입장이 있고, 이와 달리 변화를 자연스러운 것으로 받아들이면서 회복되어야 할 본래의 것이 부재(不在)함을 인정하는 반(反)토대주의적이고 반환원론적인 입장이 있다. 코바치의 입장을 토대주의적이라고 한다면 이와 뚜렷하게 대칭적인 입장을 발견하기는 어렵다. 적어도 저널리즘 분야에서는 그렇다. 그러나 반토대주의적이고 상대주의적인 생각이 요즘의 저널리즘 분야에서도 커지고 있는 것을 부인하기는 어렵다. 최근의 포스트모던한 이론들이 주장하는 뉴스의 인포테인먼트(infotainment)화도 이런 징후의 하나로 볼 수 있다.[19] 사실 전통 저널리즘에서도 그동안 진실(truth), 객관성 (objectivity), 공정성(fairness) 등과 같은 저널리즘의 핵심개념들을 토대주의적인 실체로 전제하고 이에 지나치게 집착하고 있다는 비판이 없었던 것은 아니지만, 최근 이에 대한 비판이 더욱 커졌다는 사실이 반토대주의적 사유가 강화되고 있음을 의미하는 것이다.

정리해서 다시 말하면 프래그머티즘이 전망하는 자유민주주의 사회의 저널리즘이란 '우연성, 아이러니, 연대' ―로티의 저서 이름― 의 저널리즘이라는 것이다. 이것은 형이상학적 토대를 요구하지 않는 저널리즘을 의미한다. 필연이 아니라 문명사에서 우연히 나타난 저널리즘일 수 있다는 것이 프래그머티즘으로부터의 통찰이다. 로티가 자유

---

19) 코바치 등이 인포테인먼트를 상대주의와 연결해서 말하고 있지는 않다.(Kovach and Rosenstiel(2001), p. 151) 그러나 그 내용은 뉴스와 오락을 엄밀하게 구분하던 전통 저널리즘의 범주화가 무너지는 현상을 말하고 있다는 점에서 뉴스와 오락 개념의 상대화 현상이라고 보는 것이다.

주의 사회의 유토피아로 아이러니즘이 보편적인 그런 사회가 가능하다고 주장하고 있는 것처럼 자유주의 저널리즘의 유토피아도 아이러니가 보편적인 저널리즘이라고 하는 것이 가능하다는 것이다. 그것은 나의 신념에 대한 비판에 항상 공개되어 있는 저널리즘이다. 이것은 저널리스트나 수용자나 계몽주의 시대처럼 저널리즘의 형이상학에 그렇게 집착하지 말라는 이야기이기도 하다. 저널리즘의 세계는 모두가 하나로 수렴되는 그런 것이 아니라 다수가 연대를 하는 느슨한 연방제 같은 세계라는 것이다. 저널리즘의 형이상학적 강박증은 개인의 사적인 강박증이 타인에게 잔인성을 낳는 것처럼 사회에 해악을 낳는다. 이것은 보다 나은 자유민주주의 사회를 위해서 좋은 일이 아니다. 이것이 프래그머티즘이 말하는 저널리즘이다.

다시 말하지만 아이러니가 보편적인 저널리즘이라고 해서 전통적 저널리즘의 사실과 진실을 의미 없는 것으로 배척해야 한다는 말은 아니다. 저널리즘의 사실과 진실을 반토대주의적인 것으로 본다고 해서, 앞서 말한 바 있지만 사실이나 가치의 무정부 상태를 주장하는 것은 아니다. 단지 그들이 절대적인 것이 아니라는 것뿐이다. 그리하여 이들은 절대적인 사실과 진실은 아니지만 우리가 현실적으로 믿어도 좋은, 그리고 유용한 것들이다. 이런 저널리즘의 저널리스트는 자유주의자이고 아이러니스트로서 잔인성이나 굴욕감과 같은 고통이 장차 소멸될 것이라는 희망을 자신의 가슴 속에 갖고 있는 존재이다. 여기서 다시 로티의 하버마스와 푸코에 대한 이야기를 상기한다. 로티는 푸코를 아이러니스트이지만 자유주의자가 아니고 하버마스는 자유주의자이지만 아이러니스트가 아니라고 했다. 현대의 저널리스트는 자유주의자이면서 아이러니스트이기를 그는 바랄 것 같다. 그런 의미에서 보면 로티의 주장은 하버마스나 푸코의 주장보다 더 저널리즘에 의미가 있는 것 같다.

그러나 저널리스트가 아이러니스트라고 해서 항상 회의적이고 어떤 신념도 가질 수 없다는 것은 아니다. 그는 어떤 특정한 이데올로기에 충성할 수도 있다. 리버럴 잡지 《뉴 리퍼블릭》의 대표 편집인 크롤리는 죽을 때까지 공산주의자였다. 이 잡지의 주요 기고가이던 듀이도 한때 공산주의 ―레닌과 스탈린주의는 받아들이지 않았지만― 가 민주주의로 가는 중간역이 될 수 있다고 생각했던 적이 있다. 저널리즘은 '형이상학'은 아니지만 그 안에 '형이상학적'인 것이 수용될 수도 있다. 앞서 이야기했지만 저널리즘에 '흔들리지 않는 토대'는 없지만 '흔들리는 토대'는 있다. 또 그럴 수밖에 없다. 저널리즘 문화도 그런 것이다.

마지막으로 프래그머티즘이 저널리즘에 무엇을 말하는가를 상기한다. 로티 프래그머티즘의 핵심을 나는 지성, 상상력, 그리고 여기에 감히 하나 더 보태 야성이라고 말해 본다. 지성이란 미래를 위한 프래그머티즘의 이성이다. 그리고 상상력 또한 미래에 대한 꿈이고 희망에 대한 것이다. 야성이란 두려움 없는 담대한 사고이다. 이들과 깊이 연관된 어휘들은 실험, 창조, 혁신, 공개성과 같은 것들이다. 그리고 이들은 모두 관념이 아니라 구체적이고 일상적인 삶의 문제를 해결하고 진보하기 위한 행동들이다. 프래그머티즘은 프런티어 정신을 대변하는 것이다.

마이크로소프트의 창업자 게이츠(Bill Gates), 애플의 창업자 잡스(Steve Jobs)도 프래그머티스트들이다. 이미 현실이 된 전기자동차 테슬라의 창업자 머스크(Elon Musk)도 프래그머티스트이다. 산업에서의 이러한 프래그머티즘의 창조와 혁신은 저널리즘에서도 가능할 것이다. 사람들은 보통 세계가 확대되는 것을 두려워한다. 현재의 것이 흩어지고 사라질 것이라는, 그리고 미래의 불확실에 대한 두려움 때문이다. 로티는 본래적인 것을 잊으라고 한다. 그는 김우창 교수와의 한 대담에서 프래그머티스트로서 그의 생각을 이렇게 말한다: 자기 안으로의 수렴이 아니라 밖과의 교배가 중요하다. '수렴'이란 이미 존재하는 것을 암시하는 것인데 '교배'란 창조하고자 하는 희망에서 새로운 것을 통해 낡은 것을 대체하는 것이다.[20] 안으로 들어가 지키는 것보다 밖으로 나아가 보다 더 나은 자유주의 사회를 위해서 자유, 민주주의를 확대하고 만들어 나아가야 한다. 저널리즘의 경우도 뉴스, 사실, 진실, 객관성, 공정성의 내용이나 형식 등 심지어 저널리즘 그 자체, 그리고 언론의 자유와 같은 가치도 불멸성을 지닌 것이 아니다. 오늘의 저널리즘 문화가 최종의 궁극적인 모습은 아니다. 이와 관련하여 한 가지 더 말하면 지금 저널리즘의 장은 뉴미디어, 즉 인터넷을 이용한 뉴미디어 —소셜 미디어나 포털 등— 의 등장으로 기존의 구조가 무너지고 있다. 일종의 해체가 진행되고 있으며 새로운 구조가 현성되고 있다. 전통 종이신문, TV, SNS 등 매체들 간의 상호작용, 그리고 사회체계들과의 관계도 급진적으로 변하고 있다. 새로운 저널리즘 장의 체계가 만들어지고 있다.

이 글을 쓰고 있는 가운데 최근 —2016년 7월— 중요한 뉴스 하나가 있었다. SK 텔레콤의 CJ 헬로비전 합병안이 정부에 의해 불허되었다. 이것은 하나의 새로운 저널리즘 체계가 만들어지려다가 실패하는 사례로 기록될 것이다.[21] 나는 정부의 결정을 평가할 능력도 의사도 없다. 그러나 이것이 구체제의 해체와 신체제의 생성 과정에서 발생

---

20) 로티-김우창 대화 IV(2008). 《지식의 지평》. 05호, 225-226쪽. 한국학술협의회.
21) 이 글을 수정 중인 2016년 7월 현재 이 합병 안이 정부 승인을 받지 못해 취소당하게 되었다는 보도가 있다. 방송과 통신의 합병현상은 하나의 추세이다.

하는 긴장의 한 케이스를 말한다는 것은 틀림없다. 역사를 보면 닫힌 사회가 해체될 때 긴장과 불안은 불가피하다. 우리는 습관적으로 누려온 자연스러운 세계가 붕괴에 직면할 때 경악하곤 한다. 그러나 로티의 이야기는 그렇게 놀라지 않아도 된다는 것이다. 변화는 자연 그 자체이고 그것을 단순하게 사고하고 대응하라는 것이다. 그런 의미에서 로티가 만일 말한다면 현재의 저널리즘 장의 변화를 낳고 있는 힘은 단순하다. 그것은 돈과 기술이다. 말하자면 돈과 기술이 독립변수이다.

다시 포스터의 『하워즈 엔드』

여기서 '돈' 이야기를 해보자. 일종의 후기로 읽어도 좋다. 서론에서 짧게 말한 바 있는 로티의 『하워즈 엔드』 이야기이다.[22] 로티는 1992년 그의 짧은 글 「사랑과 돈(Love And Money)」에서 E. M. 포스터의 유명한 소설 『하워즈 엔드(Howards End)』로 이야기를 시작한다. 이 소설의 첫 페이지에는 '오직 연결 … (only connect …)'이라는 특이한 헌사가 실려 있다. 여기서 로티는 포스터가 인간들 사이의 '연결(connect)', 즉 박애주의(humanitarianism) 혹은 사적인 차원의 인간에 대한 '사랑(love)'이라고 하는 것이 인간과 세계를 구원하는 유일한 길이라고 이야기하지만, 실은 소설 여러 곳에 '연결'이나 '사랑'은 오직 충분한 돈

---

22) 그보다 앞서 좌파 자유주의자 아블라스터(A. Arblaster)는 이 소설을 20세기 초 자유주의의 사양기를 상징하는 작품으로, 그리고 포스터를 이를 대표하는 작가이며 논객으로 평가하였다. Anthony Arblaster(1984). *The Rise & Decline of Western Liberalism*. Basil Blackwell. pp. 301-302.

이 있을 때 가능한 것이라는 말을 하고 있다고 읽는다. 로티는 소설 속의 인간관계, 즉 개인의 박애주의 대(對) 돈, 즉 물질적 토대, 내적 삶과 외적 삶 사이의 긴장을 현대 리버럴리즘의 문제로 번역하여 이야기한다.

먼저 소설 속의 이야기를 보자. 주인공은 아니지만 주요 인물 레너드 바스트(Leonard Bast)는 보험회사의 하급 사무원으로 가난한 봉급쟁이지만 퀸스 홀 음악회와 와츠의 그림에 매달리는 예술지상주의자로 교양을 찾는 신사계급(gentlefolk) 인물이다. 그러나 그는 신사계급 맨 밑바닥에 간신히 걸쳐 있는 경계인으로서, 직장을 잃고 경제적으로 빈궁해지면서 그에게 호의적이었던 신사계급 가족 —베토벤 교향곡 연주회에서 우연히 연결된 슐레겔(Schlegel) 가의 딸 마거릿(Margaret)— 과의 관계도 어려워진다. 그는 인생의 모든 것을 잃었다고 절망한다. 직장을 갖고 있을 때는 산책, 독서, 문학, 지성적 대화, 교양의 세계를 어느 정도는 향유하면서 살았다. 그는 인간은 공부를 하고 자신을 발전시키고, 그러면 세상을 품위 있게 살아갈 수 있다고 생각했다. 그것은 일종의 리버럴의 꿈이었다. 그러나 실직하고 궁핍해진 그는 이렇게 말한다: 저는 아무것도 아닙니다. 온갖 사상도 아무것도 아니에요. 두 분의 돈도 —마거릿과 그녀의 동생 헬렌 두 여인이 금전적으로 도와주려 하였지만 못했다— 아무것도 아니에요. … 처음에는 친구들이 돈을 좀 주지만, 결국은 벼랑 아래로 떨어지고 맙니다. 아무 소용없어요. 세상이 본래 그런 걸요. 세상에는 언제나 부자와 가난한 자가 있는 법입니다.”[23]

이 소설의 주제는 인간의 내면세계와 외면세계 사이의 긴장과 갈등

---

23) E. M. 포스터 저 · 고정아 역(2006). 『하워즈 엔드』. 열린책들. 295쪽.

이다. 부유한 슐레겔 가의 맏딸 마거릿은 동생 헬렌에게 이렇게 말한다: 이 세상에는 너하고 내가 가본 적 없는 거대한 외부세계가 있어. … 우리한테는 인간관계가 최고이지만, 거기서는 그렇지 않아. 그 세계에서 사랑이란 재산의 결합이고 죽음은 상속세야. 여기까지는 분명히 알겠어. 하지만 그 다음에 어려운 게 있어. 그 외부세계가 끔찍해 보이지만, 때로는 그게 진짜 같거든. 그 속에는 어떤 거친 힘이 있고, 그건 강한 인간을 만들어내. 인간관계를 중시하다 보면 결국 인생이 흐느적거리게 되는 건 아닐까?[24] 마거릿은 또 이런 말을 한다: 돈이 있으면 이 세상에 그렇게 큰 위험은 없어요. … 이모나 저, 그리고 윌콕스(Wilcox) 가(家)는 돈이라는 섬을 딛고서 서 있는 사람들이에요. 그게 우리를 튼튼하게 받쳐주고 있어서, 때로는 그런 게 있다는 것도 잊고 지낸다고요. 이따금 주변에서 사람들이 비틀거리는 걸 보면 그제야 재산이 얼마나 중요한지를 깨닫죠. … 저는 이 세상의 영혼 자체가 경제적 성격을 띠고 있다는 걸 깨달았어요. 사람에게 가장 끔찍한 나락은 사랑이 없는 게 아니라 돈이 없는 거예요. … 헬렌도 그렇고 저도 그렇고 다른 사람들을 비난하고 싶어지면 우리가 돈의 섬을 딛고 서 있다는 것을 잊지 말아야 해요. 다른 사람들은 대부분 바닷물 아래 잠겨 있어요. 가난한 사람들은 사랑하고 싶은 사람에게 다가가지도 못하고, 사랑하지 않는 사람한테서 빠져나오지도 못해요. 하지만 우리는 돈이 있으니까 그럴 수 있어요. … 저는 돈 있는 사람들이 가난한 듯이 굴면서, 자기들을 물 위로 떠받쳐주는 돈더미를 고상한 척 무시하는 게 보기 싫어요.[25]

---

24) 같은 책. 41 쪽.
25) 같은 책. 81-82쪽.

로티는 '인간관계'나 '사랑' 혹은 '돈' 가운데 '돈'을 독립변수(independent variable)라고 말한다. 이 말은 소설에도 수없이 나온다. "돈은 문명의 날실이에요. 문명의 씨실이 무언지는 몰라도 말이죠.", "독립적 사고란 십중팔구 독립적 수입의 결과이다.", "온 세상을 얻어도 영혼을 잃는다면 무슨 이득이 되겠느냐. … 하지만 영혼을 얻으려면 먼저 세상의 것을 조금이라도 얻어야 한다."[26] 또 윌콕스의 "건전한 사업가 한 명이 사회개혁가 열두 명보다 세상에 더 보탬이 된다."[27]는 말도 그런 것이다. 마거릿은 동생 헬렌에게 "윌콕스 씨 같은 사람들이 영국에서 수천 년 동안 일하지 않았다면, 너하고 나는 목숨을 부지하고 여기 앉아 있지도 못했을 거야. 기차도 없었을 테고, 문학적 인간들을 태워 나를 배도 없었을 테고 어쩌면 밭조차 없었을지 몰라. 있는 거라곤 오직 야만뿐이지 …."라고 말한다.[28] 로티의 글 「사랑과 돈」은 현대 미국 리버럴들이 프래그머티즘을 상실하고 있다는 비판이다.

로티의 이 돈 이야기는 곧 한 프래그머티스트의 이야기이다. 이 시대의 악, 잔인성의 소스인 빈곤을 제거하기 위해서는 돈, 즉 부를 창출하고 이를 평등하게 분배할 수 있어야 한다. 로티는 이렇게 이야기한다. 프랑스 혁명 이래 지식인들의 생각은 장차 세계는 충분한 부를 창출하고 또 이를 분배하여 평등하고 사랑이 가득한 세상이 될 것이다. 미래에는 신사계급과 가난한 빈민들 사이의 차이도 없어진다. 이런 계급 없는 사회(classless society) 시나리오는 두 개가 있었다. 하나는 프롤레타리아 혁명이라는 마르크시스트의 시나리오이고, 다른 하나는 제2차 세계대전 후 서양 지식인들의 마음을 사로잡은 리버럴리

---

26) 같은 책. 167쪽.
27) 같은 책. 36쪽.
28) 같은 책. 228쪽.

즘의 시나리오이다. 이들은 세계 평화와 과학기술, 그리고 자유시장이 지금까지 꿈꾸지 못했던 경제적 풍요를 가능케 할 것이라고 생각했다. 그들은 이러한 번영이 성공적인 정치적 개혁을 낳을 것이고 세계의 모든 곳에서 진정한 민주적 제도를 낳을 것이라고 믿었다. 풍요는 모든 민주주의 국가에서 스칸디나비아 식의 복지국가를 만들 수 있다. 이러한 복지국가 제도는 미래 세대에게 평등한 기회를 보장할 것이다. 기회의 평등은 예외적인 것이 아니라 하나의 규칙이 될 것이다. 이런 리버럴의 유토피안 시나리오는 마르크시스트의 시나리오와 동일한 것이지만, 그것은 폭력적 혁명과 사적 소유에 대한 부정을 하지 않으면서 마르크시스트의 시나리오를 실현하는 것이었다.

마르크시스트의 시나리오는 실패했다. 리버럴의 시나리오도 막다른 골목에 부딪혔다. 경제발전이 자동적으로 정치개혁을 낳고 기회의 불평등을 해소할 것이라는 기대를 할 수 없게 되었다. 로티는 브라질을 그 예로 든다. 미국도 브라질화(Brazilianization) 위험에 처해 있다. 미국의 인구 중 20%의 '초계급(over-class)'이 형성되었고 나머지 80%는 빈민화하고 있다.[29]

마르크시스트나 리버럴의 시나리오는 모두 실패했다. 그러면 다른 시나리오는 없는가? 로티는 『하워즈 엔드』의 독해에서 그의 생각한 부분을 비치고 있다. 여기서 그는 미국 리버럴리즘의 두 가지 오류를 지적한다. 하나는 지식인 리버럴들의 "내 몫의 수입은 챙기면서 그걸 만들어주는 사람들을 조롱하는 일은 이제 점점 더 싫어져서 …"라고 마거릿이 말하는, 어떤 의미에서는 위선 혹은 자기기만이다. 이것은 내면의 세계를 내세워 외면의 세계를 저열한 것으로 간주하는 지

---

29) R. Rorty(1999), p. 231.

식인들의 자기 성(城) 쌓기이다. 다른 하나는 리버럴리즘의 대중에 대한 환상이다. 리버럴은 본질적으로 대중이 선량하다고 믿는다. 이런 믿음은 리버럴에게 필수적이다. 그래야 리버럴은 그들이 대중의 보호자로서 정당성을 확보할 수 있기 때문이다. 이들 두 가지 오류는 로티식으로 말하면 프래그머티즘으로부터의 도피이고 리버럴들의 과잉이론, 자기기만, 탐욕이다. 『하워즈 엔드』에서의 슐레겔 가(家)화가 심화되는 것이다.

한마디로 이것은 로티의 리버럴리즘, 특히 미국 뉴 레프트와 문화좌파(cultural left)에 대한 비판 논리이다. 그는 그의 『미국 만들기』에서 미국의 리버럴들, 즉 뉴 레프트가 이론과 대학으로 숨으면서 현실적 문제와 정면으로 부딪치기를 거부하였다고 비판했다. 그의 이러한 비판은 소위 문화좌파에 대해서 가해졌는데, 다시 말하면 리버럴들이 구체적인 혁신, 즉 노동자의 임금이나 노동시간보다 집단의 정체성이나 체제에 대한 명명(naming of the system)에 매달리는 '순(純)이론주의(theoreticism)'에 빠져 있다는 비판이다. 그러면서 그는 킹 목사(Martin Luther King)를 그 반대의 예로 든다. 킹 목사는 미국의 흑인(African-American) 문화에는 관심을 두지 않고 단지 그들 흑인이 백인들에게 허용되는 삶의 기회를 동등하게 갖는 데 주력하였다는 것이다. 뿐만 아니라 그는 이론이 아니라 설득을 통해 이를 추구하였다는 것이다.[30]

이것은 한마디로 현대 리버럴리즘 ─특히 좌파─ 이 프래그머티즘에서 멀어지고 있다는 지적이고 비판이다. 혹은 동양적으로 말한다면 리버럴들이 문약하고 공리공론이나 하고 있다는 지적이다.

---

30) R. Rorty(2002), p. 31.

포스터 시대 리버럴은 인류의 역사는 경제의 역사라는 데 마르크시스트와 생각을 같이했다. 단지 리버럴은 위로부터 아래로(top-down)의 개혁을 주장했고 마르크시스트는 그 반대였다. 그러나 리버럴은 모두의 가난을 추방할 수 있는 부의 시대는 영원히 없을 것이라는 비관적 전망을 점차 하게 되었다. 빈민 계급을 구조적으로 구원하는 것은 생각할 수 있는 것이 아니었다. 그리하여 신사계급, 즉 부유층은 ─로티는 자신을 스스로 부유층에 속한다고 했다─ 주머닛돈 몇 푼을 길거리의 거지들에게 적선하는 정도로 극빈자들에 대한 생각을 접게 되었다는 것이다. 이로부터 로티는 이런 결론을 내린다. 우리들 부자 나라의 리버럴들은 무엇보다 자신에게 정직해야 한다. 즉 포스터가 말한 '사랑'이나 '박애'와 같은 인간관계로는 불평등의 문제를 해결할 수 없다. 마르크시스트가 역사의 영혼은 경제라고 한 점은 절대적으로 옳다. 이 점을 우리 스스로 인정해야 한다. 세계 각지에서 '새로운 가치(new values)', '비서구적(non-Western) 사고방식', '기술적 합리성(technological rationality)', '상품화(commodifying)'를 반대하는 주장들이 있지만 그런 것들이 가난한 사람들에게 돈을 주는 것이 아니다. 세계에 사랑이 충만해진다고 해서, 또 유럽중심주의(Eurocentrism)나 자유주의적 개인주의(liberal individualism)를 버린다고 해서 자동적으로 돈이 생기는 것이 아니다. 다원적 정치(politics of diversity)나 자연환경 보호 담론들이 무성하지만 이들이 가난의 문제를 해결하는 데 도움을 주지는 못한다. 로티의 말이다.

여기서 로티는 그의 선택을 제시한다. 그는 이렇게 말한다. 기술은 거대한 오류이고, 위로부터 아래로의 개혁, 서구적 사고방식을 포기하라는 주장은 잘못된 것이다. 물론 기술의존이나 위로부터 아래로의 중앙집권적인 기획이 잘못된 것일 수도 있다. 그러나 그것이 지금

우리가 갖고 있는 현실적이고 유용한 수단과 방법의 전부이다. 진보
는 '가치(values)'혁명이 아니라 기술과 관료에 의해 이루어진다. 게걸
음처럼 느리게 진행되는 진보를 철학이 빠르게 할 수 있는 것이 아니
다. 포스터는 "우리는 극빈계층 전체의 구원은 생각할 수 없다. … 마
거릿은 소수의 사람들을 대상으로 해서 어떻게 그들이 좀 더 행복해
질 수 있을까를 생각했다. 모든 가난한 사람들 전체를 상대로 펼치는
선행은 소용이 없다. 그러한 노력들은 아름다운 색채를 띠지만 너무
넓은 영역에 얇은 막처럼 펼쳐지기 때문에 전체적으로는 잿빛이 되고
만다."라고 말한다.[31] 로티는 이 말이 모두를 부자로 만들겠다는 리버
럴들의 말보다 훨씬 정직한 것이라고 했다. 소설 속 윌콕스의 "세상
사람들에게 부를 균등하게 분배해주어도 몇 년 지나지 않아서 빈부의
차이가 그대로 생겨날 것이다."라는 말을 로티는 받아들인다. 오늘날
리버럴은 현실에 정직하게 대면해야 한다는 것이다.

　현대 저널리즘의 배경은 프래그머티즘과 리버럴리즘이다. 100%는
아니라 할지라도 그렇다. 프래그머티즘이 저널리즘을 강하고 정직하
고 도전적으로 만드는 길이다. 그런 이유에서 로티가 말한 리버럴의
혁신 —위로부터 아래로의— 과 프래그머틱한 혁신을 우리 한국 저
널리즘은 긍정적으로 수용할 필요가 있다. 그러나 이러한 저널리즘에
대한 우리의 숙고는 역사적 서술을 전제한 것이어야 한다. 우리는 지
금보다 더 나은 미래를 위한 이야기를 한다. 모든 사회철학이나 정치
철학은 서술(narratives)에 의존하여 나온 것이었다. 홉스와 로크의 국

---

31) E. M. 포스터 저 · 고정아 역(2006). 『하워즈 엔드』. 168쪽. 번역 문장을 좀 더 쉽
　 게 이해할 수 있도록 필자가 약간 바꾸었다. 부연하면 이 문장은 제1차 세계대전
　 이후 급격히 높아진 리버럴리즘이란 이데올로기에 대한 좌절과 그것의 허구성을
　 표현하고 있다.

가론의 차이는 영국 역사에 대한 상이한 서술에서 온 것이다. 마르크스의 철학 역시 부르주아 계급 발전의 서사와 프롤레타리아의 성공적인 혁명에 대한 예견에 기생하여 나온 것이다. 듀이나 리프먼의 이론과 주장 역시 그렇고 롤스의 정치이론 역시 미국의 현대사에 기생하여 나온 것이다. 이들 모든 철학자의 사회현상 분류도 과거에 무엇이 일어났고 미래에는 무엇을 희망할 수 있는가 하는 이야기에 근거한 것이다.[32]

한마디로 로티는 정치적 숙고는 어떤 희망의 실현을 위한 숙고라고 했다. 지식 대신 희망이라고 한 그의 주장도 이런 말이다. 로티의 정치적 중심 문제는 부자와 가난한 자 사이의 갈등과 고통 문제이다. 마르크시스트가 아닌 리버럴에게 정치의 핵심 질문은 어떻게 정치질서가 경제성장을 위한 공간을 남겨놓고 경제를 규제할 수 있는가 하는 것이다. 다시 말하면 리버럴은 기업 활동을 북돋으면서 국가는 어떻게 모든 부가 경제적 과두집단의 손에 들어가는 것을 방지하는 대항권력이 될 수 있는가 하는 것이라고 로티는 말한다.

저널리즘의 경우도 마찬가지이다. 현대 우리 저널리즘의 희망은 보다 나은 자유민주주의사회이다. 저널리즘을 위한 저널리즘이 아니다. 다시 말하지만 현대 저널리즘은 리버럴리즘과 프래그머티즘의 것이다. 지금 전통 저널리즘의 언어를 오늘의 새로운 미디어 장에 사용하려 할 때 많은 갈등이 일어나고 있다. 이것은 미디어 장 전체 구조 안에서의 체계들 간의 갈등이자 세계를 서술하는 방식, 즉 도구들 간의 갈등이다. 이런 갈등을 해소하는 양식의 하나가 프래그머티즘이다. 저널리즘은 행복 추구의 한 도구라는 사실을 상기하고 싶다.

---

32) R. Rorty(1999), p. 232.

희망, 품위, 반패권의 저널리즘

로티의 정치철학은 '보다 나은 자유민주주의 사회'로의 진보를 위한 것이다. 그리고 그 사회는 시민들에게 굴욕감을 안겨주지 않는, 마갈리트가 말한 품위 있는(decent) 사회이고 문명화(civilized)된 사회이다. 그러나 여기서 로티가 말하는 굴욕감(humiliation)은 심리적인 것이 아니라 정치경제적인 것이다. 소설 『하워즈 엔드』의 독해에서 그는 자유민주주의의 문제를 심오한 내적인 것 —동생 헬렌과 같은— 이 아니라 외적인 것 —언니 마거릿과 윌콕스— 의 문제라고 본다. 한마디로 그는 보다 나은 자유민주주의 사회로의 진보를 위해 우리가 황무지로 나아가 새로운 세계를 개척하는 것이라고 말하는 것이다. 이것은 곧 저널리즘의 덕목도 '보다 나은 자유민주주의 사회'로의 진보라고 말하는 것이다. 이와 관련하여 로티의 구체적인 주장 하나를 본다. 로티는 현대 자유주의 핵심문제를 보스(bosses), 과두집단(oligarchies), 기업(corporations), 그들만의 패권주의로 본다. 그는 자유민주주의에서 자유(liberty)의 '적(enemy)'은 정부가 아니라 이들의 패권이라고 본다.[33] 이것은 설득력을 갖고 있다. 그것은 좌파의 입장을 지지해서가 아니라 미래에 대한 전망 때문이다. 현재도 그렇지만 미래에는 더욱 이들 보스와 과두집단, 기업의 힘이 국가나 정부의 힘보다 절대적 우위를 차지하게 될 것이다. 국가와 정부의 통제력은 더욱

---

33) R. Rorty(2002). p. 66. 그는 미국에서 자유(liberty)의 '적(enemy)'을, 공화당원(Republicans)과 대처주의자(Thatcherites)는 정부라고 하고 좌파(the left)는 보스, 과두집단, 기업이라고 했다. 우파는 공적(public) 영역, 좌파는 사적(private) 영역을 적으로 간주한다는 말이다. 그리고 이것은 이 시대 저널리즘의 대응력 대상을 과거의 국가나 정부에서 보스와 과두집단으로 확대 전환할 필요성을 주장하는 말이다.

약화될 것이다. 예로 첨단 과학기술만 보더라도 그 주체는 기업이다. 정부와 국가가 아니다. 이러한 미래 전망은 저널리즘의 역할을 다시 강조하고 생각하게 만든다. 그것은 저널리즘의 능력, 즉 패권에 반대하고 이들이 낳는 잔인성의 폭로와 대응 능력이다. 국가에 대한, 그리고 국가를 넘어선 저널리즘의 대응능력을 말하는 것이다.

세계화와 다원주의 시대 저널리즘은 담대하고 확장적일 수밖에 없다. 우리는 지금 저널리즘을 재서술해야 할 시점에 서 있는 것으로 보인다. 저널리즘의 중심에 프래그머티즘을 놓는 이야기가 이 책의 내용이다. 다시 여기서 한 걸음 더 나아가 이런 저널리즘의 프래그머티즘 중심에 리프먼은 엘리트와 전문성을, 듀이는 공중과 공공성을, 로티는 희망과 시적 상상력을 놓았다. 로티의 글은 문학적이고 과장도 적지 않으며 또 미국적 ―제국주의적― 이라는 비판이 있지만, 그의 말은 울림이 있는 서술이고 재서술이다. 이들의 프래그머티즘 ―듀이, 그리고 특히 로티의― 에 대해 도덕적 상대주의이고 지적 아나키즘(anarchism)이라는 비판이 있지만 그것은 오해이거나 과도한 우려이다. 저널리즘의 프래그머티즘 지향성도 이런 우려와 비판의 대상이 될 수 있다. 그러나 그것은 자유로운 저널리즘에 해악이 아니라 덕(virtue)을 낳고 부추긴다고 나는 생각한다.

자유주의 사회와 자유주의 저널리즘은 거창한 토대주의적 근거나 형이상학적 관념과 이론이 아니라 우리들 삶의 작고 구체적인 경험들 속에서 태어나고 성숙한다. 이것이 듀이나 로티의 주장이다. 그런 의미에서 자유주의 저널리즘의 가장 밑바탕에 깔려 있는 가치들은 위기가 아니면 노출되지 않는, 우리가 평상시에는 의식하지 못하면서도 지니고 있는 그런 것들이다. 이것은 폴라니가 말한 암묵적(tacit), 아니

그 이상의 것이다. 우리는 결코 길지 않은 세월이었지만 그동안 자유민주주의와 함께 살아오면서 자유주의사회와 언론의 경험을 우리들 가슴 속에 어느 정도는 축적해왔다. 그러나 그것은 체화된 것이 되기에는 아직 먼 것 같다. 여기서 나는 로티의 프래그머티즘이 오늘의 우리 저널리스트에게 하였음직한 말을 이렇게 서술해본다; 현대의 저널리스트는 푸코 같은 아이러니스트이면서 자유주의자가 아닌, 혹은 하버마스같이 자유주의자이면서 아이러니스트가 아닌 것은 좋지 않다.

이 시대 저널리스트는 자유주의자이면서 동시에 아이러니스트일 때 보다 나은 자유민주주의사회로 진보하는 데 기여할 것이다. 이 말은 우리 한국의 저널리즘에도 진실, 아니 그 이상이다.

■ 참고문헌

C. N. 데글러 저 · 홍영백 역. 1997. 『현대미국의 성립』. 일조각.

W. 제임스 저 · 김용배 역. 1958. 『W. 제임스 프라그마티즘』. 민중서관.

강명구. 1994. 『한국 저널리즘 이론』. 나남.

김대영. 2011. 「정치평론과 소통」. 『미디어와 공론정치』. 한국정치평론학회 편.

김민환. 2007. 「한국언론과 객관주의 원칙」. 『민주화 이후의 한국언론』. 임
    상원 등 공저. 나남.

김용구. 1995. 『언론사상연구』. 나남.

김용준 외. 2014. 『로티의 철학과 아이러니』. 아카넷.

김태길. 1989. 『존 듀이의 사회철학』. 명문당.

김형효. 1993. 『데리다의 해체철학』. 민음사.

리처드 로티. 2001. '구원적 진리, 문학문화, 그리고 도덕철학'. 대우석학연속
    강좌 특별강연(봄).

리처드 로티 저 · 김동식, 이유선 역. 1996. 『우연성, 아이러니, 연대성』. 민음사.

리처드 로티 저 · 김동식 역. 1996. 『실용주의의 결과』. 민음사.

리처드 로티 저 · 박지수 역. 1998. 『철학 그리고 자연의 거울』. 까치글방.

리처드 로티 저 · 이유선 역. 2008 봄. 『문화정치로서의 철학. 로티-김우창 대
    화 IV』. 지평.

리처드 로티 저 · 임옥희 역. 2003. 『미국만들기』. 동문선.

버나드 베일린 저 · 배영수 역. 1999. 『미국 혁명의 이데올로기적 기원』. 새물결.

빌 코바치 외 저 · 이재경 역. 2014. 『저널리즘의 기본원칙』 개정3판. 한국언
    론진흥재단.

빌 코바치 외 저 · 이종욱 역. 2003. 『저널리즘의 기본요소』. 한국언론재단.

앤서니 아블라스터 저 · 조기제 역. 2007. 『서구자유주의의 융성과 쇠퇴』. 나남.

월터 리프먼 저 · 김규환 역. 1973. 『여론』. 현대사상사.

월터 리프먼 저 · 오정환 역. 2012. 『여론/환상의 대중』. 동서문화사.

월터 리프먼 저 · 이극찬 역. 1958. 『공공사회의 철학』. 을유문화사.

월터 리프먼 저 · 이동근 역. 2013. 『여론』.

위르겐 하버마스 저 · 이강수 역. 1994 『커뮤니케이션 행위이론 I』. 나남.

윌버 슈람 저 · 임영호 역. 2014. 『언론학의 기원』. 컬처룩.

윤영철. 2001. 『한국민주주의와 언론』. 유민문화재단.

이근식 외. 2003. 『자유주의의 원류』. 철학과 현실사.

이유선. 2003. 『리처드 로티』. 이룸.

이재경. 2003. 『한국저널리즘 관행연구』. 나남.

임상원 외. 1979. 『매스커뮤니케이션의 전파와 문화』. 고려대 출판부.

임상원 외. 2004. 『자유와 언론』. 나남.

임상원 외. 2007. 『민주화이후의 한국언론』. 나남.

존 듀이 저 · 김준섭 역. 1992. 『확실성의 탐구』. 백록.

존 듀이 저 · 이유선 역. 2010. 『철학의 재구성』. 아카넷.

존 듀이 저 · 이재언 역. 2014. 『경험으로서의 예술』. 책세상.

존 듀이 저 · 정창호, 이유선 역. 2014. 『공공성과 그 문제들』. 학술연구재단.

존 듀이 저 · 홍남기 역. 2010. 『현대 민주주의와 정치 주체의 문제』. 씨아이알.

존 밀턴 저 · 임상원 역주. 1998. 『아레오파지티카』. 나남.

최장집. 1993. 『한국민주주의의 이론』. 한길사.

최장집. 1996. 『한국민주주의의 조건과 전망』. 나남.

한국정치평론학회 편. 『미디어와 공론정치』.

Alexander Meiklejohn. 1913. *A Preface to Politica*. Mitchell Kennerley.

Alexander Meiklejohn. 1948. *Politcal Freedom*. Harper & Brothers.

Anthony Arblaster. 1984. *The Rise & Decline of Western Liberalism*. Basil Blackwell.

Avishai Margalit. 1996. *The Decent Society*. Harvard Univ. Press.

Bill Kovach. 2001. *The Elements of Journalism*. 1st ed. Random House.

Bill Kovach. 2011. *Blur*. Bloomsbury.

Bill Kovach. 2014. *The Elements of Journalism*. Revised ed.

Carl Bybee. 1999. "Can Democracy Survive in the Post-Factual Age? A Return to the Lippmann-Dewey Debate About the Politics of News." The Association for Education in Journalism and Mass Communicarion

Clinton Rossiter & James Lare(ed.). 1982. *The Essential Lippmann*. Harvard Univ.

Davis. B. Merritt. 1998. *Public Journalism and Public Life*. Lawrence Erlbaum.

Dorothy Wickenden(ed). 1994. *The New Republic Reader, Eighty Years of Opinion & Debate*. Basic Book.

Debra Morris. 1999. "How Shall We Read What We Call Reality? John Dewey's New Science of Domocracy." *American Journal of Political Science*. Vol. 43, No. 2(April), 608-628.

Dmitri N. Shalin. 1992. "Critical Theory and the Pragmatist Challenge." *AJS*. Vol. 98, no, 2(September), 237-279.

Edward Schapsmeier. 1969. *Walter Lippmann Philosopher-Journalist*. Public Affairs Press.

Eric A MacGilvray. 1999. "Experience as Experiment: Some Consequences of Pragmatism for Democratic Theory." *American Journal of Political Science*. Vol. 43, No. 2(April), 542-565.

Fred S. Siebert and Theodore Peterson. 1963. *Four Theories of The Press*. University of Illinois Press.

Gaye Tuchman. 1978. *Making News*. Free Press.

Hannah Arendt. 1994(1963). *Eichmann in Jerusalem*. A Report on the Banality of Evil. Penguin Book.

Herbert J. Gans. 2003. *Democracy and the News*. Oxford Univ. Press.

James Bohman and William Rehg. 1997. *Deliberative Democracy*. The MIT Press. Cambridge.

John Dewey. 1954(1927). *The Public & Its Problems*. Ohio Univ. Press.

John Dewey. 1960(1929). *The Quest for Certainty*. Capricorn Books.

John Dewey. 1984. *John Dewey. Later Works*. Vol. 2. Carbondale.

John M. Blum(ed.). 1985. *Public Philosopher*. Tricknor & Fields.

James W. Carey. 2009(1989). *Communication as Culture*. revised ed. Routledge.

Jeff Collins and Bill Mayblin. 2000. *Introducing Derrida*. Icon Books UK.

John B. Thompson. 1990. *Ideology and Modern Culture*. Stanford University Press.

John Hartley. 1982. *Understanding News*. Methuen & Co.

John Hartley. 1996. *Popular Reality*. Arnold.

John Luskin. 1972. *Lippmann, Liberty, and the Press*. Univ. of Alabama.

John Patrick Diggins. 1991. "From Pragmatism to Natural Law." *Political Theory*. Vol. 19, No. 4, November, 519-538.

John Patrick Diggins. 1994. *The Promise of Pragmatism*. Univ. of Chicago Press.

John Rothfork. 1995. "Postmodern Ethics: Richard Rorty & Michael Polanyi." *Southern Humanities Review*. 29. 1, pp. 15-48.

Joseph T. Klapper. 1960. *The Effects of Mass Communication*. Free Press.

Laurie Ouellette(ed). 2013. *The Media Studies Reader*. Routledge.

Matthew Festenstein. 1997. *Pragmatism and Political Theory, from Dewey to Rorty*. University of Chicago Press.

Matthew Festenstein. 2001. *Richard Rorty/Critical Dialogues*. Polity Press.

Michael Polanyi. 1962(1974). *Personal Knowledge*. The University of Chicago Press.

Lenore Langsdorf(ed). 1955. *Recovering Pragmatism's Voice*. State Univ. of New York Press.

Michael Schudson. 1955. *The Power of News*. Harvard Univ. Press.

Michael Schudson. 1978. *Discovering the News*. Basic Books.

Michael Schudson. 2008. *Why Democracies Need An Unlovable Press*. Polity.

Michael Schudson. 2011. *The Sociology of News*. 2nd ed. Norton & Company.

Michael Walzer. 1994. *Thick and Thin*. University of Notre Dame Press.

Peter Dahlgren. 1995. *Television and the Public Sphere*. Sage.

Ronald Steel. 1981. *Walter Lippmann and the American Century*. Little Brown & Co.

Richard Rorty. 1979(2009). *Philosophy and the Mirror of Nature*. Princeton University Press.

Richard Rorty. 1982. *Consequences of Pragmatism*. Uiniversity of Minnesota Press.

Richard Rorty. 1989. *Contingency, Irony, and Solidarity*. Cambridge Univ. Press.

Richard Rorty. 1994. *Objectivity, Relativism, and Truth*. Cambridge Univ. Press.

Richard Rorty. 1999a. *Achieving Our Country*. Harvard University Press.

Richard Rorty. 1999b. *Philosophy and Social Hope*. Penguin.

Richard Rorty. 2002. *Against Bosses, Against Oligarchies*. Prickly Paradigm Press.

Richard Rorty. 2006. *Take care of freedom and truth will take care of itself*. Stanford University Press.

Robert B. Westbrook. 1991. *John Dewey and American Democracy*. Ithaca.

Robert B. Westbrook. 2005. *Democratic Hope*. Cornell Univ. Press.

Sue Curry Jansen. 2012. *Walter Lippmann A Ciritical Introduction*. Peter Lang.

Shearon Lowery & Melvin L. DeFleur. 1983. *Milestones In Mass Communication Research*. Longman.

Wilbur Schramm. 1957. *Responsibility in Mass Communication*. Harper & Row.

Wilbur Schramm. 1997. *The Beginnings of Communication Studies in America: A Personal Memoir by Wilbur Schramm*. edited by Steve Chaffee & Everett Roigers. Sage.

Walter Lippmann. 1920. *Liberty and the News*. CPSIA.

Walter Lippmann. 1931. "The Press and Public Opinion." *Political Science Quarterly*. Vol. XLVI, No. 2(June).

Walter Lippmann. 1955. *The Public Philosophy*. The New American Library.

Walter Lippmann. 1977(1922). *Public Opinion*. Free Press.

Walter Lippmann. 1999(1927). *The Phantom Public*. Transaction.

Walter Lippmann. 2009(1929). *A Preface to Morals*. Transaction.

Wei Zhang. 2006. *Heidegger, Rorty, and the Easter Thinkers*. State Univ. of New York Press.

임상원
서울대학교 철학과 졸업
미국 UCLA 신문학 석사, 미국 미주리 대학 언론학 박사
고려대학교 교수, 고려대학교 정경대학 학장, 고려대학교 언론대학원 초대 원장
한국 언론학회 회장 역임, 고려대학교 미디어학부 명예교수(현)
저서: 『매스 커뮤니케이션의 전파와 문화』(공저), 『자유와 언론』(공저),
『민주화 이후의 한국언론』(공저) 등
역서: 『커뮤니케이션 모델』, 『아레오파지티카』, 『구텐베르크 은하계』

저널리즘과 프래그머티즘
—리프먼, 듀이, 로티와 저널리즘

대우학술총서 616

1판 1쇄 펴냄 | 2017년 7월 21일
1판 2쇄 펴냄 | 2018년 9월 10일

지은이 | 임상원
펴낸이 | 김정호
펴낸곳 | 아카넷

출판등록 | 2000년 1월 24일(제406-2000-000012호)
주소 | 10881 경기도 파주시 회동길 445-3
전화 | 031-955-9510 (편집)·031-955-9514 (주문)
팩시밀리 | 031-955-9519
책임편집 | 이하심
www.acanet.co.kr

ISBN 978-89-5733-555-0 94070
ISBN 978-89-89103-00-4 (세트)

이 도서의 국립중앙도서관 출판예정도서목록(CIP)은
서지정보유통지원시스템 홈페이지(http://seoji.nl.go.kr)와
국가자료공동목록시스템(http://www.nl.go.kr/kolisnet)에서 이용하실 수 있습니다.
(CIP제어번호: CIP2017013070)